Die Hugenotten
1685–1985

Die Hugenotten
1685–1985

Herausgegeben
von
Rudolf von Thadden
und Michelle Magdelaine

Verlag C. H. Beck München

Mit 25 Abbildungen und 6 Karten

Für einige Übersetzungen hat die
Fritz Thyssen-Stiftung dankenswerterweise
einen Zuschuß gewährt

CIP-Kurztitelaufnahme der Deutschen Bibliothek

Die Hugenotten : 1685–1985 / hrsg. von Rudolf
von Thadden u. Michelle Magdelaine. – München :
Beck, 1985
ISBN 3 406 30605 5

NE: Thadden, Rudolf von [Hrsg.]

ISBN 3 406 30605 5

Satz: Appl, Wemding
Druck und Bindung: May u. Co., Darmstadt
Printed in Germany

Inhalt

Rudolf von Thadden

Einleitung
Die Hugenotten 1685–1985

Es gibt geschichtliche Daten, die nur in der Erinnerung eines einzigen Volkes eine Rolle spielen und darüber hinaus nicht einmal wahrgenommen werden. Es gibt aber auch Daten, die das Leben mehrerer Völker betreffen und Bedeutung über Landesgrenzen hinaus haben. Zu diesen letzten gehört in besonderer Weise das Jahr 1685, das Jahr des Widerrufs des auf Religionsfrieden zielenden Edikts von Nantes.

Dieser Widerruf bildet einen tiefen Einschnitt in der Geschichte Europas. In Frankreich bringt er die seit langem schwelende Krise des absolutistischen Staates zum offenen Ausbruch und schaltet den Protestantismus als Faktor des gesellschaftlichen und politischen Lebens für lange Zeit fast vollständig aus. Über 200000 evangelische Franzosen, etwa ein Viertel derer, die man schon damals Hugenotten nannte, verlassen in seiner Folge das Land und suchen Zuflucht – Refuge – in anderen Ländern Europas. Damit verliert Frankreich – ausgerechnet zum Zeitpunkt seiner größten politischen Machtentfaltung unter dem Sonnenkönig Ludwig XIV. – einen großen Teil der seinem wirtschaftlichen und sozialen Fortschritt dienenden Kräfte, einen Teil dessen, was im 19. Jahrhundert der französische Historiker Michelet als „Elite Frankreichs" bezeichnete. „Es ist ein Ruhmestitel für das menschliche Geschlecht", so schreibt er in seiner Histoire de France, „daß eine so große Zahl von Menschen in den gefahrenreichen Abenteuern einer überaus schwierigen Flucht alles geopfert, Bettelarmut auf sich genommen, das Leben aufs Spiel gesetzt und die eigene Familie gefährdet hat, um nicht lügen zu müssen."

Keine geringere Bedeutung hat der Widerruf des Edikts von Nantes für die Geschichte der Nachbarländer Frankreichs, die bereit waren, die Flüchtlinge aufzunehmen. Tausende von Menschen aus allen Berufen ziehen nach Holland, in die Schweiz, in die protestantischen Territorien Deutschlands, nach England und sogar nach Amerika, geben der Wirtschaft dieser Länder neue Impulse und bereichern deren geistiges und kulturelles Leben. Den vom Dreißigjährigen Krieg ausgebluteten Ländern Mitteleuropas geben sie neue Kraft, jungen und aufstrebenden Staaten wie Brandenburg-Preußen helfen sie, politisches Selbstbewußtsein zu entwickeln, überall öffnen sie neue Horizonte. „Es war gewiß von dem größten Wert", so resümiert der deutsche Historiker Ranke in seiner „Preußischen Geschichte“ das literarische Wirken der Hugenotten in Berlin, „daß in einer großen Hauptstadt des nördlichen Deutschlands, wo man infolge der Einwanderung mit jedem Zweige der französischen Literatur, welche die allgemeine europäische war, in innige Beziehung gerät, das protestantische Prinzip zu einer so gründlichen literarischen Darstellung gelangte.“ Was hier für die Literatur gesagt wird, gilt nicht minder für andere Bereiche des kulturellen Lebens, weit über kirchlich-theologische Belange hinaus.

Das Jahr 1685 hat also Spuren in der europäischen Geschichte hinterlassen, die sich in das Gedächtnis der Menschen über viele Generationen hinweg eingegraben haben. Ist es aber auch heute noch der Erinnerung wert? Geht es uns heute am Ende des 20. Jahrhunderts Lebende noch etwas an?

Es ist kein Zufall, daß in einer der dunkelsten Epochen unseres Jahrhunderts, in den Jahren der nationalsozialistischen Gewaltherrschaft, ein aus seiner Heimat vertriebener jüdischer Gelehrter das Thema der Hugenottenvertreibung aufgriff und zum Gegenstand einer grundsätzlichen Überlegung machte. In einem „Die Vertreibung der Hugenotten aus Frankreich“ überschriebenen Aufsatz in der in Paris herausgegebenen Monatszeitschrift „Der Ausweg“ – „L'issue“ schrieb Norbert Elias im Oktober 1935, daß die Protestantenfrage im Frankreich Ludwigs XIV. nicht losgelöst von dem „sozialen Druck im Innern“ gesehen werden könne. „... in diesem Augenblick [1685], da der äußere Feind trotz aller Scheinerfolge stärkeren Widerstand leistet als man erwartet hatte, sucht und findet man mehr und mehr den Feind im Innern. Selten sehen Machthaber und Völker die Schuld für Mißerfolge und unerfüllte Träume bei sich selbst. Der alternde König, nach seinen Pyrrhussiegen, Gott immer stärker zugewandt, brauchte, sich zu reinigen und wohlgefällige Werke zu tun, einen Sündenbock; das Volk, ausgesaugt und elend, brauchte einen Schuldigen, einen Teufel, die Wurzel allen Übels. Beide fanden, was sie suchten, in den Protestanten.“

Es bedarf keiner sonderlichen Interpretationskunst, um die Nähe zur Situation der Judenverfolgung im Hitler-Reich des Jahres 1935 herauszuspüren. Eine gerade wegen ihres Erfolgs unbequeme Minderheit muß als Sündenbock für anders verschuldete Miseren herhalten und wird folglich das Opfer von Massenleidenschaften und Intoleranz. Zunehmend fremd im eigenen Lande, wird sie schließlich in die Fremde außerhalb verdrängt und der öffentlichen Ächtung preisgegeben.

Aber auch über die Hitler-Zeit hinaus dürfte es im 20. Jahrhundert nicht schwerfallen, Sensibilität für das Schicksal der Hugenotten zu wekken. Was Flüchtlingsnöte sind, hat kaum eine andere Epoche so stark erfahren wie die unsere; von den Flüchtlingen des Zweiten Weltkriegs, die vor den herannahenden feindlichen Armeen flohen, über die Millionen

Heimatvertriebener, Zwangsumgesiedelter und Deportierter aller europäischen Nationen bis hin zu den unzähligen Insassen von Flüchtlingslagern Asiens und Afrikas in der Gegenwart reicht eine lange Reihe von Flüchtlingsschicksalen, die die Prüfungen der vor 300 Jahren ihrer Heimat beraubten evangelischen Franzosen in neuer, unmittelbarer Weise verstehen lassen. Während bei den Jubiläumsfeiern des 19. Jahrhunderts die gnadenvolle Aufnahme der Ankömmlinge aus Frankreich im Mittelpunkt der Aufmerksamkeit stand und vom Akt der Flucht fast nur wie von einem schließlich segensreichen Übergang in neue Formen einer politischen und gesellschaftlichen Existenz gesprochen wurde, können heute die Vorgänge um das Jahr 1685 freier von Verklärung betrachtet werden. Auch Menschen, die sich nicht mit den Schrecken der Glaubenskriege des 17. Jahrhunderts befaßt haben, können sich vorstellen, mit welchen Leiden, Ängsten und Entbehrungen der Exodus der Flüchtlinge aus Frankreich verbunden war.

Es ist also nicht so, daß mit der größer werdenden zeitlichen Entfernung zum historischen Ereignis der Zugang zu ihm notwendigerweise schwerer wird. Es kann sogar umgekehrt sein: nach dem Verblassen der Traditionslinien, die die Erinnerung an das Hugenottendrama über Generationen hinweg prägten, hat die Geschichte selbst wieder stärker die Möglichkeit, in Erscheinung zu treten und neue Fragen zu wecken. Wie Bauwerke, die von Zusätzen späterer Stilelemente befreit werden, können auch von Legenden- und Traditionsbildungen überlagerte historische Ereignisse plötzlich neue Originalität gewinnen, wenn der Blick nicht mehr abgelenkt wird.

Dieser veränderte Zugang zur Geschichte der Hugenotten schlägt sich auch in der Konzeption des vorliegenden Bandes nieder. Weniger um Traditionspflege als um Vergegenwärtigung realer Geschichte bemüht, wollen die einzelnen Beiträge auf der Grundlage verschiedener Ausschnitte aus dem Drama der Hugenotten ein Bild von den Voraussetzungen, Vorgängen und Folgen des Jahres 1685 geben. Sie behandeln sowohl die Herkunft und Ausgangspositionen der Glaubensflüchtlinge im Frankreich des 17. Jahrhunderts als auch die Umstände ihrer Emigration und die Probleme ihrer Aufnahme in den sich ihnen öffnenden Ländern Europas. Darüber hinaus werden auch Zusammenhänge ihrer wirtschaftlichen, sozialen und kulturellen Integration und Aspekte der von ihnen ausgehenden Traditionsbildung erörtert.

Dieser Anlage entspricht die Auswahl der Autoren. In der Überzeugung, daß eine den Fragen unserer heutigen Zeit angemessene Rückbesinnung auf die Geschichte der Hugenotten über national oder konfessionell bestimmte Gedenkschriften hinausgehen sollte, ist ein Kreis von Wissenschaftlern aus den Ländern angesprochen worden, die von den Folgen der Hugenottenpolitik Ludwigs XIV. am stärksten betroffen worden sind. Insbesondere haben sich Franzosen und Deutsche zusammengetan, um gemeinsam dieses in ihrer beider Geschichte einschneidende Problem zu bearbeiten. Daß es dabei auch zu einer guten Zusammenarbeit von Katholiken und Protestanten gekommen ist, sei hier ebenfalls vermerkt.

Dem Band ist es zugute gekommen, daß ein Teil der Autoren in einem größeren Forschungsprojekt zur Wanderungsgeschichte der Hugenotten zusammenarbeiten, das seit zwei Jahren von der Volkswagenstiftung finanziert wird. In diesem Zusammenhang verdient einen besonderen Dank der derzeitige Leiter der französischen Mission Historique in Deutschland, Etienne François, der nicht nur mit seinem Institut, sondern auch mit großem persönlichen Einsatz auf allen Ebenen geholfen hat. Auch der Altmeisterin der Hugenottenforschung in Frankreich, Elisabeth Labrousse, sei an dieser Stelle für vielfältigen Rat gedankt.

So ist es möglich geworden, daß dieser Band gleichzeitig in französischer und deutscher Sprache erscheint. Zum ersten Mal in der langen Reihe der Veröffentlichungen zum Gedenken des Jahres 1685 wird ein gleichlautender Text in Frankreich und Deutschland vorgelegt und damit zum Ausdruck gebracht, daß die Geschichte der Hugenotten nicht nur in einem europäischen Ereigniszusammenhang steht, sondern auch in europäischem Geist erörtert werden muß. (Abb. 1)

Philippe Joutard

1685 – Ende und neue Chance für den französischen Protestantismus

Kann man die Geschichte des hugenottischen „Refuge“ behandeln, ohne an die Heimatgemeinden der Hugenotten zu erinnern? In diesem Zusammenhang wäre es ungenügend, die Situation am Vorabend des Jahres 1685 zu schildern; es erscheint zumindest genauso interessant, den gesamten Komplex des Verhaltens der französischen Protestanten zu untersuchen, die nach dem Widerruf des Edikts von Nantes im Königreich blieben; sei es auch nur, um herauszufinden, ob es spezifische Charakterzüge der hugenottischen Emigranten gibt. Sicher bezeichnet der Widerruf das Ende einer Welt, aber nicht den Tod des französischen Protestantismus, der in der Not einen neuen Lebensfunken entfacht.

Eine Minderheit auf dem Wege zum Untergang?

Schon lange vor der schicksalhaften Entscheidung war die protestantische Religionsgemeinschaft nur noch ein Schatten ihrer selbst, wenn sie auch die presbyterial-synodalen Strukturen des 16. Jahrhunderts bewahrte. An der Basis wurde die örtliche Kirche von einem Konsistorium geleitet, das aus Pastoren und Ältesten zusammengesetzt war und sich durch Kooptation rekrutierte; darüber standen die Kreissynoden (colloques), denen die Provinzialsynoden, die sich aus den Delegierten aller Konsistorien zusammensetzten, übergeordnet waren, und an der Spitze schließlich die Nationalsynode, die aber wegen des Verbots Ludwigs XIV. nach der Synode von Loudon im Jahre 1659 nie mehr zusammentrat. Der Anteil der Protestanten an der Gesamtbevölkerung des französischen Königreiches betrug weniger als 5%, den genauen Berechnungen Samuel Mours' zufolge, deren Glaubwürdigkeit durch regionale Studien bestätigt wird, ungefähr 850000 Personen.[1] Die Zeitgenossen konnten den Eindruck haben, daß es sich hier um eine im Verschwinden begriffene Gruppe handelte.

Voltaire, der zwar der folgenden Generation angehörte, aber zur Abfassung seines Buches ‚Das Jahrhundert Ludwigs XIV.‘ eine Untersuchung bei den Überlebenden durchführte, machte sich zum Echo dieser Ansicht. „Der Ruhm, der 50 Jahre lang Ludwig XIV. umgab, seine

Macht, seine starke und kraftvolle Regierung, nahm der reformierten Partei (...) jeglichen Widerstandsgeist. Die herrlichen Feste eines galanten Hofes ließen das steife Wesen der Hugenotten in einem lächerlichen Licht erscheinen. In dem Maße, in dem sich der ‚gute Geschmack' vervollkommnete, waren die Psalmen, die den Hof Franz II. entzückt hatten, unter Ludwig XIV. nur noch für das einfache Volk gemacht."[2] Tatsächlich zweifelte der berühmte Pastor Claude bereits kurz vor Beginn des Jahres 1685 an der Widerstandsfähigkeit seiner Glaubensbrüder: „Ich weiß nicht, was mit unserer Herde geschehen wird, ich bemerke nur wenig Eifer, viel weltliche Gesinnung und ein unverletzliches Festhalten am Weltlichen." Die gleiche Feststellung wird durch den Indendanten des Languedoc, Bâville, in Bezug auf die Notablen von Nîmes bestätigt: „Schon seit langem haben sie zwischen ihrem Wohl und ihrer Religion gewählt, und sie haben das erstere bevorzugt."[3] Unter diesen Umständen wird eine gewisse Logik des Widerrufs des Ediktes von Nantes besser verständlich: es handelte sich anscheinend nur darum, ein auf kurz oder lang vorhersehbares Ende zu beschleunigen.

Vor allem nördlich der Loire wird der Kontrast zum 16. Jahrhundert besonders deutlich. Dort existierten mit Ausnahme der Normandie nur noch Restbestände an reformierten Gemeinden, die hauptsächlich in Städten wie Metz, Caen, Rouen oder Sedan konzentriert waren, ohne die 10000–12000 protestantischen Pariser zu erwähnen, die dem Beamtenstand und der Finanzwelt angehörten. Im Ganzen gesehen umfaßten diese sechs Provinzialsynoden nur 20% der französischen Hugenotten, wenig mehr als 150000, von denen nur ein Fünftel auf dem Lande wohnte.

Diese Protestanten des Nordens hatten keinerlei Mühe, sich als eine Minderheit zu begreifen. Für sie lag die einzige Lösung im guten Willen des Königs. Dazu war es erforderlich, dem König jeden Grund zu geben, die Minderheit zu dulden und also eine Ergebenheit ohne Fehl zu zeigen. Ganz besonders mußte man die Erinnerung an die aufrührerischen und ein wenig monarchomachischen Ahnen des 16. Jahrhunderts sowie die Ähnlichkeiten mit den englischen Dissidenten und den Calvinisten aus Genf oder den Niederlanden tilgen.

Die südfranzösischen Protestanten konnten sich an manchen Orten noch Illusionen über ihre wirkliche Stärke hingeben: Mit ungefähr 700000 Personen, 10% der Bevölkerung, bildeten sie kompaktere Gruppen mit ländlicher Basis und befanden sich sogar manchmal in der Mehrheit. Dies war der Fall in den Cevennen und in der Gegend von Nîmes, wo sie 80% der Bevölkerung stellten, aber auch in einigen Landstrichen des Vivarais (dem heutigen Département Ardèche) wie „les Boutières" oder des Dauphiné, um Dieulefit oder Bourdeaux und im „Diois". Cévennen, niederes Languedoc, Vivarais und Dauphiné hatten seit dem 16. Jahrhundert ständige Verbindungen untereinander.

Aber weiter nach Westen hin verfügte der südfranzösische Protestantismus noch über andere Stützpunkte, so am Rande des Zentralmassivs, um Millau, Castres, Mazamet und besonders Montauban, in den Pyrenäen, im „Mas d'Azil" (bei Foix) und im Béarn (in Pau war ein Drittel der Einwohnerschaft Protestanten). Die letzten hugenottischen Bastionen befanden sich entlang des Atlantiks, natürlich in La Rochelle, trotz der schrecklichen Belagerung 1627/1628, aber auch in Bordeaux, und im Poitou, in Chatellerault und Niort. Im Osten Niorts bestand noch eine mehrheitlich protestantische ländliche Bevölkerungsgruppe.

Im Süden fühlte man sich noch den Ahnen des 16. Jahrhunderts verbunden und man nahm nicht leicht das Fortschreiten des königlichen Absolutismus auf religiösem Gebiet hin. Alle protestantischen Erhebungen des 17. Jahrhunderts spielten sich dort ab, und in den Cevennen fanden unter Ludwig XIII. die letzten militärischen Auseinandersetzungen statt. Der Führer der protestantischen Armee, der Herzog von Rohan, hatte sein Lager in Anduze, am Fuß der Cevennen, aufgeschlagen und mußte am 27. Juni 1629 in der Nachbarstadt Alès das Gnadenedikt annehmen, das das Ende der politischen protestantischen Partei bedeutete, indem es die Aufhebung ihrer befestigten Stützpunkte und militärischen Garantien verfügte. Aber die südfranzösischen Protestanten haben nicht wirklich verzichtet. Der Marschall Turenne zeigte sich im Jahre 1660 entrüstet über die Haltung ihrer Pastoren „voll von den Kriegen des Herrn von Rohan und mit Grundsätzen, die sich nicht mit der Ruhe eines Staates vertragen, der so wie der unsrige gebaut ist".[4]

In jenen Gegenden mit starkem reformierten Bevölkerungsanteil ist bemerkenswert, daß es sich beim Protestantismus nicht nur um eine Glaubensform, sondern um eine Kultur handelt, die das gesamte Leben gestaltete und die Unterschiede zu den Katholiken noch akzentuierte. Die Konsistorien wollten sämtliche mit heidnischen Bräuchen verbundenen Äußerungen der Volkskultur, wie die Johannisfeuer, den Karneval, den Tanz, Charivari (Lärmspektakel), ohne von den magischen Bräuchen zu sprechen, ausmerzen. Die Ergebnisse waren unterschiedlich: eine große Anzahl von Bräuchen bestand mehr oder weniger mit aller Offenheit weiter. Sie schwächten sich aber mit der Zeit soweit ab, daß der Gegensatz zwischen katholischen und protestantischen Dörfern klar hervortrat. Selbst die Ernährung war durch die Ablehnung der Fastenspeisen ein wichtiges Kennzeichen für diese Unterschiedlichkeit. Dieses Verbot, das uns heutzutage zweitrangig erscheinen mag, gehört im Katechismus von Delincourt, der bei den französischen Protestanten so populär war, zu den wichtigsten Gründen, nicht dem Katholizismus beizutreten; es steht im selben Paragraphen wie die Bemerkungen über die Heiligenverehrung und das Seelenheil durch die Werke.[5]

Südfrankreich gehört linguistisch gesehen zum okzitanischen Sprachbereich. Aber der protestantische Gottesdienst wurde in der Sprache des Königs gehalten, nämlich in französischer Sprache, und es gab weder eine komplette noch eine teilweise Übersetzung der Bibel in die „langue d'oc" mit Ausnahme des ehemaligen Königreiches Heinrichs IV., des Béarn. Die hugenottischen Bauern und Handwerker waren folglich zur Zweisprachigkeit angeregt worden – ein weiterer Anlaß zur Unterscheidung von ihren katholischen Landsleuten. Die meisten sprachen nicht Französisch, aber sie verstanden es; wie hätten sie auch sonst dem Gottesdienst und den Predigten folgen können? Als nach der Aufhebung des Edikts von Nantes die prophetische Krisis ausbrach, galten die Predigten von bescheidenen Bauern oder Handwerkern in französischer Sprache als ein Beweis für die Erleuchtung durch den Heiligen Geist; über die Verständnisfähigkeit der Zuhörer war man allerdings nicht erstaunt, sie schien selbstverständlich zu sein. So sind diese Gegner der religiösen Einheit des Königreiches paradoxerweise Träger seiner sprachlichen Vereinigung gewesen.

Aber die südfranzösischen Hugenotten hingen auf andere Weise am 16. Jahrhundert, so vor allem in ihrer Art, die Bibel zu lesen und ihre geschichtliche Entwicklung zu verstehen. Weit fundamentalistischer als die Pastoren von Charenton, Saumur oder Sedan, identifizierten sie sich vollkommen mit dem Volk Israels: Gott offenbart sich ihnen dauernd und sie sind bereit, überall die Anwesenheit des Übernatürlichen und Wunderhaften zu erkennen. Sie haben noch nicht die chiliastische Atmosphäre verlassen, in der sich die lutherische Reformation entwickelt hatte. Sie sind schnell geneigt, in den von ihnen erlebten Ereignissen die Zeichen der Herrschaft des Antichrist und des Triumphs des Tiers der Apokalypse zu erkennen, die das Ende der Zeiten ankündigen sollen. Es ist bezeichnend, daß sie im Jahre 1685 in den Lüften Psalmengesänge, Trommelwirbel, Waffengeklirr oder eine geheimnisvolle Trompete vernehmen, die als Vorzeichen einer nahen Erlösung interpretiert werden, was man in keiner Gemeinde Nordfrankreichs findet. Und sogar vor dem prophetischen Ausbruch sind die Predigten des Predigers Brousson aus Nîmes voll von Bezugnahmen auf die Apokalypse.[6]

Es handelt sich sowohl um eine geographische als auch um eine soziale Spaltung: es liegt auf der Hand, daß ein „Notable", wie auch immer er geographisch verwurzelt sein mag, ein größeres Bewußtsein der Kräfteverhältnisse besitzt und bereitwilliger den Aufstieg des königlichen Absolutismus akzeptiert; er ist ebenso weniger empfänglich für die chiliastischen Visionen, die sich Bauern oder Handwerker viel leichter zu eigen machen. Vor dem Widerruf des Edikts von Nantes setzte sich indessen die Auffassung des nordfranzösischen Protestantismus durch, die insbesondere von den Pastoren aus Charenton vertreten wurde. Daher kam der Eindruck eines großen politischen Konformismus, der manchmal sogar über die Äußerungen der katholischen Theoretiker hinausging. Die letzte Nationalsynode (Loudun 1659) sandte einen Brief an den König, in dem sie folgendes versicherte: „Die Könige dieser Welt haben in gewisser Weise den Platz Gottes inne und sind sein wirkliches Abbild auf Erden. Dies sind die fundamentalen Grundsätze unseres Glaubens, die wir während unserer ganzen Kindheit gelernt haben, die wir versuchen, während unseres ganzen Lebens anzuwenden, und die wir als eine unbedingte Pflicht unseren Herden einimpfen."

Noch im Jahr der Aufhebung des Edikts von Nantes ließ der Pastor Merlat, obwohl er verfolgt worden war und ins Exil gehen mußte, in Lausanne ein „Traktat über die absolute Herrschaft der Fürsten" erscheinen, in dem er schreibt: „Die Fürsten, denen Gott erlaubte, zu absoluter Herrschaft zu gelangen, sind an kein Gesetz in Bezug auf ihre Untertanen gebunden (...) Daher ergibt sich die allumfassende Straflosigkeit ihrer Handlungen unter den Menschen und die Verpflichtung der Völker, all das, was ihnen solche Fürsten an Leid auferlegen, ohne Auflehnung zu erdulden, und darin nur Gott allein zu haben, der das Recht auf Rache hätte."

Es kam noch besser. Der bekannteste reformierte Prediger der Zeit, Pierre du Bosc, Pfarrer in Caen, feierte Ludwig XIV. mit götzendienerischen Worten, um den Ausdruck E. G. Léonards zu gebrauchen: „Held ersten Ranges, im Frieden, im Kriege, im Kabinett; ... weise und subtil im Urteil, scharfsinnig und klarsehend in den Geschäften, unermüdlich in der Arbeit, unbesiegbar in den Schlachten, in allen schönen Künsten bewandert." Und er verharrte lange bei dessen wundersamer Geburt: „Die Natur allein war zu schwach für ein so großes und so wundervolles Werk. Zweiundzwanzig Jahre Unfruchtbarkeit, die seiner Empfängnis vorausgegangen sind, entreißen selbstverständlich der Natur den Ruhm seiner Geburt. Eine Kraft, über alle zweitrangigen Ursachen erhaben, hat einen so außergewöhnlichen Fürsten hervorgebracht, und die Eigenschaften, die er besitzt, sind ein unvergleichlicher Beweis dafür ..., die eindeutig das Wunder seiner Geburt bezeugen."[7] Welch wunderbare Argumente lieferten solche Texte der königlichen Politik!

Diese Leidenschaft für den „königlichen Absolutismus" sollte bei manchen trotz der Schicksalsschläge infolge der Aufhebung des Edikts von Nantes bis ins Exil andauern. Sie lehnten jeden – selbst friedlichen – Widerstand innerhalb des Königreichs ab und erwarteten das Ende der Verfolgungen nur vom guten Willen des Königs. Andere (oder die gleichen) übertrugen ihre Königstreue auf ihren neuen Gebieter. Es ist also nicht erstaunlich, daß die Berliner Hugenotten die festesten Stützen des preußischen Absolutismus waren oder daß sich die Emigranten in den englischen Kolonien Amerikas in ihrer Mehrheit der Episkopalkirche anschlossen, die am stärksten vom Souverän abhängig war.

Im Augenblick schwächte dieser Konformismus, ohne es zu wollen, den französischen Protestantismus, sei es auch nur, indem er Konversionen wie die Turennes oder vieler anderer erleichterte. Man darf also in der Tat diese Übertritte zum Katholizismus nicht nur dem politischen Druck oder finanziellen, sozialen und politischen Vorteilen zuschreiben; das Prestige der königlichen Religion bei den Eliten, die mehr und mehr für die Stärkung der königlichen Macht gewonnen worden waren, die Ausstrahlung der katholischen Reformbewegung, die Theologie des Jansenismus, der nicht weit vom Calvinismus entfernt war, und der Unabhängigkeitswille Ludwigs XIV. gegenüber dem Papsttum stellten genauso viele Gründe dar, um sich der dominierenden Konfession anzuschließen.

In einer Reihe von kleinen Städten herrschte ein friedliches Zusammenleben, um nicht zu sagen ein Ökumenismus „vor dem Buchstaben"; Elisabeth Labrousse gibt ein schönes Beispiel davon anhand einer Gemeinde der Gascogne-Mauvezin. Dort erschienen die familiären Bindungen stärker als der religiöse Gegensatz; man zögerte nicht, als Paten einen Verwandten „von der anderen Seite" zu nehmen; Heiraten zwischen Angehörigen verschiedener Konfessionen waren nicht selten, im allgemeinen behielt jeder seinen Glauben, die Kinder wurden dabei verschieden erzogen, und zwar die Jungen in der Konfession des Vaters und die Mädchen in der der Mutter; doch kam es auch vor, daß die Heirat Anlaß zur Konversion gab, ohne daß man sich dabei eine geistige Erschütterung vorstellen muß. „Konvertieren bedeutet nicht, den Kontinent zu wechseln, sondern nur die Straße." Die andere Kirche von gegenüber war für die Einwohner von Mauvezin, die geschätzte Verwandte und Freunde „auf der anderen Seite" hatten, nicht die Synagoge des Satans; man konnte auch dort zu seinem Seelenheil gelangen. Robert Sauzet bestätigt diese Beobachtung für das Bas-Languedoc.[8] Aber es ist offensichtlich, daß diese „relative Irenik" auf lange Sicht einer Minderheit schadete, deren Identitätsgefühl sich abgeschwächt hatte. (Davon zeugt die Weigerung einer Bezugnahme auf die Vergangenheit.)

Alles erweckte also den Anschein einer Gruppe, die sich mit ihrem drohenden Untergang abgefunden hatte; das Fehlen von Reaktionen auf die ersten Verfolgungsmaßnahmen beweist diese Tatsache. Das Scheitern des gewaltlosen Widerstandsversuchs von 1683 ist von diesem Gesichtspunkt her gesehen sehr bezeichnend. Es ging hier darum, sich an einem bestimmten Tag an den ehemaligen Standorten der bereits zerstörten Kirchen zu versammeln, um dort den Gottesdienst zu feiern. Einer der Organisatoren, Broussom, erklärte danach sehr deutlich den Sinn dieser Veranstaltung: „Was die Menschen anbetrifft, so unterdrücken sie uns um so mehr, je mehr Lauheit und Furchtsamkeit sie in uns spüren. Es ist sicher, daß man, wenn alle Reformierten mit der gleichen Grundhaltung erschienen wären, keine Härte ihnen gegenüber angewendet hätte und daß dann Seine Majestät in der Erkenntnis, daß man ihn hat glauben machen wollen, die Protestanten hingen nicht genügend an ihrer Religion, um eine große Prüfung auszuhalten, die Sache nicht noch weiter auf die Spitze getrieben und uns die Ruhe und Gewissensfreiheit zurückgegeben hätte, die man uns ungerechterweise geraubt hat."[9]

Der Anwalt aus Nîmes hatte nicht die Gelegenheit, die Stichhaltigkeit seiner Strategie zu überprüfen. Die großen Kirchengemeinden weigerten sich, an diesem Vorhaben teilzunehmen. Es kam zu Versammlungen fast nur in den Cevennen, in St. Hippolyte-du-Fort, im Vivarais und besonders im Dauphiné, wo die Dinge eine unglückliche Wendung nahmen. Die Protestanten hatten dort nicht weit von Montélimar ein „Lager des Ewigen" gebildet. Als sie von den Dragonern des Königs angegriffen wurden, zögerten sie nicht, bewaffneten Widerstand zu leisten; es kam zu zahlreichen Hinrichtungen.

Denselben Eindruck der Resignation vermittelt der „Erfolg" des Abschwörungsfeldzugs aus der zweiten Hälfte des Jahres 1685. Die Methode ist bekannt: Man quartierte in den Häusern der Widerspenstigen Soldaten ein und ließ diesen die größtmögliche Freiheit. Wenn die protestantische Bevölkerung im Poitou und im Béarn auch sehr harte Ausschreitungen (die berühmt-berüchtigten „Dragonnaden") aushielt, bevor sie abschwor, wurden anderswo wesentlich schnellere und sogar spektakulärere Ergebnisse erzielt. Diese Tatsache bezeugt ein Informant des großen Condé auf Grund von Berichten, die er vom Hof erhalten hatte: „Sie konvertieren teilweise mit solchem Fleiß, daß manch ein Soldat achtmal täglich das Logis wechselt, und wenn dieser sich abends bei einem Anhänger des reformierten Glaubens einfand, der, sobald er ihn nur sah, konvertieren wollte, bat er jenen, doch bis zum kommenden Morgen zu warten, damit er wenigstens die Nacht dort verbringen konnte." In Rouen beispielsweise bestimmte der bloße Anblick dreier dort eintreffender Kompanien „mehr als dreihundert Hugenotten dazu, auf der Stelle abzuschwören."[10] Ja, mehr noch: in den Cevennen und im Bas-Languedoc verbreiteten die Gerüchte von den ersten „Dragonnaden" einen solchen Schrecken, daß die Truppen gar nicht in Erscheinung zu treten brauchten, um die Reformierten abschwören zu lassen. In dem Maße, in dem sich die Truppen einem Ort näherten, stürzten die Protestanten zum Priester. Der für die Aktion verantwortliche Marschall de Noailles beschwerte sich zuletzt sogar darüber: „Ich weiß nicht mehr, was ich mit den Truppen machen soll, weil die Ortschaften, in die ich sie schickte, im allgemeinen alle konvertieren, und zwar so schnell, daß alles, was sie machen können, dies ist: eine Nacht in den Ortschaften schlafen, in die ich sie schicke."[11]

Da und dort meldete man allerdings einige Ausnahmen, die umso unverständlicher scheinen, als sie sich in Kreisen abspielten, die oft der guten Gesellschaft zuzurechnen waren. Ein Agent des großen Condé gab einige Beispiele dafür aus der Normandie: „Es gibt noch gut 45 Hugenottenfamilien in Rouen, die sich nicht ergeben wollen und die ohne ein Anzeichen von Ungeduld zusehen, wie die Reiter, die bei ihnen einquartiert sind, ihre Güter verzehren. Gestern wurde ich von einem unserer Herren Präsidenten gebeten, einen Kaufmann aufzusuchen, der vier Kürassiere bei sich hat, um diesen für uns zu gewinnen; aber er wollte zu keiner Zeit eine Unterredung mit mir führen; und als ich ihn bat, mir die Dinge zu nennen, an denen er in unserem Glauben zweifele, sagte er mir, daß er an allem zweifele und daß Gott ihm die Gnade gewähre, in seinem Glauben an nichts zu zweifeln. Er geleitet selber seine Reiter zu den Metzgern und in die Garküchen; sie wählen, was sie wollen, und er trinkt und ißt mit ihnen, und sagt ihnen oft, daß sein Gut und Leben dem König, sein Gewissen aber Gott gehöre."

Andere Fälle wurden aus Paris berichtet, so der Fall des Parlamentsrats Muisson, dem man seine Frau und seine sechs Kinder wegnahm. Die Frauen zeigten sich besonders halsstarrig. In Rouen waren es die Ehefrauen, die ihre Männer zum Widerstand ermutigten, und die Obrigkeit mußte sie „wegschaffen" und ins Kloster stecken. In den Cevennen kehrte eine alte Frau mehr als sieben Jahre lang nicht in ihr Haus zurück, „weder in der Stadt noch auf dem Dorfe wohnend und nur ganz selten die Häuser betretend."[12]

Für die Obrigkeit waren dies nur die letzten Zuckungen der „Häresie". Sie wunderten sich auch nicht über den großen Teil von Protestanten, die erklärten, nicht unterschreiben zu können, als es darum ging, ihre „Konversion" zu paraphieren. Gewiß machten sie sich kaum Illusionen über die Ernsthaftigkeit zahlreicher Konversionen, aber sie vertrauten auf die Heilkraft der Zeit und nahmen an, daß besonders die junge Generation für die Religion des Königs gewonnen sei. Diesen Standpunkt vertraten Madame de Maintenon und der Intendant des Languedoc, der 1698 schrieb: „Die Kinder, die weder protestantische Kirchen noch Pastoren gesehen haben, werden viel eher dazu bereit sein, die guten Eindrücke, die man ihnen vermitteln wird, aufzunehmen."[13] Aber gerade in diesem Punkt scheiterten sie völlig, und die Aufhebung des Edikts von Nantes, weit davon entfernt, das Ende der Hugenotten im Königreich Frankreich zu bedeuten, gab dem französischen Protestantismus ein neues Gesicht.

Ein sehr lebendiger Protestantismus

Das Verhalten der französischen Hugenotten läßt sich nicht in der Alternative des Exils für die überzeugten Reformierten oder der Anpassung für die Lauen fassen. Es gab noch zwei weitere mögliche Verhaltensweisen, nämlich ein doppeltes Spiel zu treiben oder aber offenen, gewaltfreien oder gewaltsamen Widerstand zu leisten.

Zu Anfang trieb der größte Teil der Protestanten, die nicht ausgewandert waren, ein doppeltes Spiel. Dem Anschein nach waren sie „nouveaux convertis" (abgekürzt: NC), Neubekehrte; sie praktizierten sämtliche obligatorischen Kulthandlungen; zunächst natürlich Heirat und Kindtaufe, die alleinigen Grundlagen für eine legale Existenz in einer Zeit, in der die Personenstandsregister von den katholischen Pfarreien geführt wurden; aber sie besuchten auch die Messe und schickten ihre Kinder zum Katechismusunterricht. Abends lasen sie die Bibel und das kleine Psalmenbuch und unterrichteten vor allem ihre Kinder im reformierten Glauben, indem sie außer Kraft setzten, was der Priester einige Stunden zuvor gesagt hatte. Ihre wahren Gefühle kamen besonders in den testamentarischen Formulierungen zum Vorschein. Nur selten wurde das katholische Modell mit den Anrufungen der Jungfrau Maria und der Heiligen, der Bitte um Messe und neuntägige Andachtsübungen verwendet, und da, wo es sich durchsetzte, wie in Lourmarin oder im provenzalischen Luberon, war sein Triumph nur von kurzer Dauer. Anderswo waren die Konzessionen minimal; in Saint-Jean-du-Gard beispielsweise erklärte man zwar nach der Aufhebung des Edikts von Nantes, der „katholischen apostolischen und römischen Religion" anzugehören, ohne sich jedoch auf die heilige Jungfrau zu berufen, und vom Jahr 1690 an begnügte man sich mit dem Wunsch, auf dem katholischen Friedhof beerdigt zu werden. Nach dem Krieg der Camisarden verschwand aber auch diese Formulierung. Manchmal, vor allem in schwer zu kontrollierenden Orten, verspotteten die „neuen Konvertiten" die Behörden. In Vébron, im Herzen der Cevennen, bediente man sich dieser recht unkatholischen Wendung: „Er ordnet die Bestattung seines Leichnams nach der Weise derer an, die der christlichen Religion angehören", also einer wesentlich respektloseren Formulierung; drei Jahre später hieß es: „nach der Art der wirklichen Christen". 1690 fand der Notar aus Vébron einen weniger provozierenden Text, der aber genauso wenig als katholisch anzusehen war: Das Begräbnis ist „im Friedhof von Vébron vorzusehen, nach Ermessen der Erben".[14]

Es handelte sich nur um bescheidene Siege, die jedoch entscheidendere ankündigten, weil das „doppelte Spiel" bereits den Kampf um die Bewahrung einer Identität darstellte; es ließ sich nicht auf eine träge „Doppelzüngigkeit" zurückführen. Die „Neubekehrten" lauerten auf die geringste Erlahmung des Eifers der Obrigkeit; alles diente ihnen zum Vorwand, um ihren Verpflichtungen nicht nachzukommen: man hörte nicht die Glocke, die zur Messe ruft, man wurde krank, man vergaß, sein Haus für die Fronleichnamsprozession mit Blumen zu schmücken. In der Todesstunde zeigte sich ganz besonders die Bedeutung dieses Verhaltens. Man wollte nicht zwischen der Letzten Ölung und der Ablehnung des Priesters wählen müssen. Empfing man die Sterbesakramente, ordnete man sich dem „Papismus" unter; stieß man den Priester zurück, riskierte man, als rückfällig (in die Häresie zurückgefallen) angesehen zu werden und sich den schwersten Sanktionen auszusetzen: Dem Toten wurde in diesem Fall das Begräbnis verweigert und der Leichnam durch den Straßendreck gezogen und an den Wegesrand geworfen; als Überlebender wurde man ins Gefängnis oder auf die Galeeren geschickt und in beiden Fällen wurden die Güter der Betreffenden konfisziert. Deswegen griff die Umgebung zu einer List; sie verheimlichte die Krankheit, und wenn der Priester auftauchte, war der Kranke gerade nicht greifbar, er schlief oder war abwesend. Dem Pfarrer von Sedan entschlüpfte dieses Eingeständnis seiner Machtlosigkeit: „Weil sie immer von ihren verwandten Glaubensgenossen umgeben sind, bringen letztere sie durch Gebete von den Sterbesakramenten ab, sie drohen und verständigen uns nicht, und wir erfahren dieses Unglück erst, wenn die Personen bereits verstorben sind."[15] Selbst geheime Bestattungen auf den eigenen Grundstücken wurden bevorzugt. Als die Zeit der Verfolgungen vorbei war, bestand dieser Brauch wie zum Gedenken weiter.

In diesem Abnutzungskrieg bestand die Stärke der Neubekehrten darin, überall dort, wo sie einigermaßen zahlreich waren, „strategische Posten" wie den eines Notars, Schullehrers, Arztes oder einer Hebamme einzunehmen. Befanden sie sich in der Mehrheit, so gewannen sie nach der Aufhebung des Edikts von Nantes die städtischen Ämter zurück, die sie während der letzten Jahre der Gültigkeit des Edikts verloren hatten: Da nun alle Welt katholisch war, war die Gesetzgebung, welche die „angeblich Reformierten" von den öffentlichen Ämtern ausschloß, sinnlos geworden, und die Hugenotten kehrten in großer Zahl an die Spitze der Gemeinden zurück. Die katholischen Pfarrer beschwerten sich darüber bitter, wie z. B. der Pfarrer des kleinen Cevennendorfs Vébron: „Der Herr de Salgas, der Herr Aurès und der Herr Boudon sind die Hähne dieser Gemeinde, auf die alle anderen angewiesen sind und von denen Gut und Böse abhängt; sie sind große Politiker und drehen und wenden die Dinge, wie es ihnen beliebt."[16]

Vom doppelten Spiel bis zum offenen Widerstand gab es keine Lücke, eines ergab sich aus dem anderen. Die gleiche Person konnte je nach Zeitpunkt aufeinanderfolgend beide Haltungen einnehmen. So hatte beispielsweise der „Camisard“ und spätere Prediger Boubonnaux eingewilligt, sich vom katholischen Priester mit einer Frau trauen zu lassen, die vorher wegen Teilnahme an einer geheimen Versammlung im Turm von Constance eingesperrt war. Es scheint sogar, daß selbst innerhalb der Familien eine Art Rollenverteilung stattfand. Während die Erwachsenen die Vermögensverwaltung und das materielle Überleben des Familienverbandes garantierten und die notwendigen Kompromisse eingingen, bekannten sich die Jugendlichen und die Alten, die zu weniger Zurückhaltung gezwungen waren, klar zu ihrem Glauben. Und wo begann der offene Widerstand? Wie soll man die massive Weigerung der Einwohner von Anduze in der Nähe von Alès bezeichnen, anläßlich der Fastenzeit 1686 zur Beichte zu gehen? Sicherlich setzte der offene Widerstand Bedingungen voraus, die nicht überall bestanden. Zu den wichtigsten Voraussetzungen gehörte eine ausreichende hugenottische Bevölkerungsdichte, sei es auch nur, um das geheime Einverständnis des Schweigens zu gewährleisten. Man kann außerdem feststellen, daß die ländlichen Gebiete und die unteren Bevölkerungsschichten eine größere Anzahl von „Unbelehrbaren“ hervorbrachten, zumeist unter den ländlichen Handwerkern und ganz besonders bei den Textilhandwerkern. Dafür sprechen eine ganze Anzahl von Gründen. In ländlichen Gegenden war mehr Raum für einsam gelegene Orte, und das Verwaltungsnetz war dort wesentlich weitmaschiger als in den Städten. Die Leute aus dem Volk bevorzugten eine entschiedenere Haltung, ihnen fiel es schwerer als den Notabeln, ein doppeltes Spiel zu treiben, ohne ihre Identität zu verlieren. Im übrigen waren die Textilhandwerker bereits an der Verbreitung der Reformation im 16. Jahrhundert beteiligt.

Der offene Widerstand läßt sich auch geographisch fassen: er erstreckte sich – zu niemandes Überraschung – hauptsächlich auf die südfranzösischen Provinzen. Dort war nämlich, wie wir bereits feststellen konnten, selbst vor der Aufhebung des Edikts von Nantes die Erinnerung an die Kriege Heinrichs IV. und des Herzogs von Rohan noch sehr lebendig. In den Cevennen hörte man nur zehn Tage nach dem Widerruf des Edikts Psalmengesänge aus einem Bauernhof in der Nähe von Anduze; in derselben Gegend feierten einen Sonntag darauf ca. 100 Personen einen regelrechten geheimen Gottesdienst mit Gebeten, Liedern und Predigten. Dies war der Beginn der „Versammlungen der Wüste“, wobei der Begriff „Wüste“ sich zunächst auf den Zug des Volkes Israel durch die Wüste bezog. Schenkt man einem Zeugen im Dienst des Intendanten des Languedoc Glauben, dann versammelten sich Ende Januar 500 und am Ostersamstag 1686 4000 Personen. Seit dieser Zeit begann sich die „Kirche der Wüste“ auf Drängen von einfachen Laien hin zu organisieren, zumal die Prediger nur über eine bescheidene Bildung verfügten und die gebildeten unter ihnen ehemalige Kantoren oder Schulmeister waren. Nicht nur in den Cevennen formierte sich der Widerstand auf diese Weise, auch im Dauphiné, im Haut- und Bas-Languedoc, im Périgord oder im Poitou überraschte man geheime Versammlungen. Ein Agent des großen Condé hörte sogar von einer geheimen Zusammenkunft in Vitré in der Bretagne.

Eine andere Ausdrucksform dieses Widerstands war der „Prophetismus“, das Aufkommen von Prophezeiungen, seit 1688 im Dauphiné und im Vivarais zu beobachten, sowie der bewaffnete Aufstand von 1702 in den Cevennen und im Bas-Languedoc. Es ist hier nicht der Ort, noch näher auf diese unterschiedlichen Verhaltensweisen einzugehen. Einige herausgestellte Züge mögen genügen, um den Auswanderer gegenüber dem Widerständler besser zu beleuchten: Beide waren jung, übten oft einen Handwerksberuf aus; die Verweigerung der Konversion wurde nicht nur individuell getroffen. In Südfrankreich kamen die Glaubensflüchtlinge aus den gleichen Familien, die ihre Kinder in die geheimen Versammlungen und später in den Kampf der Camisarden schickten. Aber von da ab traten die Unterschiede hervor: die Rekrutierung des „Refuge“ war sowohl in sozialer als auch in geographischer Hinsicht wesentlich größer. In diesem letzten Punkt decken sich die zwei Karten – die Karte der Auswanderung und die des Widerstandes – nicht, abgesehen von der beachtenswerten Ausnahme des Dauphiné. Und da die Provinzen mit dem größten Aufkommen an Glaubensflüchtlingen auch diejenigen waren, in denen sich die Neubekehrten bereitwilliger mit der neuen Lage abfanden – unter dem starken Druck der katholischen Mehrheit – verdeutlichte sich auch der numerische Unterschied zwischen dem Norden und dem Süden Frankreichs. Nach der Pein gab es nur noch 13% der Hugenotten nördlich der Loire.

Aber wie hoch auch der Anteil der Emigranten sein mochte, nirgends wurden die Beziehungen zwischen der hugenottischen Diaspora und den Gemeinden des französischen Königsreichs völlig unterbrochen. Zunächst waren die Hin- und Rückreisen zwischen dem „Refuge“ und dem Königreich Frankreich nicht selten, wie es das Beispiel eines gewissen Etienne Fages aus Aubais zeigt, der von 1698–1704 in Genf lebte und dann in sein Dorf zurückkehrte, um sich vom katholischen Priester mit einer Neubekehrten trauen zu lassen. Ein ähnliches Bild gibt ein gewisser Jean Delort, der nach einem einjährigen Aufenthalt in Genf ein weiteres Mal abschwor, ohne darunter zu leiden.[17] Nachdem die Namen der Flüchtlinge einige Jahre lang aus den Notariatsakten ihrer Ursprungsgemeinden verschwunden waren – so als hätten sie niemals existiert –, tauchten sie dort nach und nach wieder auf. Familienarchive in Frankreich enthalten Briefe von Glaubensflüchtlingen, welche die Beständigkeit der Beziehungen beweisen. Ein Beispiel dafür mag ausreichen: Ein Leineweber aus der Gegend von Florac in den Cevennen, Jean Saltet, schreibt 1715 aus Schwabach (unweit von Nürnberg) kurze Zeit nach seiner heimlichen Emigration an seine Mutter. In dem Brief bittet er seinen Bruder, seinen Webstuhl zu verkaufen und ihm das Geld über einen Genfer Kaufmann zukommen zu lassen; er benutzt die Gelegenheit, um Nachrichten über einen Vetter zu übermitteln, bei dem er wohnt. 27 Jahre später, 1742, nunmehr in Genf wohnhaft, schickt er einen Brief an seinen Bruder, um ihm die Hochzeit seiner Tochter mit „dem Sohn des Herrn Fléchaire aus Saint Laurent in der Nähe von Ganges" anzukündigen, und er fährt fort: „Herr Freisinet aus Florac war ein Freund der Herrn Fléchaire, Brüder meines Schwiegersohns: Ihr könnt Euch über diese Familie erkundigen, alle Leute sind des Lobes voll über diese Familie." Er bittet seinen Bruder, die Nachricht „unseren Eltern mitzuteilen und recht viele Grüße an alle Neffen und Nichten auszurichten"; die Tochter legt Wert darauf, einige Worte hinzuzufügen, und der Schwiegersohn bekundet ausführlicher seine Ehrerbietung.[18] Wir erwähnen an dieser Stelle nicht den wesentlich komplexeren Fall der Händler, bei denen sich Geschäftsbeziehungen und familiäre Verbindungen kreuzen.

Wenn man auch in solchen Briefwechseln das Heimweh spürt, so erscheint umgekehrt den Daheimgebliebenen das „Refuge" wie ein Land Kanaan. Von dort traf in erster Linie die unerlaubte, geheime Literatur ein, die zur Stützung des reformierten Glaubens bestimmt war und die ehrfurchtsvoll kopiert wurde: Psalter, Katechismen, Gebete, Predigtsammlungen ... Ein Teil war besonders erfolgreich: *„Eine wahrhaftige Liturgie für die Christen, die der Pastoren beraubt sind";* die Behörden zogen zahlreiche handgeschriebene Kopien davon ein. Das „Refuge" sammelte die Informationen über die verschiedenen Widerstandsformen in dieser oder jener Provinz und gab sie an die Gesamtheit der hugenottischen Gemeinden des französischen Königreichs zurück. So erfuhren Familien aus dem Vivarais dank einer in Amsterdam 1688 gedruckten Schrift: „Abriß der Geschichte der Schäferin von Saou, nahe Crest", daß ein junges Mädchen vom anderen Rhôneufer damit begonnen hatte, die Wiederherstellung der „wahren Religion" zu prophezeien. Der Pastor Jurieu spielte eine zeitlang diese Vermittlerrolle durch seine Hirtenbriefe (Lettres pastorales).

Vom „Refuge" erwartete man auch über Jahre hinweg die Rückkehr der Pastoren. Einer der Propheten, der zu den Urhebern des Camisardenkrieges gehörte, Abraham Mazel, bezeugte in seinem Bericht das beharrliche Festhalten an dieser Hoffnung am Vorabend des Ausbruchs der Revolte: „Wir hatten dennoch einen so großen Respekt vor den Pastoren und eine so große Achtung für ihr Amt, daß wir, obwohl die meisten von uns zu jung waren, um sie vor der sie ins Exil treibenden Verfolgung gekannt zu haben, brennend wünschten, daß einige von ihnen zu uns kämen, um diesen Rest der Herde zu trösten, zu stärken und zu führen, der, nicht fliehen könnend, als der Wolf den Schaden anrichtete, und von den Pastoren verlassen, in die Berge verstreut worden war, heimgesucht, geschlagen, verunglimpft, der Trostlosigkeit preisgegeben in den Städten wie auf dem Lande."[19]

Als die Pastoren nicht zurückkehrten, bat man das „Refuge" im Ausland um die Legitimierung der einfachen Prediger, die die Pastoren ersetzt hatten. Diese Legitimierung geschah durch Handauflegen, wodurch sie als regulär eingesetzte Pastoren anerkannt wurden. Seit 1688 trug jeder ins Ausland reisende Prediger dafür Sorge, sich durch Pastoren des „Refuge" bestätigen zu lassen. Und als sich die „Kirche der Wüste" nach dem Camisardensturm neu organisierte, beschloß sie anläßlich einer ihrer ersten Synoden von 1718, einen der ihren ins Ausland zu schicken, um die Handauflegung zu erhalten, die er danach an seine Gefährten weitergeben sollte. Ein Teil der Pastoren des „Refuge" verweigerte jedoch diese Legitimierung sowohl aus politischen als auch aus kirchlichen Gründen; sie gestanden den in Frankreich gebliebenen Hugenotten keinerlei Widerstandsrecht zu, lehnten sogar den gewaltlosen Widerstand ab und mißtrauten den wenig gebildeten Laien, die noch dazu beschuldigt wurden, Schwärmer zu sein. Antoine Court brach einige dieser Vorbehalte, indem er ab 1730 in Lausanne ein Seminar eröffnete, das die „Kirche der Wüste" mit Pastoren versah, aber er weihte sie in einer Kirche des „Refuge"!

Schließlich waren die hugenottischen Gemeinden des Auslands dazu da, Flüchtlinge aufzunehmen, wenn die Verfolgungen in Frankreich zu gewaltsam wurden oder eine individuelle Situation unhaltbar erschien. Tatsächlich dauerte die Auswanderung bis über das Ende der Regierungszeit Ludwigs XIV. hinaus an. Während der letzten Verfolgung im Jahre 1752 fanden sogar noch Abreisen statt. Pierre Mabelly, Wollarbeiter in Aubais, beispielsweise weigerte sich, seine zwei Töchterchen in der Kirche neu taufen zu lassen und floh mit einigen Einwohnern von Sommières in die Schweiz. In der Gegend von Anduze zirkulierte eine „Antwort an Herrn von ... über die Asylmöglichkeiten, die die protestantischen Mächte Europas jenen anbieten, die aus religiösen Gründen in ihre Staaten flüchten wollen". Nach Beschreibung und Bedauern der neuesten Verfolgungen erinnerte der Autor an die zugunsten der Glaubensflüchtlinge in allen Ländern seit 1685 getroffenen Maßnahmen, zitierte sämtliche Edikte und kommentierte einige von ihnen.[20]

Wenn die Glaubensflüchtlinge zumindest in der ersten Generation alles, was sich in Frankreich ereignete, weiter verfolgten, so richteten auch die französischen Hugenotten ihren Blick auf die protestantischen Länder, selbstverständlich mit einer größeren Aufmerksamkeit für Amsterdam oder Genf als für Berlin oder Kassel. Wilhelm von Oranien wurde als der neue Josua betrachtet. Man betete für ihn zur gleichen Zeit wie für den König von Frankreich, und seine Landung in England erschien vielen wie der Beginn der Wiederaufrichtung der „wahren Religion" in Frankreich.

Es ist also nicht erstaunlich, daß diese Verbindung mit dem „Refuge" selbst nach dessen Verschwinden mit Beginn der Toleranzpolitik Spuren hinterlassen hat; wenn auch nicht so sehr im Gedächtnis der ehemals Betroffenen. Im Unterschied zu den deutschen Hugenotten ist die Erinnerung an die alten Familienverbindungen in den französischen Familien schwach. Es gibt Familien, die bis zum Besuch eines entfernten Vetters nicht wissen, daß einst eine Linie ausgewandert ist. Bis zum heutigen Tage haben die Untersuchungen über das historische Legendengut nur mittelmäßige Ergebnisse gezeitigt, mit Ausnahme des Dauphiné. Dort erinnert man sich noch an die Abreisen, man nennt die Reisestationen, erwähnt einen Ort wie Louisendorf.[21]

Was die französische protestantische Historiographie betrifft, so hat sie sich bisher nicht besonders für dieses Thema interessiert. Hätten die Protestanten im 19. Jahrhundert jedoch so häufig die Ankunft methodistischer oder darbystischer Prediger akzeptiert, hätten sie Schweizer Pastoren nach 1945 angenommen, hätten sie ihre Kinder so gerne zum Theologiestudium nach Genf geschickt, zählte man in ihrer Verwandtschaft so viele ausländische Heiraten, wenn sie nicht das Bewußtsein einer die Grenzen überschreitenden europäischen Solidarität in sich trügen? Man hat sehen können, daß die französischen Hugenotten in den internationalen Bewegungen eine Rolle spielten, die in keinem Verhältnis zu ihrer tatsächlichen Anzahl stand. Auch hier wäre ich dazu geneigt, ein Ergebnis der Geschichte zu erkennen, nämlich jenes Jahrhunderts, in dem sie überlebt haben: dank ihres Willens, aber auch dank des Bewußtseins, einer größeren Gemeinschaft anzugehören. Dann ist es unwichtig, wenn sie die bewußte Erinnerung daran bis in unsere Tage verloren haben – das „Refuge" wohnt in ihnen, wie eine dauernde Aufforderung, auf der Höhe weltweiter Verbindungen zu leben. (Abb. 2, 3)

Michelle Magdelaine

Frankfurt am Main: Drehscheibe des Refuge

Frankfurt am Main hat im 16. Jahrhundert all jene großzügig aufgenommen, die um ihres Glaubens willen vor der Verfolgung aus ihrem Land flüchteten und in Frankfurt Zuflucht suchten. Diese Engländer, Wallonen und Niederländer gründeten in der lutherischen Stadt reformierte Gemeinden. Während jedoch die anglikanische Kirche nur vorübergehend Bestand hatte – die Engländer konnten nach der Regierung von Maria Tudor wieder in ihr Vaterland zurückkehren – war dies nicht der Fall für die niederländischen und französischen Kirchen.

Im Jahre 1638 übernahm die niederländische Kirche Deutsch als Liturgiesprache, was als ein sicheres Zeichen für die Assimilation ihrer Mitglieder zu deuten ist. Die französische Kirche, deren erster Pastor von 1543 bis 1547 Valérand Poulain aus Lille war, vergrößerte sich noch durch wallonische Glaubensflüchtlingen[1] und erfuhr einen gewissen Aufschwung – trotz der folgenschweren Entscheidung des lutherischen Magistrats, ab 1596 die Ausübung jeglicher Form des französischen reformierten Gottesdienstes in der Stadt zu verbieten. Obwohl ein bedeutender Teil ihrer Mitglieder daraufhin nach Hanau oder Frankenthal zog, entwickelte sich die Kirche im 17. Jahrhundert mit einer großen Anzahl reicher Kaufleute und Handwerker in ihren Reihen weiter.

Seit 1628 empfing Frankfurt die Nicht-Lutheraner dann nicht mehr so offen wie im 16. Jahrhundert; Juden und Kalvinisten konnten nicht mehr Stadtbürger werden. Dessen ungeachtet wurde die Reichsstadt Ende des 17. und Anfang des 18. Jahrhunderts eine wahre Drehscheibe für die anströmenden Glaubensflüchtlinge und eines der Hauptzentren der Fürsorge. Zahlreiche französische Protestanten, die auf Grund des Edikts von Fontainebleau (18. Oktober 1685) zum Katholizismus hätten übertreten müssen, weigerten sich, ihrem Glauben abtrünnig zu werden, und manche waren sogar bereit, den Märtyrertod zu erleiden. Von den zahlreichen Protestanten, die den Weg ins Exil wählten, begaben sich viele nach Frankfurt. Auf Grund der geographischen Lage ganz in der Nähe des Zusammenflusses von Rhein und Main war die Stadt stets Knotenpunkt der wichtigsten Ost-West- und Nord-Süd-Verbindungen in diesem Teil Europas; man konnte die Stadt leicht erreichen und wieder verlassen. Politisch direkt dem Kaiser unterstellt, kannte die Freie Reichsstadt Frankfurt eine größere Selbständigkeit als andere Städte.

In wirtschaftlicher Hinsicht war Frankfurt einer der wichtigsten europäischen Finanz- und Handelsplätze; ihre halbjährlichen Warenmessen zogen Kaufleute aus allen Ländern an. Zum Ansehen der Stadt in jener Zeit trugen auch die Nachkommen der Glaubensflüchtlinge des 16. Jahrhunderts wesentlich bei. Ihre blühende Gemeinde nahm sich der schon vor 1685 eintreffenden Hugenotten an sowie derer, die nach diesem Zeitpunkt hereinströmten – sichtlich auf der Suche nach einer Zuflucht, einem Orte, an dem sie in Frieden und Einklang mit ihrem Gewissen gemeinsam leben konnten. Die Gemeinde organisierte auch Hilfeleistungen für diese Armen besonderer Art.

Am Anfang wurden die „gewöhnlichen" Armen mit den „vorübergehenden" Armen vermengt, d.h. mit französischen Protestanten, die das Königreich verlassen hatten, weil ihre Freiheit seit 1661 durch die strenge Anwendung des Edikts von Nantes, dann durch die restriktiven Ordonnanzen von Ludwig XIV. immer mehr bedroht war. Ihre Anzahl nahm gegen 1685 immer schneller zu, sodaß das Konsistorium entschied, für diese Glaubensflüchtlinge spezielle Register (Unterstützungslisten) zu führen.[2] Dies war der Beginn des ersten „Buchs ausdrücklich gemacht für die armen Réfugiés wegen der großen Verfolgung, die man gegen die reformierte Religion in Frankreich ausübt und denen wir außerordentlich geholfen haben". Vom Mai 1685 bis Mai 1695 zogen (zum Teil wiederholt) mehr als 63700 Personen durch Frankfurt; während der nächsten zehn Jahre mehr als 34000. Die Anzahl der Franzosen und der Piemontesen vergrößerte sich mit dem Strom der Pfälzer, die nach 1689 vor der französischen Invasion flüchteten, und den Protestanten aus dem Fürstentum Orange.[3] Nahezu 150000 Gulden wurden an die Flüchtlinge verteilt. Aber trotz ihres bedeutenden Beitrages und trotz der weiterhin gespendeten Hilfsgelder war die französische Gemeinde nicht in der Lage, eine derartige Summe allein aufzubringen. Die deutsche reformierte Gemeinde mußte ihr zu Hilfe kommen; desgleichen auch die Lutheraner, die 1699 eine Geldsammlung veranstalteten. England und die Niederlande sandten ebenfalls Geld, das jedoch für die französischen Kirchen der Umgebung von Frankfurt bestimmt war.

Der Kurfürst von Brandenburg, den man ebenfalls dringend um Hilfe bat, war nur bereit, denjenigen materielle Hilfe zukommen zu lassen, die sich in seine Territorien begaben. Unterstützung kam aber auch von reichen Glaubensflüchtlingen, die sich zu jener Zeit mehr oder weniger dauerhaft in Frankfurt niederließen: der Prinzessin von Tarent, in deren Hotel zwischen 1688 und 1693 der Gottesdienst stattfinden konnte, von Bassompierre, Blachiere, Gontard, um nur diese zu nennen.

Glücklicherweise sind die Unterstützungslisten der reformierten französischen Gemeinde besonders gut geführt und liefern wenigstens für die ersten Jahre zahlreiche Auskünfte über die Réfugiés: Namen, Vornamen, Familienstand, Beruf, geographische Herkunft, Reiseweg, Bestimmungsort, zugeteilte Summen und manchmal, in einigen Worten oder einigen Linien, die Umstände der Flucht, die erlittenen Prüfungen, einen kurzen Lebensbericht.

Selbstverständlich geben diese Register kein vollständiges Bild des Refuge: eine gewisse Anzahl von Hugenotten durchquerte Deutschland, ohne durch Frankfurt zu ziehen, mehr noch kamen gar nicht erst nach Deutschland. Aber obwohl nur wenige Flüchtlinge dort bleiben konnten, nahm Frankfurt paradoxerweise einen außerordentlich wichtigen Platz für sie ein. So trafen sich hier Agenten der Aufnahmemächte, in kurzer Zeit zogen Zehntausende von Leuten, aus allen Regionen und allen sozialen Klassen, durch die Stadt. Schon eine detaillierte und systematische Untersuchung der ersten achtzehn Monate, die mit den ersten Unterstützungslisten im April 1686 ihren Anfang nimmt und bis zum November 1687 mehr als 4000 Personen betrifft, gibt hier einen umfassenden Einblick.

Tag für Tag trafen in Frankfurt Hugenotten ein oder kamen manchmal hierher zurück; zwei-, dreimal, sogar mehr als fünfzehn Mal ... Manchmal wurde an einem bestimmten Tag nur eine einzige Person verzeichnet, meistens aber schwankten die Zahlen zwischen fünfzehn und zwanzig Personen pro Tag – mit Spitzen, die bis zu fünfzig gingen; am 30. August 1686 z. B. erhielten 51 Personen Hilfe; am 20. Dezember desselben Jahres waren im Register 48 Réfugiés eingetragen, die alle aus dem Dauphiné stammten. Am 11. August 1687 wurden 30 Personen betreut, von denen 14 aus der Île de France stammten; am 15. August 1687 waren es 57 Personen, die aus verschiedenen Provinzen, mehrheitlich jedoch dem Dauphiné, dem Languedoc und den Cevennen kamen; am 7. September 1687 waren es noch 44 Personen, darunter 35 aus dem Dauphiné. Auch wenn der Winter die Bewegung hemmte, zum Stillstand brachte er sie nicht: im Januar 1687 betrug die Anzahl der betreuten Hugenotten 101, im Februar 144, während es im Juni 242 und im August 394 Personen waren.

Die Réfugiés erschienen bald einzeln, bald in festen Gruppen. Dabei konnte es sich um eine Familie handeln, die aus dem Vater, der Mutter und den Kindern bestand. Doch war dies verhältnismäßig selten, da nur 285 Ehepaare mit oder ohne Kinder während dieser achtzehnmonatigen Periode vermerkt wurden. Vor allem bei Bauern traf man die Großfamilie an: so wurde Pierre Michel aus Freissinières im Dauphiné am 17. Mai 1686 mit seiner Frau, seinen drei Kindern, einem Cousin und einer Cousine betreut; am 20. Dezember 1686 trafen aus Arvieux im Queyras über Genf, Lausanne, Bern und Zürich kommend die Familien Bellon, Martin, Vasserot, Chaillot und Bech ein, wobei die Bellon alleine eine Gruppe von 18 Personen von der Gesamtzahl 31 bildeten.

Es kann sich hier um eine Gruppe von Personen handeln, die aus derselben Gegend, aus demselben Dorf stammten, und zweifelsohne miteinander verwandt waren: z.B. die oben erwähnten Bellon, Vasserot, usw. ...; so kamen am 2. April 1687 26 Flüchtlinge an, die aus Quaregnon in der Nähe von Mons stammten, 4 Familien, denen einige Tage später, am 13. April, 13 weitere Personen aus demselben Dorf folgten. Aus gewissen Dörfern, die ganz oder zum Teil protestantisch waren, zog die Bevölkerung teilweise oder ganz ab: dies ist der Fall im Queyras, in Arvieux, Saint-Véran, Pierregrosse, im Haut-Oisans, in La Grave und vor allem in Besse, Mizoên, Clavans, um nur diese wenigen Beispiele zu nennen. Am 7. April 1687 meldeten sich neun Personen, die alle aus der Basse-Guyenne, den Kolloquien[4] von Agenais und aus dem Perigord stammten, die verschiedene oder keine Berufe ausübten, durch Lausanne oder Zürich gereist waren und sich in Frankfurt wiederfanden, wo sie beschlossen, miteinander weiterzureisen.

Die Tatsache, daß man die gleiche Sprache sprach und die gleichen Traditionen teilte, war in der Not, im Exil in einem unbekannten Lande, von großer Hilfe. Während der Reise fanden auch Umschichtungen statt, es kam zu Bekanntschaften mit Leuten, die im Mutterland nicht möglich gewesen wären, und zwar sowohl wegen der Entfernungen zwischen den Heimatprovinzen als auch und noch mehr wegen der sozialen Klassenunterschiede: so kamen am 6. September 1686 Jacob Malizy, Astronom und Buchhändler, seine Frau Elizabeth Char, ein Sohn und eine Tochter aus Sainte-Menehould in der Champagne in Frankfurt an – nach Zwischenaufenthalten in Bern und Zürich; zum gleichen Zeitpunkt und auf demselben Weg traf Pompée Tourres, Wollkämmer von Veynes im Dauphiné, ein. Zusammen zogen sie nach Greifenstein (Grafschaft Solms-Braunfels) oder Marburg, erschienen wieder in Frankfurt am 30. September desselben Jahres, um „ihre alten Kleider abzuholen", die sie zweifelsohne in Frankfurt zurückgelassen hatten; sie ließen sich in Greifenstein nieder. Man sieht sie nochmals in Frankfurt am 19. Juli 1687; sie verließen Greifenstein und erklärten, daß sie sich nach Heidelberg begeben wollten; zu diesem Zeitpunkt sollte sich Pompée Tourres mit Elizabeth Malizy, Jacobs Tochter, verheiraten.

Die Gruppen konnten auch aus Personen bestehen, die denselben Beruf ausübten. So wurde am 7. Juni 1686 eine Gruppe von 6 Männern, die alle Tuchmacher waren, betreut. Sie stammten aus dem Dauphiné, „aus der Umgebung von Valence", und waren auf dem Weg nach dem Fürstentum Anhalt. Man darf wohl annehmen, daß sie gemeinsam geflüchtet waren, da sie aus derselben Gegend stammten und vielleicht miteinander verwandt waren. Doch das Wichtigste in diesem Falle schien die Ausübung desselben Handwerks zu sein. Es sieht so aus, als ob das beste Mittel, Arbeit zu finden, für sie darin bestand, ohne Trennung voneinander Angebote von diesen oder jenen Fürsten anzunehmen, anstatt sich gegenseitig Konkurrenz zu machen.

So wurde am 28. April 1687 auch eine Gruppe von 5 Personen im Register von Frankfurt eingetragen, von denen 3 medizinische oder der Medizin benachbarte Berufe ausübten: 1 Arzt aus Bordeaux, 1 Chirurg aus Saint-Antonin und 1 Apotheker aus Uzès. Haben sie sich erst in Frankfurt getroffen? Dies ist durchaus möglich, da sie laut der Beglaubigungen, die sie mit sich trugen, in der Schweiz nicht denselben Weg eingeschlagen hatten. Auch hier war man wohl der Auffassung, daß Einheit stark mache und man vielleicht die sich ergänzenden Berufe bei Landsleuten in Holland, dem Ziel der Reise, ausüben könne.

Noch verwickelter war der folgende Fall: am selben Tag, dem 28. April 1687, begab sich Daniel Chaix la Place aus Grenoble, Pastor in La Grave, ebenfalls nach dem Fürstentum Anhalt; ihm schloß sich eine Gruppe von Tuch- und Wollmachern an, von denen einige ebenfalls aus dem Dauphiné stammten, jedoch aus dem Süden der Provinz, während die andern aus Uzès im Bas-Languedoc waren.

Auch hier scheinen sie auf Angebote für Arbeit eingegangen zu sein. Dies ist nicht erstaunlich, denn wir entnehmen den von den Fürsten oder von den Städten erlassenen Aufnahmeedikten, aber auch den Briefwechseln zwischen diesen Fürsten und den schweizerischen Stadtbehörden oder ihren Vertretern in Frankfurt, daß manche Länder Handwerkern den Vorzug gaben, andere jedoch Angehörigen des Heeres; und wieder andere nahmen auf, was kam. Der Kurfürst von Brandenburg delegierte zu diesem Zweck einen Vertreter, Christoph Merian, nach Frankfurt, einen „Werber", der möglichst viele Glaubensflüchtlinge nach Brandenburg holen sollte. Er händigte ihnen Pässe aus, gab ihnen Geld auf die Reise und organisierte Geleite. Pieter Valkenier übte für die niederländischen Generalstaaten dieselbe Funktion aus.

Alle in den Registern von Frankfurt eingetragenen Réfugiés kamen im allgemeinen mittellos an, da sie überstürzt fliehen und all ihr Hab und Gut hatten zurücklassen müssen, wie z. B. Etienne Chauvin, dessen Frau und 2 Kinder. Etienne Chauvin war Pastor in der Kirche von Uzès gewesen; er wurde dann „im Dauphiné verhaftet, in Grenoble ins Gefängnis geworfen und nach 43 Tagen, nachdem er die meiste Zeit im Kerker geschmachtet hatte, auf freien Fuß gesetzt; er wurde durch Gerichtsentscheid aus dem Königreich verbannt – gemäß dem königlichen Edikt, das allen Pastoren unter Androhung der Galeerenstrafe anordnete, das Reich zu verlassen"; am 6. Oktober 1686 leistete das Konsistorium Jean Morel, Antoine Musquet und Jacques Simond, die alle aus Arvieux im Queyras kamen, Beistand: „sie wurden verfolgt und gezwungen, die Messe zu besuchen, doch da sie den Götzendienst nicht ertragen konnten, haben sie alles verlassen, Häuser, Verwandte und alle ihre Habe".

Es war schon schwierig, seinen Besitz hinter sich zu lassen, was aber, wenn man jene hinter sich lassen mußte, mit denen man durch Blutsbande und durch Zuneigung verbunden war! Marie Leger aus La Mure im Grésivaudan etwa war die Frau von Daniel Genevois, einem Kaufmann. Sie war die Tochter von Jean Leger, dem Pastor und bekannten Historiker der Waldenser; sie kam in Frankfurt an und zog weiter nach Holland; sie hatte ihren Mann in der Schweiz zurückgelassen, wo er versuchte, ihre 4 Kinder, die noch im Dauphiné waren, nachkommen zu lassen. Am 20. November 1686 kam Jules d'Estienne, aus Clelles im Dauphiné, in Frankfurt an. Er war Student der Theologie, „hat Frankreich seit Februar 86 verlassen und reist seitdem in der Hoffnung, seine Verlobte Marie Salomon de Bras, von Clelles im Dauphiné, herauszuholen".

Gelang es den Réfugiés, etwas Geld mitzunehmen, so wurde es oft für das Allernötigste ausgegeben, um Lebensmittel zu beschaffen, um „Führer" oder „Agenten" zu bezahlen. Auch Räuberbanden zogen Vorteile aus der Lage der Flüchtlinge: Pierre d'Assas aus Vigan wurde „geplündert, auf seiner Flucht mißhandelt und sogar an einem Bein verletzt". Die Soldaten benahmen sich oft wie Banditen; Louis de la Hedodiere, aus Nevers, Fähnrich zur See, mußte dies am eigenen Leib erfahren: in der Nähe von Brüssel ergriff er die Flucht, wurde aber erwischt, verwundet und von den spanischen Soldaten gänzlich ausgeplündert.

Die Flüchtlinge kamen oft auf Grund der Entbehrungen oder infolge von Unwettern und Unfällen in schlechtem körperlichen Zustand in Frankfurt an: Abel Mole „ist von einem Karren heruntergefallen, ein zweiter Karren ist ihm über den Körper gefahren. Er war gezwungen, während fünf Monaten in Zürich zu bleiben". Kleine Kinder, schwangere Frauen – wie Jeanne Pery „hochschwanger" – oder alte Leute – wie z. B. die im Elsaß geborene Marie Sage, aus Marsillargues, die alt, blind und verkrüppelt war – waren besonders gefährdet. Bei ihrer Ankunft wurden sie in Herbergen oder bei Einzelpersonen, die eine Art Heimhospitalisierung betrieben, aufgenommen, verpflegt, gepflegt und beherbergt; die Witwe Collar etwa, deren Name oft in den Registern aufgeführt wird, beherbergte und pflegte gegen Entschädigung durch das Konsistorium erschöpfte und kranke Flüchtlinge. Für einige nahm die Reise ein Ende; sie waren zu schwach und zu krank und starben in Frankfurt: Marguerite Nicolas aus Gap kam mit ihren 7 Kindern alleine in Frankfurt an; ihr Mann war zum Katholizismus übergetreten. Bei ihrer Ankunft in Frankfurt verlor sie ihr jüngstes Kind (6. Juli 1686). Andere konnten nach langer Pflege weiterreisen; Hugues Caffarel aus Vars war mit seiner Schwester Anne seit dem 25. Oktober 1686 in Frankfurt, „sehr krank und mit Fieber"; er blieb zehn Wochen, bevor er nach Kassel weiterzog; Jacques Faure, Koch aus Melle im Poitou, kam mit seiner Frau und seinen 3 Kindern krank an. Er erhielt Geld für das Nötigste und um die Miete für ein Zimmer zu bezahlen; er blieb mehr als drei Monate in Frankfurt. Die meisten Flüchtlinge hielten sich jedoch nur während kurzer Zeit in Frankfurt auf; ohne Unterbrechung kamen neue Réfugiés an, denen Platz zu machen war.

Die Lothringer und die aus dem Norden und dem Westen Frankreichs stammenden Hugenotten zogen im allgemeinen direkt nach Deutschland. Die andern, d.h. weitaus die Mehrheit, kamen aus Südfrankreich und durchquerten erst die Schweiz. Es ist nicht verwunderlich, daß die meisten Glaubensflüchtlinge aus dem Süden kamen, da auf Grund zuverlässiger Schätzungen des Pastors Mours die Provinzen des Midi im Jahre 1670 ungefähr 487000 Reformierte zählten, die Nordprovinzen hingegen nur 174000 und die Westprovinzen 195000, bezogen auf eine Gesamtbevölkerung von 16 Millionen Einwohnern.[5] Mehr als 3350 der Flüchtlinge, die in der Zeitspanne vom Frühjahr 1686 bis zum Herbst 1687 in Frankfurt ankamen, hatten die Schweiz durchquert. Lausanne, Bern und Zürich hatten mit 1026 beziehungsweise 705 und 989 Personen die zahlenstärksten Kontingente aufgenommen. Außerdem waren 205 durch die Republik Genf gezogen und eine kleine Anzahl – die immer mehr wuchs – durch das Fürstentum Neuchâtel.

Die Reisedauer zwischen zwei Städten hing jedoch von den Umständen ab. Aus den Durchreisedaten, die in den Bestätigungen oder Zeugnissen[6] aufgeführt sind, ist ersichtlich, daß zwischen zwei Etappen mehrere Wochen, ja sogar Monate verstrichen sein konnten. Während vieler Jahre hatten die Hugenotten nämlich gehofft, daß es sich bloß um eine schwere Prüfung handeln würde, daß der König eines Tages einsehen und begreifen würde, daß die Hugenotten getreue Untertanen und keineswegs Rebellen waren, die er des Landes verwiesen hatte. Diese Hoffnung nahm ein jähes Ende, als die Vertreter der Hugenotten im Jahre 1697, während der Friedensverhandlungen von Ryswick, auf eine letzte Bitte um Erlaubnis zur Rückkehr hin eine definitive Absage erhielten. Bis dahin versuchten sie, möglichst nahe an den Grenzen des Königreichs zu bleiben.

Doch die Schweiz, die Republik Genf und das Fürstentum Neuchâtel waren nicht in der Lage, diese stets anwachsende Menschenmenge aufzunehmen. Auch wenn eine gewisse Anzahl von Réfugiés sich niederlassen konnte, vor allem jene, die ein seltenes oder sogar unbekanntes Handwerk ausübten oder Geld besaßen, mußte die große Mehrheit weiterziehen – nicht ohne indessen großzügig von den Städten und Kantonen betreut worden zu sein. So erhöhte z. B. Bern die Steuerabgaben, um mit den zusätzlich erhobenen Summen für den Unterhalt der Flüchtlinge aufzukommen; Zürich erreichte mittels Geldsammlungen das gleiche Resultat. Auch Einzelpersonen kümmerten sich um Réfugiés, denn alle konnten nicht in den ihnen zur Verfügung gestellten Herbergen oder

Gemeindehäusern untergebracht werden. Es gab auch Flüchtlinge, die ohne Zeugnis ankamen: einige hatten es verloren, wieder andere waren vollkommen ohne Papiere, wie z.B. zwei englische Soldaten, die in Straßburg fahnenflüchtig geworden waren. Man verhörte sie, um zu wissen, ob es sich wirklich um Reformierte handelte. Ihre Antworten waren aber nicht befriedigend; sie konnten nur auf lateinisch beten und hatten seit mehreren Jahren kein Abendmahl empfangen. Die Mitglieder des Konsistoriums, die sie prüften, vermuteten, daß sie es mit Betrügern zu tun hätten, die der Armee überdrüssig geworden seien und die Situation ausnützten, um wieder nach England zurückzukehren, nachdem sie sich hätten versorgen lassen. Trotzdem leistete man ihnen Hilfe.

Selbst Katholiken wurden betreut, die aus Mitleid mit protestantischen Flüchtlingen diesen geholfen hatten und anschließend angezeigt worden waren. Entweder waren sie verbannt worden, wie eine Frau aus Vitry-le-François, oder sie ergriffen die Flucht, um ihrer Verhaftung zuvorzukommen. Wieder andere Katholiken hatten nicht mitansehen können, wie ihre Kirche für die Verfolgung andersgläubiger Christen verantwortlich war. Wahrscheinlich hatten sie gedacht, daß die Wahrheit auf der Seite derjenigen sei, die für ihren Glauben alles aufgeben und bis zum Tode Widerstand leisten. So gaben auch sie alles auf und schworen ihrem Glauben ab, sobald sie in einer protestantischen Stadt der Schweiz oder Deutschlands angekommen waren. Unter ihnen befanden sich Geistliche, Studenten der Theologie, gewöhnliche Laien, aber auch zwei Jansenisten, Nicolas Benoit Noel und Louis Guinot, die am 23. April 1687 Hilfe erhielten. Auf Grund ihrer Erklärung, daß sie „zu unserer heiligen Religion übertreten" möchten, wurden sie von Persode, einem der Geistlichen ausgefragt. Sicher waren sie mittellos, und doch betrachtete man sie als wichtige Personen, denn sie erhielten nicht nur eine große Geldsumme, nämlich 19 Gulden und 37,5 Albusse, sondern sie wurden auch noch bis zu den Schnallen für die Strumpfbänder und die Schuhe eingekleidet!

Erstaunlich ist auch das Beispiel der erwähnten Dorfbewohner aus Quaregnon in der Nähe von Mons im Hennegau. Diese Gegend war im 16. Jahrhundert von der Reformation ergriffen worden, die Kirchen wurden dann jedoch mit Gewalt verfolgt, und wer nicht starb oder fliehen konnte, kehrte zumindest nach außen hin in den Schoß der katholischen Kirche zurück. Die Provinz gehörte nicht zum französischen Königreich und wurde somit weder vom Edikt von Fontainebleau noch vom Edikt von Nantes betroffen. Trotzdem sah man mehrere Gruppen von Personen das Dorf verlassen, die, kaum in der Pfalz angekommen, alle miteinander dem Katholizismus abschworen. Bestanden in diesen Familien Überbleibsel protestantischer Traditionen: Gottesdienst im Rahmen der Familie, Lektüre der Bibel? ...

Von den 4086 Hugenotten, die sich während dieser achtzehn Monate in Frankfurt gemeldet hatten, waren 2485 alleinstehende Männer: Ledige, Witwer, Ehemänner ohne ihre Frau, dazu 319 alleinstehende Frauen, 285 Ehepaare und 712 Kinder. Nur 2025 gaben ihren Beruf an. Es ist durchaus möglich, daß die Diakone unter dem Ansturm und aus Zeitdruck nur das vermerkten, was ihnen wesentlich erschien: Namen, Vornamen, Herkunft, Bestimmungsort und die zugeteilte Summe. Weitaus die größte und vielfältigste Gruppe war die der Handwerker und da wiederum vor allem die der Tuchmacher, vom Wollkämmer bis zum Bortenwirker oder Sticker. Auch Vertreter der Leder-, der Metall- und der Holzbranche sind vermerkt, jedoch in viel geringerem Ausmaß. Von den 109 Personen, die einen medizinischen Beruf ausübten, hatten sich die Chirurgen mit 73 Vertretern den Löwenanteil gesichert; sie waren hauptsächlich aus der Basse- und Haute-Guyenne und dem Haut-Languedoc gekommen.

Die Landwirte nahmen einen besonderen Platz ein. Mit Ausnahme eines „Wirtschafters" aus dem Bas-Languedoc wurden sie allgemein als „Bauern" eingetragen. Sie kamen zum größten Teil aus dem Dauphiné – aus Queyras, dem Tal von Freissinières, den Waldenser Tälern, dem französischen oder Savoyer Haut-Piémont – oder aus der Provence, vor allem aus dem Lubéron. Ihren Besitz zu verlassen, bedeutete für sie wirklich alles aufzugeben. War es ihnen gelungen, ihre Ernte noch zu verkaufen oder die Verwaltung ihrer Güter einem zurückgebliebenen Mitglied der Gemeinde, mittels eines fiktiven Verkaufes, anzuvertrauen, so hatten sie ihre wenigen Mittel schon bald ausgegeben und befanden sich somit unter den Mittellosesten. Dies umso mehr, als sie oft mit ihrer ganzen Familie, vom Wickelkind bis zu den Großeltern, weggezogen waren, die Reise lang war und die Alpenwege nur schwer begehbar.

Zwei weitere, unterschiedliche Gruppen waren die der Geistlichen und der Soldaten. In der Regel waren die Pastoren als erste weggezogen. Ihre Lage war besonders tragisch, da sie Verbannte des Königreichs waren und ihnen bei einer Festnahme die Galeerenstrafe drohte. Etienne Chauvin, ehemaliger Pastor der Kirche von Uzès, war auf der Flucht in Grenoble festgenommen, in den Kerker gesperrt, jedoch nach 43 Tagen wieder auf freien Fuß gesetzt worden. Schließlich war es ihm gelungen, sich mit seiner Frau und seinen zwei Kindern in die Schweiz und anschließend nach Deutschland abzusetzen.

Von April 1686 bis November 1687 hat die französische Gemeinde von Frankfurt 58 Pastoren betreut. Von jenen, die diesen Zufluchtsort, aus den Südprovinzen Frankreichs kommend, erreichten, hatten sich einige zuerst in den Städten am Genfersee oder in dessen Nähe niedergelassen, vor allem in Aigle, Lausanne und Vevey. Mit Hilfe der Zivil- oder Kirchenbehörden hatten sie die Aufnahme der Flüchtlinge vorbereitet und sich um deren Aufnahme anderswo gesorgt. Mit den eintreffenden Réfugiés bildeten sie Trupps unter ihrer Führung und kamen, falls dies nötig war, wieder zurück, um sich der Neuankömmlinge anzunehmen. Daniel Martin, früher Pastor in Mentoules im Valcluson, kam am 3. November 1686 nach einem vierzehnmonatigen Aufenthalt in Aigle, wo er „die Ausreise von mehreren, armen Réfugiés ermöglicht hatte", in deren Begleitung nach Frankfurt zurück; dort gab man ihm 15 Gulden, und er brach erneut in die Schweiz auf, um weitere Familien, die man in der Grafschaft Waldeck erwartete, in Empfang zu nehmen. Pierre Hemery, „in die Kirche von Henrichemont abberufen und ungefähr 8 Monate zuvor im Pfarramt von Zürich empfangen" (17. Mai 1686), hatte eine erste Gruppe von Gemeindegliedern des Pastors Daniel Martin von Zürich nach Frankfurt begleitet. 37 Personen wurden in den Registern eingetragen. Mit Ausnahme eines 15-jährigen Jungen aus der Touraine, stammten sie alle aus dem Valcluson und nicht aus dem Berry wie ihr Begleiter. Wahrscheinlich hatten die Zürcher Behörden Pierre Hemery beauftragt, diese unglücklichen Flüchtlinge, die in Aigle bereits von ihrem Pastor in Empfang genommen worden waren, nach Frankfurt und anschließend von dort aus nach Kassel zu bringen. Andere aus dem Dauphiné, aus Freissinières gebürtige Réfugiés schlossen sich diesem Trupp an, denn auch ihre Absicht war es, sich nach Kassel zu begeben.

Kassel, oder vielmehr Hessen-Kassel, nicht weit von Frankfurt entfernt, dessen Herrscher für alle sozialen Klassen günstige Edikte veröffentlichte, nahm während dieser 18 Monate 751 Personen auf; sie gehörten zu den 3897 Personen, die angaben, wo sie sich niederlassen wollten. Hessen-Kassel folgt somit gleich nach Brandenburg und den Generalstaaten der Niederlande, die 1014 beziehungsweise 1040 Personen aufnahmen.

Die Generalstaaten (vor allem Holland) und Brandenburg waren in den Jahren 1686–87 für die meisten Hugenotten, die in Frankfurt eintrafen, die bevorzugten Bestimmungsorte. Von 3897 Personen erklärten 1011, daß sie sich in den Generalstaaten niederlassen wollten. Dieselbe Anzahl strebte nach Brandenburg. Die beiden Gruppen unterschieden sich allerdings insofern, als sich die Kandidaten für die Generalstaaten allgemein auf direktem Weg dorthin zu begeben wünschten, während eine große Anzahl der Kandidaten für Brandenburg auch andere Orte angaben: Hessen, Greifenstein, Holland, Bremen. Es sieht so aus, als ob Brandenburg erst dann gewählt wurde, wenn man näher gelegene Orte nicht gefunden hatte.

Auch andere kleinere Staaten, die ihre Macht und ihren Reichtum mit der Aufnahme von rasch rentablen Glaubensflüchtlingen zu vergrößern suchten, bemühten sich, Hugenotten anzuziehen: 160 gingen nach Greifenstein, 55 nach Homburg, der Hauptstadt von Hessen-Homburg, 50 nach Hanau, wo die wallonische Kirchengemeinde schon seit langer Zeit bestand, 65 in die Markgrafschaft Bayreuth, 64 in die Pfalz, einen im 16. Jahrhundert bedeutenden Flüchtlingsort, wo aber die Lage immer gespannter wurde und mit der französischen Invasion von 1689 und einer erneuten Auswanderung endete. Auch die Hansestädte nahmen Réfugiés auf: Hamburg (Altona) und vor allem die reformierte Stadt Bremen (182 Personen innerhalb von 18 Monaten). Manche Flüchtlinge wollten sogar nach England gehen: kam man aus dem Bas-Languedoc, den Cevennen oder dem Dauphiné, so war der Weg durch die Schweiz, Deutschland und die niederländischen Generalstaaten wenn auch nicht der kürzeste, so doch zum mindesten der sicherste. Württemberg wird darum wenig genannt, weil der Weg von der Schweiz dorthin nicht über Frankfurt verlief. Es wird jedoch dann in den Registern von Frankfurt als Reiseziel bezeichnet, wenn die Flüchtlinge vom Norden oder vom Westen her kamen. Schließlich gibt es die Kategorie der Unglücklichen (60), vor allem bei den Bauern, die erklärten, daß sie nicht wüßten, wohin sie gehen sollten oder wo sie Arbeit finden könnten.

Im Laufe der Monate geschah es auch, daß einige Flüchtlinge nach Frankfurt zurückkamen. Sie hatten nicht Fuß fassen können da, wo sie wollten, weil sie keine Arbeit gefunden hatten. Dies traf z. B. bei Jean Bertrand zu, einem Faßbinder aus Pouilly-sur-Loire, der aus Maastricht zurückkam, oder bei Jean Moureton, einem Lohn- und Ledergerber aus Annonay, der sich in Holland niederlassen wollte, jedoch in die Schweiz zurückkehrte, weil er keine Arbeit gefunden hatte. Raymond Chaffonin, ein Maurer aus Vallon, befand sich in der gleichen Lage; er hatte ebenfalls keine Arbeit in Holland gefunden und wollte nun in Frankfurt bleiben; seine schlechten Deutschkenntnisse hinderten ihn jedoch offenbar daran. So beschloß er, sein Glück in der Gegend von Mannheim zu suchen, wo die französischsprechenden Gemeinschaften verhältnismäßig zahlreich waren.

Aber man kam nicht nur aus Mangel an Arbeit nach Frankfurt zurück. Ester Roussel z. B. war sehr betagt und ihr Sohn Isaac Cheminon schwachsinnig; sie stammten aus Mollières im Val Cézare und wurden am 11. November 1686 zum ersten Mal betreut; sie gedachten, den Winter in Hanau zu verbringen. Als sie am 11. Juli zum zweiten Mal Hilfe erhielten, erklärten sie, daß sie bis nach Kassel gegangen seien, dort jedoch nichts für ihren Lebensunterhalt hätten finden können; nun wollten sie in die Schweiz ziehen. Antoine Gabriel aus dem Pays de Gex, ein Seidenarbeiter, wollte ebenfalls nicht in Kassel bleiben: er hatte erfahren, daß seine Eltern nach Genf geflohen waren und wollte sie aufsuchen. Antoine Vasseur, ein Landwirt aus der Picardie, hatte sich in Middelburg niedergelassen. Er wollte unter allen Umständen diese Gegend verlassen, weil hier seine Frau und seine zwei Töchter gestorben waren; er versuchte nun, sich in der Pfalz niederzulassen, und zwar in Billigheim. Anne Mallein aus Lyon konnte „die Luft in Holland nicht leiden" und wollte ihre Eltern in Genf ausfindig machen ...

Die meisten Hugenotten, die man wieder in Frankfurt antraf und die abermals unterstützt wurden, kamen nicht mehr als zwei oder dreimal. Daraus ist zu schließen, daß sie nun endlich eine Zuflucht gefunden hatten. Einige kamen sogar mehr als zehnmal zurück. Während einige von ihnen wahrscheinlich der Ansicht waren, es sei leichter, auf Kosten ihrer Glaubensgenossen zu leben, war für andere die Situation tragisch: sie hatten sich von allem, was ihr Leben ausmachte, getrennt, weil ihnen die Ausübung ihres Glaubens wichtiger war. Doch war es ihnen nicht gelungen, erneut Wurzeln zu fassen; so wurden sie zu Außenseitern, die von Gemeinschaft zu Gemeinschaft umherirrten und bis zu ihrem Tode von Almosen lebten.

Dieser kurze Überblick über die Unterstützungslisten von Frankfurt gibt eine Vorstellung von deren Vielfalt und Fülle. Selbstverständlich sind mehr als solche Listen nötig, um eine gründliche Untersuchung dieses Massenauszuges angemessen durchzuführen. Dank dieser Register ist aber eine nähere Betrachtung dieser Bewegung als Ganzes möglich; sie erlauben auch die Erarbeitung einer Methode, mit deren Hilfe man die dort enthaltenen Informationen ohne Spekulation verwerten kann. So konnte ein ausgedehntes internationales Forschungsunternehmen seinen Anfang nehmen, dessen Ziel die Darstellung einer der größten Völkerwanderungen des Ancien Régime ist. Es benutzt sämtliche Quellen, sowohl diejenigen, welche auf dem Weg nach Frankfurt in der Schweiz – dem Empfangs- und Durchreiseland – zu finden sind, als auch solche, die in Frankreich, dem Vaterland, aus dem man fliehen mußte, liegen. Dazu kommen die Quellen, die man, von Frankfurt ausgehend, in den Bestimmungsorten, in denen sich die Flüchtlinge nach mehrfachen Prüfungen und Abenteuern niederließen, zur Verfügung hat. Es handelt sich hier um eine sehr merkwürdige Völkerwanderung, da ihre Ursachen nicht wirtschaftlicher Natur sind. Zu diesem Zeitpunkt drängten keine großen Hungersnöte die Menschen in immer weiter entfernte Gebiete, in denen sie ihren Lebensunterhalt verdienen konnten. Diese Auswanderung hat auch nicht unmittelbar politische Ursachen, denn die Aufhebung des Edikts von Nantes ließ sich allenfalls aus der Sicht des Königs politisch deuten. Doch handelt es sich beim „Refuge" keineswegs um eine eigenmächtige Völkerversetzung; die tiefen Ursachen dieser ganzen Bewegung sind religiöser Art. Die Hugenotten waren infolge des Zwangs, den man auf ihr Gewissen ausübte, in ihrem Innersten verletzt worden; ihre Identität wurde in Frage gestellt. Dies war unerträglich für sie, und so zogen sie es vor, ihr Land zu verlassen. (Abb. 4)

Rémy Scheurer

Durchgang, Aufnahme und Integration der Hugenottenflüchtlinge in der Schweiz

Seit Frankreich Ende des 16. Jahrhunderts die Landschaft von Gex und 1674 die Freigrafschaft Burgund besetzt hielt, hatte sich die gemeinsame Grenze zwischen dem Königreich und den mittelbar oder unmittelbar mit der Eidgenossenschaft verbundenen Territorien dermaßen verlängert, daß von Genf bis Basel keine Großmacht mehr zwischen den Schweizern und dem französischen König stand. Das bisher als Schutz empfundene Frankreich erschien jetzt als Bedrohung, vor allem seit der Annexion von Straßburg (1681), der mit Zürich und Bern, den beiden wichtigsten evangelischen Kantonen, verbündeten Stadt.

Es kam indessen nicht in Frage, auf den Ewigen Frieden zurückzukommen, der nach der Schlacht von Marignano geschlossen und noch 1663 erneuert worden war; aber als anfangs der 1680er Jahre sich immer mehr Untertanen des Königs (einzelne schon seit 1661) auf ihrem Gebiet ins Exil begaben, gewährten die evangelischen Kantone und deren benachbarte Glaubensgenossen den Flüchtlingen ohne zu zögern Asyl. Vorsichtshalber zogen sie immerhin die Rechtsgelehrten der Universität Basel zu Rate, um sich von ihnen bestätigen zu lassen, daß Ludwig XIV. die im Vertrag vereinbarte Auslieferungsklausel nicht gegen Landflüchtige aus Gewissensgründen geltend machen konnte.

Der Zustrom an Exulanten, der sich in den schmalen und langen Gang ergoß, den die reformierten Kantonsgebiete vom Genfersee bis zum Rhein bildeten, nahm dermaßen zu, daß eine eigene Tagsatzung dieser Kantone einen Hilfsfonds ins Leben rief und für die Beherbergung der Verbannten einen Verteilungsschlüssel aufstellte: Bern übernahm davon 50%, Zürich 30%, Basel 12% und Schaffhausen 8%. Das Anwachsen des Flüchtlingsstroms machte bald eine Überprüfung der Sachlage nötig und legte eine Ausdehnung der Hilfsbemühungen auf alle Reformierten der Eidgenossenschaft nahe, der Kantone und der Verbündeten: Bern wurden nun 32%, Zürich 23%, Basel 14,5%, Schaffhausen 13%, St. Gallen 7%, Appenzell Außerrhoden 3,5%, Glarus 3%, Biel und Mülhausen je 2% auferlegt. Die Republik Genf und die Grafschaft Neuenburg (Neuchâtel), die nicht an der Tagsatzung der reformierten Kantone teilnahmen, waren nicht an diese Anordnungen gebunden und handelten auf ihren Gebieten nach ihren eigenen Möglichkeiten. Ebenso verhielt sich Graubünden, die einzige Berggegend neben dem Dauphiné, welche zum Teil die Reformation annahm. Eine gewisse Zahl von Flüchtlingen war in der Tat vom Dauphiné durch das Piemont und das Mailänder Gebiet nach Chur gekommen, bevor sie ihren Weg nach Deutschland über St. Gallen und Schaffhausen fortsetzten.

In seinen Briefen an den Hof äußerte sich Tambonneau, der Botschafter Ludwigs XIV. bei den Eidgenossen, gleichwohl noch unbesorgt über diesen Exodus; er war davon überzeugt, daß die christliche Nächstenliebe bald von allein erlahmen werde: „Die aus Frankreich fliehenden Protestanten begeben sich immer noch scharenweise nach Zürich; ich habe eine Menge davon auf dem Weg von Baden nach Solothurn angetroffen. Ein wenig Zeit wird den Eifer dieser barmherzigen Gastgeber dämpfen, da der Aufwand ihrer Unkosten im Verhältnis zur Bereitwilligkeit anwächst, mit der sie denen Zuflucht bieten, die sie darum bitten" ... „Es ist bloß Gesindel; Leute von einigem Ansehen ziehen gleich weiter nach Deutschland."

Ludwig XIV. wollte seinerseits aus der Aufnahme, die man seinen landesflüchtigen Untertanen zuteil werden ließ, keinen Rechtsgrund zu größeren Schwierigkeiten mit den reformierten Schweizern ableiten, zumindest nicht am Tag nach dem Edikt von Fontainebleau. Am 22. November 1685 sandte er seinem Botschafter folgende mäßigende Zeilen: „Obwohl der Vertrag von 1663 beide Seiten dazu verpflichtet, keine Flüchtlinge, Überläufer oder Verbannte bei sich aufzunehmen, ist es wenig wahrscheinlich, daß sich die evangelischen Kantone zum Nachteil meiner Untertanen von der ‚vorgeblich reformierten Religion' (RPR) an diese gegenseitige Vereinbarung halten werden" ... „und da es nicht opportun ist, sich in dieser Angelegenheit einer abschlägigen Antwort auszusetzen, sollen Sie nicht förmlich darauf bestehen" ... Der Botschafter solle sich lediglich so verhalten, daß die Kantone mehr Zurückhaltung zeigen!

Die Glaubensflüchtlinge gelangten von Savoyen her über den Genfersee in die Schweiz; zum Teil flüchteten sie auch durch die Jurawälder ins Waadtland oder erbaten sich Einlaß an den Toren Genfs. Die Stadt befand sich allerdings politisch nicht mehr in jener Lage, die ihr im 16. Jahrhundert erlaubt hatte, so vielen Reformierten Zuflucht zu gewähren. Der savoyischen Einkreisung war in erweitertem Maße diejenige Frankreichs gefolgt, dessen König in der Stadt einen Residenten unterhielt, der im Gegensatz zu dem in der Schweiz akkreditierten Botschafter die Regierung einem starken Druck aussetzte. Diese mochte wohl mit Bern oder Zürich verbündet sein, sie mußte trotzdem häufig nachgeben und ihre Gäste wieder fortschicken. Hinzu kam, daß Genf damals Versorgungsschwierigkeiten hatte. Immerhin hat diese Stadt, den noch unveröffentlichten Untersuchungen von Cécile Hotz zufolge, in den Jahren 1684, 1685 und 1686 je 777 bzw. 3352 und 1488 Réfugiés Beistand geleistet.

Woher sie auch immer kommen mochten, die meisten Vertriebenen wanderten im Waadtland ein, das 1536 von den Bernern erobert und damals auch gleich dem reformierten Glauben zugeführt worden war. Sie waren dort künftig in Sicherheit, blieben aber im allgemeinen nur vorübergehend, da sie wußten, daß ihnen der Kurfürst von Brandenburg oder andere deutsche Fürsten in ihren noch vom Dreißigjährigen Krieg entvölkerten Ländern Aufnahme gewähren würden, während es in der Schweiz schwierig war, eine Niederlassung zu finden.

Die Karte im Anhang veranschaulicht die Reiserouten, welche die Glaubensflüchtlinge beim Durchgang durch die Eidgenossenschaft von Lausanne nach Basel oder Schaffhausen, den beiden Hauptübergangsstellen nach Deutschland, beschritten haben, um nach Frankfurt a. M. zu gelangen.

Den katholischen Kanton Freiburg umgehend, um auf dem Boden und unter dem Schutze Berns zu bleiben, wanderten die Flüchtlinge über Moudon, Payerne und Avenches nach Murten, bevor sie nach Bern weiterzogen oder über Aarberg und das Aaretal nach Aarau geleitet wurden, das damals ebenfalls unter bernischer Herrschaft stand, von wo sie nach Zürich gelangten und von dort aus, oft auf Umwegen, Schaffhausen erreichen konnten.

Eine andere Möglichkeit bestand darin, sich von Lausanne nach Yverdon zu begeben, um, dem Fuße des Jura folgend, auf dem See- oder Landweg zur Grafschaft Neuenburg zu gelangen. Neuenburg war als souveräne Grafschaft nicht vertraglich an die Grenzen der Eidgenossenschaft gebunden, stand aber in ewigem Burgrecht mit Bern, und seine Metropole war die erste bedeutendere Stadt im französischen Sprachgebiet, die (1530) die Reformation eingeführt hatte. Die Gräfin Marie de Nemours, die in Frankreich lebte, und der in ihrem Namen handelnde Statthalter, waren zwar strenggläubige Katholiken, sie duldeten aber die Religion ihres Volkes, so daß auch die Glaubensflüchtlinge unangefochten blieben; sie wurden von der Bevölkerung brüderlich empfangen. Von Neuenburg konnten sie entweder mit dem Schiff nach Murten gebracht werden oder sie erreichten das Aaretal direkter über Neuenstadt, Biel und Nidau, sofern sie es nicht vorzogen, von Neuenburg oder Biel aus auf dem Weg durch die Juratäler nach Basel zu gelangen. Von den Kanonen in Hüningen bedroht, konnten sich die Basler jetzt allerdings nicht mehr so gastfreundlich zeigen wie im 16. Jahrhundert; ihre Stadt diente den Vertriebenen – hauptsächlich Waldensern – nun besonders dazu, sich dort künftig zur Fahrt rheinabwärts einzuschiffen.

Die Berner Regierung erhielt laufend Bericht von ihren Landvögten über den Zustrom an Réfugiés, ob diese einzeln oder mit der ganzen bzw. einem Teil der Familie einwanderten, ob sie in zufällig gebildeten Gruppen oder gar in größeren dörflichen Verbänden unterwegs waren.

Je nach dem Sättigungsgrad des Aufnahmevermögens machte Bern seinen Einfluß bei den Flüchtlingen und bei seinen Neuenburger Nachbarn geltend, um eine Region zu entlasten. Oft kreuzten sich die Sendschreiben, mit denen Bern Neuenburg zu größeren Anstrengungen anspornte und Neuenburg von Bern verlangte, daß mehr Flüchtlinge über die Städte im Broyetal umgeleitet würden. Und jeder glaubte für sein Teil, das Äußerste zu tun.

Die skizzierten großen Verkehrsadern wiesen indessen feinste Verästelungen auf, so daß sich neben dem Hauptstrom gleichsam eine Flut über das ganze Land hin ergoß. Dazu trugen auch jene bei, die in der Überzeugung, eines Tages, „sobald Gott den König erleuchtet haben werde", nach Frankreich zurückzukehren, in der Nähe ihrer Heimat bleiben und sich in einer nicht allzu fremden Gegend festsetzen wollten, deren Idiom sie verstanden, weil es nicht nur französisch war, sondern, wie dasjenige in der Westschweiz und im Dauphiné, zum franko-provenzalischen Sprachzweig gehörte.

Gewiß ist eines der dominierenden Kennzeichen des „Refuge" der lange Auszug nach Deutschland, Holland oder England durch eidgenössisches Gebiet hindurch, aber es ist auch ein Herumirren, ein oft weg- und zielloses Umherstreichen auf der Suche nach einer Niederlassung. Dabei kommt es zu einer Art Brownscher Bewegung, die noch durch den Rückmarsch jener verstärkt wird, die als Kundschafter vorausgegangen sind und nun im Gegenstrom ihre Angehörigen abholen kommen, oder jener, die enttäuscht umkehren, ohne sich zu getrauen, wieder nach Frankreich zu ziehen. Damit ist zugleich gesagt, daß viele Réfugiés Gefahr liefen, zu geduldeten Randexistenzen zu werden, sie, die noch unlängst daheim in ihrer Gemeinschaft eingegliedert gewesen waren oder dort gar eine führende Rolle innegehabt hatten.

Globale Schätzungen der Zahl von Reformierten, die Frankreich auf dem Weg durch die heutige Schweiz zwischen den Jahren der persönlichen Regierungszeit Ludwigs XIV. und dem Ende des 18. Jahrhunderts verlassen haben (denn die Aufnahme der Verfolgten zog sich bis in die 1770er Jahre hin), beruhen auf Spekulationen. Die Zahl 140 000 hat, ohne je bewiesen worden zu sein, durch ständiges Wiederholen Anerkennung gefunden. Auf einzelne Örtlichkeiten und bestimmte Zeitabschnitte beschränkt, beginnt man allerdings die Zahl jener besser zu kennen, die unterstützt worden sind, denn der rechten Hand eines Rechnungsführers kann nicht verborgen bleiben, was seine linke gibt. So wird es dank der städtischen oder dörflichen Buchführung möglich, die Gesamtzahl der Armen und Bedürftigen, ja sogar jener zu ermitteln, die vor dem absoluten Nichts standen. Trifft wohl dieses Bild jener Flüchtlingspolitik zu, so darf man doch nicht vergessen, daß es auch Vertriebene gab, die vor dem Wegzug in der Lage waren, ihren Besitz ganz oder teilweise zu Geld zu machen und die, weil sie nicht darauf angewiesen waren, um Almosen zu bitten, von unserem Ermittlungsverfahren nicht erfaßt werden können.

Als Beispiel mögen hier drei Städte und ein Dorf in Betrachtung gezogen werden. In Neuenburg scheinen die ersten Réfugiés im Jahre 1662 eingetroffen zu sein. Bis 1676 werden alljährlich nur wenige unterstützt. Von 1677 an beläuft sich ihre Zahl auf einige Dutzend. Im Jahre 1683 sind es plötzlich gegen zweihundert. Die folgenden Jahre verzeichnen einen sprunghaften Anstieg und dann eine Stabilisierung zwischen 2000 und 3000 Personen.

Jahrgang:	*Zahl der Flüchtlinge:*	
1684	385	
1685	967	
1686	~1250	Genauere Ermittlungen sind im Gange
1687	~4000	
1688	~5300	
1689	~3100	
1690	~2300	
1691	~2600	

Während der ganzen sechs Jahre nach der Aufhebung des Edikts von Nantes hat diese Stadt etwa 18000 Menschen Beistand geleistet, das sind im Durchschnitt 3000 jährlich. Diese Zahlen gewinnen eine andere Bedeutung erst, wenn man sie zur lokalen Bevölkerungszahl in Beziehung setzt: 1750, im Jahr der ersten Ermittlung von Einzelpersonen, zählt Neuenburg 3666 Einwohner und am Ausgang des 17. Jahrhunderts ohne Zweifel einige hundert weniger.

In Zürich, wo man zwischen 1687 und 1709 über genaue Zahlen verfügt, zeigt die Übersicht über denselben Zeitraum folgendes Bild:

Jahrgang:	*Zahl der Flüchtlinge:*
1687	8118
1688/89	6055
1690	4040
1691	1293
1692	1106

Von 1694 an liegen die Zahlen unter 1000.

In Schaffhausen ist das Einsetzen der Flüchtlingsbewegung vor der Aufhebung des Edikts von Nantes weniger deutlich als der stürmische Andrang in der Folge des Beschlusses vom 18. Oktober 1685. Im November 1683 erscheinen erste Vertriebene, zunächst 51 pro Jahr. Aber die Situation verändert sich rasch:

Jahrgang:	*Zahl der Flüchtlinge:*
1684	255
1685	* 530
1686	5342
1687	9006
1688	4506
1689	2678
1690	1271
1691	1399
1692	1568

* wovon 169 allein im Monat Dezember – eine deutliche Folge der durch die Aufhebung des Edikts ausgelösten Erschütterung und des Entschlusses vieler Réfugiés, sich möglichst rasch nach Deutschland abzusetzen.

In denselben sechs vollen Jahren sind es hier also 24202 Personen, d.h. im Durchschnitt 4000 jährlich, bei einer – wie Kantonsarchivar Lieb geschätzt hat – einheimischen Bevölkerungsdichte von 5000 bis 6000 Seelen.

Die drei Städte Neuenburg, Zürich und Schaffhausen bilden wohl die Hauptachse, auf der sich der Exodus vollzieht; es lassen sich aber, wo die Erhaltung der Archive und die Art der Buchführung es erlauben, auch weniger wichtige Marschrouten ermitteln. So haben z.B. die Bewohner von Dombresson, einem Dorf zwischen Neuenburg und Saint-Imier, Réfugiés, die zweifellos nach Basel unterwegs waren, mit Lebensmitteln und Schuhwerk versorgt, ihnen Unterkunft geboten und sie mit Geld unterstützt, Hilfeleistungen, deren zahlenmäßige Erfassung auf einen beachtlichen Verkehr schließen läßt:

Jahrgang:	*Zahl der Flüchtlinge:*
1682	207
1683	216
1684	108
1685	67
1686	100
1687	80
1688	fehlt
1689	231
1690	109
1691	1273 (sic!)

Von 1680 bis 1715 durchquerten ungefähr 6000 Flüchtlinge dieses Dorf, das im Jahre 1712 348 Einwohner zählte.

Mit Hilfe des Computers wird es aufgrund der in verschiedenen Ortschaften gesammelten Angaben sowie weiterer Forschungsergebnisse aus dem 18. Jahrhundert bald möglich sein, unsere Kenntnisse über die Zahl der Réfugiés genauer zu bestimmen, insbesondere durch Vergleich der Namenslisten, die in den Beistandsregistern mehrerer Städte geführt wurden. Diese Listen werden es zugleich ermöglichen, die Reisenden räumlich und zeitlich weiterzuverfolgen und mittels Zählungen beim Betreten und Verlassen der Schweiz festzustellen, welcher Anteil dieser Flüchtlinge je nach Basel und nach Schaffhausen gelangt ist, dieser großherzigen Stadt, die sich der Durchreisenden in bewundernswerter Weise annahm.

Die protestantische „Hagiographie" hat mit Rührung aus dem materiellen Elend der Vertriebenen und deren Entschlossenheit, ihrem Glauben alles zum Opfer zu bringen, reichlich gefühlsmäßigen und religiösen Nutzen gezogen. Das ist ein Aspekt, den andererseits die obenerwähnten Zahlen äußerst nüchtern und sachlich verdecken; sie verbergen all den herzzerreißenden Schmerz, all die Tragödien, die jeder Eintrag in einem Rechnungsbuch der Hilfeleistungen offenbart. Es genügt, nur einen davon zu erwähnen:

„An Pierre Lermer aus Camla und an Jacques, seinen Bruder, aus Saint-Hypolite im Languedoc, die ausgezogen sind und, ganz jung an Jahren, Vater und Mutter verlassen habend, nach Holland ziehen wollen, um in Gewissensfreiheit zu leben. Ich habe ihnen 10 Batzen ausgehändigt" (Neuenstadt, Februar 1687).

Viele Exulanten, die lediglich auf dem Durchmarsch waren, bezogen wie andere Elende, die persönliches oder öffentliches Mißgeschick auf die Landstraßen geworfen hatte, eine „passade", eine Art Viatikum, das die Gemeinden notleidenden Reisenden aus der Fremde abgaben. Oft aber zeigte es sich, daß ein Flüchtling, der sich niederlassen wollte, zunächst in verschiedenen Ortschaften eines Bezirks erschien oder sogar sich zu wiederholten Malen bei einer Behörde meldete, um noch eine, in der Regel einmalige Unterstützung oder eine kleine, zeitlich engbegrenzte und nach Gutdünken wieder zu erneuernde Pension zu erhalten. Für die einheimische Bevölkerung kamen somit zu den Anstrengungen, die sie zur Hilfeleistung an durchreisende Vertriebene unternahmen, diejenigen hinzu, die denen zugute kommen sollten, die aus Körperschwäche nicht weiterziehen konnten, den Kranken, denen, die sich niederlassen wollten, denen, die anfangs materiell unabhängig, aber in Not geraten waren, denen schließlich, die nun in so großer Zahl starben und die es würdig zu bestatten galt. In der kleinen Stadt Avenches z. B. auf der Strecke von Lausanne nach Bern und Zürich, stiegen die Auslagen des Spitals für die „passades" und die Brotverteilung sprunghaft von etwa 400 Gulden zu Beginn der 1670er Jahre auf 1600 Gulden im Jahre 1694; in den unmittelbar der Aufhebung des Edikts von Nantes folgenden Jahren bewegten sie sich um die tausend Gulden, und das bei einer Bevölkerungszahl von weniger als tausend Einwohnern.

So kam es, daß die Ausgaben die gewöhnlich für die öffentliche Armenpflege bestimmten Einkünfte überschritten und die Behörden zusätzlich zu den ausnahmsweise dem Staatsschatz entnommenen Beträgen neue Geldquellen suchen mußten. Auf das große „Refuge" geht denn auch der Brauch in den neuenburgischen Gemeinden zurück, nach dem Gottesdienst an den Kirchenportalen einen Beutel darzubieten, um Geld zu sammeln: in der Stadt Neuenburg geschieht das seit 1682, in Le Locle seit 1685. Im ersten Fall bildeten die auf diese Weise eingenommenen Summen die Haupteinnahmen des Rechnungsbeamten, der von 1682–92 mit der Führung der Spezialregister unter der Bezeichnung „Charités aux Réfugiés" beauftragt war; im zweiten Fall diente der Ertrag der Sammelbeutel dazu, die ordentlichen Einkünfte des „Bien des Pauvres" zu versorgen.

Zu diesen wöchentlichen Kollekten für lokale Hilfswerke kamen in unregelmäßigen Abständen andere hinzu, die sich aber auf alle reformierten Gebiete erstreckten, insbesondere zugunsten der Flüchtlinge aus Orange nach der Annexion des Fürstentums durch Ludwig XIV. im Jahre 1703. Hier und da trafen auch Bittgesuche von Franzosen aus Deutschland ein, die für einen Kirchenbau Almosen sammelten. Die private Wohltätigkeit trat ihrerseits unmittelbar und in ihren verschiedenen Formen in Aktion.

Die allgemeinen Anstrengungen fielen besonders schwer in Jahren, die Mißernten brachten und mit Zeiten starken Zustroms von Vertriebenen zusammenfielen. Die Zahlen des 17. Jahrhunderts sind für uns wenig aussagekräftig; immerhin sei daran erinnert, daß die Stadt Zürich zwischen 1687 und 1709 für die Glaubensflüchtlinge – abgesehen von großen Mengen Getreide und Wein – 218000 Gulden ausgegeben hat. Das Beispiel Berns ist heute noch unmittelbarer verständlich. Mit einer Zuwendung von 300000 Pfund war das der fünfte Teil seiner Einkünfte des Jahres 1691, der für die Flüchtlingshilfe gespendet wurde.

Die Erschütterung angesichts des materiellen Elends der Réfugiés und das Gefühl, sich im Geiste brüderlich mit ihnen verbunden zu wissen, haben unbestreitbar eine mächtige Welle von Hilfsbereitschaft ausgelöst. Oft sind jedoch die Hilfsgelder auch nach Maßgabe vorsichtiger Einschätzung der finanziellen Möglichkeiten und durch Geber gewährt worden, deren Vorbedacht sie befürchten ließ, daß die Zukunft schlimmer werden könnte als die Gegenwart. So hat man sich in Le Locle, wo zwischen Juni 1690 und Mai 1711 viertausend Réfugiés unterstützt wurden, davor gehütet, laufend den vollen Ertrag der Kollekten auszugeben, weil man befürchtete, die Mildtätigkeit der Privatpersonen könne erlahmen, während der Flüchtlingsstrom nicht nachließ. Das – hinterher widersinnig erscheinende – Ergebnis war, daß das kleine Vermögen des „Bien des Pauvres“ stetig und regelmäßig anwuchs, während die Kurve der verausgabten Hilfsgelder sich weit unterhalb jener des in den Sammelbeuteln gefundenen Geldes fortentwickelte. Es wäre vermessen, dies zu verallgemeinern, und ungerecht, der herkömmlichen reformierten Geschichtsschreibung in bezug auf die Fürsorge einfach zu widersprechen; aber dies ist zweifellos einer der Punkte, wo feinere Unterschiede eingeführt werden können.

Im Zusammenhang mit dem mehr oder weniger starken Flüchtlingsstrom durch die Schweiz in der Zeit vom Beginn der persönlichen Regierung Ludwigs XIV. bis zur zweiten Hälfte des 18. Jahrhunderts ist die Frage von Bedeutung, inwiefern das „Refuge“ die demographische Entwicklung beeinflußt hat. Auf jeden Fall war der Einfluß ein anderer in der Deutsch- als in der Welschschweiz, wobei sogar in derselben Sprachregion deutliche Unterschiede bestehen.

Aufgrund seiner peinlich genauen, mit großer Geduld zustande gebrachten Wiederherstellung des Genfer Einwohnerregisters der Jahre 1685–1760 gelangt Alfred Perrenoud zum Schluß, daß „der Andrang der Réfugiés die normale demographische Entwicklung nicht, wie man angenommen hatte, tiefgreifend beeinflußt hat“. Innerhalb dieser Periode unterscheidet er drei Phasen: von 1680 bis 1720 sind 75% der Eingewanderten französischer Herkunft; in den Jahren 1720 bis 1754 sinkt deren Anteil auf 50% und, von 1754 an, auf nur 30%.

Da Genf nur den Reformierten offenstand, hatte die Einwanderung unfehlbar religiösen Charakter; dieser kann bis 1730 als determinierend angesehen werden, während von diesem Zeitpunkt an wirtschaftliche Gründe zu überwiegen scheinen. Diese Schlußfolgerung läßt sich sehr folgerichtig aus einer Reihe von Argumenten ziehen, die sich aus einer Untersuchung der Berufe der Neuankömmlinge ergeben: das anfänglich sehr breite Spektrum reduziert sich in der Folge auf vorwiegend wirtschaftlich orientierte Aktivitäten. Von 1685 bis 1730 haben sich in Genf ungefähr zweitausend Familienhäupter, mehr als viertausend Personen also in einem halben Jahrhundert, aus religiösen Gründen niedergelassen. Deren Niederlassung wird zwar durch den Eintrag im Einwohnerregister bestätigt, die Dauer ist aber schwer zu bestimmen, so daß ihr temporärer Aufenthalt noch genauer zu untersuchen bleibt.

Die geographische Herkunft der in Genf als Einwohner angenommenen Réfugiés bestätigt, wie schon auf älteren Landkarten ersichtlich, eine verhältnismäßig große Zahl von Auswanderern aus dem Dauphiné und dem Languedoc, da jede dieser beiden Provinzen zehnmal mehr vertreten ist als die Cevennen und die Guyenne, die ihnen zahlenmäßig folgen. Dieses enge Herkunftsgebiet, das, vom Südosten gegen Süden und

Osten reichend, dem evangelischen Teil Frankreichs die Form eines großen Halbmondes verleiht, dessen eine Spitze nach Genf, die andere nach dem Poitou zeigt, bildet einen grundlegenden Unterschied zum „Refuge" des 16. Jahrhunderts.

Der demographische Einfluß der Flüchtlingseinwanderung konnte in der Republik Genf durch die diplomatischen Vermittlungen des französischen „Residenten" gemäßigt werden, während in Lausanne sich die Flüchtlinge der Protektion Berns erfreuten.

Die französische Kolonie wurde hier in mehreren, zwischen 1693 und 1771 vorgenommenen Zählungen numerisch erfaßt. Neuere, exakte Untersuchungen haben ergeben, daß Lausanne im Jahre 1698 6204 Einwohner zählte, während man 1598 Flüchtlinge verzeichnete. Im Jahre 1693 waren es 1502; im Jahre 1765 sind es dann 1462 bei einer einheimischen Bevölkerungszahl von 7200. Das bedeutet, daß die niedergelassenen Réfugiés im Verlauf des 18. Jahrhunderts den vierten bis fünften Teil der Lausanner Bevölkerung ausmachten.

Die Analyse der Volkszählung von 1765 läßt das Alter und die starke Verankerung der Niederlassung erkennen. Aus der Beantwortung der Frage nach dem Zeitpunkt ihrer Ankunft durch 485 Flüchtlinge im Mannesalter geht hervor, daß von ihnen 163 entweder von Eltern stammen, die zur Zeit des großen „Refuge" eintrafen, oder selbst damals eingewandert sind; verlängert man diese Periode bis zum Tode Ludwigs XIV., so sind es 225, ohne das Dutzend solcher Personen hinzuzurechnen, die sich nicht mehr zu erinnern vermögen, wann sie angekommen sind. Weitere 200 etwa sind vor 1750 eingewandert. Dieser starke demographische Zuwachs erstreckt sich über alle Städte des Waadtlandes, wo man zwei Drittel der Ende des 17. Jahrhunderts auf Berner Boden niedergelassenen Flüchtlinge zählt, und zwar: 1500 in Lausanne, 775 in Nyon, 696 in Vevey, 716 in Morges, 257 in Moudon, 231 in Aigle, 214 in Yverdon usw., während für Bern, das damals etwa 8000 Einwohner hatte, Zahlen angegeben werden, die zwischen 800 und 1100 schwanken. Dies ist unbestreitbar eine starke Einpflanzung im Vergleich mit der autochthonen Bevölkerung, aber doch eine geringe Zahl gegenüber den Personen, die lediglich durchgewandert sind.

Die je nach der Region wechselnden Einflüsse des „Refuge" auf die Bevölkerungsbewegung sind geringfügig in Genf, stark dagegen in den von Bern abhängigen westschweizerischen Städten. Über andere Ortschaften schließlich fegte das „Refuge" wie eine hohe Flutwelle hinweg; so wurde in Le Locle in einem einzigen Jahr bis zu 700 Personen Beistand geleistet, aber man zählte im Jahre 1712 unter den 2148 Einwohnern der Stadt nur 19 Hugenotten aus Frankreich, also kaum ein Prozent.

Zwischen der längsten und der kürzesten Aufenthaltsdauer, die von einer einzigen Übernachtung bis zur endgültigen Niederlassung reichen kann, gab es natürlich alle möglichen Zwischenstufen des mehr oder weniger rasch wieder aufgegebenen Versuchs, sich an einem Ort festzusetzen. Das gilt besonders für jene Flüchtlinge, die darauf verzichtet hatten, den Marsch fortzusetzen, denen es aber nicht gelungen war, sich die zu einer geregelten Lebenshaltung erforderlichen Mittel zu verschaffen. Im Jahre 1690 waren in Zürich von 627 Exulanten 365 unabhängig, die restlichen zwei Fünftel bezogen Unterstützung. Von den Ende des 17. Jahrhunderts auf dem Gesamtgebiet Berns ermittelten Hugenotten war der dritte Teil auf öffentliche Hilfe angewiesen; in Lausanne war das nur bei einem Fünftel der Fall. Der im Durchschnitt verhältnismäßig starke Anteil niedergelassener Personen ohne ausreichende Mittel für ihren Lebensunterhalt trug dazu bei, dem „Refuge" seinen unbeständigen und schwer zu fassenden Charakter zu verleihen. So interessant an sich auch die gelegentlich von einer Ortschaft aufgestellten Verzeichnisse ihrer Réfugiés sein mögen, sie verleiten doch dazu, ihre Einwirkung auf die demographische Entwicklung letzten Endes zu überschätzen.

Sollen sie an ihrer Identität festhalten oder sich assimilieren? Dieser Alternative sehen sich Menschen im Zuge einer großen Auswanderung stets gegenüber.

Zu Beginn des „Refuge" wurde, allerdings nur in äußersten Fällen, gleichsam nach dem Persönlichkeitsprinzip, ein persönliches Recht gefordert. Bei einem Erbstreit in Lausanne im Jahre 1697 verlangte eine der Parteien, daß der Fall nach dem Rechtsbrauch in derjenigen Provinz abgeurteilt werde, aus der sie stammte; darauf replizierte die – ebenfalls französische – Gegenpartei: „Weder steht es in Frage noch ist es notwendig, für die Flüchtlinge eine neue und besonders geartete Rechtsprechung einzuführen, es sei denn, diese wollten sich absondern und ein eigenes Volks bilden; bleiben sie aber so, wie sie sind, so werden sie sich an die in jedem Königreich und jeder Republik bereits feststehenden Gesetze halten, ohne daß dies weder der Barmherzigkeit noch der Billigkeit der Fürsten zuwiderläuft."

Wenn sich auch einerseits die Gesetze des Staates auf das Ganze eines Gebietes und unter Ausschluß derjenigen benachbarter Gebiete bezogen, so begünstigte doch im Ançien Regime der genossenschaftliche Charakter der Gesellschaft die Gruppenbildung unter den Flüchtlingen. In Zusammenarbeit mit den Obrigkeiten gründeten sie ihre eigenen Kirchen, so in Bern, wo die aus dem „Refuge" hervorgegangene „Eglise française" ununterbrochen bis heute fortbesteht, und in manchen anderen Städten der Deutschschweiz: in Aarau, Zürich, St. Gallen, Schaffhausen und Winterthur, wo seit November 1685 Antoine Nicolas, einst Pfarrer in Condillac, predigte. In Basel fanden die Hugenotten eine französische

Kirche vor, die unmittelbar nach der Bartholomäusnacht gegründet worden war.

Ebenso schufen die Réfugiés ihre eigenen Wohltätigkeitseinrichtungen und sahen es, wie im Jahre 1687 die „Compagnie députée pour les affaires des Français réfugiés à Lausanne pour la cause de l'Evangile", als ihre Aufgabe an, „die Kranken zu besuchen und ihnen Trost zu spenden, über den Sitten zu wachen, Unruhestifter zu rügen, Meinungsverschiedenheiten auszugleichen, etwa in Streit Geratene zu versöhnen und schließlich Widersetzliche bei den Behörden und dem ehrwürdigen Konsistorium anzuzeigen". Die interne Regelung der Fürsorge, der sittlichen und, gewissermaßen, polizeilichen Kontrolle hat in der Schweiz die lange Fortdauer französischer Gemeinschaften bis ins 19. Jahrhundert begünstigt, speziell in deutschschweizerischen Städten, wo die Réfugiés zuweilen eine Schule gründeten und ihre Sprache am Leben erhielten. In welchem Maße, ist schwer zu sagen.

In Genf und in den Städten des Waadtlandes schlossen sich die Glaubensflüchtlinge in einer Stiftung, der „Bourse française", zusammen, die eine Einrichtung zu gegenseitiger Hilfeleistung und gleichzeitig eine Vereinigung war, die beinahe einer Bürgerschaft gleichkam.

Die „Bourse" von Genf wurde in der Mitte des 19. Jahrhunderts aufgehoben, diejenige von Lausanne überdauerte bis 1860, andere noch länger; manche existieren noch heute, auch wenn sie keine Aktivität mehr entfalten. In Bern überlebte die 1689 in der ihr von den Behörden zur Verfügung gestellten Kirche gegründete französische Kolonie bis 1850; ihr Vermögen wurde damals dem der Bürgerschaft von Neuenstadt einverleibt, und die Mitglieder von vierzehn Familien des „Refuge", aus der sie damals noch bestand, erhielten das Bürgerrecht des frankophonen Städtchens im Kanton Bern.

Die Erhaltung einer Identität war das Ergebnis eines mehr oder weniger bewußten Willensaktes, dies umsomehr, als die politischen, wirtschaftlichen und sozialen Strukturen des 18. Jahrhunderts die Eingliederung der Neuankömmlinge nicht begünstigten.

Unter den Flüchtlingen fehlte zweifellos am meisten den Bauern die Möglichkeit zur Assimilation, da sie beim Verlassen ihres Grund und Bodens alles verloren hatten und manchmal genötigt waren, tief bis in Preußens Hinterland zu ziehen, um dafür, allerdings ohne Reben, Oliven- und Kastanienbäume, Ersatz zu finden. Nun waren aber, ihrem Herkunftsort nach zu schließen, gerade die Landwirte zahlreich unter den Réfugiés und verdienten eine gründlichere Untersuchung, auch wenn sie nicht von so spektakulärem Interesse sind wie gewisse Gewerbetreibende oder Großhändler des „Refuge".

Die Handwerker hatten sich, wenn schon ihrer Werkzeuge beraubt, wenigstens den Verstand und die Geschicklichkeit ihrer Hände erhalten.

Gleichwohl ist das Beispiel von Jean Breton, jenem Zinngießer aus Nîmes, außergewöhnlich, der am 3. April 1685 mit einem und demselben Vertrag eine Frau und Werkzeuge erwarb, indem er die Tochter eines anderen Zinngießers aus Neuenburg, David Boyve mit Namen, heiratete, des Nachkommen einer Familie aus dem ersten „Refuge": „Jean Breton hat sich verpflichtet, seinen Beruf in Verbindung mit seinem zukünftigen Schwiegervater auszuüben; die Einnahmen werden zum Unterhalt der beiden Familie verwandt, der Gewinn wird nach Abzug der Unkosten gleichmäßig zwischen ihnen aufgeteilt. Es wurde abgemacht, daß der zukünftige Ehemann mit dem Werkzeug seines Schwiegervaters arbeiten wird, ohne dafür den Gegenwert an Miete, Lohn oder Zins entrichten zu müssen."

Die systematische Durchsicht der Register von Zivilstandsbeamten sowie der Urschriften der Notare wird erkennen lassen, wann und wie sich die einheimische Bevölkerung durch Eheschließung mit den Einwanderern vermischt hat. Das scheint jedenfalls langsam erfolgt zu sein. Andererseits werden uns die Register der zwischen ländlichen Gemeinschaften und Bürgerschaften gefaßten Beschlüsse darüber Auskunft geben, wann und wie sich die persönliche und juristische Stellung der Réfugiés im Schoße der Gesellschaft des 17., 18. und sogar der ersten Hälfte des 19. Jahrhunderts bis zur Erlangung des Bürgerrechts, dem – in der Regel späten – endgültigen Vollzug ihrer Eingliederung, entwickelt hat. Die Bürgerschaften waren zu jener Zeit sehr exklusiv, und der Eintritt war kostspielig.

Es gab indessen einen in jeder Beziehung der Eidgenossenschaft nahestehenden Staat, in dem den Glaubensflüchtlingen sehr bald Erleichterungen gewährt wurden, wie nirgendwo sonst in der Schweiz: das Fürstentum Neuenburg, das bisher als Grafschaft bekannt war. Diese Grafschaft war seit Beginn des 16. Jahrhunderts Besitz des Hauses Orléans-Longueville, und Fürsten aus der königlichen Familie hatten sich an ihrer Spitze bis zum Tode der Marie de Nemours abgelöst. Der Erbfolgeprozeß, zu dem es damals kam, wurde in Neuenburg ausgetragen, und das Gericht, das sich aus einheimischen Persönlichkeiten zusammensetzte, Leuten, die in ihren Mauern das Schauspiel des „Refuge" vor Augen gehabt hatten, sprach die Souveränität aus juristischen Gründen, die weniger durchschaubar waren als die politischen und religiösen Hintergedanken, dem König von Preußen zu. Der Übergang Neuenburgs von einer französischen zur preußischen Souveränität war eine der indirekten Folgen der Aufhebung des Edikts von Nantes.

Die Vertriebenen fanden demnach in Neuenburg ein Land vor, dessen Oberhaupt infolge Personalunion kein geringerer als der König von Preußen war, und konnten aus dem Erlaß vom 31. Dezember 1709 Nutzen ziehen, der ihnen das Heimatrecht umsonst und unverzüglich zuerkannte und sie somit zu Untertanen machte, „die unseren deutschbürtigen Untertanen gleich gehalten" und mit „denselben Privilegien, Rechten und Vorteilen" ausgestattet waren. Vom 6. Januar 1710 bis zum 23. Januar 1714, solange der Erlaß in Kraft war, kamen 367 Personen in den Genuß dieser Verfügung. Und von diesen waren viele in Genf ansässig, da mit dieser Vergünstigung keinerlei Wohnsitzverpflichtung verbunden war.

Diese preußische Naturalisation kam nicht etwa der Einbürgerung als Untertan des Fürstentums Neuenburg gleich. Um das zu werden, mußte der Réfugié eine Reihe besonderer Bedingungen erfüllen, ebenso, wenn er eine noch höhere Stufe der neuenburgischen Naturalisation erlangen wollte, die ihn dazu berechtigte, die Stellung eines Bürgers einzunehmen und hierzulande zum Abendmahl zu gehen. Letztere Vorrechte wurden ausschließlich von den Bürgerschaften oder Gemeinschaften erteilt. Schon vor 1707 hatte der Neuenburger Staatsrat, zuerst im Namen des Herzogs von Longueville, dann in dem der Marie de Nemours, einer freilich nur geringen Zahl, nämlich zweiundzwanzig sorgfältig ausgewählten Persönlichkeiten, das Heimatrecht zuerkannt. Von 1707 bis 1794 waren es, zusätzlich zu den 367 zu preußischen Untertanen gewordenen, 153 Männer, folglich wohl ebensoviele Familien, die vom Staatsrat und vom König zu Untertanen des Fürstentums erklärt worden sind.

Wieviel Bedeutung die Preußenkönige der Aufnahme französischer Flüchtlinge in Neuenburg, jenem für sie weit in Richtung auf die Protestanten im Süden und Südwesten Frankreichs vorgeschobenen Posten, beimaßen, kommt auch in der Wahl der Statthalter des Fürstentums zum Ausdruck: François de Langes, Seigneur de Lubières, ehemaliger Gouverneur von Orange, der im Jahre 1703 die Emigration von 1600 Protestanten nach der Schweiz angeführt hatte, war neuenburgischer Statthalter von 1714 bis zu seinem Tode im Jahre 1720; Paul de Froment aus Uzès, der den Rang eines Obersten im preußischen Heer bekleidete, war Statthalter von 1720 bis 1737; Philippe de Brueys, Baron de Bézuc, in der Nähe von Uzès geboren, war ebenfalls Oberst und Statthalter von 1737 bis 1742; Jean de Natalis, geboren in Montauban, war Statthalter von 1742 bis 1754; schließlich war Louis-Théophile de Chenevix de Béville, lothringischer Herkunft, Statthalter von 1779 bis 1801.

Die Eingliederung der Réfugiés in die sozialen Strukturen erfolgte natürlich Hand in Hand mit ihrer Integration ins Wirtschaftsleben. Der Übersichtlichkeit halber sollen diese Gesichtspunkte hier getrennt betrachtet werden.

Ein Vierzeiler unbekannter Herkunft, der in der Mitte des vorigen Jahrhunderts veröffentlicht wurde, spiegelt im Geist eines Max Weber die wirtschaftliche Dynamik der Réfugiés wider:

„Ich verdiene nichts mehr, sprach der Schweizer Handwerker.
Faulpelz! Ei! Was hat denn der Franzose dir voraus?
Arbeite gehörig und befolge meine eigene Devise,
Wenn du wie er von Deinem Gott gesegnet werden willst."

Die im ganzen apologetische Geschichtsschreibung des „Refuge" hat neben dem Elend des Exodus auch den materiellen Erfolg der Einwanderer kräftig unterstrichen, um zu zeigen, daß Gott, auch wenn er den Seinen Prüfungen auferlegt, sich ihnen zuletzt doch erkenntlich zeigt.

Die Schweizer Handwerker zeigten solange Mitgefühl für das Unglück ihrer Glaubensgenossen, bis der, dem man beigestanden, ein Konkurrent zu werden drohte. In bestimmten Städten, wie Moudon, Bex und andernorts, kam es zu heftigem Widerstand der Bürger gegen das Geschäftsgebaren der Franzosen, das in den Augen der einheimischen Händler und Fabrikanten Formen annahm, die man heute als aggressiv bezeichnen würde. Schon im Jahre 1698, das diesen Ereignissen vorausging, erklärte der Berner Stadtrat, er habe „mit großem Mißfallen erfahren, daß seit einiger Zeit böswillige Leute den Réfugiés, die sich da und dort im Waadtland aufhalten, nicht nur keine christliche Nächstenliebe mehr bekunden, sondern, was noch schlimmer ist, sie fügen ihnen mit Worten und mit Taten allerhand Kummer zu."

Während die kantonalen Regierungen, wie diejenige Berns, geneigt waren, „diejenigen Reformierten, die der Gemeinschaft nützlich sein konnten, wie Schulmeister, Handwerker und solche, die besondere Umstände zum Bleiben nötigten", als immerwährende Einwohner aufzunehmen, machten die lokalen Bürgerschaften ihre wirtschaftlichen Privilegien geltend, um sich deren Niederlassung zu widersetzen. Zum gleichen Konflikt kam es in Zürich zwischen dem Stadtrat und den mächtigen Körperschaften der Fachverbände; in Schaffhausen verhinderten die Zünfte, daß Réfugiés sich dauernd in einem Handwerk etablieren konnten. Überall bestand ein deutlicher Gegensatz zwischen der freundlichen Aufnahme, die den Durchreisenden, und derjenigen, die solchen bereitet wurden, die einen Ort zu endgültigem Aufenthalt suchten.

In den herkömmlichen Berufsarten wurde den Réfugiés der Zutritt versagt, verleidet oder, mit einer Aufenthaltsbewilligung für ein Jahr, auf Widerruf gestattet, wie das in Lenzburg dem Goldschmied Jean Poulet widerfuhr. Generell kann behauptet werden, daß in den herkömmlichen Berufen Ausgebildete Arbeit fanden, sofern ihr Fach ungenügend vertreten war: hier wurde z. B. einem Apotheker die Niederlassung erleichtert, dort hingegen ließ man einen andern mit mehr oder weniger Bedauern wissen, daß es in der Stadt schon genügend Offizinen gebe.

Andererseits konnten sich in Unternehmen, die man heute entwicklungsfähig nennen würde, oder in ganz neuartigen Betrieben die Einwanderer freier entfalten, ja manchmal sogar mit privater oder öffentlicher Unterstützung rechnen. Schließlich haben Réfugiés sehr bald einen wichtigen Platz im Großhandel und im Bankfach eingenommen, wobei sie wahrscheinlich Hilfe empfingen in dem weitgespannten Netz geschäftlicher Beziehungen und Stützpunkte, welches sich in der Diaspora herausgebildet hatte.

Der hohe materielle Stand Frankreichs am Ende des 17. Jahrhunderts hat den exilierten Handwerkern auf dem Sektor der Spitzenprodukte eine günstige Position verschafft, besonders mit Artikeln der Textilindustrie wie Seiden-, Web- und Strumpfwaren usw. sowie mit Neuheiten, wie den farbig bedruckten Baumwollstoffen, die man „Indiennes" nannte. Auch besteht ein zumindest zeitliches Zusammentreffen zwischen dem „Refuge" und den ersten wichtigen Entwicklungen auf dem Gebiet der Uhrenindustrie. Die Liste der Erfolge, die im Bereich von Gewerbe, Handel und Bankgeschäften von Glaubensflüchtlingen in der Schweiz erzielt worden sind, ist lang; man könnte ihr noch diejenigen ihrer direkten Nachkommen anfügen, z.B. die Leistungen des Konditors und Schokoladefabrikanten Philippe Suchard. Ebenso lang wäre andererseits die Liste ihrer Mißerfolge, angefangen beim Fehlschlag der Kultur des Maulbeerbaums zur Einführung der Seidenraupenzucht an den Gestaden des Genfer- und des Neuenburgersees.

Die Réfugiés sind demnach nicht von der Basis, von unten her in die wirtschaftliche Welt des 18. Jahrhunderts eingedrungen; sie haben den Gipfel vom Rande aus erreicht und Stufe um Stufe die höchsten sozialen Positionen erlangt – im sehr monarchistischen Fürstentum Neuenburg sogar die Erhebung in den Adelsstand.

H. Lüthy hat mit seinen vortrefflichen Ausführungen, die er dem „Midi huguenot" in Genf gewidmet hat, neuen Forschungen den Weg gewiesen, der aber noch kaum beschritten worden ist. Die Rolle des „Refuge" im Wirtschaftsleben der Schweiz bedarf somit erneut der Erörterung.

Zusammenfassend kann gesagt werden, daß die hugenottische Einwanderung in die Schweiz, die lange vor der Aufhebung des Edikts von Nantes einsetzte, seit 1685 die Territorien der reformierten Kantone zu einem intensiv benutzten Verbindungsgang von Süd- und Südost-Frankreich vor allem zu den entvölkerten deutschen Staaten machte, deren Fürsten die Protestanten aus Frankreich mit wirksamer Werbung in ihr Land lockten. Die Kantone haben sich sofort darauf eingerichtet, die Flüchtlinge zu beherbergen, und die lokalen sowie die kirchlichen Behörden und die Bevölkerung haben Großes unternommen, aber die Beziehungen zwischen den Eingewanderten und den Ortsansässigen blieben auf die Dauer nicht überall ungetrübt.

Die Konsequenzen des „Refuge" in bezug auf die Demographie waren von Region zu Region verschieden, sie waren aber nachhaltiger in der heutigen Welschschweiz als, offensichtlich aus sprachlichen Gründen, in der Deutschschweiz. Während sich die Genfer trotz aller Sympathie, die sie beseelte, bezüglich der endgültigen Niederlassung restriktiv zeigen mußten, haben die waadtländischen Städte starken französischen Verbänden dauernde Aufnahme geboten, und Neuenburg hat seit Beginn des 18. Jahrhunderts den Exilierten den Vorzug der ihnen vom Preußenkönig gewährten Einbürgerungserleichterungen geboten. Die Bewahrung ihrer französischen Identität ist, ohne im frankophonen Teil der Schweiz ganz verschwunden zu sein, in der Deutschschweiz stärker fühlbar geblieben, wo die Réfugiés Kolonien und Kirchen gegründet haben. Im Gesamtgebiet der Eidgenossenschaft sind die aus dem „Refuge" hervorgegangenen Institutionen in der Mitte des 19. Jahrhunderts zusammen mit denen des Ançien Regime untergegangen; einige aber haben überlebt, wie etwa die „Bourse française" von Rolle oder die „Eglise française" in Bern.

Auf wirtschaftlichem Gebiet, wo noch einschlägige Untersuchungen fehlen, hat sich der französische Einfluß hauptsächlich in allen Formen der Textilindustrie und des Großhandels geltend gemacht. Den Einfluß des „Refuge" auf das geistige und kulturelle Leben des Landes darzustellen, ist im Rahmen dieser Skizze nicht möglich.

Schließlich – und das ist nicht das Geringste – haben das „Refuge" und seine Darstellung im Werk älterer Historiker das protestantische Bewußtsein so tief geprägt, daß manche sich heute noch auf eine hugenottische Abstammung berufen, sogar solche, deren Vorfahren nachgewiesenermaßen schon lange vor der Regierungszeit Ludwigs XIV., ja bereits vor der Einführung der Reformation im Lande ansässig waren. (Abb. 5)

Hans Bots und René Bastiaanse

Die Hugenotten und die niederländischen Generalstaaten

Die relativ große politische Freiheit in der Republik der niederländischen Generalstaaten wurzelte vor allem in partikularistisch geprägten Strukturen, deren Entstehung im Zusammenhang der Union von Utrecht 1579 zu sehen ist. Sie übte von Anfang an eine große Anziehungskraft auf all jene aus, die auf Grund abweichender politischer und religiöser Positionen Verdächtigungen und Verfolgungen ausgesetzt waren. So kam ein immer größer werdender Strom französischer Protestanten, die vor allem seit Beginn der persönlichen Herrschaft Ludwigs XIV. Schikanen und Einschränkungen ihrer Privilegien hinnehmen mußten, in die Generalstaaten, die den Glaubensflüchtlingen fast wie ein „Gelobtes Land" erschienen. Sie wurden auf dieser Insel maßvoller Freiheit von ihren Glaubensbrüdern aufgenommen, die schon seit Jahren voller Unruhe die absolutistische Politik Ludwigs XIV. verfolgt hatten. Diese Gastfreundschaft verringerte sich auch nicht, als sie seit 1680 und vor allem seit der Aufhebung des Edikts von Nantes 1685 zu Tausenden kamen.

Nach den Worten des französischen Pastors Elie Benoît, der am eigenen Leib die Verfolgungen erfahren hatte und inzwischen als „Prediger des Wortes Gottes" nach Delft berufen worden war, schienen Aufnahme und Gastfreundschaft in den Generalstaaten ohnegleichen zu sein: „Die Generalstaaten breiteten sich in einer Liberalität aus, die kaum in Worte zu fassen ist. Der Staat schuf Geldfonds für eine unglaublich große Anzahl von Pensionen, die Offizieren, Edelleuten und Pastoren gewährt wurden. Er gab auch große Summen für den Unterhalt armer Familien. Die Städte setzten Kollekten an, die hohe Beträge einbrachten, und indem jede einzelne Stadt nach der jeweiligen Umsicht ihrer Regierung verfuhr, trugen alle zur Notlinderung der Armen bei. Die Privatleute schließlich nahmen sich die öffentlichen Organe zum Vorbild, und jeder gab im Rahmen seiner Möglichkeiten und Kräfte Beweise seiner Anteilnahme und seines Eifers."[1]

Sicher, zu Beginn wurden weder Kosten noch Mühen gescheut, um den Ansturm der Flüchtlinge zu meistern; aber es ist fraglich, ob diese Hilfe wirklich so großherzig, so uneigennützig und so unerschöpflich war, wie der Pastor aus Delft es gerne wissen lassen möchte. Unter den Ländern, die Glaubensflüchtlinge aufnahmen, gehören die Generalstaaten ohne Zweifel zu denen, die vielen Zuflucht geboten haben. Allerdings ließen sie sich hier für längere Zeit nieder. Beim derzeitigen Stand der Forschung – wir müssen die Ergebnisse einer quantitativen Untersuchung, die in den Niederlanden in Zusammenarbeit mit mehreren europäischen Ländern in Angriff genommen worden ist, noch abwarten – kann ihre Zahl noch nicht genau angegeben werden: vorläufige Schätzungen variieren zwischen 50000 und 75000 Glaubensflüchtlingen. Nach einer oft gefährlichen Reise zu Land oder zu Wasser gelang es ihnen, meist ohne jegliche Habe und am Ende ihrer Kräfte, diese „große Arche der Flüchtlinge" zu erreichen. Hatten die einen bei ihrem Wettlauf um die Freiheit nicht ihre Überfahrt teuer bezahlt und die anderen – ärmeren – nicht zu den unterschiedlichsten Verkleidungen gegriffen, um den Patrouillen der königlichen Truppen zu entkommen? Bald gaben sie sich als Papisten aus, „mit Stundengebeten, Rosenkränzen oder Bescheinigungen vom Ortspfarrer ausgestattet", bald als Soldaten, Hausierer oder gar Bauern, die „Mistkarren" mit sich führten.

Wieviel Leiden und Angst sie erduldeten, davon zeugen die Memoiren und Tagebücher der Zeit wie etwa das Tagebuch des Jacob Lamy aus Dieppe. Dieser Hugenotte war während der Dragonnaden in seiner Heimatstadt inhaftiert worden; einige Zeit später gelang ihm die Flucht und 1686 kam er nach Calais, von wo aus er sich sechs Monate später zusammen mit einigen Glaubensbrüdern nach Dünkirchen begab. Schließlich erreichte er am 12. Oktober einen Hafen der Freiheit in Flandern. Aber die Wechselfälle seiner Reise endeten dort nicht. Bald war es Rotterdam, dann zwei Monate später Amsterdam, wo er seine Schwester wiederfand. Anfang März 1687 zogen sie zusammen nach Hoorn, um sich dort endgültig niederzulassen. Und in den folgenden 18 Monaten gesellten sich noch eine weitere Schwester, die Mutter und ein Bruder, der über London in die Generalstaaten gekommen war, zu ihnen.

Die soziale Zusammensetzung der Flüchtlinge war sehr gemischt, Arme und Reiche hatten das gleiche grausame Schicksal erlitten. Dennoch scheinen einige Schichten und Berufsgruppen besser vertreten zu sein: abgesehen von den Adligen und vermögenden Geschäftsleuten war die Zahl der Pastoren, Militärpersonen und Handwerker erheblich. Man gewinnt sogar den Eindruck, daß die Ausreise aus Frankreich für diejenigen relativ leichter war, die an den beiden Enden der gesellschaftlichen Rangordnung standen: auf der einen Seite der wohlhabende Bürger, dem es oft vor seiner Abreise gelungen war, sein Geld ins Ausland zu bringen, auf der anderen Seite der Handwerker, der sein Kapital mitbrachte und dann sein Leben von seiner Hände Arbeit bestreiten konnte. Für diese beiden Gruppen sahen die Zukunftsperspektiven weniger ungünstig aus. Die sozialen Unterschiede und das ungleiche Anpassungsvermögen stellten die Behörden, die dem Strom der Glaubensflüchtlinge

Unterstützung gewähren sollten, vor schwierige Probleme. Aber vor ihrer Erörterung mag es sinnvoll sein, nach den Gründen zu fragen, warum die Hugenotten in so großer Zahl die nördlichen Niederlande als Niederlassungsort wählten.

Seit langem schon hatten sich kulturelle Bande zwischen Frankreich und den Niederlanden geknüpft, und seit dem Ende des 16. Jahrhunderts waren die Beziehungen zwischen den französischen Calvinisten und der niederländischen reformierten Kirche immer enger geworden. Seit Gründung der Universität Leiden im Jahre 1575 war der Lehrstuhl für Theologie über mehrere Jahre von französischen Theologen besetzt (G. Feugueray, L. Daneau, F. du Yon), und nach der Synode von Dordrecht, als die theologische Fakultät von arminianischen Tendenzen „gereinigt" worden war, hielt der französische Theologe André Rivet die orthodoxe Lehre mehr als zehn Jahre lang aufrecht und bildete zahlreiche junge Leute für das Pfarramt aus. In den folgenden Jahren stieg das Ansehen der reformierten Niederlande in den Augen der französischen Hugenotten immer mehr. Und in der zweiten Hälfte des 17. Jahrhunderts sollte die Feindseligkeit der Niederländer gegenüber der Expansionspolitik des „Allerchristlichsten Königs" diese moralische und religiöse Anhänglichkeit noch verstärken. Des weiteren bot die partikularistische Struktur der Republik, die jede Art von staatlichem Zentralismus fast ausschloß, verschiedenen Richtungen die Möglichkeit, sich mehr als anderswo auszudrücken. Ein weiteres Faktum war in Betracht zu ziehen: die Präsenz einer reformierten Kirche französischer Sprache, der wallonischen Kirche, die aus dem ersten wallonischen Refuge in den 70er Jahren des 16. Jahrhunderts hervorgegangen war und ohne Zweifel ein Jahrhundert später den Anstrom der Hugenotten begünstigte. Diese frankophone Kirchenstruktur erlaubte es den Hugenotten, sich schneller wohlzufühlen, fanden sie nun doch außerhalb der Grenzen des Königreichs „ein neues, protestantisches und freies Frankreich". Aber in unseren Augen ist der Hauptgrund für den Zustrom französischer Protestanten in die Generalstaaten ein anderer: viele von ihnen wußten sehr früh, daß sie dort eine gastfreundliche Aufnahme finden würden.

In der Tat betrieben die Behörden der Gemeinden und Provinzen eine aktive, auf die asylsuchenden Hugenotten ausgerichtete Propagandapolitik. So verfaßte man 1681 in Amsterdam eine Denkschrift, in der den späteren Glaubensflüchtlingen allerlei Rechte und Privilegien vorgespiegelt wurden. Um diese herrlichen Bedingungen in Frankreich bekannt zu machen, entschied man, sie als Anzeigen in den Gazetten zu veröffentlichen – eine zweifellos wirksame Maßnahme, wenn man die Popularität dieser periodischen Presse im Königreich bedenkt. Einige Wochen später, am 7. Oktober 1681, wurden die Amsterdamer Kaufleute angehalten, ihren Brief- und Geschäftspartnern in Frankreich die attraktiven Bedingungen für eine Niederlassung in Amsterdam mitzuteilen: Befreiung von allen Steuern während der ersten Jahre, unentgeltliche und für immer geltende Verleihung des Bürgerrechts und kosten- und formalitätsloser Eintritt in die Zünfte und Gilden. Mittellosen Handwerkern sollte materielle Hilfe durch die Diakonie gewährt und im Falle ihrer Bereitschaft zur Gründung einer Werkstatt ein Kredit in Aussicht gestellt werden.

Amsterdam setzte nicht als einzige Stadt eine derartige Politik ins Werk. Im Gegenteil, es gab kaum eine Stadt in der Republik, die solche Maßnahmen nicht verkündete. Auch die Abgeordneten der Provinzen verteidigten eine solche Politik. Es ist nicht übertrieben, zu sagen, daß in den ersten Jahren ein Wetteifer um die Gunst der Glaubensflüchtlinge einsetzte! Ein Beschluß der Stände von Groningen und Ommelande von 1686 ist in dieser Hinsicht sehr bezeichnend: nicht nur wurden die Verordnungen über die bereits gewährten Rechte und Privilegien erweitert und bis 1700 verlängert, sondern es wurden auch weitere Argumente vorgebracht: das gesunde Klima, die Fruchtbarkeit des Bodens, das Vorhandensein einer Universität und guter Schulen, die niedrigen Lebenshaltungskosten und verlockende Kredite für Hugenotten, die sich niederlassen wollten. Darüber hinaus verwies man auf das gute Straßen- und Flüssenetz in der Provinz, das in ein weites Hinterland reichte. Und als ob all dies noch nicht genügt hätte, spiegelte man vor, daß zukünftig der von der Provinz unterhaltene Heeresteil der Generalstaaten nur mit Woll- und Tuchstoffen und Leder ausgerüstet werden sollte, die von Werkstätten der Provinz hergestellt wurden.

Als der erste Strom von Glaubensflüchtlingen die Grenzen der Republik erfolgreich überschritten hatte, merkte man sehr schnell, daß die Gewährung von günstigen Niederlassungsbedingungen nicht ausreichte. Um die nötigsten Bedürfnisse dieser mittellosen und oft armseligen Flüchtlinge zu befriedigen, waren bedeutende Summen erforderlich. Ab September 1681 drängte die wallonische Synode die Generalstaaten zur Durchführung einer allgemeinen Kollekte und empfahl allen Kirchen, diesen Beschluß den jeweiligen Gemeindebehörden bekanntzugeben. In den folgenden Jahren wurden auf verschiedenen Ebenen Kollekten durchgeführt. So wurden 1683 in Amsterdam anläßlich eines Fasten- und Gebettages ƒ 10000 Gulden gesammelt, 1686 in Harlem ƒ 8000, wovon ein Drittel sogar von Katholiken stammte, die sich spontan angeschlossen hatten. Im selben Jahr wurde eine gleiche Summe im Viertel von Veluwe gesammelt, das zu Geldern, einer wesentlich geringer bevölkerten Provinz gehörte.

Als im letzten Jahrzehnt des Jahrhunderts die Großzügigkeit des Bürgertums zu erkalten begann und die Einnahmen aus den Kollekten zur Unterstützung der immer noch in großer Zahl ankommenden Réfugiés nicht mehr ausreichten, griff man auf andere Mittel der Geldbeschaffung zurück: 1695 organisierten die Amsterdamer Magistratsbeamten zum ersten Mal eine Lotterie zu Gunsten der französischen Glaubensflüchtlinge. Andere Städte ahmten dieses Beispiel mit großem Erfolg nach. Der Anreiz des Gewinns und die Lust am Risiko ermöglichten auf diese Weise einen Ertrag höherer Summen als die früheren Kollekten. All dieses Geld, zusammengekommen durch Lotterien und Kollekten, zu dem noch die Spenden der städtischen Behörden und Handelsorganisationen – wie der Ostindischen Gesellschaft – hinzukamen, wurde in der Regel an die Diakonie der örtlichen wallonischen Kirche geschickt, die es ihrerseits dann an die Bedürftigen verteilte. Die Zusammenarbeit zwischen den weltlichen und kirchlichen Behörden erreichte in diesen Jahren beeindruckende Ergebnisse. So stellte allein die Stadt Amsterdam der Diakonie zwischen 1685 und 1700 im Jahresdurchschnitt 50000 Gulden zur Verfügung, Geldsummen, die der Großzügigkeit und Hilfsbereitschaft von Privatleuten und unterschiedlichsten Organisationen zu verdanken waren.

In Anbetracht dieser auf verschiedenen Ebenen getroffenen Maßnahmen zur Unterstützung und Aufnahme von Tausenden von Flüchtlingen, deren Zustrom vor allem nach 1681 nicht abreißen wollte, versteht man, daß die Abgeordneten der wallonischen Synode vom April 1681 in Rotterdam mit Befriedigung ausrufen konnten: „Das ganze protestantische Europa hat mit Freude die trostreiche Freigiebigkeit unserer Obrigkeit der Generalstaaten zu Gunsten der französischen Flüchtlinge gesehen ..." Wovon die Abgeordneten kein Wesens machten – waren sie sich dessen überhaupt bewußt? –, waren die tieferen Beweggründe, die diesen Antrieb zur Gastfreundschaft und handfesten Großzügigkeit möglich gemacht hatten. Ernsthaftes Mitgefühl und christliche Nächstenliebe haben sicher vor allem zu Beginn eine große Rolle gespielt, und dies umso mehr, als die Gazetten von erschreckenden Berichten über die Dragonnaden erfüllt waren und die Pastoren nicht müde wurden, von den Kanzeln herunter an Opfergeist und Mitgefühl ihrer Gläubigen zu appellieren. Aber die in den verschiedenen Regierungsinstanzen immer gut vertretenen niederländischen Kaufleute vernachlässigten auch nicht ihre eigenen Interessen. Dafür war ein Beschluß der Stände Frieslands vom 4. August 1683 von Bedeutung: allerlei Privilegien sollten den Glaubensflüchtlingen gewährt werden, weil man sich sehr wohl klar war über „den großen Nutzen, den die Ankunft und Niederlassung einer gewissen Zahl von Ausländern der Provinz bringen würden", des weiteren, aber erst an zweiter Stelle, „um Nächstenliebe gegenüber den Glaubensbrüdern zu bekunden".

Solche wirtschaftlichen Beweggründe sind in der Tat nicht außer Acht zu lassen, und der Verfall der politischen und wirtschaftlichen Beziehungen zwischen Frankreich und den Generalstaaten hat sicherlich zu deren

Verstärkung beigetragen. Das von Colbert verfügte Einfuhrverbot für ausländische Waren nach Frankreich trieb die niederländischen Kaufleute zu einer gleichen protektionistischen Politik und zum Aufbau von Manufakturen in ihrem eigenen Land, die dieses von französischen Produkten unabhängig machen konnten. Zahlreiche Entschließungen vieler Städte zeugen offenkundig von dieser Sorge. Vor allem die Textilindustrie mußte angeregt werden; und wie konnte man dies besser erreichen als durch das Anlocken französischer Handwerker und Fabrikanten, die über die modernsten Techniken der Zeit verfügten. So entschloß man sich im Januar 1683 in Haarlem, Glaubensflüchtlinge anzuwerben, die zur Einrichtung von Manufakturen in der Lage waren, welche es bis dahin in den Generalstaaten nicht gegeben hatte. Gleichzeitig hoffte man, eine stagnierende Wirtschaft durch Bevölkerungswachstum, Gründung neuer gewerblicher Betriebe und den Kapitalzufluß wohlhabender Réfugiés ankurbeln zu können. Einige Provinzen waren für das demographische Argument besonders empfänglich: die nördlichen und östlichen Gebiete sahen in großen Kontingenten von Glaubensflüchtlingen eine Möglichkeit zu wirtschaftlicher Weiterentwicklung. Friesland z.B. lud die Hugenotten ein, sich kostenlos auf landwirtschaftlichen Betrieben niederzulassen, wo ihnen ein Sonderstatus gewährt werden sollte.

Leider erbrachten all diese erklärten Absichten und Maßnahmen nicht die erhofften Ergebnisse. Wenn einige Glaubensflüchtlinge auch hier und dort erfolgreich eine Tätigkeit begründeten, so kann man dennoch nicht von einem wirklichen Sprung nach vorn für die niederländische Wirtschaft sprechen. Die großen Hoffnungen fielen ins Wasser, und als das anfängliche Mitgefühl kühler wurde, verwandelte es sich rasch in Ressentiment und Neid. Eine solche Reaktion ist menschlich und findet sich auch heute noch bei vielen Gelegenheiten. In den Kreisen der wallonischen Kirche erkannte man nach einiger Zeit sehr wohl die Gefahr, daß nach den ersten spontanen Hilfeleistungen andere, weniger positive, Gefühle aufkommen könnten: der Gegensatz der Sitten und Gebräuche drohte in vielen Orten Reibungen zwischen Alteingesessenen und Neuankömmlingen hervorzurufen. Konnten diese, durch kaum definierbares Unbehagen hervorgerufenen Zusammenstöße nicht eine fundamentale Kritik an den den Hugenotten gewährten Privilegien wachrufen?

Nach einigen Jahren sahen sich die Gemeindebehörden also mit vielen Klagen konfrontiert. Wem dienten diese Tausende und Abertausende von Gulden, die den Einwanderern jedes Jahr zuflossen? Hatten nicht die am wenigsten Benachteiligten an erster Stelle davon profitiert? Die Gemeinderäte ihrerseits betrieben eine wachsamere Finanzverwaltung, als sie merkten, daß die Zahl der Einwanderer größer als vorhergesehen war und mehrheitlich aus Armen bestand. 1687 konstatierte der französische Pastor Gaspar Baux, der gerade einem Ruf nach Leuwarden gefolgt war: „Die Glaubensflüchtlinge sind überall recht unglücklich, ihre Zahl steigt täglich und die Nächstenliebe erlahmt."[2]

Und 1690 herrschte große Unruhe im Magistrat der Stadt Amsterdam, weil die für die Flüchtlinge vorgesehene Summe von mehr als 70000 Gulden nicht mehr ausreichte, und viele der elenden Ankömmlinge zu proletarisieren drohten. Sicher, es handelte sich um eine fromme Sache – „pieuse saeke" –, aber aus finanziellen Gründen war es unumgänglich, den Einwandererstrom einzudämmen.

Als schließlich die Klagen des Bürgertums über die zu große Konkurrenz der Hugenotten nicht mehr zu überhören waren, beschloß man 1690, alle seit 1681 gewährten Privilegien aufzuheben und die Glaubensflüchtlinge in Bezug auf alle „Entscheidungen der Stadt und Abordnungen" den allgemeinen Gesetzen aller Einwohner Amsterdams zu unterwerfen. In den folgenden Jahren wurde diese harte Position auch von anderen Städten verfolgt; sie mündete am Anfang des 18. Jahrhunderts in die Entscheidung der einzelnen Provinzen, die Einwanderer zu naturalisieren. Dieser Prozeß kam am 21. Oktober 1715 zum Abschluß, als die Generalstände eine Bekanntmachung erließen, derzufolge die in den Generalstaaten wohnenden Réfugiés eingebürgert und den Alteingesessenen rechtlich gleichgestellt werden würden. Durch diese Entscheidung waren die Hugenotten in der Tat von privilegierten Einwanderern zu Bürgern zweiter Klasse degradiert worden; für sie wurde der Verlust der in der Not erworbenen Vorteile in keiner Weise durch die Möglichkeit des Zugangs zu offiziellen Würden und Ämtern ausgeglichen.

Welchen Einfluß übten nun aber die Hugenotten in den Jahren um 1700 auf die niederländische Gesellschaft aus? Im zweiten Teil dieses Beitrages soll die Bedeutung des Refuge für die verschiedenen Bereiche des sozio-kulturellen Lebens der Generalstaaten kurz dargestellt werden. Wenn die Einwanderung der Hugenotten auch keine langfristige Wiederbelebung der Wirtschaft bewirkt hat und wenn die Behörden der Gemeinden und Provinzen auch Illusionen genährt haben, so kann man dennoch mit dem englischen Historiker G. C. Gibbs eine vorübergehende wirtschaftliche Belebung feststellen. In erster Linie ist die Bedeutung der Kapitalflucht von Frankreich in die Republik anzuführen. Am 22. Juli 1683 schätzte der französische Botschafter im Haag, Claude d'Avaux, das hugenottische Kapital der Bank von Amsterdam auf über eine Million. Und als 1687 der große Schub wohlhabender Kaufleute, die bis dahin geglaubt hatten, den Verfolgungen in Frankreich die Stirn bieten zu können, in die Generalstaaten kam, zwang der einsetzende Kapitalfluß die Bank von Amsterdam, den seit 1684 bei 3% liegenden Diskontsatz um einen Prozentpunkt zu senken. Nicht weniger wichtig erschien, wie oben bereits gesagt, die Hoffnung auf Manufaktur-Neugründungen. Vor allem die Textilindustrie profitierte von den technischen Fertigkeiten der französischen Musterzeichner und Weber. In mehreren Städten, so Amsterdam, Leiden, Haarlem, Utrecht oder Dordrecht, wurden Wolle, Leinen und Seide verarbeitende Werkstätten modernisiert oder neu gegründet. Einige dieser Manufakturen erreichten eine beträchtliche Größe und zählten über 100 Webstühle, die meisten von ihnen wurden von den örtlichen Behörden in großem Umfang subventioniert.

Das bemerkenswerteste Beispiel einer solchen Unterstützung in Amsterdam war das Unternehmen von Pierre Baille, der vor seiner Ankunft in der Republik Generaldirektor der königlichen Manufaktur in Clermont-de-Lodève im Languedoc gewesen war. Die Stadt Amsterdam gewährte ihm wenigstens für ein Jahr zinslose Darlehen in Höhe von ungefähr 50000 Gulden und die Möglichkeit unentgeltlicher Beschäftigung von Waisenkindern im Alter von 9–10 Jahren während des ersten Jahres. Alle diese Anstrengungen konnten jedoch nicht verhindern, daß Baille am 2. März 1684 Konkurs anmelden mußte, in den er zu allem Unglück auch noch andere Réfugiés hineinzog. Das Unternehmen florierte auch nach der Übernahme durch die Stadt nicht besser; so daß die von Baille gegründete Manufaktur Anfang 1695 endgültig die Pforten schließen mußte, allerdings nicht ohne beträchtliche Schulden zu hinterlassen.

Auch die anderen Unternehmen, die in dieser Zeit in Amsterdam gegründet worden waren, konnten sich nicht halten; in den anderen Städten der Generalstaaten scheint die Situation nicht sehr viel günstiger gewesen zu sein. Eine vorläufige Gesamtbilanz kann für diese besser als andere bekannten Branchen der Textilindustrien gezogen werden. Sie erscheint negativ auf lange Sicht, auch wenn die Fertigkeiten der französischen Handwerker manche technischen Verbesserungen möglich gemacht hatten. Die niederländischen Finanziers hatten die Risiken einer Überproduktion außer Acht gelassen, die in Zeiten wirtschaftlicher Krisen immer von Bedeutung ist, wie es am Ende dieses Jahrhunderts in Europa der Fall war.

Und wie sah es in anderen, anspruchsloseren Gewerbezweigen aus? Papier- und Buchherstellung erlebten in diesen Jahren einen wirklichen Aufschwung, die Glasmanufakturen wurden durch Fensterscheiben- und Spiegelproduktion reich. Der französische Einfluß machte sich vor allem im Handel der Luxusgüter bemerkbar: Fächer, Schmuck, Uhren, Filzhüte und Kleidung. Die Vielfalt dieser französischen Geschäfte drückte Amsterdam einen kosmopolitischen Stempel auf. Alle diese verschiedenen Gewerbe hatten jedoch in der Mehrzahl der Fälle nur einen begrenzten Umfang und konnten keinen wesentlichen Beitrag zur allgemeinen Wirtschaft der Republik leisten. Es ist nicht einmal falsch, zu sagen, daß der französische Wirtschaftsbeitrag insgesamt gesehen als marginal betrachtet werden muß: es war ihm höchstens gelungen, den begonnenen wirtschaftlichen Niedergang der Generalstaaten zu verlangsamen. Auf der besonderen Ebene der Kapitalbewegungen haben die Investitionen der Réfugiés durch ihren Umfang den Übergang von einer Unternehmerwirtschaft zu einer Rentenwirtschaft beschleunigt.

Der Einfluß des Refuge auf die wallonische Kirche war dagegen sehr viel größer. Seit der Trennung der südlichen von den nördlichen Niederlanden am Ende des 16. Jahrhunderts waren viele Wallonen und ihre flämischen Brüder aus religiösen Gründen in den Norden gekommen, wo sie ihre eigenen französischsprachigen Kirchen gründeten, die bereits 1578 auf der Synode von Dordrecht im Rahmen der niederländischen reformierten Kirche einen Autonomiestatus bekommen hatten. Bis 1680 waren in der Republik 32 Kirchen gegründet worden, von denen zu Beginn des Refuge noch 26 bestanden. Im dritten Viertel des 17. Jahrhunderts stießen diese letzten Gemeinden jedoch auf große Schwierigkeiten: aus Mangel an eigenen Pastoren drohte die wallonische Identität zu schwinden; eine fortschreitende Assimilierung der Nachkommen wallonischer Glaubensflüchtlinge zeichnete sich ab. Da die französischen Pastoren den Repressionen Ludwigs XIV. auf das grausamste ausgesetzt waren und nach der Aufhebung des Edikts von Nantes Frankreich binnen 14 Tagen verlassen mußten, ist es nicht verwunderlich, daß sie sich in großer Zahl bei der wallonischen Synode vorstellten, die auf diese Weise bei der Seelsorge für ihre Gläubigen auf die Hilfe dieser Männer zählen konnte. Von den 600 Pastoren, die gezwungen waren, Frankreich zu verlassen, kamen nicht weniger als 363 in die Generalstaaten. Schon auf der wallonischen Synode im April 1686 in Rotterdam wurden 200 Prediger registriert, die sich in den vorangegangenen 12 Monaten als Réfugiés ausgewiesen hatten. Eine so große Zahl von Pastoren übertraf bei weitem den wirklichen Bedarf der Kirche! Auch wenn bis zum Ende des Jahrhunderts noch 34 französischsprachige Gemeinden gegründet wurden, die sich in ihrer großen Mehrheit der wallonischen Synode anschlossen, konnte doch nur ein Drittel der 200 im Jahre 1686 registrierten Pastoren in dieser Zeit mit einem Pfarramt ausgestattet werden.

Schon auf der wallonischen Synode 1686 in Rotterdam waren sich die Abgeordneten darüber im klaren, daß es unmöglich sei, alle ihre Mitbrüder zu versorgen: „Die Zahl der geflohenen Pastoren, die sich in einen kümmerlichen Zustand versetzt sahen und an diese Gemeinschaft mit der Bitte um Hilfe zur Linderung der drückenden Not wandten, war so groß, daß es unmöglich erschien, sie alle zu unterstützen. Sie wurden zu den Kirchen der Orte zurückgeschickt, in denen sie Wohnung genommen hatten." Da viele unter ihnen weder Kleidung noch Geld besaßen, mußten die Gemeinde- und Provinzbehörden zu Zahlungen herangezogen werden. Im Dezember 1685 und Januar 1686 steuerten die holländischen Stände 25 000 Gulden pro Jahr zur Unterstützung von 70 Pastoren bei. Diesem Beispiel wurde überall gefolgt, und auf Drängen der wallonischen Synode wurden die Zahlungen ständig wiederholt und ausgeweitet.

Aber neben diesem materiellen Beistand kümmerte sich die wallonische Kirche auch um die geistliche Versorgung ihrer Diener. Als Gerüchte umhergingen, daß einige Theologen des Refuge Sympathien für die nicht rechtgläubige Gnadenlehre der Schule von Saumur hätten und zu arminianischen und sozinianischen Ideen neigten, verfügte 1686 die Synode von Rotterdam, niemandem ein Amt zu geben, „der uns nicht seine theologische Übereinstimmung mit unserem Glaubensbekenntnis im allgemeinen und mit den Beschlüssen der Synode von Dordrecht im besonderen sowie seine Unterwerfung unter alle Vorschriften unserer Kirchenzucht unterschriftlich versichert hat". Die Unterschriften unter dieses Glaubensbekenntnis konnten in den folgenden Jahren jedoch nichts daran ändern, daß einige Pastoren in heftige Polemiken verfielen. Die Reizbarkeit und Überempfindlichkeit erklären sich leicht bei Männern, die in ihren Herzen das Andenken an die „verlassene" Herde in Frankreich bewahrt hatten. Und das südländische Temperament einiger dieser Polemiker hat sicherlich auch dazu beigetragen, den Ausdruck ihrer Gefühle zu verstärken. Jahrelang gelang es diesen hugenottischen Theologen und Publizisten Emotionen jeglicher Art mit ihren Predigten, Pamphleten und Reden innerhalb und außerhalb der Generalstaaten zu wecken.

Kaum hatten diese Pastoren Asyl gefunden, schickten viele von ihnen Rundschreiben an ihre Gläubigen in der „Wüste" Frankreichs, in denen sie sie zu Beständigkeit in der Not ermutigten und versuchten, die Neukonvertierten auf die rechte Bahn zurückzuführen. Diese Briefe wurden nach Frankreich geschmuggelt und fanden dort eine derartige Verbreitung, daß Fénelon meinte, sie verstärkten „die unglaubliche Hartnäckigkeit der Ketzer". Pierre Jurieu, Pastor und zugleich Theologieprofessor an der École Illustre in Rotterdam, ging in seinen „Hirtenbriefen" (1686–1694) sogar so weit, seine Glaubensbrüder zur Rebellion gegen die Religion des Verfolgungsteufels aufzurufen und sie zu drängen, diesem Babel, in dem kein Platz mehr für Protestanten sei, zu entfliehen.

Diese Stellungnahmen zur Situation im Frankreich Ludwigs XIV. führten auch zwischen einigen hugenottischen Glaubensflüchtlingen zu heftigen Kontroversen. Unter ihnen ist das markanteste Beispiel die Auseinandersetzung zwischen Jurieu und dem Philosophen Pierre Bayle. 1682 hatte Jurieu in seiner „Geschichte des Calvinismus" die Religionspolitik des französischen Königs verurteilt, weil sie die Vernichtung der reinen Lehre zum Inhalt habe: erschien ihm die Aufhebung des Edikts von Nantes nicht als ein großes Unrecht? Dieser König habe Despotismus an den Tag gelegt und eine „Macht ohne Grenzen" vorgeführt. Das

Überleben und Wohl des ganzen Volkes seien in Gefahr, weil der König den von seinem Vorgänger im vorangegangenen Jahrhundert mit den Hugenotten frei geschlossenen Vertrag einseitig gebrochen habe.

In seinen „Hirtenbriefen" formulierte Jurieu auf seine Weise die Lehre von der Volkssouveränität, und in seiner Sicht betonte er, daß das Wohl des Volkes oberstes Gesetz des Fürsten zu sein habe, der sein Volk in nichts zwingen könne, seinem eigenen Wohl zuwiderzuhandeln.

Bayle seinerseits war grundsätzlich anderer Auffassung. Er war überzeugt, daß solche Schriften die französischen Calvinisten in eine schwierige Position gegenüber ihrem Souverän und dessen Beratern bringen würden. Wenn der Philosoph aus Rotterdam Ludwig XIV. in seiner „Critique génerale de l'Histoire du Calvinisme" (1682) und seinem „Commentaire Philosophique" (1686) auch zu einer toleranteren Politik aufgerufen hatte, so blieb er doch nicht weniger ein Anhänger des Absolutismus. Der Fanatismus, mit dem Jurieu die französischen Calvinisten zur Rebellion drängte, erfüllte ihn mit Schrecken. Hatten die französischen reformierten Theologen nicht über lange Jahre vor der Aufhebung des Edikts von Nantes ihre Gläubigen zum Gehorsam gegenüber dem König ermahnt, und war eine Revolte gegen Ludwig XIV. nicht dasselbe wie eine Revolte gegen Gott? Die Positionen der beiden Widersacher waren weit voneinander entfernt, so daß heftige Auseinandersetzungen bis in die 90er Jahre hinein die Folge waren.

Nach Elisabeth Labrousse beruhte die Polemik zwischen Jurieu und Bayle zum großen Teil auf „zwei religiösen Empfindungswelten". Für Bayle und die Mehrheit der Führungsschicht des Refuge war die „politische Aktualität, die profane Wirklichkeit", Ausgangspunkt der Stellungnahmen. Jurieu dagegen sah den Lauf der Geschichte in den heiligen Schriften niedergelegt und war überzeugt, daß eine genaue Interpretation der Offenbarung die Leiden der Hugenotten lindern helfen könne, weil diese auf eine baldige Änderung hoffen könnten: die „Glorreiche Revolution" und die Thronbesteigung Wilhelms III. in England waren für Jurieu und seine Anhänger ein Beweis für das Heil und den Sieg des europäischen Protestantismus. Gegenüber prophetischen Visionen feindlich eingestellt und mehr der Realität verhaftet, weigerte sich Bayle, die Sache der Protestanten mit der Wilhelms III. gleichzusetzen. Er wußte genau, daß die Verteidigung der hugenottischen Interessen die Entscheidung des Prinzen, nach England zu gehen, nur wenig beeinflußt hatte. Deshalb verteidigte der Philosoph weiterhin den Absolutismus mit Überzeugung und Nachdruck und nahm dabei sogar in Kauf, als Agent Ludwigs XIV. zu gelten. Sicher ein bitterer Vorwurf für jemanden, dessen Bruder Jacob 1685 von den französischen Behörden wegen seiner Schriften eingekerkert worden war. Man kann sich seinen Schmerz und seine Gewissensbisse vorstellen, als er erfuhr, daß sein Bruder den Entbehrungen erlegen sei. Diese Prüfung erklärt noch mehr, daß Bayle so wie Jurieu die Politik des französischen Königs nachdrücklich kritisierte. Nicht weniger als Jurieu wünschte er den Hugenotten ein besseres Los und die Rückkehr in ihre Heimat, ohne widerrufen zu müssen. Aber seine Taktik war eine andere: ohne eine grundlegende Änderung des absolutistischen Regimes zu wünschen, sprach er sich für eine Art bürgerliche Toleranz aus, die ein Minimum an Glaubens- und Gewissensfreiheit garantieren sollte. Eine Rückkehr zu den Zuständen bei Ausrufung des Edikts von Nantes erschien ihm als Maximum dessen, was man eventuell erhoffen konnte. Aber er verlangte ausdrücklich, daß die Macht des Königs an der Schwelle des individuellen Gewissens ihre Grenze finde. Die von Bayle 1690 veröffentlichte Schrift „Avis important aux Réfugiés sur leur prochain retour en France" sowie die Antwort Jurieus „Examen d'un libelle" spitzten den Konflikt derart zu, daß das Konsistorium von Rotterdam mehrfach intervenieren mußte und die Gemeindebehörden die Widersacher zur Ruhe ermahnen mußten.

Solche Kontroversen riefen nicht nur Emotionen in der wallonischen Kirche hervor, sondern auch in den Hugenotten-Gemeinden im Ausland. Sie konnten sogar Unbehagen und Verwirrung bei denen hervorrufen, die mehr von seelsorgerischem Eifer und der Sorge um die verlassene Herde in Frankreich beseelt waren. Das persönliche Abenteuer des Pastors Claude Brousson, der 1695 nach Den Haag berufen worden war, ist in dieser Hinsicht bezeichnend. Schockiert vom weltlichen Charakter seiner Gläubigen, litt er unter der erstickenden Atmosphäre von Intrigen, persönlichen Streitigkeiten und theologischen Disputen bald so sehr, daß ihm seine „Wüste" fehlte. So entfernte er sich sehr schnell von der Republik, um nach Frankreich zurückzukehren, wo er sein vagabundierendes Leben und sein gefährliches Apostolat wiederaufnahm. Dieses sicherlich etwas extreme Beispiel darf uns nicht vergessen lassen, daß die wallonischen Kirchen oft Gemeinden bildeten, deren Gläubige solidarisch und von echter geistiger Kraft beseelt waren. In welchem Maße hat die wallonische Kirche, die ab 1680 durch die Réfugiés eine wahre Renaissance und einen neuen Aufschwung erlebte, zur Bereicherung des geistlichen Lebens der Niederlande beigetragen? Es bedürfte einer breitangelegten Untersuchung, um diese Frage beantworten zu können. Immerhin kann man feststellen, daß alteingesessene Niederländer, die in der Regel der sozialen und kulturellen Elite des Landes angehörten, oft einer der örtlichen wallonischen Kirchen beigetreten sind.

Die Aufhebung des Edikts von Nantes und die Ankunft von tausenden von Glaubensflüchtlingen brachten natürlich bedeutende politische Folgen in den Ländern mit sich, in denen die Hugenotten Zuflucht gefunden hatten. In den Generalstaaten trug der nicht abreißende Strom von Flüchtlingen zur Verstärkung antifranzösischer Gefühle bei; sie zeugten anschaulich von dem Terror, dem die Calvinisten in Frankreich ausgesetzt waren. Die Reaktion war so stark, daß der französische Botschafter im Haag seinem König nicht mehr verschweigen konnte, daß tägliche Pamphlete, Satiren und andere Schmähschriften veröffentlicht wurden, in denen Ludwig XIV. an den Pranger gestellt wurde. Ein Pamphletist ging in seinem „Triomphe de la Vérité" sogar soweit, den König als „Geißel Gottes, Tyrann der Seelen, grausamen Henker der anständigen Leute, stinkenden Fürsten, Hundeseele, Quelle verruchter Wollüste, Rasse von Nebukadnezar" zu bezeichnen. Die Heftigkeit dieser Schriften brachte die niederländischen Behörden manchmal in peinliche Situationen. Dennoch konnten auch mehrfach von den Gemeinde- und Provinzinstanzen ausgesprochene Verbote die Verbreitung von so skandalösen Schmähschriften an die Adresse einer ausländischen Macht nicht verhindern. Gleichzeitig begünstigten diese Publikationen die politischen Bestrebungen des Statthalters, Wilhelms III., der nur Nutzen aus der Verbreitung antifranzösischer Propaganda ziehen konnte.

Wilhelm III. fand unter den Glaubensflüchtlingen nicht nur die Unterstützung federgewandter Propagandisten, sondern auch die kriegstüchtiger Soldaten. Unter den Ankömmlingen waren zahlreiche Offiziere, die sich bald zur Verfügung stellten. Die französische Armee muß damals so viele Soldaten verloren haben, daß nach Elie Benoît in seiner ‚Histoire de l'Édit de Nantes' „alle Höfe Europas davon überschwemmt waren". Allein von 1686 bis 1689 registrierte man in den Generalstaaten die Ankunft von 530 Offizieren; die holländischen Stände bewilligten Anfang 1686 für ihre Aufnahme einen zusätzlichen Kredit von 100000 Gulden, der jährlich verlängert wurde. Hatte Wilhelm III. in seinem 15 200 Mann starken Heer nicht 736 hugenottische Offiziere, als er 1688 nach England übersetzte? In dieser Zahl waren natürlich auch die enthalten, die schon seit langem in der Armee der Generalstaaten Dienst taten; sie hatte schon immer über ein bedeutendes französisches Kontingent verfügt. Aber Ludwig XIV. war über diese Auswanderungswelle der 80er Jahre in die Republik der Generalstaaten und nach England so beunruhigt, daß er 1689 die flüchtigen französischen Militärs wissen ließ, sie könnten mit der Hälfte der Einkünfte aus ihrem Vermögen in Frankreich rechnen, falls sie in die Armee Dänemarks, des Verbündeten Frankreichs, einträten. Dieses Angebot blieb allerdings auf Grund der sehr vorteilhaften Bedingungen, die den Offizieren in den Armeen der protestantischen Mächte angeboten wurden, ziemlich wirkungslos.

Die Hoffnung der Hugenotten, dank der politischen und diplomatischen Aktionen Wilhelms III. eines Tages nach Frankreich zurückkehren zu können, schwand fast völlig während der Friedensverhandlungen von Ryswick. Alle Anstrengungen der Hugenotten, dort ihre Sache verteidigen zu lassen, blieben ergebnislos, weil Wilhelm III. andere Interessen verfolgte. Wenn man von Ludwig XIV. verlangen wollte, die Glaubensflüchtlinge wieder in ihre alten Rechte und Vermögensverhältnisse einzusetzen, konnte der französische Herrscher dann nicht das gleiche für die zahlreichen englischen Katholiken fordern, die als Anhänger der Stuarts nach Frankreich geflohen waren? So versetzte der Frieden von 1697 den Réfugiés einen echten psychologischen Schock. Sie wurden sich darüber klar, daß jegliche Rückkehr unmöglich geworden war, und wandelten nach Elisabeth Labrousse ihre Flüchtlingsmentalität in eine Einwanderermentalität.

Unter den zahlreichen französischen Flüchtlingen, die seit 1680 in den Generalstaaten Asyl gefunden hatten, prägten die Gebildeten, diejenigen also, die auf die eine oder andere Art mit der Pflege der Schrift befaßt waren, einige Jahrzehnte lang ohne Zweifel das kulturelle und intellektuelle Leben der Niederlande. In erster Linie sind die zu nennen, die ihre technischen Fertigkeiten und Kenntnisse in den Dienst des holländischen Buchhandels und der Buchdruckerkunst stellten; jahrelang spielten diese eine wichtige Rolle in der „Republik des Geistes". Für hugenottische Buchhändler und -drucker wie Henri Desbordes oder die Brüder Huguetan war der Aufbruch in die Generalstaaten nur eine Adressenänderung. Dank der relativ großen Rede- und Pressefreiheit gelang es ihnen bald, prosperierende Verlage zu gründen. Diese Beispiele sind nicht vereinzelt. Unter den zwischen 1680 und 1725 in Amsterdam eingetragenen 230 Buchhändlern und -druckern gehörten in der Tat 100 der wallonischen Kirche an, von denen mindestens 80 Glaubensflüchtlinge waren. Da das französische Buch sich damals in Europa einer immer größeren Verbreitung erfreute, fanden viele Gebildete in den verschiedensten Bereichen des Buchhandels und -drucks als Drucker, Korrektoren, Graveure oder Übersetzer Beschäftigung.

In diesen Jahren führte die vielfältige Verbreitung von Manuskripten zu einer starken Zunahme der Druckerzeugnisse. Wie zahlreich waren die, die in Frankreich nie zu einer Feder gegriffen hätten und die nun im Exil Zeit und Gelegenheit fanden, ihre Gedanken und Launen zu Papier zu bringen. Oft schrieben diese Autoren auf Bitte von Mäzenen oder im Auftrag von weltlichen oder geistlichen Behörden. Andererseits konnten die Drucker und Verleger, die über einen breiten Verteilungsapparat verfügten, auf ein großes, in ganz Europa verstreutes Publikum zählen; das Interesse an Informationen über die politische Situation in Frankreich konnte, vor allem in Kreisen der hugenottischen Diaspora, kaum befriedigt werden. In diesem Bemühen, die Verbreitung von Informationen und Druckerzeugnissen zu erleichtern, konnten ausländische Buchhändler kaum mit den Niederländern konkurrieren, die zu günstigsten Preisen drucken konnten. Überdies war das Informationsnetz, zweifellos auf

Grund der Präsenz der Hugenotten vor Ort, immer dichter geworden. Kaum hatte man von einer erfolgreichen Neuerscheinung in Frankreich gehört, ließ die Hoffnung auf Gewinn den Wunsch nach einem Nachdruck in den Generalstaaten aufkommen. Diese Kommerzialisierung des holländischen Buchhandels gefiel nicht allen, vor allem denen nicht, die wie P. Bayle aus dieser Masse von Broterwerbsliteraten hervorragten. Anfang 1697 schrieb der Philosoph einem Pariser Korrespondenten: „Alle Druckpressen sind nützlich beschäftigt mit dem Nachdruck von Büchern anderer Nationen oder dem Druck von französischen und flämischen Übersetzungen englischer Bücher. Diese Kopien kosten fast nichts."[3] Der größte Teil des Druckwerks der hugenottischen Schriftsteller ist in der Tat heute nur von geringem Wert; und dies vor allem wegen der Kurzlebigkeit der geistigen Antriebe, der Mittelmäßigkeit des Niveaus und der geringen Solidität der Argumentation. Demgegenüber ragen die Werke von Pierre Bayle, von Henri und Jacques Basnage, Pierre Jurieu und Jean Barbeyrac heraus.

Durch die Rolle, die sie im holländischen Buchhandel spielten, haben die Glaubensflüchtlinge auch zur größeren Verbreitung der französischen Sprache in der „Republik des Geistes" beigetragen. In den Generalstaaten hatte das Französische schon vor der Aufhebung des Edikts von Nantes das gelehrte Latein immer mehr verdrängt; Pierre Bayle hob hervor, daß „die französische Sprache so bekannt sei, in diesem Land, daß französische Bücher mehr Absatz als alle anderen fänden und es kaum gebildete Leute gäbe, die französisch nicht verstünden, obwohl sie es nicht sprechen könnten." In der Tat handelte es sich zumeist um passive Kenntnisse, auch wenn es bei Hofe und in den gehobenen Kreisen der Gesellschaft als ehrenvoll galt, seiner Weltoffenheit durch den Gebrauch des Französischen Ausdruck zu verleihen. Diese zunehmende Verwendung der französischen Sprache in der Praxis wurde zweifellos durch das Refuge und den begleitenden Publikationsfluß verstärkt. Es ist bezeichnend, daß ab 1680 manches lateinische Werk ins Französische übersetzt wurde und die wichtigsten Arbeiten zeitgenössischer englischer Empiriker auf dem Kontinent über französische Übersetzungen Verbreitung fanden. Will man eine Grenze zwischen flüssigem Gebrauch des Französischen und seiner passiven Kenntnis ziehen, so verdient die Rolle der zahlreichen, z.T. bis ins 16. Jahrhundert zurückreichenden, französischen Schulen in den Generalstaaten eine Hervorhebung. Ohne Zweifel haben sie zur Präsenz des Französischen beigetragen, aber am Ende des 17. Jahrhunderts haben die führenden Kreise ihre aktiven und unmittelbaren Kenntnisse sicherlich nicht dort erworben. Auf jeden Fall haben die Hugenotten dort kaum Einfluß gehabt, da einerseits die Stellen in dieser Zeit knapp waren und man andererseits zweisprachig sein mußte, um ein solches Lehramt ausüben zu können. So konnten einzelne Hugenotten nur in privilegierten Kreisen als Erzieher oder Hauslehrer einen direkten und rein französischen Einfluß auf die niederländische Jugend ausüben.

Die Universitäten und berühmten Schulen nahmen ihrerseits in diesen Jahren relativ viele Exulanten mit gefragten Kenntnissen in ihre Lehrkörper auf. Schon immer waren die Universitäten bemüht gewesen, sich einen internationalen Charakter zu geben, und während des ganzen 17. Jahrhunderts fand man dort Professoren unterschiedlichster Herkunft. Aber abgesehen von Bayle und Jurieu, die in einem Institut zweiten Ranges – der Ecole illustre von Rotterdam – unterrichteten, und Jean Barbeyrac, der Professor in Groningen war, konnte kein hugenottischer Professor mit den berühmten Vorgängern Scaliger oder Saumaise konkurrieren. Die Zahl französischer Studenten, die an einer niederländischen Universität eingeschrieben waren, wuchs zwar schnell nach 1685; aber seit 1690 waren die Zahlen rückläufig, woraus man offenbar schließen kann, daß die Mehrheit der Glaubensflüchtlinge für eine höhere Schulbildung ihrer Kinder entweder nicht die Mittel hatte oder aber diese nicht für notwendig erachtete. Da in den 70er Jahren des 17. Jahrhunderts die Anzahl der Stellen für Universitätsabsolventen einen Sättigungspunkt erreicht hatte, verwundert es nicht, daß die Universitäten kaum Begeisterung in einer sozialen Schicht hervorrufen konnten, die schnell eine lukrative Tätigkeit zu finden wünschte.

Wenn auch aus den bisherigen Ausführungen hervorgeht, daß der Einfluß der Réfugiés auf die niederländische Gesellschaft insgesamt mäßig und zeitlich begrenzt war, so ist es dennoch offensichtlich, daß er im Bereich des Buchhandels und -druckes am spürbarsten war. In diesem weitgefächerten Bereich hat unserer Ansicht nach die journalistische Tätigkeit am meisten vom französischen Beitrag profitiert. Die Generalstaaten konnten stolz darauf sein, ab 1620 die erste französischsprachige Zeitung Europas herausgegeben zu haben, den „Courant d'Italie et d'Allemagne“. Vor allem Amsterdam kam das älteste und breiteste Informationsnetz zugute und es zog Nutzen aus seiner günstigen geographischen und wirtschaftlichen Lage. Wie für die anderen bereits erwähnten Druckerzeugnisse bot Amsterdam – so wie die anderen Städte der Republik dank breiter Meinungsfreiheit – der Presse die Möglichkeit zu rascher Entwicklung. In der zweiten Hälfte des 17. Jahrhunderts wurden die Gazetten aus Amsterdam, Leiden und Den Haag in ganz Europa gelesen. Die Redaktion dieser Blätter lag oft in den Händen von Hugenotten, die schon vor der Aufhebung des Edikts von Nantes in den Generalstaaten Asyl und eine Möglichkeit zu schriftstellerischer Tätigkeit gefunden hatten. Als in den 80er Jahren die große Auswanderungswelle die Hugenotten über ganz Europa verstreute, weitete sich der geographische Rahmen dieser Zeitungen aus, und vor allem zeigten sich ihre

Leser informationsgieriger, weil sie nirgendwo sonst bessere und genauere Nachrichten über die Situation in Frankreich bekommen konnten.

Bei einer derart langen Presse-Tradition ist es verwunderlich, daß in der Republik erst spät eine literarische Zeitschrift herausgegeben wurde. Erst 1684 schloß Pierre Bayle diese Lücke und gab die erste Nummer der „Nouvelles de la République des Lettres" in Amsterdam heraus. Die Zeitschrift überholte bald ihre europäischen Konkurrenten, vor allem das „Journal des Savants". Dank seines kritischen Geistes und unabhängigen Urteils gelang es Bayle von den Generalstaaten aus – diesem „geistigen Umschlagplatz Europas" –, dem Ideal der Republik des Geistes Gestalt zu geben, dieser Gemeinschaft, „in der alle Gelehrten sich wie Brüder betrachten sollen". Da Bayle kaum durch Zensur behindert war und über eine breite Palette von Veröffentlichungen verfügte, gelang es ihm in einem originellen und saftigen Stil, die europäische Gemeinschaft der Gebildeten auf vorzügliche Weise über die letzten wissenschaftlichen und literarischen Neuigkeiten zu informieren. Mit seinen „Nouvelles" hat er das Genus der literarischen Zeitschrift erneuert, ein Verdienst, das ihm schon früh im 18. Jahrhundert zuerkannt worden war. Er kann als Vater der modernen Rezension gelten.

Die „Nouvelles" wurden begeistert aufgenommen und brachten dem Verleger Henri Desbordes keinen geringen Gewinn ein. Zwei Jahre später folgte daher der Genfer Jean Leclerc diesem Beispiel, arbeitete nacheinander mit den Hugenotten Jean Cornand de la Croze, Charles Lecène und Jacques Bernard zusammen und gab zwischen 1686 und 1693 dem Amsterdamer Publikum die „Bibliothèque Universelle et Historique". Als Pierre Bayle 1687 aus gesundheitlichen Gründen seine journalistische Tätigkeit einstellen mußte, übergab er die Fackel seiner Arbeit dem Anwalt Henri Basnage de Beauval aus Rouen, der ebenfalls Glaubensflüchtling war. Mit ihm wurde aus Gründen der Privilegienwahrung die von Bayle als „Nouvelles" konzipierte Zeitschrift unter dem Namen „Histoire des Ouvrages des Savants" weitergeführt; sie erschien bis 1709 in Rotterdam. Diese Zeitschrift hatte den gleichen Erfolg wie die von Leclerc und wurde in der ganzen Republik des Geistes gelesen. Wenn die Arbeit von Basnage und Leclerc auch nicht das Niveau eines Bayle erreichte, so haben die beiden doch Denkmäler der Literaturgeschichte hinterlassen. Der Ertrag dieser regelmäßig erscheinenden Publikationen war recht groß (neben anderen sind vor allem noch zu nennen: Gabriel d'Artis: Le Journal d'Amsterdam 1673; Etienne Chauvin: Nouveau Journal des Savants 1694–1696; Jacques Bernard: Lettres Historiques 1692–1698; und Samuel Masson: Histoire Critique de la République des Lettres 1712–1718): sie verbreiteten Gelehrsamkeit und europäische – vor allem französische – Kultur. Es gelang ihnen, die durch die Zeitumstände aufgezwungenen räumlichen Entfernungen zu überwinden, indem sie die Glaubensflüchtlinge der Diaspora geistig vereinten. Schließlich verbreiteten sie die Ideen der Reformation in ganz Europa.

Die erste Hugenottengeneration war in den Generalstaaten fast ausnahmslos herzlich aufgenommen worden, wenn nicht in der Gesellschaft, so doch zumindest in der wallonischen Kirche. Dort bildete sie zusammen mit ihren Leidensgenossen solidarische Gemeinschaften und war vereint in derselben Sprache, dem Haß auf die französischen Verfolger und denselben Zukunftsaussichten. Entsprechend zogen sie sich jahrelang in französische Kolonien auf sich selbst zurück und lebten hier in einem „zweiten Frankreich protestantischer Prägung" innerhalb einer Gesellschaft, die ihnen immer fremd blieb. Für diese Exulanten der ersten Stunde kam Assimilation nicht in Frage.

Wie aber stand es mit ihren Kindern, die in den Generalstaaten geboren oder aufgewachsen waren? Die Leiden, die ihre Eltern leibhaftig erduldet hatten, waren für sie nur noch legendenhafte Erzählungen. Sie fühlten sich nicht mehr als Untertanen des französischen Königs, und das religiöse Ideal ihrer Eltern vom „Gelobten Land" verblaßte bei ihnen allmählich. Die Bindungen an das Land ihrer Vorfahren brachen ab, ohne daß diese neue Generation sich problemlos in das Leben des Aufnahmelandes eingliederte. Sie waren entwurzelt: konnten sie da nicht eine Haltung von Heimatlosen annehmen, voll von Geringschätzung der Sitten und Bräuche einer Republik, als deren Bürger sie sich nicht wahrhaft fühlten? Da sich um 1700 das Prestige der französischen Kultur in der führenden Schicht der Generalstaaten vergrößert hatte, konnten auch die erfolgreichen Hugenotten keine besondere Stimmung in ihrer Umgebung machen. Dagegen riefen die Hugenottenkinder der zweiten Generation Widerstand und Verunsicherung hervor, weil sie weiterhin auf öffentliche Kosten lebten und sich gleichzeitig durch ihr Verhalten und ihre eigentümlichen Manieren von den anderen abhoben. Aus dieser Perspektive muß der Beschluß des Magistrats der Stadt Amsterdam vom 28. Mai 1743 gesehen werden, in dem festgelegt wurde, daß die Kinder armer Hugenotten künftig keine französischen Schulen, sondern nur noch – und zwar obligatorisch – niederländische Grundschulen besuchen durften. Im 18. Jahrhundert wurden sogar Stimmen laut, die die Gefahr einer Französisierung brandmarkten. Der niederländische Journalist Justus van Effen prangerte daher in seiner „Bagatelle" 1730 die „lächerliche Höflichkeit", „die Raffinesse und die Mitgift des Stolzes und der Schurkerei" sowie das Mißtrauen der Hugenotten gegenüber niederländischen Sitten an. Doch konnte diese Gefahr eines Imperialismus der französischen Kultur kaum ernstgenommen werden. Die niederländische Kultur war schon immer durch große Aufnahme- und Assimilationsfähigkeit gekennzeichnet und folglich in der Lage, Beiträge von außerhalb in das eigene kulturelle Erbe einzuschmelzen. (Abb. 6)

Bernard Cottret

Glorreiche Revolution, schändliche Revokation? Französische Protestanten und Protestanten Englands

Welche Stelle nimmt die *Protestantenfrage* in der wachsenden Rivalität ein, die Frankreich und England am Ende des 17. Jahrhunderts miteinander in Konflikt brachte? In welchem Maße haben die französischen Ereignisse, die Verfolgung der reformierten Minderheit, die internationalen Beziehungen zwischen den beiden Ländern beeinflußt?

Ein Jahrhundert nach der Aufhebung des Edikts von Nantes, gegen 1780, untersuchte Louis-Sébastien Mercier, Reisender, Essayist und Vielschreiber, die dauerhaften Ursachen des Unbehagens zwischen Frankreich und England. Er resümierte seine Beurteilung in einem Kapitel der vor kurzem edierten *Parallèle de Paris et de Londres:*[1]

„*Eine der Ursachen für den Haß der Engländer.* Der Haß, der in London und in ganz England gegen Paris und Frankreich angewachsen ist, hat eine starke Wurzel zur Zeit Wilhelms III. gefaßt, des geschworenen Feindes Ludwigs XIV., gegen den er Holland verteidigt und England zu den Waffen gerufen hatte. Eine Epoche, die mehr als alle anderen schadete, war die Aufhebung des Edikts von Nantes. Alle nach England geflüchteten französischen Protestanten wurden dort die erbittertsten Feinde des französischen Königs und derer, die auf grausame Weise von ihrem Hab und Gut profitiert hatten. Sie ergingen sich in Klagen und Verleumdungen über die Regierung und enthüllten ihre Grausamkeiten; sie wiegelten die Engländer beim bloßen Namen ‚Franzose' auf; ihr Haß ging von den Vätern auf die Söhne über und breitete sich über ganz England aus. Sie verkündeten, daß Frankreich nur noch ein Haufen von Sklaven sei, Emigranten aus Italien und Spanien, durch Mischehen verdorben; daß die Hälfte der wahren französischen Geschlechter in der Bartholomäusnacht hingemetzelt worden sei und daß der Rest reinsten Blutes sich unter dem Versprechen Heinrichs IV. gehalten habe, dessen ganzes Glück sie gemacht hätten, daß man sie, obgleich sie friedlich lebten, trotz all ihrer Rechte zu fliehen oder ihrem Glauben abzuschwören gezwungen habe; und daß wahre Franzosen nur noch in England übrigblieben."

Man sieht, Louis-Sébastien Mercier führt diese Art Beurteilung bis zur Übertreibung, nicht ohne Bosheit übrigens, und er geht soweit, diesen heftigen Schwall durch eine rein rhetorische Frage zu unterbrechen:

„London wäre demnach also Paris? Und das Blut der Franzosen hätte ihm zu seinem Glanz gedient? In der Tat läßt sich nicht leugnen, daß sie geholfen haben, Jakob II. zu vertreiben und Gibraltar einzunehmen, und daß ihre Dienste, sowohl durch die Waffen als auch durch ihre Arbeit, den Wohlstand Londons bewirkt haben. Das ist das Blut derer, die in der Ebene von Ivry für Heinrich IV. und in ihren Nachkommen in Irland für Wilhelm III. gekämpft haben.

Viele Engländer in London stammen aus Paris und verabscheuen dadurch nur um so mehr ein Vaterland, das sie auf grausame Weise geächtet hat."

Das Zeugnis Louis-Sébastien Merciers besitzt selbstverständlich keinen eigentlich dokumentarischen Wert: der Moralist hat leichtes Spiel, sich der Aufhebung des Edikts von Nantes zu bemächtigen, um die traurigen Folgen religiöser Intoleranz zu verunglimpfen. Und es wäre zweifellos etwas naiv zu behaupten, heute wie gestern, daß die Beziehungen zwischen den Staaten, seien sie gut oder schlecht, besonders tugendhaft seien. Das Hauptinteresse Louis-Sébastien Merciers liegt woanders: er liefert uns die Ausdrücke zu einer Art Vulgata der Meinung der Aufklärungszeit. Die Mißbilligung, die sich an die Aufhebung des Edikts anschließt, soll sich nicht auf reformierte Kreise beschränken: Ludwig XIV. hat den Keim der Zwietracht zwischen Frankreich und England gelegt, von dem so viele Übel herrühren ... Dieser polemische Abriß, zweifellos ungeeignet, die vielfachen Territorial-, Handels- und vor allem Kolonialspannungen zusammenfassen, die das Leben der Staaten belasten, stellt dennoch ein unbestreitbares Verdienst dar. Da er ein besserer Ideologe als Stratege war, hat Mercier ein wesentliches Phänomen erfaßt: der Wettstreit zwischen Frankreich und England benutzte den religiösen Gegensatz zwischen dem Katholizismus und der Reformation als Vorwand. Die Chronologie der Zusammenstöße zwischen den beiden Ländern bestätigt es: die Aufhebung des Edikts von Nantes und die triumphale Ankunft Wilhelms von Oranien in England konstituierten zwei gegensätzliche Ereignisse, die Europa in den Krieg stürzten.

Diese Analyse war nicht neu, als Louis-Sébastien Mercier sie in den 80er Jahren des 18. Jahrhunderts formulierte. Der Gedanke besaß bereits eine lange Geschichte: Wilhelm von Oranien hatte weder unterlassen, als Verfechter des Protestantismus zu erscheinen, noch sich auf den „wahren Glauben" zu berufen. Es ist richtig, daß die Hugenotten ihm mit den Waffen dienten, und man weiß zuverlässig, daß zahlreiche nach England ausgewanderte französische Protestanten das Bild des Sonnenkönigs und der römisch-katholischen Kirche, die sie für ihre Übel verantwortlich glaubten, schlechtmachten.

Die Aufhebung des Edikts von Nantes 1685 und die Glorreiche Revolution in England drei Jahre später standen in enger Beziehung zueinander, und sei es nur aus Gründen der Polemik. Eine ganze protestantische Rechtfertigung, der hierin die liberale Geschichtsschreibung folgte, bemächtigte sich der Symmetrie: auf das Aufflammen des französischen Absolutismus, der die Ausübung der reformierten Religion ausschloß, folgte jenseits des Kanals die Bestätigung einer durch das Parlament gemäßigten Monarchie. Papismus auf der einen Seite, Protestantismus auf der anderen; Despotismus der ‚infamen' Kirche gegenüber der Toleranz – kurz, die Revolution von 1688, einmütig als „glorreich" bezeichnet, erschien unmittelbar als Strafe der Vorsehung für diejenigen, die die Engländer in der Sprache jener Zeit als Tyrannen bezeichneten. Mußte man also eine Verbindung von Ursache und Wirkung zwischen den beiden Ereignissen herstellen? Im letzten Jahrhundert beschloß Ferdinand de Schickler seine gute Arbeit über die Kirchen des „Refuge" mit diesen Worten:[2] „Nach Ludwig XIV. wird also das letzte Wort die Rückkehr Englands zum Katholizismus sein. Er täuscht sich. Die Aufhebung des Edikts von Nantes wird die Revolution von 1688 und den Fall der Stuarts zur Folge haben."

Dieser Determinismus erscheint in einem ansonsten bahnbrechenden Werk ein wenig veraltet. Es wäre einfach, diese Art Rückschau anzugreifen: der Fehler Ludwigs XIV. wird zu einer Fehleinschätzung. Man kann gleichermaßen das „ganz katholische", seinem Absolutismus verhaftete Frankreich und das protestantische, zu einer glänzenden Zukunft bestimmte England gegenüberstellen; das Vorspiel dazu markiert dann die Glorreiche Revolution. Wenn eine solche Rechtfertigung heutzutage zum großen Teil veraltet ist, sollte man dennoch nicht das Kind mit dem Bade ausschütten und jegliche Beziehung zwischen den beiden Ereignissen abstreiten.

Der Absolutismus in nur einem Land

In einem zusammenfassenden Werk hat uns Robert Mandrou vor einigen Jahren Grundzüge von Überlegungen geliefert, die unerläßlich sind, wenn man das Hugenottenepos besser in seinen internationalen Kontext einordnen möchte.[3] In der Tat verkörperten Frankreich und England seiner Meinung nach zwei divergierende Gesellschaftsmodelle: „französischer Absolutismus" und „englische liberale Monarchie". Das sollte den klassischen Gegensatz neu beleben, der sich im Vergleich der Aufhebung des Edikts von Nantes und der Glorreichen Revolution manifestierte; darüber hinaus spielten die nach England geflüchteten Protestanten als unfreiwillige Vermittler zwischen den beiden Kulturen eine bedeutende Rolle, wie die liberale englische Geschichtsschreibung immer behauptet hat. In dieser Sehweise bieten Ludwig XIV. und Wilhelm von Oranien sowie das Frankreich der Aufhebung des Edikts und das England der Glorreichen Revolution zwei grundverschiedene Alternativen von Gesellschaft; entsprechend erleben die 80er Jahre des 17. Jahrhunderts, wie der Schnitt zwischen den beiden Ländern Kontur gewinnt.

Dieser Modellgedanke wirft seinerseits zahlreiche Fragen auf – französisches Modell, englisches Modell, Absolutismus oder konstitutionelle Monarchie? Hat ein solcher Konflikt jemals stattgefunden? Ist der Modellgedanke in einem gewissen Sinne nicht genauso erfunden wie der des Gesellschaftsvertrags? Setzt er nicht ebenfalls eine Art von Nullpunkt der Politik voraus, eine Art von Ursprungspunkt, an dem sich die Gesellschaft klar sichtbar konstituiert? Was die Engländer aufgrund des Modells von Frankreich wahrnehmen, nähert sich eher einer abschreckenden Antithese.

Das Vorhandensein eines seit dem 16. Jahrhundert fest verwurzelten „Refuge" in England erleichterte die massive Einwanderung der 80er Jahre des 17. Jahrhunderts.[4] Die Angaben über die Zahl der Geflüchteten schwanken im allgemeinen zwischen fünfzig- und achtzigtausend, die sich im Süden des Landes wieder zusammenfanden. Das Zeugnis aus erster Hand, das sie über die Dragonnaden lieferten, wurde schnell abgelöst durch eine intensive Meinungskampagne gegen Ludwig XIV., die um so lebhafter war, als sie – ohne den Namen zu nennen – oft auf den König von England selbst abzielte, auf Jakob II., den von seinen Untertanen wie von der Mehrheit der späteren Historiker wenig geliebten katholischen Fürsten. Die Anprangerung der Willkür in Frankreich war selten selbstlos: *die Information funktionierte als Propaganda.* Überdies hatte das französische Modell warnende Bedeutung: es deckte die Gefahren auf, denen die Engländer ausgesetzt wären, wenn Jakob II. dem (schlechten) Beispiel seines Vetters folgte.

Die Reaktionen der Hugenotten selbst auf den Absolutismus sind zu komplex, als daß man hier daran denken könnte, sie zu beschreiben. Es gibt durchaus Werke, die dieser Frage nachgehen.[5] Fest steht, daß die Sache der französischen Protestanten, manchmal sogar ohne ihr Wissen, gegen Jakob II. benutzt wurde. Als Opfer des Katholizismus wurden sie, ob sie wollten oder nicht, auf dem innerenglischen Schachbrett zu Bauern, die man in bisweilen widersprüchliche Richtungen zu manipulieren versuchte. In der Tat war die englische Gesellschaft von vielfachen Spannungen durchzogen, und es sollte der ganzen Ungeschicklichkeit Jakobs II. bedürfen, die anfangs zerstrittenen protestantischen Kirchen zu versöhnen, die sich dann schließlich aus Furcht vor der katholischen Gefahr vereinten. Die Teilnahme gegenüber den „armen Vertriebenen" erfuhr in den Jahren, die der Revolution vorausgingen, ein Wiederaufleben, das sich ebensosehr durch einen eingefleischten Antikatholizismus erklärte wie durch das Mitleid an sich. Das Schicksal der Hugenotten besiegelte den antiabsolutistischen Konsens; es bewies, daß jeder katholische König ein potentieller Tyrann war, fest entschlossen, den Kampf gegen die Ketzer bis zum Eidbruch auszufechten. Eine 1689 in Amsterdam erschienene *Geschichte der Revolutionen Englands* urteilte nicht anders; die Katholiken waren nicht gehalten, ihre Eide zu achten (S. 24): „Einer der am gewissenhaftesten befolgten Grundsätze der römisch-katholischen Religion ist der, daß man Ketzern gegenüber nicht verpflichtet ist, Versprechen einzuhalten (...) Ein mohammedanischer Fürst ist, so treulos er sonst ist, Sklave seines Wortes; er unterscheidet stets sehr genau, was er in seiner Eigenschaft als guter Muselmane zu tun gezwungen ist und was er in seiner Eigenschaft als Fürst tun muß. Aber für Fürsten, die unter den Gesetzen des Papstes leben, gilt nicht dasselbe wie für diejenigen, die unter denen des Mufti leben."

Man erkennt in dieser Stelle jenen orientalischen Despotismus, dem im 18. Jahrhundert eine große Zukunft bestimmt ist. Die Doppelzüngigkeit charakterisiert natürlich die katholischen Monarchen. Verspricht Jakob II. allen seinen Untertanen, anglikanischen, katholischen oder nonkonformistischen, die Glaubensfreiheit? Das ist eine Falle (S. 93): „Die Wege der Milde waren allerdings nicht die einzigen, die der König beschritt, um die königliche Autorität von den Gesetzen unabhängig zu machen und die päpstliche Religion einzuführen. Sein geistlicher Rat, der ihn hatte hören lassen, daß es, um in diesem großen Plan Erfolg zu haben, nichts außer acht zu lassen gelte, und daß er mit Gewalt tun sollte, was er nicht durch Überredung und List erreichen konnte, führte ihm täglich die großen Fortschritte vor Augen, die die katholische Religion in Frankreich mit Hilfe von Dragonern machte, die Seine Allerchristlichste Majestät in alle Provinzen seines Königreiches ausgesandt hatte, gegründet auf die Worte von Jesus Christus: „Nötige sie, einzutreten."[6]

In diesen wenigen Zeilen wäre es anmaßend, einen Revisionsprozeß des Bildes von Jakob II. zu versuchen.[7] Daß er die Hugenotteneinwanderung in England nicht sehr gern sah, scheint festzustehen, aber muß man sich letztlich darüber wundern? Weniger überzeugend erscheint die Ansicht der Menschen des 17. Jahrhunderts – und zahlreicher gegenwärtiger Historiker –, daß er die Methoden Ludwigs XIV. anzuwenden wünschte, um seine Untertanen zu bekehren. Aber das ist eine andere Frage, und es bleibt nur anzumerken, daß Jakob II., was immer seine unergründlichen Absichten gewesen sein mögen, den mit der Aufhebung des Edikts von Nantes verknüpften Mißkredit auf sich zurückfallen sah.

„Ein Wunder der Natur und der Gnade"[8] – mit der Landung Wilhelms von Oranien in England schlug die letzte Stunde des bedrohten Regimes. Die Revolution war um so glorreicher, wie die Aufhebung des Edikts von Nantes unrühmlich gewesen war; und als Opfer des französischen Modells – von dem man bis heute nicht weiß, ob er es wirklich guthieß – mußte Jakob II. schließlich den Weg ins Exil nach Saint-Germain bei Paris nehmen, um dort sein Heil zu erwarten.

Ein Schicksal: Lacoste de Casteljaloux

Ist einmal bestimmt, was in diesem Vergleich von Frankreich und England auf dem Spiel stand, wäre es ohne Zweifel interessant zu wissen, wie er von den einfachen Leuten wahrgenommen wurde. Nun erweist sich aber die Dokumentation auf diesem Gebiet in der Regel als lückenhaft: es ist außergewöhnlich, daß die Stimme der Namenlosen der Geschichte zu uns dringt.[9] Wir besitzen diesmal jedoch einen handschriftlichen Bericht über die Hugenottenverfolgung, den Einsatz auf der Seite Wilhelms von Oranien und die endgültige Niederlassung in Irland. Die Seltenheit dieser Art von Zeugnissen rechtfertigt es daher, daß mehrere Auszüge daraus wiedergegeben werden, auch wenn, falls notwendig, die bezeichnendsten Stellen zu kommentieren sind. Der Grund für die Beschäftigung mit dieser Quelle ergibt sich wie von selbst aus dem höchst ungewöhnlichen Interesse eines intimen Tagebuchs, das oft nüchtern und zweifellos ohne jede apologetische Absicht geschrieben ist. Der Bericht besitzt hier ein wenig vom Fabrice del Dongo bei Waterloo in Stendhals *Kartause von Parma:* wie reagiert inmitten der anderen ein Individuum – gefangen in den Strudeln des Jahrhunderts –, das keinerlei strategische Gesamtsicht besitzt?

Das in der Bodleian-Bibliothek von Oxford aufbewahrte Manuskript lagert in Wirklichkeit zwei verschiedene Schriften übereinander:[10] 1) „Genealogie von mir, Benjamin Lacoste, und von Louise Duluc, meiner Frau, 1677"; 2) Den Bericht des Sohnes: „Nähere Umstände meiner Studien, Reisen, Feldzüge und Abenteuer, die ich im Lauf von 52 Jahren erlebt habe." (1730)

Der erste Teil des Bandes geht der Aufhebung des Edikts von Nantes zeitlich voraus; Benjamin Lacoste stirbt 1680 im Alter von 49 Jahren. In Wirklichkeit ist der vom Verfasser verwendete Begriff Genealogie trügerisch; es handelt sich vielmehr um eine Autobiographie.

1630 in Montauban geboren, kam Benjamin Lacoste 1654 nach Paris, schiffte sich dann in Dieppe ein und gelangte schließlich nach Rotterdam. Er beabsichtigte, in den Generalstaaten zu bleiben und als Pfarrer in einer der wallonischen Kirchen des „Refuge" zu dienen; aber man zog ihm einen normannischen Bewerber namens Cognard vor, und schließlich wurde Benjamin Lacoste Prediger des Evangeliums in Pujols-en-Agenois.

Diese Einzelheiten lohnen sich, weil sie nicht überflüssig sind: dreißig Jahre später wird der Sohn dann freilich unter tragischeren Umständen einer ähnlichen Route folgen und sich gleichfalls nach Holland begeben. So waren die großen Protestantenwanderungen aus Frankreich heraus, die einige Jahre vor der Aufhebung des Edikts von Nantes zunahmen, schon seit geraumer Zeit durch ein recht dichtes Netz internationaler Beziehungen vorbereitet. Die bloße Tatsache, Protestant zu sein, gab bereits ein offeneres Einfühlungsvermögen im Ausland, sei es auch nur wegen der Handels- und Geistesbeziehungen mit Nordeuropa. Man ist zudem oft überrascht von den zurückgelegten Entfernungen und der relativen Leichtigkeit der Reisen, was nicht nur auf die Kaufleute, sondern auch auf die Pfarrer zutraf: wie viele Hin- und Rückreisen gab es zwischen Frankreich und dem englischen oder holländischen „Refuge", und nicht allein in der Zeit der Verfolgungen und inneren Schwierigkeiten! So war das Exil des Sohnes bereits – daran besteht kaum ein Zweifel – durch die Reise des Vaters vorbereitet. Es wäre sehr verwunderlich, wenn die allmählich erworbenen Familientraditionen und -gewohnheiten und die abendlichen Kaminerzählungen nicht das Verhalten der Kinder beeinflußten.

Aber darüber hinaus verdient es Benjamin Lacoste, daß sein schönes Plädoyer für die Geschichte der Namenlosen zitiert wird: „Seit ich denken kann, habe ich mich immer gewundert, daß fast durchweg jeder es unterläßt, eine Erinnerung an diejenigen zu behalten, von denen er abstammt, obwohl es keine befriedigendere Neugier gibt als diese. Man unterzieht sich vieler Mühe, um die Genealogie der Großen zu erfahren, und man achtet in dieser Welt keinen Menschen, der nicht sagen kann, woher die Xerxes, Darius, Alexander und Caesar stammen, und man schämt sich nicht, nicht die geringste Kenntnis von dem Stamm zu besitzen, von dem man selbst herrührt. Die meisten wissen kaum, wer ihr Großvater oder ihr Ahnherr war, oder wenn sie es wissen, ist sicher, daß ihre Kenntnis nicht darüber hinausreicht."

Zweifelsohne erklären gesellschaftliche Voreingenommenheiten ebenso wie eine gewisse Bitterkeit, die sich gegenüber einem Adel eingestellt hat, der nach Belieben seinen Stammbaum zur Schau stellen kann, gleichermaßen das Unternehmen des Pfarrers. Überdies ist es ein Merkmal der Zeit; die protestantische Gemeinschaft, gerade erst um ihre aristokratische Elite gruppiert, erlebt im Lauf des 17. Jahrhunderts den ununterbrochenen Aufstieg ihrer bürgerlichen Notabeln, der sich teilweise mit der wachsenden Abneigung gegenüber ihren Adligen erklären läßt: „Ich weiß wohl, daß die Adligen sich etwas darauf einbilden, mit Sorgfalt die Ordnung ihrer Genealogie zu bewahren, damit dies ihnen in ihrem Hause als Titel dient; aber die Nichtadligen besitzen auch nicht denselben Eifer, als ob sie nicht ebensoviel Interesse wie die Adligen daran besäßen, ihre Vorfahren zu kennen. Die Adligen selbst hätten nicht diese Sorgfalt, wäre da nicht der Wunsch, den eitlen Titel ihrer Nobilität zu bewahren."

Wahrscheinlich ahnte Benjamin Lacoste, als er diese Zeilen verfaßte, nicht das Schicksal seines Sohnes, das den zweiten Teil der Familienchronik ausfüllt. Intimes Tagebuch? Nicht ganz; man findet auf diesen Seiten keine Aufzeichnung von Tag zu Tag, sondern einen nachträglich nach einer Unterbrechung von fünfzig Jahren abgefaßten Lebensbericht. Der Sohn Lacoste verhält sich also schon als Historiker, als er sich der Erzählung seiner Jugend und dieser langen Reise hingibt, die ihn bis nach Irland geführt hat, wo er noch im Moment, in dem er schreibt, lebt. Geschichte also im doppelten Sinne des Wortes: gleichzeitig Bericht und Wiedererweckung der Vergangenheit, gibt uns der Text mit einem ein wenig unvermittelten Realismus und ohne Schnörkel Auskunft über die Vorstellung, die man von der Aufhebung des Edikts und von der Glorreichen Revolution haben konnte.

Der junge Lacoste fand sich in der Tat in die beiden Ereignisse verwikkelt und nahm sogar direkt als Handelnder an ihnen teil. Dennoch dachte er noch nicht daran, seine Erinnerungen aufzuschreiben, als eines schönen Tages, fünfzig Jahre nach seiner Abreise aus Frankreich, seine im Land zurückgebliebene Schwester ihm in das ferne Irland das von ihrem Vater begonnene Tagebuch zukommen ließ.

Bis dahin, versichert er uns, war er viel zu beschäftigt gewesen, um selbst ans Schreiben zu denken, und er zählt die drei Aktivitäten auf, die ihn während der Jahre davon abgehalten haben: „der Krieg, die Lektüre und die Jagd." Ein halbes Jahrhundert später erinnert sich Lacoste; er holt dieses Durcheinander wieder hervor, in dem die großen Ereignisse seiner Zeit und die Fäden seines individuellen Daseins ineinander verwoben sind. Wieviel Glaubwürdigkeit soll man dieser Zeugenaussage zugestehen? Jede Erinnerung geht sicherlich selektiv vor, aber diese Seiten besitzen den Ton des Authentischen in dem Sinne, in dem man von einer Person sagt, daß sie aufrichtig und ungekünstelt sei. Von jeder hagiographischen Sorge frei, nimmt Lacoste weder die Pose des Heiligen noch die des Helden ein: er offenbart sich in der ganzen Wahrhaftigkeit eines Menschen seiner Zeit, ohne jede Prahlerei, und der unmißverständliche Eifer, den er für seinen Glauben aufbringt, mündet in keinen heuchlerischen Rigorismus.

Ahnte er schon etwas von der Reihe von Unglücksfällen, die sich über ihn ergießen sollte, als er 1677 in Bordeaux war, um seine Studien auf der höheren Schule zu betreiben? Sein Vater starb 1680, und dann dauerte es nicht lange, bis die Verfolgungen unerträglich wurden, die in der Aufhebung des Edikts von Nantes gipfelten und den Reformierten ihre Existenz verweigerten. Von einer ausweglosen Situation in die Enge getrieben, faßte der jüngere Lacoste den Entschluß zum Exil: „In dieser herben Notlage entschloß ich mich, meine Verwandten und meine grausame Heimat zu verlassen, um eine Zuflucht zu suchen, wo ich die Freiheit hätte, Gott zu dienen, wie er es verlangt, und mich in Sicherheit zu bringen vor ihrer Wut. Da ich mich eine Zeitlang in Casteljaloux aufgehalten hatte und da alle übergetreten waren und zur Messe gingen, kam der Pfarrer, als er nicht sah, daß ich wie alle andern daran teilnahm, zu meiner Mutter, um mir zu sagen, daß er darüber verwundert sei. Woraufhin ich antwortete, daß er das nicht zu sein brauche, schließlich sei ich ja nicht übergetreten. ‚Und außerdem, Herr Pfarrer,' sagte ich, ‚sehen Sie mich bereit, in ein Land aufzubrechen, in dem ich mich größerer Freiheit erfreuen kann als hier.'"

Dieser Zwischenfall sollte für Lacoste entscheidend sein; da er sich weigerte, abzuschwören oder zur Messe zu gehen, sonderte er sich ab, und dies um so mehr, als eine große Anzahl seiner Glaubensgenossen nachgab oder zumindest unter Zwang dazu gebracht wurde, sich zu unterwerfen – dem Schein nach, denn man weiß, was erzwungene Konversionen wert sind, und die stiefeltragenden Missionare sind recht armselige Helfer zum Heil der Seelen. Es ist hier nicht der Ort, weiter nach dem oft störrischen Verhalten dieser neuen Katholiken zu fragen, auch nicht nach den zahllosen Formen ihres Widerstandes gegen die Rekrutierung: heimliche Religionsausübung in der „Wüste" und Konformität bei bestimmten offiziellen Handlungen des Zivillebens, besonders bei der Taufe der Kinder – Widerstandsstrategien, die sich bis 1787 fortsetzen sollten.

Es liegt ein Teil Jugend in der Haltung Lacostes und in der Herausforderung, die er an den Pfarrer richtete: trotz einer Distanz von fünfzig Jahren spürt man noch, wie glücklich er ist, sich seine stolzen Worte ins Gedächtnis zurückzurufen, und wie er beim Erinnern der Szene vor innerer Bewegung bebt. Zweifellos läßt sich gleichfalls denken, obschon er an diesem Punkt bescheiden schweigt, daß er zu den Vereinzelten aus seiner Familie zählt, die den Autoritäten trotzten: seine Schwester war jedenfalls noch 1730 im Land. Das Gedenken an den Pastorenvater spielt wahrscheinlich bei diesem Entschluß eine Rolle, und indem er die Tradition aufnahm, ging er in Richtung Norden. Am 15. Dezember 1685 umarmte er seine Mutter und zog fort, um nie wieder zurückzukehren. Er war zwanzig Jahre alt.

Er blieb drei Wochen in Paris auf der Suche nach einem Grenzführer, der ihm helfen sollte, das Königreich zu verlassen. Amiens hatten sie bereits hinter sich gelassen, als sie festgenommen wurden: „Kaum hatten wir uns an einem Abend der Fastnacht einen Moment ausgeruht, als wir von zwanzig oder dreißig Bauern umringt wurden, die von ich weiß nicht welchem Mann angeführt wurden, der in unser Zimmer trat und uns fragte, wo wir hingingen und ob wir Pässe besäßen."

Er konnte keinerlei Widerstand leisten und wurde am nächsten Tag nach Lille geführt, zwei Meilen vom Ort der Festnahme entfernt. Dann erschien er vor dem Gouverneur, um sich in der unerwarteten Gesellschaft „eines ungefähr fünfzehnjährigen Mädchens, das als Junge verkleidet war und aus sehr guter Familie stammte", zu finden.

Unterdessen wurden sie alle ins Gefängnis geführt, und ihre Gefangenschaft zog sich unter wenig beneidenswerten Umständen in die Länge: „Die finstersten Verliese waren unser Los; nachdem unser junges Fräulein ihre Postillonkleidung, in der sie sich verborgen hatte, abgelegt hatte, gab man ihr passende andere, und dann wurde sie an einen Ort gebracht, der nicht angenehmer war als der unsere. Geduldig ertrugen wir diese Prüfung sieben bis acht Wochen lang; nachdem wir allen ihren täglich verstärkten Angriffen standgehalten hatten, kam schließlich der Geistliche von Lille ins Gefängnis und sagte uns, daß er darüber verwundert sei, daß wir nicht den anständigen Angeboten zustimmten, die man uns machte und die darin bestanden, den Irrtümern Calvins abzuschwören; wenn es gar keine gäbe, sagte er uns, verpflichteten wir uns zu nichts."

Ein sonderbarer Handel; und derartige Verhandlungen passen zu mehreren Erklärungen. Die Haltung des Geistlichen ist deutlich: er erbat ein formales Abschwören, als ob er im Grunde nicht sehr an die Möglichkeit einer ehrlichen Bekehrung dieser Verstockten glaubte. Er schlug ihnen also eine Art Trick vor, ganz im Sinne dieses Jahrhunderts, das – gespalten zwischen dem stillschweigenden Vorbehalt der Jesuiten und der Unterscheidung der Jansenisten zwischen Recht und Tat – ein ganzes Arsenal von Rhetorik mit großer Sicherheit handhabte.

Das vorgeschlagene Argument setzte sich schließlich durch: „Wir waren siebenundzwanzig, und darunter war einer, der Geistlicher zu sein schien und uns sagte, daß wir uns bei diesem Schritt auf nichts einließen, aber daß wir dennoch versuchen sollten, ihn wieder gutzumachen. Da er unser Führer war, willigten wir ein, zu sagen, daß wir den Irrtümern Calvins abschworen mit der Klausel: ‚wenn es welche gab.' Woraufhin man uns unsere Freilassung verkündete."

Aus seinem Gefängnis befreit, blieb Lacoste eine Zeitlang in Lille, während er sehnsüchtig an die Flucht dachte. Er begegnete einem Leutnant des Königs, der ihm den Befehl erteilte, nach Paris zurückzukehren, indem er ihm zugleich ein Empfehlungsschreiben für den Père La Chaise versprach, den einflußreichen Jesuiten, auf den der König hörte.

Wieder in Paris, sollten zehn lange Monate vergehen, ehe er sich erneut auf den Weg machte, Monate, die unter anderem durch die Absage eines Freundes gekennzeichnet waren, der ihn begleitet hatte und nun eine Leutnantstelle im Regiment von Brie annahm.

Schließlich fand Lacoste einen neuen „Führer" – wir würden sagen: einen heimlichen Grenzführer –, der ihn nach Brüssel mitnahm. In Antwerpen schiffte er sich nach Rotterdam ein.

Einmal in Holland angekommen, beruhigte er sich schließlich vor der täglichen Angst, mit der er jahrelang gelebt hatte, und vergaß dieses Gefühl, ununterbrochen bespitzelt oder gehetzt zu werden. So kann er schreiben, wie er sich glücklich schätze, nicht mehr „ständig diese unseligen Dragoner an meinen Fersen zu haben".

Im Haag fand er fünfhundert bereits geflüchtete französische Offiziere vor; er lernte holländisch und wurde schließlich in eines der Regimenter aufgenommen, „die dazu bestimmt waren, eine Landung in England vorzunehmen". Auf diese Weise nahm er also direkt, wie noch viele andere Hugenotten, an diesem internationalen Landungsunternehmen teil, das es Wilhelm von Oranien ermöglichen sollte, seiner Fahne getreu, den bedrohten parlamentarischen Freiheiten und der protestantischen Religion zu Hilfe zu eilen. Eine merkwürdige Armee war diese Streitmacht, die im Vizekommando von Schomberg, einem ehemaligen französischen Marschall, angeführt wurde, während ein Schotte, Hugh Mackay, seine Landsleute befehligte und ein Engländer, Arthur Herbert, der künftige Lord Torrington, seinerseits über das Geschick der Flotte wachte. Als ganz junger Offizier wurde Lacoste Fähnrich im Regiment des Prinzen von Oranien.

Nach der Krönung Wilhelms und seiner Gemahlin Maria wurden erneut Truppen aufgestellt, um nach Irland zu ziehen. Lacoste erklärt uns mit Stolz: „In dieser politischen Lage gab Seine Majestät Anweisungen, drei Infanterieregimenter und ein Kavallerieregiment aufzustellen, die ich ohne Übertreibung die prächtigsten der Armee nennen kann. Man ballte dort alles zusammen, was an französischen Offizieren vorhanden war, so daß wir fünfzehn Offiziere pro Kompanie waren, nämlich fünf Hauptleute, fünf Leutnants und fünf Fähnriche. Ich zählte zu diesen letzteren. Ich glaube, wir hätten kühn der Phalanx Alexanders und den römischen Legionen die Stirn bieten können."

Er ließ sich schließlich in Irland nieder, um jedoch während des Spanischen Erbfolgekriegs wieder in den Militärdienst zurückzukehren ...

Hundert Jahre später:

„Wohin konnte ich flüchten als in diesen Hafen des Friedens und der Freiheit: das Land, das aus allen anderen von Gott auserwählt wurde, damit er ihm seine Wohltaten hundertfach zuteil werden lassen konnte. England ist gesegnet durch sein Klima, seine Erzeugnisse, seine Freiheit, seine Religion und seine Gesetze; gesegnet durch seine Bewohner, seine Verfassung und seinen König."

Von wem stammt dieser Text? Unter welchen Umständen wurde er abgefaßt?

Dem Anschein nach könnte es sich um das Zeugnis eines französischen Protestanten handeln, eines aus der Bastille Geretteten – eines schönen Julitages 1789. Jean-Jacques Calet, erst Opfer der absolutistischen Willkür, wäre gleichermaßen vor den Auswüchsen der Französischen Revolution geflohen, um in England, dem Land der Freiheit, dem Land der Reformation, Zuflucht zu nehmen.[11]

Unnötig zu betonen, daß diese Lebenserinnerungen apokryph sind. Paradoxerweise macht genau das ihr ganzes Interesse aus: das Hugenottenepos übte auf die Engländer eine derartige Faszination aus, daß es sich noch ein Jahrhundert nach der Aufhebung des Edikts von Nantes und der Glorreichen Revolution zu Propagandazwecken eingesetzt fand. Die protestantische Ehre paßte sich leicht der Glorreichen Revolution an, die durch die gute Sache gerechtfertigt war ... Aber eine Verwandtschaft zwischen diesen Ereignissen und der Französischen Revolution wäre unmöglich. So erfahren wir, daß Frankreich sich noch immer nicht von papistischer Knechtschaft und Aberglauben befreit hat und daß im Gegensatz dazu das „britische Zepter" das wahre Symbol der Freiheit ist.

Dieses Fortbestehen liefert eine doppelte Lehre. Es verdeutlicht die Zurückhaltung eines Teils der englischen Meinung gegenüber der Französischen Revolution: das Verhalten Edmund Burkes besteht gleichfalls darin, jede Verwechslung zwischen der Glorreichen Revolution von 1688 und der französischen von 1789 zu verhindern. Für uns ist im Rahmen einer Frage nach dem „Refuge" am interessantesten festzustellen, wie die Aufhebung des Edikts von Nantes und die Glorreiche Revolution, kurz, die protestantische Identität ein Jahrhundert später, weiterhin in der politischen Gedankenwelt der Engländer spukten. Aber wenn sich das Hugenottenepos in der Insellegende bricht und diese sich davon anregen läßt, jegliche Ansteckung durch das französische Modell zu hintertreiben, sei es absolutistisch oder jakobinisch, stimmt es dann nicht, daß das Gegenbeispiel, nämlich die Aufhebung des Edikts von Nantes, sich tief in die Vorgeschichte der Glorreichen Revolution einträgt, diesen Gründungsakt der gemäßigten Monarchie? Wer vermag die feine Verwandlung zu beschreiben, durch die der Ruhm so auf die Schande zurückstrahlt? (Abb. 7)

Thomas Klingebiel

Deutschland als Aufnahmeland: Vom Glaubenskampf zur absolutistischen Kirchenreform

Die französischen Reformierten, die während des 17. Jahrhunderts in Deutschland Aufnahme fanden, kamen in ein Land, das weit stärker als Frankreich durch die Glaubenskämpfe der vorangegangenen Jahrzehnte erschüttert worden war. Hatte in Frankreich eine katholische Majorität in enger Verbindung mit dem absolutistischen Königtum die reformierte Minorität Zug um Zug ins gesellschaftliche Abseits gedrängt, so waren in Deutschland nahezu gleichstarke Konfessionsparteien während des Dreißigjährigen Krieges (1618–1648) aufeinandergeprallt, ohne daß die eine der anderen Seite den Frieden von 1648 hätte diktieren können.

Zu den wichtigsten Ergebnissen des Krieges, in den die europäischen Großmächte Schweden und Frankreich auf seiten der Protestanten eingegriffen hatten, zählte die Schwächung der kaiserlichen Macht und die entsprechende Stärkung der Territorien im „Heiligen Römischen Reich deutscher Nation"; dieses Reich bestand nach 1648 aus über 300 weitgehend souveränen Staaten und Herrschaften, die nur noch locker miteinander verbunden waren.

Die politische Struktur Deutschlands wurde durch den mehrkonfessionellen Charakter des Reichs zusätzlich kompliziert: Der deutsche Protestantismus besaß einen lutherischen und einen reformierten Flügel; seine Einheit war durch theologische Konflikte gefährdet und wurde auch in der fundamentalen Auseinandersetzung mit dem Katholizismus der Gegenreformation nicht immer bewahrt.

Die hugenottischen Flüchtlinge gerieten also in eine unübersichtliche, in politischer und konfessioneller Hinsicht vielgestaltige Landschaft. In welchem Ausmaß jedoch war die hugenottische Zuwanderung von den besonderen konfessionellen Verhältnissen, den wechselnden politischen Fronten in Deutschland abhängig? Unter welchen Bedingungen entwickelte sich in den protestantischen Territorien eine Konfessionspolitik, die den Zuflucht suchenden Anhängern des reformierten Bekenntnisses Aufnahme und Duldung versprach?

Die Beantwortung dieser Fragen mag vielleicht helfen, die politischen Motive der Länder zu erhellen, die Hugenotten aufgenommen haben.

I

Die Deutschen standen während der zweiten Hälfte des 17. Jahrhunderts noch unter dem tiefwirkenden Eindruck des Dreißigjährigen Krieges, dem gleichermaßen Züge eines Glaubenskonfliktes, eines Bürgerkrieges und eines europäischen Machtkampfes anhafteten. Dieser grauenvolle Krieg hatte einem Drittel der deutschen Bevölkerung das Leben gekostet und hatte außerdem materielle, soziale und psychologische Folgen, die noch lange in der Geschichte Deutschlands ihre Spuren hinterlassen sollten. „Kein Land", so charakterisiert Rudolf Vierhaus den Zustand Deutschlands nach 1648, „ist durch Kriege so sehr erschöpft, in seiner biologischen und ökonomischen Substanz so schwer getroffen worden wie Deutschland; keines wurde in seiner sozialen und kulturellen Entwicklung so weit zurückgeworfen und so sehr der Überfremdung oder dem Rückzug in Enge und Innerlichkeit überlassen – vergleichbar nur Italien im 16. und Spanien im 18. Jahrhundert."[1]

Die Erfahrung des zerstörenden und umwälzenden Krieges und die für die Verfassung des Alten Reiches nach 1648 bedeutsamen Bestimmungen des Westfälischen Friedens hatten in mehrfacher Hinsicht auch Auswirkungen auf den deutschen Protestantismus: auf seine Kirchenverfassung, seine Frömmigkeit und Theologie, sowie auf das Verhältnis der beiden protestantischen Konfessionen untereinander. Zunächst einmal wurde durch die Stärkung der Reichsstände gegenüber dem Kaiser das Prinzip der Landeskirche als Form protestantischen Kirchentums befestigt; Konfessionspolitik war mehr denn je eine Sache der Landesregierungen geworden. Die im landesherrlichen Kirchenregiment zusammengefaßten Zuständigkeiten des Landesfürsten erstreckten sich über den gesamten Bereich protestantischen Lebens und Wirkens, über die äußeren Angelegenheiten der Kirche, ihre Einkünfte, Bauten und Ämter ebenso wie über ihre inneren Verhältnisse, ihre Lehrauffassung und Liturgie.[2]

Doch auch in einem anderen Punkt brachte der Westfälische Frieden eine Neuerung: Der seit dem Augsburger Religionsfrieden (1555) geltende Grundsatz „cuius regio, eius religio", dem gemäß allein den Reichsständen das Recht auf Glaubensfreiheit zugebilligt war, wurde relativiert. Untertanen, die nicht dem Bekenntnis des Landesherrn anhingen, aber im „Normaljahr" 1624 ihren Kultus öffentlich praktiziert hatten, durften damit fortfahren. Außerdem wurde die Auswanderung als letztes Mittel garantiert; persönliche und rechtliche Nachteile wurden dabei ausgeschlossen.[3] Damit wurden offensichtlich Schritte in Richtung auf eine tolerantere Handhabung konfessionspolitischer Fragen unternommen, die allerdings den Erfahrungen des langen Glaubenskrieges entsprachen.

Der Große Krieg von 1618–1648 hatte auch die protestantische Frömmigkeit beeinflußt. Auf der einen Seite breitete sich bereits während des Krieges eine verständliche Konfessionsindifferenz unter den Menschen aus, die oft genug das nackte Leben zu retten hatten und nicht mehr die ineinander verschränkten konfessionellen und politischen Fronten zu überblicken vermochten. Auf der anderen Seite und nur scheinbar im Gegensatz dazu fand sich jedoch eine verbreitete Bußstimmung im Volk. Ein Lehrer des elsässischen Pietisten Philipp Jacob Spener (1635–1710), der Theologieprofessor Johann Georg Dorsch (1597–1659), deutete in einer Friedenspredigt des Jahres 1650 in diesem Sinne die zurückliegenden Ereignisse als Strafe Gottes: „Der Herr Herr, der grundfeste und immerwesende, immerherrschende Herr, ist wider Deutschland entzündet und entbrannt gewesen. Und dieweil feurige Gesetzespredigten nicht haben wollen geachtet werden, hat er dem Feuer des Krieges gerufen, einem Feuer, das frisset ...

Es hat freilich bei uns eine rechte Tiefe angetroffen: Deutschland hat sich tief hinunter gestürzt und versenkt in Abgötterei und falsche Religion, in übergroßen Stolz, Hoffart und Übermut, in schnöde, abscheuliche Wollüste und Unreinigkeit, in unerhörte Sicherheit, in unbarmherzigen Geiz."[4]

Die Erfahrung des Leidens, die während des Krieges fast jeder Mensch machen mußte, prägte also wesentlich das religiöse Bewußtsein dieser Epoche. Die Theologen des Luthertums thematisierten dementsprechend häufig die Passion Christi und interpretierten sie im Licht der zeitgenössischen Welterfahrung. Parallel dazu erlebten lutherische Dichtung und Kirchenmusik eine Phase des Aufschwungs und der Blüte (Heinrich Schütz, Paul Gerhardt).

Aber auch Tendenzen zur Weltflucht, Todesgedanken und Endzeitstimmungen hatten in diesem als krisenhaft empfundenen Jahrhundert Konjunktur. So kamen wiederum auch chiliastische Spekulationen über das Ende dieser Welt auf, und zwar in erster Linie auf reformierter Seite (J.H. Alstedt sagte z.B. das Weltende für 1694 voraus), die im Verlauf des Krieges in mystisch orientierten Kreisen Eingang fanden und in späteren Jahren durch Spener dem Pietismus vermittelt wurden.[5]

Der Pietismus entfaltete sich als Bewegung der individuellen Frömmigkeit eigentlich erst im letzten Drittel des 17. Jahrhunderts; seine in vielen Bereichen der Gesellschaft spürbare Wirksamkeit setzte um die Wende zum 18. Jahrhundert ein. Es besteht jedoch kein Zweifel, daß diese religiöse Strömung durch fromme Bedürfnisse entstanden ist, die ihrerseits auch die Erfahrung von Krieg und Krise in der ersten Jahrhunderthälfte reflektierten.

Überhaupt war es auch eine Folge der gewaltsamen Lösungsversuche von Glaubenskonflikten, daß die Menschen zu einer selbständigeren Position gegenüber Kirche und Christentum gelangten; die gewachsene innere Unabhängigkeit der Individuen gegenüber den Ansprüchen der Amtskirche und dogmatischen Entwürfen der Theologen wurde seit 1648 zunehmend wichtiger, ohne daß schon hier von einer radikalen Religionskritik die Rede sein könnte.[6]

Die Neuerungen und Veränderungen hinsichtlich der Kirchenverfassung und der Frömmigkeit betrafen beide protestantischen Konfessionen in ähnlicher Weise. Seit 1648 waren sie zudem politisch und staatsrechtlich im Reich gleichgestellt; Reformierte und Lutheraner bildeten von 1653 an unter dem Direktorat Kursachsens gemeinsam das „Corpus evangelicorum" des Reichstages.[7]

Von einer inneren Annäherung der protestantischen Bekenntnisse konnte jedoch keine Rede sein. Tatsächlich hatte die rechtliche Gleichstellung der beiden Konfessionen durch das Osnabrücker Friedensinstrument die führenden lutherischen Reichsstände, an ihrer Spitze das orthodox-lutherische Kursachsen, bewogen, die Bekenntnisunterschiede gegenüber den reformierten Protestanten erneut zu betonen. Sie anerkannten die Reformierten weiterhin nicht als Augsburgische Konfessionsverwandte, da sie fürchteten, das andere Bekenntnis werde sich nach Erlangung der rechtlichen Parität auf Kosten des Luthertums weiter ausbreiten, wenn nicht rechtzeitig wirksame Abgrenzungsmaßnahmen ergriffen würden.[8]

In der Tat hatte sich der Calvinismus seit der 2. Hälfte des 16. Jahrhunderts, von Westen nach Osten fortschreitend, in Deutschland ausgebreitet. Er hatte sich über ein Jahrhundert hinweg als die dem Luthertum politisch überlegene protestantische Strömung erwiesen. Die Reformierten, deren Kirche sich durch eine effektive Selbstverwaltung unter Beteiligung der Laien auszeichnete, betrachteten sich als Träger und Vollender der in ihren Augen noch nicht abgeschlossenen Reformation („Zweite Reformation") und erblickten demzufolge in den Lutheranern Konfessionsverwandte, die bisher nur halbherzig die Abwendung von der alten, katholisch geprägten Welt vollzogen hatten.[9] Entsprechend der Prämisse von der unvollendeten Reformation fand sich bei den Calvinisten in der Regel eine ausgeprägte Bereitschaft zur Zusammenarbeit, ja sogar zur Vereinigung mit der anderen protestantischen Konfession. In diesem Sinne forderte der führende brandenburgische Theologe, der Hofprediger Johann Bergius (1587–1658), die Lutheraner auf, gemeinsam mit den Reformierten das Abendmahl zu feiern: „... und ob sie schon bey ihrer Meinung von der leiblichen gegenwart und Mündlichen Niessung verbleiben, daß sie dennoch dieselbe nicht für nötige GlaubensArtickel halten, sondern uns bey unserer Meinung auch für ihre Mitglieder und Mitchristen an dem Leibe Jesu Christi erkennen. Möchten sie allesampt also gesinnet seyn, so were der kirchenfriede schon gemacht, und der weg zur gäntzlichen Vereinigung. Dann dergestalt würden auch wir keine fernere Ursach haben uns von ihrer Communion und anderem Gottesdienst abzusondern, sondern weren bereit umb Friedens und Einigkeit willen die übrigen mängel zu dulden ..."[10]

Demgegenüber verteidigten die Lutheraner ihre Identität durch den Hinweis auf ihre Nähe zum deutschen Reformator; die Reformierten belegten sie bewußt mit dem Kampfbegriff „Calvinisten", der dazu dienen sollte, die Anhänger Calvins als ketzerische Sektierer bloßzustellen und auf diese Weise zugleich vom Erbe der Reformation auszuschließen. Besonders deutlich hatten sie die Unterschiede in der Lehre durch die Konkordienformel von 1577 herausgearbeitet, die auch im 17. Jahrhundert gute Dienste bei der Abgrenzung gegenüber der calvinistischen „Irenik" leistete.

Die deutschen Territorien, in denen die lutherische Orthodoxie vorherrschte, also vornehmlich Kursachsen, Württemberg, Hessen-Darmstadt und die fränkischen Fürstentümer, führten nach 1648 gewissermaßen einen Zwei-Fronten-Krieg gegen die gelehrte Bibelkritik der sich entfaltenden modernen Wissenschaft und zugleich gegen den mit humanistischen und rationalistischen Strömungen eher zu versöhnenden Calvinismus. Ja, auch die Regierungen bzw. Stände dieser Länder betraf diese Auseinandersetzung, denn die nunmehr voll ausgebildete lutherische Orthodoxie war keineswegs nur eine dogmatische Spielart des Protestantismus, sondern eine spezifische Kultur, in der Staat und Kirche in besonderer Weise verbunden waren.[11]

Unter der Leitung der Landesfürsten hatte diese „orthodoxe Kultur" nach dem Krieg in beachtlichem Maße den materiellen und moralischen Wiederaufbau der zerstörten Territorien und zusammengebrochenen Kirchen befördert und beeinflußt. Sie vermittelte dabei Werte und Verhaltensmuster, die über lange Zeit hinweg das Bild der deutschen „Provinz" und seiner ganz dem Alltag lebenden, genügsamen Bevölkerung prägen sollten. Den Menschen der traditionell lutherischen Klein- und Mittelstaaten stand damals verständlicherweise der Sinn nicht nach Machtpolitik und umstürzenden Visionen; auch aus diesem Grund war ihnen der dynamische Calvinismus, dessen Erfolge im profanen Bereich die damalige Welt beeindruckten, ein Greuel. Dagegen empfanden sie den Katholizismus der abebbenden Gegenreformation häufig als weniger fremd.[12]

Auch nach dem Krieg gab es also zunächst keine wesentlichen Veränderungen im Verhältnis der beiden protestantischen Konfessionen untereinander; trotz gewisser Fortschritte, die durch die Religionsgespräche von Kassel (1661) und Berlin (1662 und 1663) sichtbar geworden waren, blieb die Konkurrenzsituation (Kanzelpolemik) in den ersten Nachkriegsjahrzehnten bestimmend. Häufig genug waren dabei auch politische und wirtschaftliche Interessen von Bedeutung. So begründete Spener im Rückblick des Jahres 1689 die Verweigerung des „exercitium religionis", also des öffentlichen Kultus, gegenüber der reformierten Bevölkerung der Stadt Frankfurt a.M. mit deren wirtschaftlichem Erfolg: „Die gemeine Bürgerschaft haben sie lange zu einem widerwillen gegen sich gereitzet, durch ihre allzugenaue zusammenhaltung zu der andern nachtheil. Wo fast nur ein handwercksmann ihrer religion war, da lieff alles von den Reformirten zu, und verliessen wol ihre vorige."[13]

Da die anderskonfessionellen Mitbürger den ökonomischen Erfolg der Calvinisten nicht zu hindern vermochten, verweigerten sie ihnen wenigstens die Rechte einer echten Gemeinde.

II

Wie sah nun die Konfessionspolitik in den wichtigsten Aufnahmeländern der Hugenotten aus? Lassen sich Gemeinsamkeiten feststellen oder überwiegen die Unterschiede? Von welchen Prinzipien ließen sich die Landesregierungen leiten? Welche Motive wirkten sich dabei vor allem aus?

Die seit 1563 (Heidelberger Katechismus) reformierte Kurpfalz hatte von allen deutschen Gebieten vielleicht am stärksten unter der Kriegsfurie gelitten. Der im Jahr 1649 zurückkehrende junge Kurfürst Karl Ludwig (1617–1680) fand nur noch einen Bruchteil der Vorkriegsbevölkerung vor. Seit 1622 war das Land nacheinander von spanischen und schwedischen Truppen besetzt gewesen und stand nach 1635 den französischen Armeen schutzlos offen.

Es wurde daher nach 1648 ein fast vollständiger Wiederaufbau des Territoriums notwendig; dies galt entsprechend auch für die kirchlichen Verhältnisse. Wenn nach den Bestimmungen des Westfälischen Friedens auch grundsätzlich eine Restauration der reformierten Landeskirche vorgesehen war, so konnte der Kurfürst doch nicht von den folgenreichen Umwälzungen absehen, die der Bevölkerungs- und Konfessionsstruktur ein verändertes Gepräge gegeben hatten.[14]

Neben den Anhängern der reformierten Konfession, die weiterhin der Zahl nach dominierten, fanden sich – durch Zuwanderung verstärkt – viele Lutheraner und Katholiken, denen der Landesherr auf Kosten der überkommenen reformierten Privilegien im Interesse des Landes religiöse Freiheiten gewährte. Den Lutheranern war ohnehin durch das Osnabrücker Friedensinstrument Religionsfreiheit zugestanden worden; Karl Ludwig tat jedoch mehr für das lutherische Bekenntnis, als es dem Buchstaben des Vertrages entsprochen hätte. Darüber hinaus förderte er auch andere Religionsgemeinschaften, die durch den Religionsfrieden nicht geschützt waren (z.B. Mennoniten). Die Katholiken hatten dagegen auch weiterhin in der Pfalz einen schweren Stand; ihnen wurde lediglich die „devotio domestica", der Hausgottesdienst, zugestanden.[15]

Prägend für den Charakter der pfälzischen Konfessionspolitik nach dem Krieg war ein gewisser Antagonismus zwischen dem auf das Wohl des Territoriums gerichteten Interesse des Kurfürsten und der traditionellen Orientierung seiner überwiegend reformierten Räte, die in der administrativen Praxis der eigenen Konfession die Vorteile zu verschaffen suchten, die ihr Karl Ludwig vorenthielt. Stände als politisch wirksames Element fehlten dagegen in der Pfalz völlig.

Eine wesentliche Voraussetzung für die Durchsetzung der landesherrlichen Kirchenpolitik bildete die seit 1652 bzw. 1659 wieder in Kraft gesetzte Kirchenverfassung, die sich durch die beherrschende Stellung des Kirchenrats auszeichnete. Dieses konsistoriale Verfassungsinstitut, das der calvinistischen Tradition mit ihren synodalen Leitungsstrukturen eigentlich fremd war, entsprach in starkem Maße der entsprechenden Einrichtung in den lutherischen Landeskirchen. Mit dieser Institution wurde die kirchenbeherrschende Position des Fürsten auch in der reformierten Landeskirche zu Lasten der Selbstverwaltung befestigt; in der Pfalz blieben lediglich presbyteriale Gemeindeleitungen erhalten.

Der Kurfürst vermochte unter diesen Umständen den Inhalt der Kirchenpolitik in starkem Maße zu bestimmen. Er hatte in den Niederlanden einen entkonfessionalisierten Staatsbegriff kennengelernt und in England die puritanische Revolution erlebt: „Der Aufenthalt in England hatte ihm jede Neigung zu puritanischer Glaubenswuth und kirchlicher Enge verdorben ...", schreibt der pfälzische Historiker Ludwig Häusser, in dessen Augen Karl Ludwig als Wegbereiter der evangelischen Kirchenunion von 1817 erschien.[16] In seiner politischen Konzeption fügten sich jedenfalls konfessionelle Toleranz und ökonomische Motive ohne weiteres zusammen.

Für alle Welt sichtbar wirkten sich die konfessionspolitischen Prinzipien Karl Ludwigs beim Wiederaufbau der Stadt Mannheim[17] aus, in der seit den 1650er Jahren drei reformierte Gemeinden (französisch; deutsch; niederländisch) nebeneinander bestanden, die aber in vielen Bereichen – vor allem dem der kirchlichen Fürsorge – zusammenarbeiteten. Allein der französisch-reformierten Gemeinde gehörten damals etwa 2500 Personen an.

Die Lutheraner waren dagegen zunächst der Zahl nach schwach vertreten; 1673 gestattete ihnen der Kurfürst jedoch bereits die Anstellung eines Pfarrers. Die von dem Landesherrn besonders geförderten Mennoniten besaßen seit ihrer Ankunft volle Religionsfreiheit und erhielten 1655 die Erlaubnis, ein Gotteshaus zu bauen.

Den symbolischen Schlußstein seines konfessionspolitischen Werkes setzte Karl Ludwig gegen Ende seines Lebens mit der Errichtung der Eintrachtskirche in der Mannheimer Festung Friedrichsburg (1677/80). Diese Kirche sollte – seinem Plan zufolge – von beiden protestantischen Bekenntnissen, in einer liturgischen Union vereinigt, gemeinsam genutzt werden. Damit sollte der Anfang für eine protestantische Kirchenunion gemacht werden, nachdem eine Einigung der Theologen in den vorangegangenen Jahren immer wieder gescheitert war.

Unter seinem Sohn, Kurfürst Karl, folgte bis 1685 eine Phase der calvinistischen Reaktion, an die sich nach dem Übergang der Herrschaft auf die katholische Linie Pfalz-Neuburg eine Ära anschloß, die durch die fatalen Auswirkungen des pfälzischen Erbfolgekrieges geprägt war. Unter den Folgen der Aggression Ludwigs XIV. litten die Pfälzer besonders; viele verließen das Land, unter ihnen auch die meisten Glaubensflüchtlinge, die hier unter dem toleranten Regiment Karl Ludwigs Aufnahme gefunden hatten.

Eine andere Entwicklung nahm das der Kurpfalz benachbarte lutherische Herzogtum Württemberg, dessen Menschen allerdings in ähnlicher Weise wie die Pfälzer unter der Kriegsfurie gelitten hatten; von den etwa 400000 Einwohnern vor dem Dreißigjährigen Krieg lebten um 1650 kaum noch ein Drittel in diesem Territorium.

In der dem Jahr 1648 folgenden Wiederaufbauphase Württembergs gelang es dem Herzog Eberhard III. (1628/33–1674) im Gegensatz zu anderen Landesherren allerdings nicht, sich vom Einfluß der ständischen Landschaft zu befreien, wodurch erst eine durchgreifende Reform von oben im Sinne absolutistischen Planens möglich geworden wäre. Dies galt um so mehr, als sein calvinistisch geprägter Großvater Friedrich I. (1593–1608) trotz einiger Anfangserfolge mit dem Versuch gescheitert war, die Kontrolle der oligarchischen Stände Württembergs abzustreifen.[18]

Die traditionell starke Position der württembergischen Landschaft, die gegenüber absolutistischen Bestrebungen ihre ständischen Freiheiten und Privilegien eifrig verteidigte, war folgenreich auch für die Konfessionspolitik des Territoriums: Prälaten und andere Stände verfochten gemeinsam die Erhaltung des Status quo, also des streng lutherischen Charakters der Landeskirche. Dementsprechend wehrte sich das lutherische Konsistorium gegen eine Erneuerung des Schulsystems und mit Erfolg auch gegen die Absicht des Herzog-Administrators Friedrich Karl (1677–1693), aus Frankreich vertriebene Reformierte auf württembergischen Gebiet anzusiedeln: „Lieber Türken im Land als die Reformierten!" – dieser Spruch pointiert die damalige Haltung der lutherischen Landeskirche.[19]

Eine Anfrage, die mit Blick auf eine etwaige Ansiedlung von Piemontesen (Waldensern) bzw. Hugenotten an Spener gerichtet worden war, beantwortete dieser unter dem 29.6. 1688 nicht ohne Spitze: „Was anlangt die armen Piemontesen, gönne ich so wol ihnen, daß sie dermaleins in ruhe kommen, als dem hochlöbl. Fürstenthum Würtemberg, damit es an ihnen liebe zu thun, und damit einen segen auf sich zu ziehen, die gelegenheit bekommet."

Optimistisch beurteilte Spener auch die Möglichkeit, reformierte Zuwanderer zu integrieren, wenn dabei nur Geduld und Rücksicht geübt werden würde: „... damit sie allgemach in unsrer kirchen schooß eingehen möchten, will die christliche klugheit erfordern, ihnen die sache nicht erstmals alzu schwer zu machen, oder ihnen vors erst solche starcke speise zu geben, die sie noch nicht vertragen können, sondern sie vielmehr mit milch in denen uns gemeinen wahrheiten zu unterhalten, bis sie zu jenen auch allgemach tüchtiger werden."

Vielleicht war die Vorstellung, französische Calvinisten und Waldenser seien trotz aller Gemeinsamkeiten doch verschieden, einer Niederlassung der Waldenser in Württemberg gegen Ende des 17. Jahrhunderts günstig; so jedenfalls wollte Spener die Dinge in seinem Gutachten sehen.[20] Reformierte Franzosen durften sich dagegen zunächst nicht in diesem Territorium niederlassen: Die Notwendigkeit, als Kleinstaat zwischen den übermächtigen Nachbarn Frankreich und Österreich eine vorsichtige Außenpolitik treiben zu müssen, entsprach weitgehend der konservierenden Tendenz in der Innenpolitik, wie sie von den lutherischen Ständen während des 17. Jahrhunderts im Lande bestimmt wurde.

Die beiden nordöstlich von Württemberg gelegenen fränkischen Fürstentümer Ansbach und Bayreuth, seit 1603 an die brandenburgische Linie der Hohenzollern gefallen, zählten ebenfalls zu den Gebieten mit nahezu geschlossen lutherischer Bevölkerung. 1608 traten die Fürsten dem von der Kurpfalz begründeten Verteidigungsbündnis der Protestanten, der sogenannten Union, bei.

Seit 1655 regierte im Fürstentum Bayreuth Markgraf Christian Ernst (1644–1712), der unter der Vormundschaft seines bedeutenden Verwandten, des Großen Kurfürsten von Brandenburg, in Berlin und Halberstadt erzogen worden war. Er wollte zum Zweck des Landesausbaus bereits 1681 reformierte Franzosen aufnehmen, wurde jedoch von dem lutherischen Konsistorium heftig gedrängt, davon Abstand zu nehmen: Der Fürst habe sich bei Regierungsantritt gegenüber Ritterschaft und Landständen auf die Erhaltung des konfessionellen Status quo festgelegt, außerdem – so argumentierten die Kirchenvertreter – seien ausländische Reformierte durch den Religionsfrieden von 1648 nicht geschützt.[21]

Obgleich der Markgraf genötigt war, zunächst auf die Durchführung seiner Pläne zu verzichten, erließ er am 7. Dezember 1685 schließlich doch ein Edikt mit Privilegien zugunsten der „reformierten Franzosen", nachdem er von Berlin aus durch einige Hugenottensprecher ersucht worden war, Glaubensflüchtlinge aufzunehmen. Die daraufhin erfolgende hugenottische Zuwanderung wurde vom Fürsten gegen den Willen der lutherischen Räte und Geistlichen durchgesetzt, die in den Reformierten „gefährliche Ketzer" sahen. Zu den Folgen der hieraus entstehenden Spannungen zwischen Landesherrn und Landeskirche sind die Schwierigkeiten und Unruhen zu zählen, die während der hugenottischen Ansiedlung auftraten: Nicht nur die provisorische Unterbringung der Flüchtlinge in den Häusern der Einheimischen, sondern vor allem auch die anticalvinistische und franzosenfeindliche Agitation der lutherischen Pastoren brachte die Bevölkerung häufig derart auf, daß der Fürst in acht wiederholten Erlassen „... seine Untertanen zur Einsicht, Geduld und Friedfertigkeit mahnen mußte".[22]

Die hier angedeuteten Auseinandersetzungen sollten jedoch nicht ohne Auswirkungen auf das Verhältnis der Konfessionen in der Zukunft bleiben; lutherischer und reformierter Konfessionalismus prägten im 18. und 19. Jahrhundert die Kirchengeschichte Frankens.

Nicht nur in geographischer, sondern auch in konfessionspolitischer Hinsicht nahmen die hessischen Territorien in Deutschland dagegen eine Mittelposition ein; hier fand man im kleineren Maßstab die Verhältnisse vor, die damals dem Reich sein spezifisches Gesicht verliehen.

1648 hatten sich nach häufigen Verschiebungen endgültig zwei größere hessische Länder etabliert: das reformierte Hessen-Kassel und das lutherische Hessen-Darmstadt, die sowohl in konfessioneller als auch in politischer Hinsicht miteinander rivalisierten. Zwischen ihnen war Anfang des Jahrhunderts das lutherische Marburger Land aufgeteilt worden, das in der Folge ein ständiger Gegenstand von Konflikten blieb.[23] Außerdem rief die Calvinisierungspolitik des Landgrafen Moritz von Hessen-Kassel Streit hervor, zumal sie die Marburger Landesuniversität den Lutheranern zunehmend verschloß. Infolgedessen öffnete sich Hessen-Darmstadt mehr denn je dem Einfluß des orthodoxen Luthertums (Wittenberg); es errichtete mit der lutherischen Universität Gießen nach dem Ausfall von Marburg ein neues Bildungszentrum und schloß sich gegen den Norden Hessens zunehmend ab. Während des Dreißigjährigen Krieges kämpften dann die verfeindeten hessischen Territorien, obgleich beide protestantisch waren, auf verschiedenen Seiten: Hessen-Darmstadt im Bund mit dem Kaiser, Hessen-Kassel als Teil der protestantischen Koalitionen.[24]

Nach diesem für Hessen besonders mörderischen Bruderkrieg gelang es 1648, einen Ausgleich der Interessen herbeizuführen; einerseits wurde in ganz Oberhessen um Marburg der lutherische Bekenntnisstand garantiert, andererseits wurde die Marburger Landesuniversität zunächst wieder gemeinschaftlich von beiden hessischen Territorien genutzt.

In den ersten Jahren nach dem Krieg suchte Landgraf Wilhelm VI. von Hessen-Kassel (1650–63) durch die Kirchenagende von 1657 die Kirche organisatorisch und geistlich wiederaufzubauen, nachdem er durch den Ausgleich von 1655 von den Ständen faktisch freie Hand in den Religionsangelegenheiten erhalten hatte.[25] Vor allem lag ihm jedoch daran, Lutheraner und Reformierte mit dem Ziel der Vereinigung einander anzunähern, wozu ihm offenbar nicht zuletzt die Festschreibung des oberhessischen Bekenntnisstandes vom Jahre 1648 bewogen hatte, die eine Doppelkonfessionalität Hessen-Kassels begründete. Wilhelm VI. veranstaltete daher 1661 ein Religionsgespräch in Kassel, an dem Professoren der reformierten Universität Marburg und der im Lande neugegründeten lutherischen Hochschule Rinteln teilnahmen. Ein greifbares Ergebnis wurde allerdings nicht erzielt; der immer noch starke Einfluß der Wittenberger Orthodoxie verhinderte eine Einigung in wesentlichen Fragen.

In dieser komplizierten Lage öffnete sich das Land den protestantischen Glaubensflüchtlingen aus Frankreich. Der Landgraf Karl erließ als einer der ersten deutschen Fürsten am 18.4. 1685 eine hessische „Freiheitskonzession", die die Grundlage für hugenottische Siedlungen sowohl in der Stadt als auch auf dem Lande schuf. Nicht zuletzt wurde damit auch der reformierte Charakter des nordhessischen Landes gestärkt.

Ein völlig anderes Bild wiederum boten die großen Seehandelsstädte, die ebenfalls für die Aufnahme der Glaubensflüchtlinge aus Frankreich Bedeutung gewinnen sollten. Sie standen bereits seit dem Mittelalter in regem Austausch mit den Niederlanden, England und Frankreich und pflegten einen lebhaften Handelsverkehr, der auch Nachrichten der verschiedensten Art einschloß.

So kam es, daß die drei Hansestädte Lübeck, Hamburg und Bremen, sowie daneben vor allem Emden, bereits seit der Mitte des 16. Jahrhunderts calvinistischen Einflüssen ausgesetzt waren, deren Intensität sich mit dem Zuzug reformierter Flüchtlinge, die der spanischen Inquisition ausgewichen waren, noch steigerte.[26]

Die Reaktion der Stadtregierungen war unterschiedlich: Bremen, das seit 1582 die reformierte Konfession als Stadtbekenntnis eingeführt hatte, und das gleichfalls calvinistische Emden, das in der zweiten Hälfte des 16. Jahrhunderts durch die reformierte Zuwanderung mächtig aufgeblüht war, schlossen sich eng an die Niederlande an.[27] Dagegen waren die weiter östlich gelegenen Hansestädte Hamburg und Lübeck darauf bedacht, ihre lutherische Identität zu wahren. Zwar suchten auch diese beiden Städte im 17. Jahrhundert den Schutz der Niederlande (Lübeck schloß z.B. 1613 ein Bündnis) und pflegten intensive Handelsbeziehungen mit der ökonomisch überlegenen Republik, doch stieß die Niederlassung reformierter Niederländer aus religiösen und wirtschaftlichen

Gründen auf den zähen Widerstand der Bürgerschaften und der lutherischen Geistlichkeit.[28]

Als der Senat Lübecks 1670 ein Dekret mit dem Ziel verabschiedete, durch Ansiedlung von Fremden dem Gewerbe und Handel der wirtschaftlich im Niedergang begriffenen Stadt aufzuhelfen, lehnte das lutherische geistliche Ministerium mit „schärfsten Bedenken“ eine Öffnung der Kommune für Reformierte ab.[29] Da der Senat mit einer Verfassungsänderung des Jahres 1669 alle wesentlichen Religionsangelegenheiten den 12 bürgerschaftlichen Kollegien hatte überlassen müssen und diese auf die Seite des Ministeriums traten, wurde die beabsichtigte Gewährung des „exercitium privatum religionis“ (zugunsten einwandernder Calvinisten) aus dem Ediktentwurf gestrichen. Die äußeren Umstände förderten jedoch je länger, desto mehr das Vorhaben des Senats; schließlich setzte sich dieser doch gegen alle Widerstände durch, so daß seit 1686/87 auch Hugenotten nach Lübeck einwandern durften.[30]

In Hamburg war der Rat ähnlich wie in der Stadt an der Trave an guten Beziehungen zu den Niederlanden interessiert und verfolgte deshalb gegenüber den niedergelassenen Calvinisten eine duldsame Konfessionspolitik. Doch gelang es der Bürgerschaft auch hier, die Entstehung einer reformierten Gemeinde in der Stadt selbst zu verhindern. Immerhin konnten die Calvinisten Hamburgs seit 1601, dem Jahr der Gründung einer reformierten Gemeinde in Altona, den Gottesdienst in dieser Nachbarstadt besuchen. Auch eine französisch-reformierte Gemeinde entstand in der Phase der hugenottischen Haupteinwanderung um 1685 in Altona, so daß diese Stadt zum Zentrum der etwa 2000 niederländischen, französischen und pfälzischen Flüchtlinge wurde, die im Hamburger Raum lebten.[31]

Die Konfessionspolitik der bedeutenderen deutschen Seestädte blieb also von allgemeinpolitischen Prämissen, wie sie sich aus ihrer Stellung im Seehandel ergaben, nicht unbeeinflußt. Aber ebenso wichtig war der geographische Faktor: Je weiter die Städte im Osten lagen, desto stärker vermochte sich das von den Bürgerschaften verteidigte lutherische Gepräge zu erhalten, wenn auch in der zweiten Hälfte des 17. Jahrhunderts die Tendenz zur gegenseitigen Toleranz der protestantischen Konfessionen zunahm; die Stadtregierungen gaben dabei aus pragmatischen Gründen die notwendigen Anstöße. Die westlichen Städte dagegen waren wegen der größeren Nähe zur reformierten Vormacht und aufgrund der Konfrontation mit anderskonfessionellen Nachbarn einheitlicher geblieben; ihre Konfessionspolitik ließ daher zeitweise für das lutherische Bekenntnis wenig Raum.

Das wichtigste Zufluchtsland für Glaubensflüchtlinge aus Frankreich war sowohl im Hinblick auf die Zahl der Einwanderer als auch in bezug auf die strukturellen Voraussetzungen ihrer Aufnahme Brandenburg-

Preußen. Hier bestand seit der Konversion des Kurfürsten Johann Sigismund zum Calvinismus 1613 die eigentümliche Situation einer reformierten Herrschaft in einem lutherischen Land. Jeder reformierte Zuwanderer stärkte also unter diesen Umständen zugleich die Machtposition des Herrscherhauses und schwächte die überkommene Ständegesellschaft.[32]

Eine besondere Dynamik kam in diese Konstellation durch die Politik des Großen Kurfürsten (1640–1688), die mit absolutistischem Reformwillen die Macht der Stände zu brechen entschlossen war. Und dies um so mehr, als die disparaten Territorien unter seiner Herrschaft nach gesamtstaatlichen Integrationselementen verlangten, die sich nach Lage der Dinge gegen die Welt der Stände richten mußten.

Nicht minder drängten die Erfahrungen des Dreißigjährigen Krieges mitsamt seinen gegenreformatorischen Bedrohungen den Großen Kurfürsten zu einer aktiven Kirchenpolitik. Durch ihn vor allem wurde Brandenburg-Preußen nicht nur zu einer Zufluchtsstätte für Glaubensflüchtlinge aus Ländern der Gegenreformation, sondern auch zu einem Hort des Protestantismus in der Welt eines wiedererstarkten Katholizismus.

Aber ein Hort des Protestantismus ließ sich nur bilden, wenn die innerprotestantischen Streitigkeiten auf ein Minimum reduziert wurden. So verbot der Große Kurfürst jede Kanzelpolemik und legte in seinem Testament vom Mai 1667 fest, daß das reformierte Bekenntnis zwar gefördert, aber nicht gewaltsam gegen die Lutheraner durchgesetzt werden sollte:

„So ist furnehmlich dahin zu sehen vndt zu trachten, auf das die Reformirte Religion, welche auff das wahre wortt Gottes, vndt auff die Simbola der Apostellen allein gegrundet, vndt ohne Menschen zusatz ist, In allen Eweren Landen moge vortgepflantzet werden, doch solcher gestaldt, daß es nicht mitt zwangsmittelen, oder entziehung der Lutterischen Kirchen, vndt abgang deren Rentten oder inkunften geschehe, sondern auß Eweren eigenen mittellen, solchen bau der Reformirten kirchen in Eweren Landen befordert ... Zu beforderung nun diesses wercks, habt Ihr furnehmlich dahin zu sehen, das wan Solche Subiecta von der Reformirten Religion In Eweren Landen sich befinden, So da qualificirt vndt geschickt, fur andere zu denen bedinungen vndt officien, zu hoffe vndt im Lande annehmet vndt bestellet, Ja auch in der Chur Brandenburg keine verhanden, auß der frembde annehmet, vndt den Lutterischen furziehet."[33]

Trotzdem löste die kurfürstliche Konfessionspolitik bei der lutherischen Geistlichkeit Bitterkeit aus, da diese fürchtete, ihren spezifischen Grundpositionen schrittweise entfremdet zu werden.[34] In diesem Sinne weigerte sich der große Meister des evangelischen Kirchenliedes, Paul

Gerhardt, einen Revers zum Abrücken von der lutherischen Konkordienformel zu unterschreiben; seine Haltung begründete er in einem Schreiben an den Kurfürsten wie folgt:

„Wenn denn aber, gnädigster Kurfürst und Herr, ich wohl weiß, daß Ew. Kurfl. Durchl. gar nicht gemeinet seien, einigen Menschen, auch den allergeringsten, in seinem Gewissen kränken und betrüben zu lassen, als bitte ich um so viel desto herzlicher und inständiger in allem demütigstem Gehorsam, Ew. Kurfl. Durchl. wollen mir nicht verdenken, daß ich bei höchstgedachter mit erwiesener kurfl. Gnade die ängstigliche Sorge und Kümmernis meines Gmütes offenbare: Ich fürchte mich vor Gott, in dessen Anschauen ich hier auf Erden wandele und vor welches Gerichte ich auch dermaleinst erscheinen muß, und kann nach dem, wie mein Gewissen von Jugend auf gestanden und noch jetzt stehet, nicht anders befinden, als daß ich, wo ich auf die vorher berührte Art und Weise wieder in mein Amt treten sollte, seinen Zorn und schwere Strafe auf mich laden werde. Solches großes unaussprechliches Unheil zu vermeiden, werden Ew. Kurfl. mir gnädigst gestatten, daß ich mich des bisher in etwas wieder verrichteten Kirchendienstes enthalte . . .“[35]

Die Konfessionspolitik des Großen Kurfürsten konnte also nicht immer ohne subjektive Nöte nachvollzogen werden. Sie bereitete Beschwerden, auch wenn sie den zügellosen Konfessionalismus zugunsten religiöser Toleranz zurückdrängte und, in der Konsequenz, Glaubensflüchtlingen aus anderen Ländern die Türen öffnete. Schließlich fanden sich aber doch Lutheraner, die sich von der brandenburgisch-preußischen Kirchenpolitik überzeugen ließen und werbend für sie eintraten. So schrieb der nicht weniger als Paul Gerhardt aus der Kraft seines Glaubens lebende Propst Spener im Jahre 1691 dem im benachbarten lutherischen Sachsen nicht geduldeten August Hermann Francke, dem zukünftigen Haupt des preußischen Pietismus, daß „es das ansehen gewinnet, ob wolte Gott die Churfürstlichen Lande zum refugio anderer beträngten und rechtschaffenen machen“.[36]

III

Die protestantische Kirchengeschichte des 17. Jahrhunderts in Deutschland ist also durch zwei wesentliche Entwicklungen geprägt worden: zum einen durch die Entkonfessionalisierung der protestantischen Territorien, deren Anfänge teilweise bis in die Zeit vor dem Dreißigjährigen Krieg zurückreichen, zum andern durch die Abschwächung der innerprotestantischen Polemik und Konkurrenz, die in der Regel auf Anstöße und Ermutigungen der Landesherrn zurückzuführen ist und die in späteren Jahren zu einer inhaltlichen Annäherung der Standpunkte führte.

Beide Tendenzen waren bis zu einem gewissen Grad voneinander abhängig; für beide bildete das Jahr 1648 ein Datum, das zugleich ihre Stabilisierung und Beschleunigung markierte. Kriegserfahrung und materielle Not trugen entscheidend dazu bei, die subjektiven und objektiven Voraussetzungen für eine Neuordnung des Verhältnisses zwischen Landesherrn und Ständen sowie für eine stärkere Scheidung von Bekenntnis und landesherrlichem Kirchenregiment zu schaffen. Nach 1648 gab es kaum noch eine Alternative zu dieser Entwicklung, zumal sie eine „Modernisierung" von oben erlaubte und dadurch die Chance eröffnete, Anschluß an die fortgeschrittenen und mächtigeren Staaten Westeuropas zu finden.

So kam es, daß die auf Toleranz zielende Konfessionspolitik der deutschen Territorien, obgleich sie auch einer zunehmenden Kampfesmüdigkeit entsprach, weitgehend auf dem Willen der Fürsten beruhte, sich mit ihrer Hilfe von der ständischen Kontrolle freizumachen. Neben der Aufstellung eines stehenden Heeres, das allein der Verfügungsgewalt des Landesherrn unterstand und eine Säule seiner Herrschaft wurde, bildete daher die Durchsetzung dieser landesherrlichen Konfessionspolitik gegen ständische und kirchliche Widerstände die zweite Voraussetzung für die Entfaltung des Absolutismus in den protestantischen Ländern Deutschlands. Auffällig ist dabei zudem, daß alle Initiativen zur Überwindung des Konfessionalismus von Landesherren ausgingen, die entweder dem reformierten Bekenntnis angehörten oder calvinistischen Einflüssen durch Erziehung und Umgebung ausgesetzt gewesen waren.

Freilich wirkte sich dabei der Calvinismus mehr in der Prägung der Politik als in der Formung der Kirche aus. Im allgemeinen blieb lediglich die presbyteriale Ebene der calvinistischen Kirchenverfassung erhalten; zur Ausbildung synodaler Leitungsstrukturen kam es nicht mehr. Auch die reformierte Dogmatik hatte Abstriche zu machen.

Aber der Aufnahme von französischen und anderen Glaubensflüchtlingen sollte dies nicht entgegenstehen. Denn nicht allein die Bekenntnisverwandtschaft und die daraus sich ergebende Färbung der landesherrlichen Konfessionspolitik, sondern auch das Interesse an der Stabilisierung des absolutistischen Regiments durch weiteren Ausbau hierfür wichtiger Trägerschichten begründete den Wunsch, reformierte Réfugiés ins Land zu ziehen. (Abb. 8)

Jürgen Wilke

Rechtsstellung und Rechtsprechung der Hugenotten in Brandenburg-Preußen (1685–1809)

Am 29. Oktober 1685 unterschrieb der Kurfürst Friedrich Wilhelm „das Edict, betreffend diejenige Rechte, Privilegia und andere Wohlthaten, welche Se. Churfürstl. Durchl. zu Brandenburg denen Evangelisch-Reformirten Frantzösischer Nation, so sich in Ihren Landen niederlassen werden, wegen der Jurisdiction und sonst, daselbst zu verstatten gnädigst entschlossen seyn" – bekannt als das Edikt von Potsdam –, das als ursprüngliche Verfassung aller französischen Kolonien in Brandenburg-Preußen angesehen werden kann.[1–4] In diesem 14 Artikel umfassenden Edikt wurden für die in Frankreich verfolgten Kalvinisten Festlegungen getroffen, die Unterstützung auf der Flucht, Hilfeleistung bei der Einwanderung und Niederlassung, Gewährung wirtschaftlicher Entwicklungsmöglichkeiten bis hin zur Freistellung von bestimmten Abgaben (Freijahre), das Recht der Ausübung der französisch-reformierten Religion sowie Fragen der Rechtsprechung beinhalteten. Die aus Frankreich geflohenen hugenottischen Adligen wurden dem einheimischen Adel standesmäßig gleichgestellt. Durch diese Handhabung zerfiel das Refuge in Brandenburg-Preußen in Adel, städtische Bürger und freie Bauern.

Für die städtisch-bürgerliche Kolonie galt Artikel 10 des Potsdamer Edikts, der die Jurisdiktion behandelte und aus dem sich später der Sonderstatus dieser Kolonie ableitete: „So viel die Jurisdiction und Entscheidung der zwischen offt gedachten Frantzösischen Familien sich ereigender Irrungen und Streitigkeiten betrifft, da sind wir gnädigst zufrieden, und bewilligen hiemit, daß in den Städten, wo selbst verschiedene Frantzösische Familien vorhanden, dieselbe iemand ihres Mittels erwägen mögen, welcher bemächtiget seyn soll, dergleichen differentien ohne einige Weitläufftigkeit, in der Güte zu vergleichen und abzuthun. Daferne aber solche Irrungen unter Teutschen an einer, und Frantzösischen Leuten anderer Seite sich ereugnen, so sollen selbige durch den Magistrat eines ieden Orts und diejenige welche die Frantzösische Nation zu ihrem Schieds-Richter erwählen wird, zugleich und gesamter Hand untersuchet, und summariter zu Recht entschieden und erhöret werden, welches denn auch als dann statt haben soll, wann die unter Franzosen allein vorfallende differentien, dergestalt wie oben erwehnet, in der Güte nicht beygeleget und verglichen werden können."

Den französischen Einwanderern wurde damit in den Städten ein Schieds-Richter für interne Streitigkeiten gewährt, ein Richterkollegium aus französischen Richtern und deutschen Magistratspersonen sollte Streitigkeiten zwischen Franzosen und Deutschen summarisch und schnell schlichten.

Offensichtlich erwarteten der Kurfürst und sein Geheimer Rat Paul v. Fuchs und der kurfürstliche Geheime Kammersekretär Heinrich Rüdiger v. Ilgen bei der Abfassung des Ediktes keine größeren juristischen Komplikationen mit den französischen Religionsflüchtlingen. Von einem Sonderstatus bzw. von Selbstverwaltung war im Edikt von Potsdam nicht die Rede, erst im Laufe der Zeit entwickelten sich parallel die französische Kirchengemeinde und die französische Kolonie als bürgerliches Gemeinwesen mit eigenständigem Charakter.

Wie erfolgte jedoch die verwaltungsmäßige Eingliederung der Réfugiés in den brandenburg-preußischen Staat? Für die eigentliche Ansiedlung in Brandenburg-Preußen wurde im Auftrage des Kurfürsten – unter der Leitung des Oberhofmarschalls J. E. v. Grumbkow als erstem „Chef de la Nation" – eine „französische Kommission" innerhalb des Generalkriegskommissariats gebildet, die als Aufsichts- und Kontrollorgan die Durchführung der Bestimmungen des Potsdamer Ediktes zu beaufsichtigen hatte.

Zwischen 1689 und 1704 entstand unter den jeweiligen Direktoren der „französischen Kommission", von den Hugenotten „Chef de la Nation" genannt, E. v. Spanheim, E. v. Danckelmann, C. v. Dohna, E. v. Brand und C. F. v. Bartholdy, die „Französische Kolonie" mit ihrer Sonderstellung in Brandenburg-Preußen. Gleichzeitig waren diese Direktoren Mitglieder im Geheimen Rat. Auf solche Weise war die „Französische Kolonie" in die deutsche Verwaltungshierarchie eingegliedert.

Ab 1700 führte E. v. Brand den Vorsitz in der „französischen Kommission" und in der „Commission Ecclésiastique". Er vertrat in Personalunion sowohl die kirchlichen Belange der französischen Gemeinden als auch die bürgerlichen Kolonieinteressen. Seit dieser Zeit wachte der jeweilige „Chef de la Nation" gewissermaßen als Kolonieminister über die episkopalen und landesherrlichen Rechte des Kurfürsten bzw. des Königs innerhalb der „Französischen Kolonie".

Die „Französische Kolonie" war nun nicht mehr nur eine Niederlassung französischer Siedler, sondern hatte ihren eigenen „staatsrechtlichen" Inhalt bekommen und sollte bis zur preußischen Städtereform (1809) ihr Eigenleben führen.

Die Réfugiés lebten, nachdem sie bei einem französischen Richter bzw. Oberrichter den Bürgereid bzw. den Untertaneneid geschworen hatten, als Untertanen des Kurfürsten bzw. später des Königs, nahmen aber eine gewisse Sonderstellung gegenüber den Deutschen ein, indem sie unter der Schirmherrschaft des Landesherrn – „Unter dem Schutze der Hohenzollern“, wie es an der Französischen Kirche, dem Französischen Dom zu Berlin heißt – eine innere kirchliche und juristische Selbstverwaltung aufbauen durften.

Außenpolitisch wurden die Réfugiés durch den brandenburgisch-preußischen Staat vertreten. Insofern war der Status der französischen Kolonien im begrenzten Umfange nur ein „Staat im Staate“, ein nach innen ausgebautes Gemeinwesen, das fast ganz vom Wohlwollen des Landesherrn abhängig war. Frankreich protestierte 1688 auf außenpolitischer Ebene gegen die brandenburgische Untertanenschaft der Réfugiés. Völkerrechtlich blieb die Frage offen. Spätere Erbschaftsprozesse von brandenburgischen Réfugié-Nachkömmlingen an Gerichtshöfen in Frankreich wurden auf „zivilrechtlicher“ Ebene geführt, wobei die staatsrechtliche Problematik immer wieder zur Diskussion stand.

Kaiser Napoleon I. bot später den Angehörigen der französischen Kolonien in Preußen – bei Rückkehr nach Frankreich – die sofortige französische Staatsbürgerschaft an, woraus sich das staatsrechtliche Interesse Frankreichs an den „preußischen Franzosen“ klar erkennen läßt.

Die merkwürdige rechtliche und verwaltungsmäßige Eingliederung der französischen Kolonien in das brandenburg-preußische Staatswesen ist nur als Ergebnis einer historischen Entwicklung zu verstehen. Dabei sind zwei Etappen zu unterscheiden:

1. Zwischen 1685 und 1690 erfolgte die Herausbildung einer eigenen Gerichtsbarkeit als Teil des Sonderstatus der französischen Kolonien.

2. Zwischen 1690 und 1720 erhielten die französischen Kolonien die entscheidenden juristischen Grundlagen für den Ausbau ihrer eigenen Gerichtsbarkeit und Selbstverwaltung. Nach 1720 gab es bis zur juristischen Auflösung der Kolonien im Jahre 1809 keine wesentlichen Veränderungen in der Rechtsprechung und Verwaltung der französischen Kolonien.

Wie entwickelte sich aber die französische Koloniegerichtsbarkeit in Brandenburg-Preußen? Laut Konzeption des Potsdamer Ediktes durfte der französische Schieds-Richter einer jeweiligen Kolonie im Güteverfahren die Streitigkeiten unter den Franzosen schlichten. In einer Randnotiz am Konzept kommentierte P. v. Fuchs deutlich, daß für ein ordentliches Prozeßverfahren nur der Gerichtsstand des deutschen Magistrats zuständig sei. „Der 10. articul disponiret, dass die streitigkeiten zwischen den Geflüchteten auss Frankreich von dem Erwehleten Richter in der güthe und ohne prozess hingeleget werden sollen: Solches ist guth an sich. wie wann aber die güthe nicht verfangen will, ob alssdann nicht auch der Magistratus ordinarius unà cum judice electo causa cognita ohne weitleuffigkeit sprechen soll, wie solches auff den Fall determiniret, wann zwischen Teutschen und Frantzosen streith entstanden.“

Recht bald traten Schwierigkeiten ein, und ordentliche Rechtsurteile mußten gefällt werden. Die Überleitung eines Güteverfahrens – vor dem französischen Schieds-Richter – zu einem ordentlichen Prozeß – vor einem deutschen Stadtgericht und dem französischen Schieds-Richter – gestaltete sich äußerst schwierig und verzögerte den Rechtsgang.

Schon 1687 bat der Rat und Richter Persode der Magdeburger Kolonie beim Kurfürsten um die Erlaubnis, unter Franzosen auch in erster Instanz in einem förmlichen Prozeß entscheiden zu dürfen, was in Berlin von den Magistraten zum Teil dem französischen Richter Joseph Ancillon stillschweigend überlassen wurde.[4–5] Dieses Begehren lehnte der Kurfürst ab, man verlangte aber strikt, daß ein gütlicher Vergleich in jedem Falle angestrebt werde, ehe ein Prozeß eröffnet werden konnte.

Zur Führung eines Prozesses sollte künftig ein richterliches Kollegium hinzugezogen werden, welches sich erstens aus dem französischen Schieds-Richter des Ortes, dem gleichzeitig die Rolle eines Dolmetschers und Sachkenners der französischen Rechtsprechung zufiel, zweitens aus dem zuständigen Kommissar als Vertreter der kurfürstlichen Interessen und drittens aus einem, die französische Sprache beherrschenden, deutschen Bürgermeister zusammensetzte.

Durch diese Anordnung verschob sich die Prozeßführung in erster Instanz zugunsten der Réfugiés, denn durch den französischen Schieds-Richter mit seiner überlegenen Sach- und Rechtskenntnis wurde die Einflußnahme des deutschen Magistrates beträchtlich eingeschränkt.

Durch kurfürstlichen Erlaß wurde am 23. Juni 1687 obengenanntes Richterkollegium für Zivil- und Kriminalgerichtsbarkeit in erster Instanz bestätigt. Damit war die Basis für die Entwicklung eines selbständigen Gerichtswesens in den französischen Kolonien Brandenburg-Preußens gelegt worden.

Am 17. August 1687 erhielt Joseph Ancillon, nachdem er am Vortage „2000 Taler an guten gültigen Curranten Dritten und zwey Dritteln Stücken“ an Depositengeldern gegen eine fünfprozentige Obligation eingezahlt hatte – also Ämterkauf wie in Frankreich –, seine Bestallung als Oberrichter aller französischen Kolonien in Brandenburg-Preußen. Er sollte zwischen den Richtern der einzelnen Kolonien und der „französischen Kommission“, der kurfürstlichen Aufsichtsbehörde, vermitteln und ebenso auch selbständige richterliche Funktionen ausüben. Er konnte gewissermaßen in zweiter Instanz ein neues Güteverfahren anstreben, wenn die erste richterliche Instanz, die nun als Untergericht, ihre Richter als Unter-Richter, bezeichnet wurde, keinen gütlichen Vergleich zustande gebracht hatte. Darüber hinaus war er befugt, ordentliche richterliche Urteile zu fällen bzw. die Akten an den Schöffenstuhl nach Brandenburg oder zur juristischen Fakultät der Universität Frankfurt/O. zur Urteilsfällung zu senden. Durch die Einschaltung der oberrichterlichen Instanz war eine Mehrgleisigkeit in der französischen Rechtsprechung entstanden. Nun wurde versucht, eine endgültige Regelung in der Prozeßführung zu treffen. Ezechiel von Spanheim,[6] als „Chef de la Nation", entwarf 1690 die wesentlichen Ideen einer zukünftigen Gerichtsordnung, die am 19. Juni 1690 in einer Sitzung des Geheimen Rates vom Kurfürsten angenommen wurde. Hierbei verschaffte man dem Personalitätsprinzip Geltung, nach dem im allgemeinen für alle Franzosen französische Gerichte zuständig waren, „wes Standes oder Condition dieselben auch seyn mögen, diejenigen ausgenommen, so ad Forum Militare oder Ecclésiasticum gehören".

Der Instanzenweg in Prozessen von französischen Kolonieangehörigen untereinander war nun folgender:

1. Güteverfahren vor dem Einzelrichter in der jeweiligen Kolonie.
2. Ordentliches Gerichtsverfahren vor einem französischen Untergerichtskollegium, wo ausschließlich französische Richter Recht sprachen.
3. Berufungsverfahren vor dem Obergerichtskollegium als ordentlicher Berufungsinstanz bei einem Streitwert über 6 Taler.

Der Geheime Rat des Kurfürsten befürchtete eine zu große Selbständigkeit der französischen Gerichte und ließ nach der deutschen Gerichtsverfassung noch die Möglichkeit offen, außerordentliche, kommissarische Gerichte anstelle des französischen Untergerichtes zuzulassen. Auch hier war eine Mehrgleisigkeit vorgesehen, welche streitsüchtige Prozeßparteien unter den Réfugiés auszunutzen verstanden, häufig kam es zur Verschleppung der Prozesse.

Im Jahre 1692 setzte ein Edikt die Verfahrensweise bei Revisionsentscheidungen am französischen Obergericht in Berlin fest. Als Grenze für eine Revisionsmöglichkeit bei Zivilprozessen wurde ein Streitwert von 100 Talern festgelegt, unterhalb dessen durfte keine Revision eingelegt werden. Ein Revisionsverfahren, als dritte Instanz der französischen Rechtsprechung, konnte – streng nach dem Revisionsrecht – von Richtern des Obergerichts durchgeführt werden oder durch – größenteils deutsche – „Kommissare ad hoc" ausgeübt werden, was als „außerordentliche Rechtsprechung" anzusehen war. Da aber die deutschen Kommissare häufig nur über eine ungenaue Kenntnis des französischen materiellen Rechtes verfügten, bestand die Notwendigkeit, die Appellationsinstanz vom Obergericht zu lösen. Hierfür bot ein historischer Zufall die Lösung. Als ab 1704 aus dem Fürstentum Orange auch jene Parlamentsräte, die dort als oberste Revisionsrichter fungierten, nach Brandenburg-Preußen einwanderten, entstand sofort der Plan, diese Parlamentsräte als ständige Kommissare mit der Revision der französischen Prozesse zu beauftragen.

Im Jahre 1709 wurde für die brandenburgisch-preußischen Gebiete Mörs, Lingen, Tecklenburg und für das ausstehende Erbe, das Fürstentum Orange, und nach 1713 noch für Geldern das „Tribunal d'Orange" als Appellationshof geschaffen. Dieses Tribunal war mit kurmärkischen und mit Orangeois-Räten besetzt und sprach Recht in französischer Sprache. Es war Teil der deutschen Rechtsprechung und da es sich bewährte, ordnete der preußische König Friedrich Wilhelm I. am 2. September 1715 für sämtliche französischen Kolonien an, daß das „Tribunal d'Orange" an Stelle der Revisionskommissare die Funktion als letzte Appellationsinstanz wahrzunehmen hätte. Das französische Obergericht war zusätzlich mit zwei Räten im „Tribunal d'Orange" vertreten.

Dem Kolonieminister mit dem 1718 geschaffenen Oberdirektorium (Grand directoire bzw. Conseil français) als oberster Verwaltungsbehörde unterstanden alle französischen Gerichtsbehörden. Häufig war der Kolonieminister zugleich preußischer Justizminister und ab 1747 Großkanzler, z. B. S. v. Cocceji, P. J. P. v. Jarriges, W. F. v. Dörnberg und J. L. v. Dorville, daneben fungierten sie aber auch noch als Räte oder Vorsitzende im Obergericht oder im Revisionsgericht.

Das „Tribunal d'Orange", ebenso das Ravensbergische Appellationsgericht, wurde jedoch schon 1716 mit dem preußischen Ober-Appellationsgericht zusammengeschlossen. Auf diese Weise eingegliedert in das deutsche Gerichtswesen, existierten das französische Obergericht und die Untergerichte bis 1809 bzw. 1812 in Brandenburg-Preußen.

Waren in den Jahren 1702 und 1719 die Rang- und Geschäftsordnungen festgelegt und die Abgrenzung von französischen zu den deutschen Gerichten geregelt worden, so entwickelten sich in der praktischen Rechtsprechung eine Reihe von Konfliktfeldern, z. B. schon dann, wenn sich Deutsche und Réfugiés in einem Prozeß gegenüber standen. Nicht nur sprachliche Barrieren waren zu überwinden – es wurden Dolmetscher am französischen Gericht angestellt –, sondern auch eine Fülle von juristischen Problemen mußte geklärt werden. Es entwickelte sich die Regel, daß der Kläger dem Gerichtsstand des Beklagten folgen mußte. Klagte ein Réfugié gegen einen Deutschen, wurde das Urteil an einem deutschen Gericht gefällt. Zumeist wurde also zu einem solchen Prozeß ein französischer Richter hinzugezogen, ab 1699 geschah dies regelmäßig.

Der französische Richter hatte nicht nur Recht zu sprechen, sondern er mußte auch noch Verwaltungsaufgaben im deutschen Rathaus wahrnehmen, um als Mittler und Dolmetscher zwischen französischem Gericht und deutschen Behörden zu fungieren. So z. B. war Bassetouche in der Dorotheenstadt (Berlin) Richter und zugleich Ratsmitglied, und N. Rambonnet und J. Fournol waren die ersten Bürgermeister in dieser Residenzstadt, in der sich viele Réfugiés niedergelassen hatten.

Trat im umgekehrten Fall ein Deutscher als Kläger vor ein französisches Gericht, wurde es aus sprachlichen Gründen, aber auch aus rechtlichen Überlegungen notwendig, einen deutschen Richter in das französische Obergericht zu kooptieren. Es war auch einem französischen Richter untersagt, einem Deutschen den Eid abzunehmen. So wurde schon am 9. Januar 1694 der aus der Altmark stammende Quartals-, Oberappellationsgerichts-, Kammergerichtsrat, Bürgermeister und Direktor des Stadtgerichts in Berlin, Rat im Geheimen Justizkollegium Bewert zum „Frantzösischen Oberjustizrat und Assessor" ernannt, der aber auch weiterhin die Interessen des Landesherrn am französischen Obergericht wahrnahm. Im Jahre 1712 waren von den acht Obergerichtsräten vier Deutsche, so daß man von einem gemischten Gericht sprechen kann.

Der deutsche Gerichtsrat J. W. Bewert und der französische Richter S. Delas hatten bei der Ausarbeitung der französischen Prozeßordnung einen großen Anteil. Die „Churfürstliche Brandenburgische Process-Ordnung – Wie bey allen von Seiner Churfürstlichen Durchl. in Dero Landen bestelleten Frantzösischen Gerichten procediret und verfahren werden soll" aus dem Jahre 1699 war neben dem Militärrecht das Recht, das in allen kurfürstlichen Landesteilen Brandenburg-Preußens für die Réfugiés Geltung hatte. Alle Urteile wurden im Namen des Landesherrn und nicht mehr im Namen des Gerichtes gesprochen.

Diese Prozeßordnung garantierte eine einheitliche Prozeßführung. Verschleppungen von Prozessen und damit entstehende Kosten wurden auf ein Mindestmaß reduziert. Französische Gerichte in dieser Zeit waren dafür bekannt, summarische, schnelle Urteile zu fällen, wobei die Gerichtskosten gering blieben. Entscheidend war, daß die Réfugiés nicht nur ihren eigenen Gerichtsstand besaßen, sondern auch ihr eigenes materielles Recht.

In die Zivilrechtsprechung, deren Grundlage die Prozeßordnung bildete, flossen die Gewohnheitsrechte (coutumes) verschiedener Regionen Frankreichs und auch das geschriebene römische Recht ein. In der Strafjustiz sollten sich jedoch – auf Anordnung des preußischen Königs (1719) – die französischen Gerichte nach dem „Code Louis XIV." (Ordonnance criminelle, 1670) richten. Diese Bestimmung wurde unter Friedrich II. 1742 so abgeändert, daß die französischen Richter in criminalibus nach der Prozeßordnung der deutschen Gerichte zu erkennen hätten, wobei dem „Inquisit" gestattet war, seine „Defension" nach dem „Code Louis XIV." einzubringen. Diese Defensionen pflegten wohlsituierte Réfugiés nach französischer Sitte unter dem Titel „Factum" drukken zu lassen. Die Schriften stellten in den französischen Kolonien die „chronique scandaleuse" dar.

Neben dem einheitlichen französischen Recht mußten jedoch auch gleichzeitig alle Verordnungen und Edikte des Kurfürsten bzw. des Königs, die die Kolonien betrafen, berücksichtigt werden. Schon 1691 wurde ein „Recueil des divers Édits" herausgegeben, welches später durch

1. Das Edikt von Nantes (13. April 1598) und sein Widerruf (17. Oktober 1685). Archives Nationales, Paris

2. Verfolgungen und Dragonnaden in Frankreich im 17. Jahrhundert. Aus: Elie Benoît, Histoire de l'Édit de Nantes (1695). Holländische Stiche (anonym) für ‚Le miroir des tourments exercés contre ceux de la Religion réformée en France'.

(rechts oben)

4. Frankfurter Unterstützungslisten für die Glaubensflüchtlinge. Stadtarchiv Frankfurt am Main

(rechts unten)

5. Stuckdecke von Samuel Höscheller im Großen Haus (ehem. Zunfthaus) in Schaffhausen mit dem Bild eines Mannes, bei dem es sich wahrscheinlich um einen Glaubensflüchtling handelt (1687). Foto: Archiv Foto Koch, Schaffhausen

3. Versammlung von Protestanten in der „Wüste". Stich von Bellotti, 18. Jahrhundert. Bibliothèque du Protestantisme, Paris

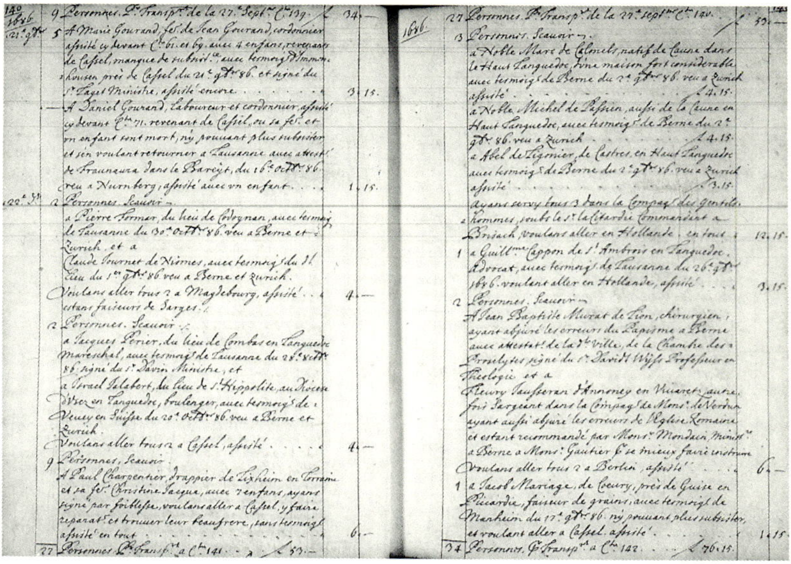

140 1686 9 Personnes. Pr Transpt de la 27e Septre Cte 139. £ 34.—
21e 9bre 5 A Marie Gourand, fe. de Jean Gourand, cordonnier assisté cy devant Cte 61. et 69. avec 4 enfans, revenans de Cassel, manque de subsistce, avec tesmoigs d'Immenhousen prés de Cassel du 21e 9bre 86. et signé du Sr Faget Ministre, assisté encore . . . . . . 3.15.
— A Daniel Gourand, laboureur et cordonnier, assisté cy devant Cte 71. revenant de Cassel, ou sa fe. et vn enfant sont mort, n'y pouuant plus subsister et s'en voulant retourner a Lausanne avec attestat. de Frauneaura dans le Bareyt, du 16e Octbre 86. veu a Nurnberg, assisté avec vn enfant . . . 1.15.
22e 9bre 2 Personnes. Scauoir —
a Pierre Formar, du lieu de Cordygnan, avec tesmoig. de Lausanne du 30e Octbre 86. veu a Berne et Zurich, et a
Claude Journet de Nismes, avec tesmoig. du dt lieu du 1er 9bre 86 veu a Berne et Zurich.
Voulans aller tous 2 a Magdebourg, assisté . . estans faiseurs de Sarges. 4.—
2 Personnes. Scauoir —
a Jacques Perier, du lieu de Combas en Languedoc mareschal, avec tesmoig. de Lausanne du 28e 8bre 86. signé du Sr Davin Ministre, et
a Israel Jalabert, du lieu de St Hippolite, au Diocese d'Vsez en Languedoc, boulanger, avec tesmoigs de Vevey en Suisse du 20e Octbre 86. veu a Berne et Zurich.
Voulans aller tous 2 a Cassel, assisté . . . . 4.—
9 Personnes, Scauoir
A Paul Charpentier, drappier de Lixheim en Lorraine et sa fe. Christine Jacque, avec 7 enfans, ayans signé par foiblesse, voulans aller a Cassel, y faire reparat. et trouuer leur beaufrere, sans tesmoigs assisté en tout . . . . 6.—
27 Personnes Pr Transpt a Cte 141 . . £ 53.—

1686. 27 Personnes. Pr Transpt de la 27e sept.re Cte 140. £ 53.—
13 Personnes. Scauoir —
a Noble Marc de Calmels, natif de Caune dans le Haut Languedoc, d'vne maison fort considerable avec tesmoigs de Berne du 2e 9bre 86. veu a Zurich assisté . . . . £ 4.15.
a Noble Michel de Passien, aussi de la Caune en Haut Languedoc, avec tesmoigs de Berne du 2e 9bre 86. veu a Zurich . . . . . . £ 4.15.
a Abel de Tigonier, de Castres, en Haut Languedoc avec tesmoigs de Berne du 2e 9bre 86. veu a Zurich assisté . . . . £ 3.15.
Ayans servy tous 3 dans la Compage des Gentilshommes, soubs le Sr la Citardie Commandant a Brisach, voulans aller en Hollande. en tout 12.15.
1 a Guillme Cappon de St Ambroix en Languedoc, Advocat, avec tesmoigs de Lausanne du 26e 9bre 1686. voulant aller en Hollande, assisté . . . 3.15.
2 Personnes. Scauoir —
A Jean Baptiste Murat de Lion, chirurgien, ayant abjuré les erreurs du Papisme a Berne avec attestat. de la dte Ville, de la Chambre des Proselytes, signé du Sr David Wyss Professeur en Theologie et a
Fleury Jausseran d'Annoney en Viuaretz autrefois Sargeant dans la Compage de Monsr de Verdun ayant aussi abjuré les erreurs de l'Eglise Romaine et estant recommandé par Monsr Mondain, Ministre a Berne a Monsr Gautier p se mieux faire instruire
Voulans aller tous 2 a Berlin, assisté . . . 6.—
1 a Jacob Mariage, de Coeury, prés de Guise en Picardie, faiseur de grains, avec tesmoigs de Manheim du 17e 9bre 86. n'y pouuant plus subsister, et voulant aller a Cassel. assisté . . . 1.15.
34 Personnes. Pr Transpt a Cte 142. . . £ 76.15.

6. Satirische Darstellung Ludwigs XIV. Kupferstich aus Holland, 1693. Bibliothèque Nationale, Paris

(rechts unten)

8. Deutsch- und Wallonisch-reformierte Kirche in Mannheim (spätere Konkordienkirche). Aus: Friedrich Walter, Mannheim in Vergangenheit und Gegenwart 1, Reprint der Ausg. von 1907 (Weidlich, Frankfurt)

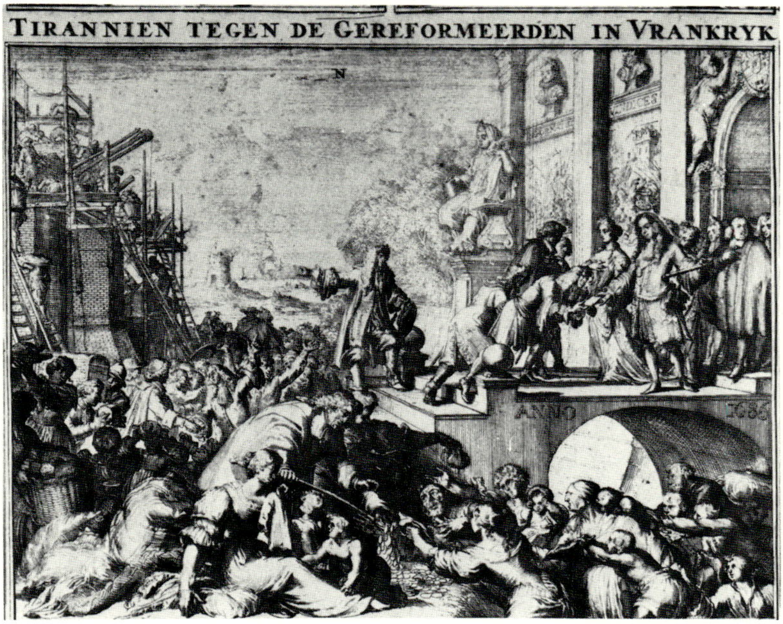

7. Wilhelm von Oranien, König von England, empfängt die Hugenotten. Aus: Elie Benoît, Histoire de l'Édit de Nantes (1695). Holländischer Stich (anonym) für ‚Le miroir des tourments exercés contre ceux de la Religion réformée en France'.

9. Der Kurfürst gibt die Erlaubnis zum Bau der Französischen Kirche in Berlin. Stich von Daniel Chodowiecki, aus: J.P. Erman/P. Chr. Fr. Reclam: Mémoires pour servir à l'histoire des réfugiés françois dans les États du Roi, Berlin 1782–1799

10. Französische Réfugiés im Leichenzug des Großen Kurfürsten am 12. September 1688. Aus: Ed. Muret, Geschichte der Französischen Kolonie in Brandenburg-Preußen, Berlin 1885

11. Die Französische Friedrichstadtkirche mit dem Französischen Dom am Gensdarmenmarkt in Berlin (um 1900), Gemälde von K. Musler, 1903/04. Reproduktion: Hugenottenmuseum, Berlin/DDR. Die Wiedergabe erfolgt mit Genehmigung des Consistoriums der Französischen Kirche zu Berlin, Berlin/DDR

12. Gruppenphoto während der 200-Jahrfeier 1899 zur Erinnerung an den Einzug der Hugenotten in Karlshafen an der Weser.
Archiv Jochen Desel, Hofgeismar

13. Buch der Schützengesellschaft Kelze von 1805. Archiv Jochen Desel, Hofgeismar

14. Kolonistenhäuser an der Hauptstraße in Todenhausen. Archiv Jochen Desel, Hofgeismar

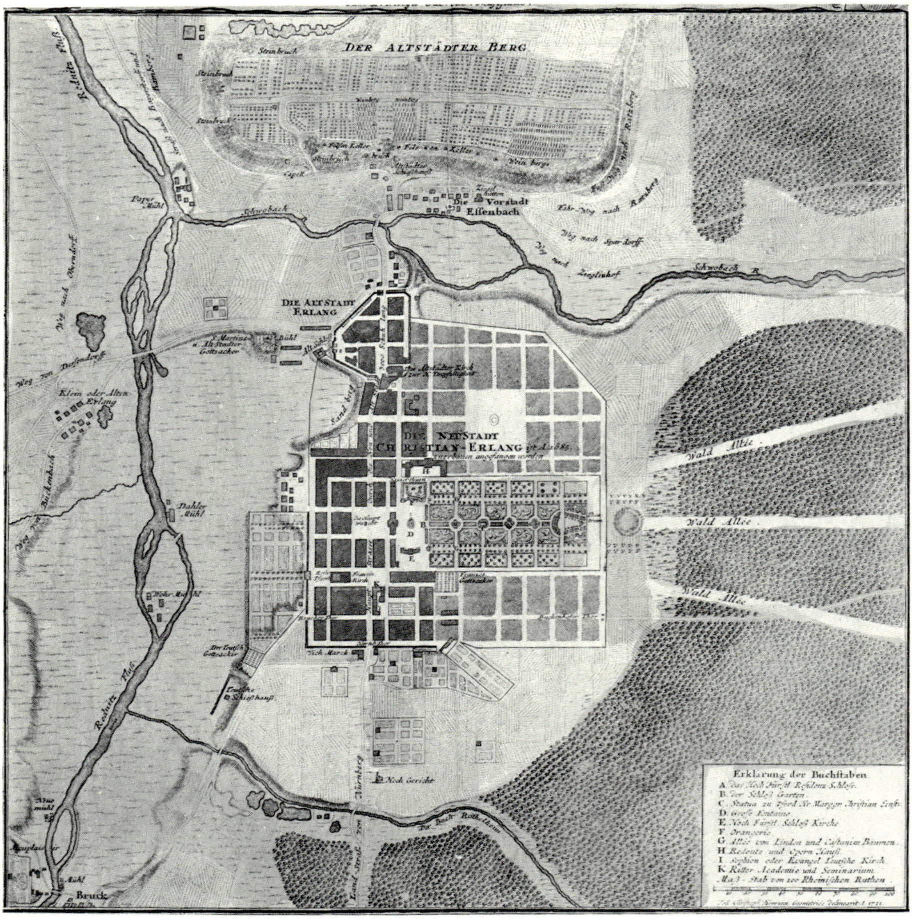

15. Situations- und Stadtplan von Erlangen (Altstadt und Christian Erlang). Kolorierter Kupferstich von Johann Baptist Homann, 1721. Universitätsbibliothek Erlangen

17. Magdeburg. Merian, Topographia Germaniae, 1653. Bayerische Staatsbibliothek München

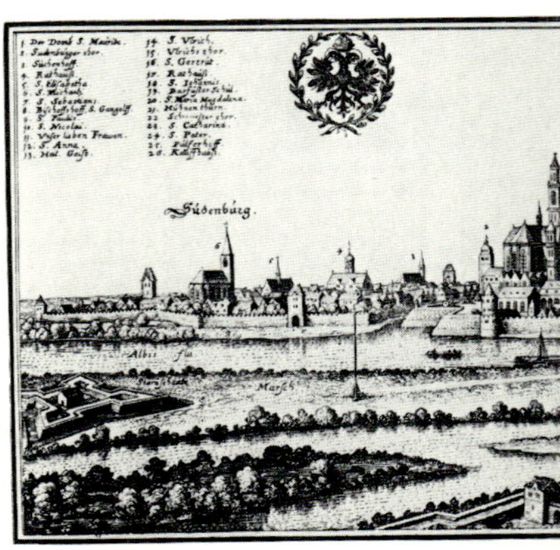

16. Zunftzeichen der Strumpfwirker für die Herberge der Strumpfwirkergesellen, 1719. Stadtmuseum Erlangen

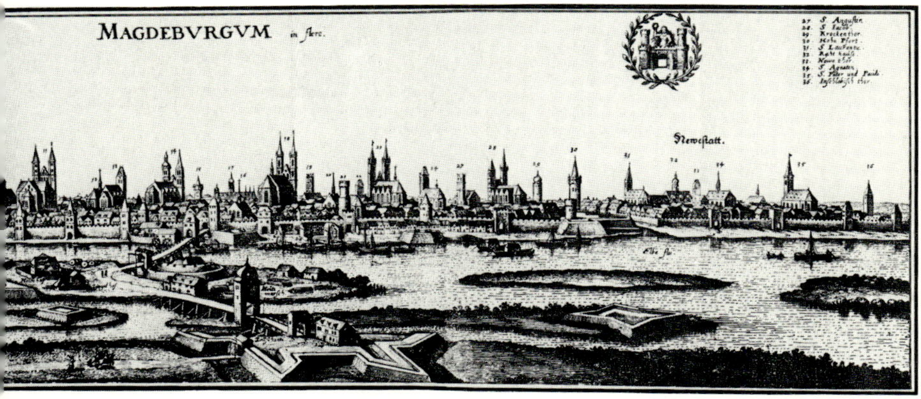

18. Dachziegel mit französischem Vaterunser, gefunden 1977 in Mariendorf. Foto: Klier, Grebenstein

19. Berliner Heiratsregister von 1896, das französisch beginnt und deutsch weitergeführt wird. Archiv der Französischen Kirche, Berlin/DDR

20. „Die Réfugiés vergießen ihr Blut für den Ruhm des neuen Vaterlandes“. Stich von Daniel Chodowiecki, aus: J. P. Erman/P. Chr. Fr. Reclam: Mémoires pour servir à l'histoire des réfugiés françois dans les États du Roi, Berlin 1782–1799

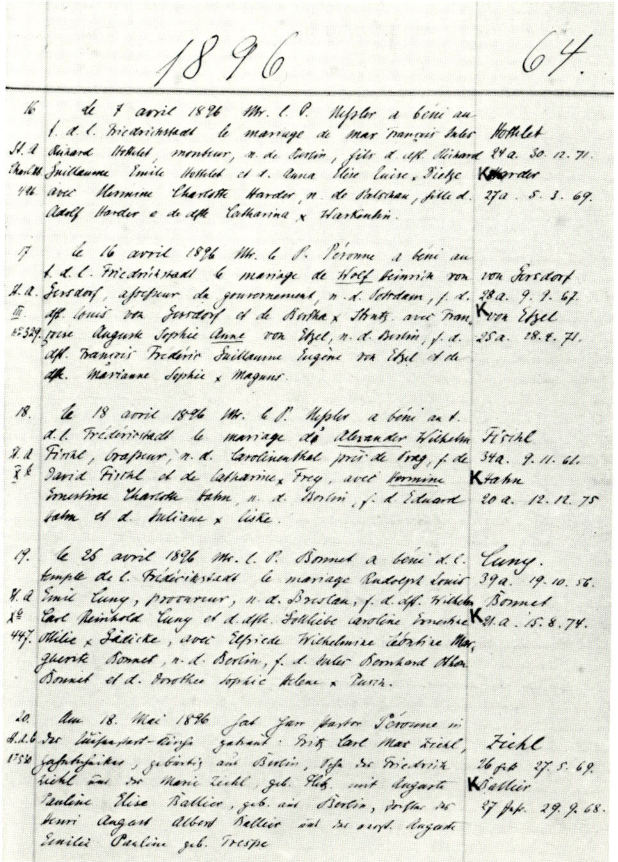

1896 64.

16 Le 7 avril 1896 Mr. C. P. Nessler a béni au t. d. l. Friedrichstadt le mariage de Max François Jules Hottelet
Richard Hottelet, monteur, n. de Berlin, fils d. dft. Richard 24 a. 30. 12. 71.
Guillaume Emile Hottelet et d. Anna Elise Luise x Dietze K Harder
avec Hermine Charlotte Harder, n. de Potsdam, fille d. 27 a. 5. 3. 69.
Adolf Harder e de dft. Catharina x Harkentin.

17 Le 16 avril 1896 Mr. C. P. Péronne a béni au t. d. l. Friedrichstadt le mariage de Wolf Heinrich von von Gersdorf
Gersdorf, assesseur du gouvernement, n. d. Potsdam, f. d. 28 a. 9. 7. 67.
dft. Louis von Gersdorf et de Bertha x Stratz avec Fran- K von Etzel
çoise Auguste Sophie Anne von Etzel, n. d. Berlin, f. d. 25 a. 28. 4. 71.
dft. François Frédéric Guillaume Eugène von Etzel et de dft. Marianne Sophie x Magnus.

18. Le 18 avril 1896 Mr. C. P. Nessler a béni au t. d. l. Friedrichstadt le mariage de Alexander Wilhelm Fischl
Fischl, graveur, n. d. Carolinenthal près de Prag, f. de 34 a. 9. 11. 61.
David Fischl et de Catharine x Frey, avec Hermine K Hahn
Ernestine Charlotte Hahn, n. d. Berlin, f. d. Eduard 20 a. 12. 12. 75
Hahn et d. Juliane x Liske.

19. Le 25 avril 1896 Mr. C. P. Bonnet a béni d. l. Luny.
temple de l. Friedrichstadt le mariage Rudolph Louis 39 a. 19. 10. 56.
Emil Luny, procureur, n. d. Breslau, f. d. dft. Wilhelm Bonnet
Carl Reinhold Luny et d. dft. Gottliebe Caroline Ernestine K 21 a. 15. 8. 74.
Ottilie x Lädicke, avec Elfriede Wilhelmine Léontine Marguerite Bonnet, n. d. Berlin, f. d. Jules Bernhard Othon Bonnet et d. Dorothee Sophie Helene x Pusch.

20. Am 18. Mai 1896 hat Herr Pastor Péronne in der Luisenstadt-Kirche getraut: Fritz Carl Max Ziehl, Ziehl
Gasthofpächter, gebürtig aus Berlin, Sohn des Friedrich 26 Jahr 27. 5. 69.
Ziehl und der Marie Ziehl, geb. Flek, mit Auguste K Ballier
Pauline Elise Ballier, geb. aus Berlin, Tochter des 27 Jahr 29. 9. 68.
Henri August Albert Ballier und der verst. Auguste Emilie Pauline geb. Trespe

21. „Die Réfugiés errichten Manufakturen in Brandenburg".
Links: Stich von Daniel Chodowiecki, aus: Erman/Reclam (s. 20.),
oben: Gemälde von Hugo Vogel, 1885

22. Ansicht von Karlshafen an der Weser. Kolorierte Zeichnung von Christian Besemann, 1792 (Niedersächsische Staats- und Universitätsbibliothek, Göttingen). Reproduktion: Hugenottenmuseum, Bad Karlshafen

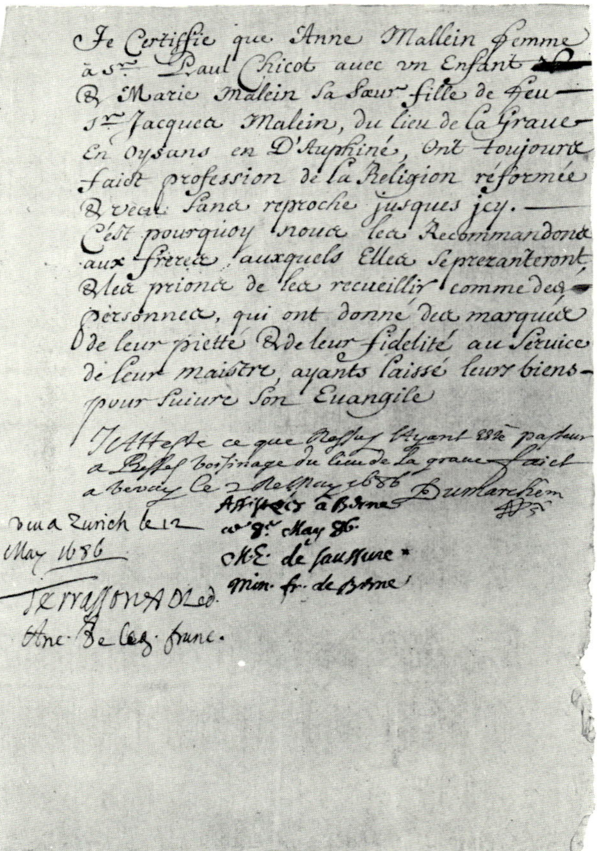

Je Certiffie que Anne Mallein femme
à sr. Paul Chicot auec vn Enfant
& Marie Malein sa Sœur fille de feu
sr. Jacques Malein, du lieu de la Graue
En Oysans en D'auphiné, Ont toujours
faict profession de la Religion réformée
& vecu sans reproche jusques jcy.
C'est pourquoy nous les Recommandons
aux freres, auxquels Elles se prezanteront,
& les prions de les recueillir comme des
personnes, qui ont donné des marques
de leur piette & de leur fidelité au Seruice
de leur maistre, ayants laissé leur biens
pour suiure son Euangile

J'Atteste ce que Dessus Ayant esté pasteur
a Besses voisinage du lieu de la graue faict
a Vevey le 2 de May 1686 Dumarchem

Assistés à Berne
ce 8e May 86.
M.E. de Saussure
min. fr. de Berne

veu a Zurich le 12
May 1686
Terrasson Ancien de l'eg. franc.

23. Paßähnliche Bescheinigung, die Glaubensflüchtlingen ihre reformierte Glaubenszugehörigkeit attestierte

Christian Otto Mylius erweitert und als gesonderte Gesetzessammlung, Teil VI, Anhang des Corpus Constitutionum Marchicarum, Berlin 1737–1753, für die französische Kolonie aufgelegt wurde. Die wichtigsten Gesetze, die beide „Nationen" angingen, wurden in deutscher und französischer Sprache gedruckt, wobei für die französischen Kolonien im allgemeinen der französische Text als authentisch galt.

Häufig hatten deutsche Richter nur eine ungenaue Kenntnis von den ungedruckten speziellen Rescripten des Landesherrn, welche nur die französischen Kolonien betrafen, so daß sich die Réfugiés, wenn sie vor einem deutschen Gericht standen, oft benachteiligt fühlten. Die Vielzahl von Prozessen, besonders zwischen Deutschen und Franzosen, läßt den Widerstreit zwischen den deutschen Rechtsnormen und den französischen Rechtsauffassungen in dieser Zeit erkennbar werden.

Die brandenburgische Kriminal- und Ziviljustiz des 17. und des beginnenden 18. Jahrhunderts litt unter dem Mangel einer einheitlichen Gesetzgebung und der Zersplitterung der Gerichtsobrigkeit ebenso wie unter der landesherrlichen Einmischung,[7] so daß eine gewisse Rechtsunsicherheit die Folge war, mit der auch die Réfugiés konfrontiert wurden. Deutlich wird jene Rechtsunsicherheit und daraus entstehende Ungerechtigkeiten in der Polizeiverordnung von Magdeburg vom Jahre 1688 im Kapitel 60 § 1 zum Ausdruck gebracht: „So giebet doch leider! die tägliche Erfahrung, daß viele von denen Obrigkeiten, oder ihre Gerichtsverwalter, sich in den Malefiz Sachen sehr hochmütig, unchristlich und unvernünfftig erweisen, und gar nicht gedencken, daß Gott auch zu derselben Zeit und Stunde, auch an dem Orte, wann und wo sie unrecht richten, ein gestrenger Richter sey, und über sie gleichermaßen, wie über andere richte, woraus dann gefolget, daß zum öfteren unschuldige Leute zur Hafft gebracht, in schwere Ketten und Banden geleget, unschuldig gepeinigt und verdammet werden ..."[8]

Die brandenburgisch-preußische Strafjustiz basierte auf der peinlichen Gerichtsordnung Karls V. aus dem Jahre 1532 (Constitutio criminalis Carolina) und wurde durch landesrechtliche Verordnungen (ostpreußische Landrechte, 1685 und 1721, brandenburgisch-preußische Kriminalordnung, 1717) ergänzt, wobei unter Friedrich Wilhelm I.[9] noch strafverschärfende Bestimmungen erlassen wurden.

Auffällig war eine eigenartige Verquickung von Polizeigewalt und Strafgesetzen, von Militär- und Zivilgerichtsbarkeit, von ordentlichen und summarischen Verfahren. Überall entschieden Zufall und Wille, oft nur die Laune der Justizobrigkeit; Bestechlichkeit und Korruption waren an der Tagesordnung und wohlhabende, geriebene Advokaten verschleppten endlos die Prozesse. So wurden z. Z. Friedrich Wilhelms I. (1713–1740) Duelle als Militärdelikt behandelt, auch wenn sie von Zivilpersonen begangen wurden, die unterlassene Anzeige einer außerehelichen Schwangerschaft konnte strafrechtlich verfolgt werden. Bestechlichkeit – oft hatte man Geld beim Richter deponiert und „vergessen", dieses abzuholen – sowie „Unregelmäßigkeiten" waren auch des öfteren französischen Richtern nachzuweisen. So war z.B. der Oberrichter Charles Ancillon in einen Skandal, die Abwerbung von brandenburgischen Réfugiés nach Sachsen-Weimar betreffend, verwickelt.

Ein ordentlicher Zivilprozeß an deutschen Gerichten erforderte zwölf Gerichtstermine und häufig wurden noch weitere Sonderverfahren (Exekutiv-, Mandats- und Arrestprozeß) eröffnet, so daß ein Réfugié sein Hab und Gut für immense Prozeßkosten ausgeben und oft verarmt über Nacht das Land verlassen mußte oder auf dem Armenetat der französisch-reformierten Gemeinde in Berlin erschien.

Erst unter dem preußischen König Friedrich II. traten veränderte Rechtsnormen in der preußischen Rechtsprechung in Kraft, u.a. wurde die Folter bei Inquisitionsverfahren eingeschränkt. Besonders bei testamentarischen Erbschaftsangelegenheiten waren beträchtliche Unterschiede zwischen deutscher und französischer Rechtsprechung vorhanden. Nach französischem Recht galt allein als Erbe der Intestaterbe.[10] Im Testament Eingesetzte waren nur Vermächtnisnehmer – selbst, wenn sie die gesamte Hinterlassenschaft erbten, waren sie nur Universallegatare. Nach deutschem gemeinem Recht konnte der Erblasser nach Gutdünken seine Erben einsetzen. Das französische testamentarische Erbrecht unterschied sich somit grundsätzlich von dem deutschen.

Zusätzlich gab es noch unterschiedliche Formen des französischen Testamentes, einmal das nach dem geschriebenen Gesetz abgefaßte (droit écrit), und zum zweiten das nach dem Gewohnheitsrecht (droit coutumier) verfertigte Testament. Formverstöße beim Abfassen solcher Testamente führten häufig zu Prozessen unter den Réfugiés, wobei vor 1699 die unterschiedlichen regionalen Gewohnheitsrechte besonders die Auseinandersetzungen schürten. In den meisten uns erhalten gebliebenen Prozeßakten in Erbangelegenheiten ging es hauptsächlich um solche Angelegenheiten wie z.B. Zuständigkeit des Gerichtsstandes, Formfehler usw.

Besonders ausgeprägt waren in Berlin die rechtlichen Kompetenzstreitigkeiten zwischen der französischen Kolonie, den Magistraten, der Hausvogtei, dem Amt Mühlenhoff und der Militärgerichtsbarkeit. Wenn die Réfugiés als Eximierte in der Stadt Berlin galten und hinsichtlich ihrer Person und ihres Grundbesitzes unter die französische Gerichtsbarkeit fielen, so war dies nur ein Grundsatz mit vielen Ausnahmen.

Eine dieser Ausnahmen war die geistliche Gerichtsbarkeit. Das französische Oberkonsistorium, welches paritätisch aus Geistlichen und Juristen bestand, fungierte als Kirchentribunal für alle kirchlichen und geistlichen Belange auf der Basis der „Confession de foi", der „Discipline écclésiastique" und auf den daraus abgeleiteten „Reglements für das Consistorium der französischen Kirche". Alle Pfarrer und kirchlichen Mitarbeiter waren diesem Tribunal unterworfen. Familienrechtliche Fragen wurden weitestgehend auf der Grundlage der Kirchenzuchtordnung geregelt. Die eigentliche Scheidung jedoch und die sich daraus ergebenden Zivilprozesse (Alimente, Vormundschaft) wurden von den französischen Gerichten, bei Adligen von der Hausvogtei, vom Kammergericht bzw. vom Militärgericht entschieden.

Die *zweite* Ausnahme bildete die Militärgerichtsbarkeit, der alle aktiv dienenden refugierten Soldaten und Offiziere unterstanden. Je nach militärischem Rang waren entweder der Regimentskommandeur, der Gouverneur bzw. der Kommandant der Festung Berlin oder das Generalauditoriat zuständig.

Verabschiedete und pensionierte französische Soldaten und Offiziere wurden der normalen französischen Koloniegerichtsbarkeit unterstellt, was aber häufig gerade von den Offizieren abgelehnt wurde. Ab 1729 gestattete Friedrich Wilhelm I. die Teilnahme von französischen Richtern auch bei Militärprozessen.

Zum *dritten* waren Hofbeamte und Hofbedienstete ausgenommen von der Rechtsprechung der französischen Kolonie, sie unterstanden der Hausvogtei-Gerichtsbarkeit bzw. ab 1718 dem Hofgericht. – In diesem Zusammenhang sei auf die rechtliche Ausnahmestellung der Réfugiés im „Freihäuserbereich" hingewiesen. Diese zumeist bürgerlichen Réfugiés des sogenannten „Freihäuserbereiches", die schon seit 1672 und in den darauffolgenden Jahren nach Berlin kamen und dort ansässig wurden, stellte man 1689 vor die Wahl, entweder – wie bisher – die Privilegien und die Gerichtsbarkeit der Burg- und Hausvogtei in Anspruch zu nehmen, oder aber sich der französischen Gerichtsbarkeit der nach 1685 eingewanderten Réfugiés zu unterwerfen. Sie appellierten an den Kurfürsten, daß sie sich an das von ihm gegebene Versprechen halten würden und unter der Gerichtsbarkeit des Hofes verbleiben wollten. Sie gingen soweit, den Wunsch zu äußern, als Deutsche betrachtet und danach behandelt zu werden. Aber in diesem Falle gerieten die kurfürstlichen Zusicherungen in Konflikt mit dem Artikel 13 des Potsdamer Edikts, in dem ausdrücklich festgelegt wurde, daß alle Bestimmungen, mit rückwirkender Kraft, auch für die Réfugiés, die bereits vor 1685 in Berlin eingewandert waren, gelten sollten. Hinsichtlich der Zuständigkeit bestimmter Häuser im „Freihäuserbereich" führte das französische Gericht über achtzig Jahre lang Prozesse sowohl mit der Hausvogtei, mit dem Amt Mühlenhoff als auch mit dem Magistrat.

Refugierte Hoflieferanten und privilegierte Manufakturisten versuchten des öfteren, sich der französischen Gerichtsbarkeit zu entziehen, um sich unter die Hof- oder deutsche Stadtgerichtsbarkeit zu stellen. Erst

1794, als die französischen Kolonien sich schon in der Auflösung befanden, wurde definitiv vom zuständigen Ministerium beschlossen, daß es keinem Kolonisten freistehen sollte, sich der französischen Koloniegerichtsbarkeit zu entziehen, sie konnten sich jedoch nach einem Edikt vom Jahre 1772 innerhalb von drei Monaten – das betraf neue Einwanderer – ihren Gerichtsstand wählen (Wahlbürgerrecht). Durch das Wahlbürgerrecht konnten auch Deutsche, Pfälzer und Schweizer der französischen Kolonie beitreten.

Zu einem besonderen Mißstand wurde der doppelte oder sogar mehrfache Gerichtsstand der meisten Kolonisten zu dieser Zeit. Im 18. Jahrhundert unterstanden refugierte Hofbeamte dem Hofgericht, ihr Besitz aber, wenn er sich im Stadtbereich (Berlin) befand, unterlag der französischen Koloniegerichtsbarkeit, befand sich der Besitz außerhalb der Stadt, war der Möllenvogt zuständig. Gerichtsstand von französischen Kaufleuten und Handwerkern – hinsichtlich ihres Besitzes und ihrer Person – war das französische Gericht, in Zunft- und Gildenangelegenheiten unterstanden sie zumeist den deutschen Gerichten.

Wie kurios die wechselnden Zuständigkeiten in das Leben eines einfachen Porzellanmalers eingreifen konnten, zeigt folgendes Beispiel. Dieser unterstand in der Berliner Porzellanmanufaktur in „arbeitsrechtlichen" Fragen dem Porzellanmanufakturgericht, als Person mit seinem Besitz in der Regel der französischen Gerichtsbarkeit, bei Verrat von „Betriebsgeheimnissen" war er dem Manufakturgericht unterstellt oder – in schweren Fällen – der Strafjustiz des Hofes unterworfen. Durch Heirat mit einer deutschen Frau, die ein Haus in die Ehe brachte, war er hinsichtlich dieses Besitzes der deutschen Magistratsgerichtsbarkeit unterstellt. Bei moralischen Verstößen konnte er zudem noch vom französischen Consistorium, der geistlichen Gerichtsbarkeit, mit Kirchenstrafen belegt werden.

Der Wirrwarr von rechtlichen Zuständigkeiten und Kompetenzen, das persönliche Einspruchsrecht des Königs bei juristischen Entscheidungen, die für den einfachen Bürger unverständliche Gesetzgebung und die Undurchsichtigkeit der Instanzenwege, offenbarten die Misere der Rechtsprechung im feudalen absolutistischen preußischen Staat des 18. Jahrhunderts.

Da die richterliche Funktion von Verwaltungsfunktionen nicht getrennt war, entwickelten sich besonders Gehorsam, Unterwürfigkeit und Bürokratismus; beim einfachen Bürger breitete sich ein Gefühl der Ohnmacht gegenüber der Verwaltung aus. Die französische Kolonie wurde im Verlaufe des 18. Jahrhunderts in mancher Hinsicht zu einem Abbild des preußischen Staates.

Eingewanderte französische Adlige nahmen ebenso wie bürgerliche Juristen bald leitende Stellungen in den französischen Kolonien ein. Sie wurden als Hof- bzw. als Verwaltungsbeamte, als spezielle Kommissare (Fabrikinspektoren) oder als Direktoren der einzelnen Kolonien eingesetzt. Die Juristen waren Beamte auf Lebenszeit. So übte z. B. der französische Oberrichter Charles Ancillon die Tätigkeit als Richter, Bürgermeister und Polizeipräsident der Berliner Kolonie aus und war für die inneren Angelegenheiten aller brandenburgisch-preußischen Kolonien zuständig. Er zeichnete u. a. verantwortlich für die Registrierung aller französischen Kolonieangehörigen („Kolonielisten"), die ab 1697 erfolgte. Nach Ablauf der abgabefreien Zeit (15 Jahre) – mit Ausnahme der Verbrauchssteuer (Akzise), der die Kolonisten immer schon unterworfen waren – war er bzw. sein richterlicher Sachverwalter beauftragt, die Belastungen wie Wachdienst, Wassergeld, Kopfsteuer, Dienstgeld usw. auf die Kolonieangehörigen zu verteilen. Er mußte dem Oberdirektorium bzw. dem Kolonieminister über den wirtschaftlichen und demographischen Zustand der Kolonien Rechenschaft ablegen.

In den größeren Kolonien wie Berlin, Magdeburg, Halle und Frankfurt/O. u. a. waren Untergerichts-Kollegien vorhanden, in den kleineren städtischen Ansiedlungen wie Stendal, Burg, Oranienburg u. a. gab es hingegen zumeist nur einen Schieds-Richter bzw. den Direktor der Kolonie, der bei Streitfällen vermitteln mußte. Die den Vorsitz führenden französischen Richter waren zumeist Doktoren der Rechte, ihre Beisitzer und Sachverwalter dagegen häufig Kaufleute oder Handwerker. Es wurden aber auch Spezialisten zu Prozessen herangezogen, z. B. französische Kommerzienräte in Handelsfragen, Fabrikinspektoren der französischen Kolonie bei Manufaktur- und Zunftangelegenheiten, der Fiskal bei allen möglichen Zivilprozessen als besonderer Interessenvertreter des preußischen Hofes, für die „inspectio vulnerum", die Gesundheitsaufsicht, wurde ein festbesoldeter, Bericht erstattender Chirurg angestellt.[11]

Die Gehälterzahlung für die französischen Richter erfolgte über den „Französischen Etat" des brandenburgisch-preußischen Staates, dabei erhielten die Berliner Unterrichter bedeutend mehr Gehalt – zwischen 100 bis 250 Taler jährlich – als die Richter in den kleineren Städten (zwischen 40 bis 120 Taler pro Jahr).

Die Mitglieder des Obergerichtes in Berlin bekamen, da sie oft Hof- oder Justizräte waren, ein Jahresgehalt zwischen 200 bis 500 Talern für ihre Richtertätigkeit. Beisitzer, juristische Sachverwalter und Gerichtsdiener erhielten nur ein Gehalt von 20 bis 40 Talern im Jahr – erbärmlich, wenn man bedenkt, daß ca. 150 Taler pro Jahr in der Mitte des 18. Jahrhunderts für den Lebensunterhalt einer fünfköpfigen Familie notwendig waren. Nebenverdienste, sei es in einem anderen Beruf, sei es durch Bestechungen, waren die Regel.

Eine andere Möglichkeit, zusätzliche Einkünfte zu erhalten, war die

Besetzung mehrerer Richterstellen, so hielten Magdeburger Richter häufig in Calbe, Halberstadt und Burg, falls Richterstellen in diesen Orten vakant waren, die Gerichtstage ab. Ämterhäufung war allgemein an der Tagesordnung. In Berlin „regierten" ca. zwanzig Familien im Verlaufe des 18. Jahrhunderts die Geschicke der französischen Kolonie, und übten Kontrollfunktionen in höheren Koloniebehörden (Oberdirektorium, Oberkonsistorium) aus.

Diese zwanzig Familien, unter ihnen die Gaultiers, Ancillons, Feriets, le Coqs, Ermans und Humberts, stellten eine Oberschicht in dem bürgerlichen Refuge dar. P. Humbert erhielt z. B. im Jahre 1809 – also im Jahre der Auflösung der französischen Kolonie und damit der Gerichte und bürgerlichen Verwaltungen – als Direktor des Oberdirektoriums 300 Taler, als Oberkonsistorialrat 150 Taler, als Revisionstribunalrat 400 Taler und als Mitverwalter der Kasse des „Sol pour livre" 100 Taler – verfügte also in summa über 950 Taler Jahreseinkommen.[12]

Diese Führungsschicht in der französischen Kolonie zeichnete sich durch elitäres Verhalten aus, war in sich geschlossen, königstreu und konservativ, durch Heirat miteinander verwandt und verschwägert und setzte sich stets für die Erhaltung des Sonderstatus der Kolonie ein.

Insgesamt unterstanden maximal 18 800 Réfugiés (1732) – ohne Adel und Militärs – den französischen Koloniegerichten in Brandenburg-Preußen, davon allein in Berlin 8900 (15% der Berliner Bevölkerung), worin sich die dominierende Rolle der Berliner Kolonie im brandenburgisch-preußischen Refuge widerspiegelt. In den Landgemeinden befanden sich bestenfalls 10% (1700) der Réfugiés, wobei eine Abwanderung in die Städte und besonders nach Berlin zu registrieren war.

Äußerst schwierig gestaltete sich die französisch-refugierte Rechtsprechung und Verwaltung auf dem Lande. Die Ansiedlung von französischen, schweizerischen und wallonisch-pfälzischen Bauern in den Amtsdörfern der Uckermark und in der Grafschaft Ruppin als freie Bauern und Kossäten stellte einen gewaltigen Einbruch in das feudale Staatsgefüge Brandenburg-Preußens dar. Gerade sie hätten eines besonderen Rechtsschutzes bedurft, um ihre Rechte als freie, also nicht dem Frondienst und der Leibeigenschaft unterworfene Bauern besser verteidigen zu können. Sie erhielten jedoch keine örtlich angesiedelten französischen Gerichte, sondern unterstanden verwaltungsmäßig unmittelbar der französischen Kommission (1686) bzw. später dem französischen Kommissariat (1708) und Oberdirektorium (1718) sowie einem richterlichen Landinspektor, der aber in Berlin ansässig war. Im Laufe des 18. Jahrhunderts nahm der Richter in Prenzlau diese Funktion für oben genannte Landgemeinden wahr. Die Rechtsprechung wurde zumeist kommissarisch erledigt.

Die Folge davon war, daß es zu Übergriffen der deutschen Patrimonialgerichtsbarkeit und des jeweiligen Amtshauptmannes in den Landgemeinden kam, daß die französischen Siedler zu frondienstähnlichen Leistungen gezwungen wurden, Äcker und Wiesen verloren und ihrer Hütungsrechte verlustig gingen.

Es kam zu Abwanderungen aus den ländlichen Siedlungen; so wanderten aus der Uckermark unter der Herrschaft Friedrich Wilhelms I. Kolonisten nach Ostpreußen ab oder entzogen sich massenweise durch Flucht nach Dänemark diesen Repressalien.

Bevor sich verarmte und wirtschaftlich ruinierte Bauern auf dem Lande und Handwerker in den Städten dieses letzten Mittels bedienten, beschritten sie oft noch den außerordentlichen Gerichtsweg über Bittschriften und Beschwerden, mit denen sie sich direkt an den Kurfürsten bzw. an den König wandten.

Aus den Beschwerdeschriften der französischen Kolonisten des 18. Jahrhunderts und insbesondere aus der Generalbeschwerdeschrift des Oberdirektoriums der französischen Kolonie (1740) wird, trotz aller Bestätigungen der Privilegien der Réfugiés durch die preußischen Könige, deutlich, daß hinsichtlich der Gewährung der Freijahre, der ungehinderten Ausübung der französischen Polizei und Gerichtsbarkeit, des freien Zugangs zu den deutschen Zünften und freien Abzugs (Befreiung von Abschoßgeldern) die königlichen Zusicherungen häufig nicht eingehalten wurden.[13] Der Ärger des preußischen Königs Friedrich Wilhelm I. über Beschwerden und Bittschriften, die er als lästiges Querulieren abtat, machte sich besonders drastisch in einem Edikt vom 15. November 1739 Luft, in welchem er gewissen „Supplicanten" den Strang und einen Hund zur Gesellschaft am Galgen androhte.

Der Strafvollzug unterstand fast ausschließlich den brandenburgisch-preußischen Behörden. Die Berliner Kolonie besaß nur ein kleines Untersuchungsgefängnis, so daß das städtische Gefängnis, der Kahlands-Hof, für die französischen Untersuchungshäftlinge und Verurteilten genutzt wurde. Bankrottierten Kaufleuten – oft mußten bei Flucht die Ehefrauen oder bei Tod die Witwen büßen – und Lehrlingen, die ihr notariell abgeschlossenes Lehrverhältnis verletzten, drohte Festungshaft mit der Strafe, die „Karre zu schieben". Diese Festungshaft wurde vorwiegend in Spandau, der Bastille der Mark Brandenburg, abgeleistet, wobei die Frauen und Kinder in das dortige Spinnhaus eingeliefert wurden. Unter Friedrich II. von Preußen diente in Berlin auch für die Franzosen das Arbeitshaus „Ochsenkopf", das später am Alexanderplatz in Berlin eingerichtet wurde, als berüchtigte Zucht- und Strafanstalt.

Bemerkenswert ist die Prävention vor kriminellen Vergehen durch die französische Gemeinde mit ihrem ausgeprägten Armenwesen. Die „École de charité", das Waisenhaus und besonders das Kinderhospital waren Institutionen, in denen auch verwahrloste, kriminell gefährdete Kinder und Jugendliche Obdach fanden, um so einem geregelten Leben zugeführt zu werden.

Die französische Rechtsprechung in Brandenburg-Preußen war, der Zeit entsprechend, auf der Grundlage der feudalen absolutistischen Klassengesellschaft aufgebaut, was sich in Prozessen zwischen Adligen und „gemeinen" Bürgern (z.B. der Fall des Major D. Dollé gegen den Manufakturbesitzer T.P. Valentin in Magdeburg) und z.B. bei den Ehescheidungen des Adligen J.L. Varennes und des Gesandten P. Falaiseau deutlich niederschlug.

Die Einhaltung der Gesinde-, Kleider- sowie Domestikenordnung spricht eine deutliche Sprache und selbst in der französischen Kirche setzte sich diese hierarchische Rangordnung und gesellschaftliche Schichtung fort. Die teuren Logenplätze nahmen Adlige, Militärs und hohe Beamte mit ihren Ehefrauen ein, dahinter saßen kirchliche „Zivil-offiziere", einflußreiche Kaufleute und Manufakturbesitzer auf den Kirchenbänken und dann folgte das Gros der kleinen Handwerker, Hausangestellten und Witwen; bei den bürgerlichen Kolonisten gab es jedoch eine getrennte Sitzordnung zwischen Männern und Frauen in der Kirche.

Rückblickend läßt sich feststellen, daß mit der Einführung der französischen Prozeßordnung ein erster Schritt zur Vereinheitlichung der Rechtsprechung in Brandenburg-Preußen getan wurde. Da auch die Réfugiés in Berlin das Wechselrecht einführten, beeinflußten sie die gesamte Wechselgesetzgebung nachhaltig. Die französische Koloniegerichtsbarkeit wurde in bestimmtem Umfange Vorbild für die preußischen Justizreformen der vierziger Jahre des 18. Jahrhunderts unter S. v. Cocceji und für die Ausarbeitung des Allgemeinen Preußischen Landrechtes unter J.H.C. v. Carmer und K.G. Suarez Ende des 18. Jahrhunderts. (Abb. 10)

Eckart Birnstiel

Die Hugenotten in Berlin: Eine Gemeinde auf der Suche nach ihrer Kirche

Alt-Landsberg, Kreis Niederbarnim, knapp dreißig Kilometer ostwärts von Berlin:[1] Wer im späten 17. Jahrhundert mit der Kutsche in die Bäder von Freienwalde reiste, machte hier Station. Die Stadt hatte seinerzeit einen Gasthof, der zugleich Postamt und Schmiede war, und sie beherbergte in ihren festen Mauern ein Rathaus, ein Hospital samt Apotheke, ein Armen- und Waisenhaus, mehrere Mühlen und Schnapsbrennereien und die lutherische Stadtkirche, einen schlichten Feldsteinbau aus dem späten Mittelalter, um den sich etwa hundert Bürgerhäuser gruppierten.

Vor der Stadt, auf der Amtsfreiheit, erhob sich neben dem Schloß der Grafen Schwerin die reformierte Kirche. Graf Otto – kurfürstlicher Oberpräsident und seit 1654 Herr zu Alt-Landsberg – hatte ihren Grundstein gelegt und aus seinen Mitteln einen Prediger bestellt. Der barocke Neubau war eine Attraktion. Schon 1670 fanden sich dort an die neunzig Gläubige zum Abendmahl ein, darunter eine geschlossene Gruppe von zwölf Franzosen reformierten Bekenntnisses. Im Jahr darauf verzeichnet das Kirchenregister zu Ostern und zu Pfingsten die Anwesenheit von vierzehn Franzosen, und im September waren es bereits achtzehn.

Wie und wann diese Franzosen in die Stadt gekommen sind, konnten schon die Berliner Pastoren Erman und Reclam nicht mehr eindeutig klären. Sie berichten in ihrer Jubiläumsschrift zur Hundertjahrfeier des Aufnahmeedikts von Potsdam,[2] der Sohn des Grafen Schwerin habe möglicherweise während einer diplomatischen Mission in Versailles sieben oder acht französische Familien der dort als R. P. R. verunglimpften reformierten Glaubensgemeinschaft[3] zur Umsiedlung auf die Ländereien seines Vaters angeworben und ihre Reisekosten aus seiner Privatschatulle beglichen. Diese erste geschlossene Hugenottenkolonie auf brandenburgischem Boden – die Niederlassung der Franzosen befand sich vermutlich auf dem platten Land vor dem Bernauer Tor von Alt-Landsberg – sei jedoch bald wieder eingegangen, da sich die deutschen Nachbarn nicht für Geld und gute Worte dazu herabgelassen hätten, den Fremdlingen mit Lebensmitteln und Hilfeleistungen unter die Arme zu greifen. Schließlich – so die Kolportage eines Zeitgenossen – wären die Neuankömmlinge auf die zweifelhafte Idee verfallen, ihren Unterhalt durch

Mundraub zu bestreiten, was einerseits ihrer Beliebtheit nicht eben förderlich gewesen sei, andererseits jedoch den Grafen Otto endlich dazu bewogen habe, ihnen den Abzug an einen Ort ihrer Wahl freizustellen.[4]

Wie auch immer: die letzte Erwähnung der Franzosen in den Registern der reformierten Schloßkirche zu Alt-Landsberg findet sich in einer Notiz zum Weihnachtsabendmahl des Jahres 1671. Und wenige Monate später, im Frühling, tauchten einige der dort namentlich genannten Familien in Berlin auf.

In der Hauptstadt existierte schon seit den sechziger Jahren eine kleine Franzosenkolonie, Hofbedienstete und -lieferanten des Kurfürsten, aber auch eine Reihe angesehener Militärs.[5] Die Calvinisten unter ihnen nahmen am Gottesdienst der reformierten deutschen Domgemeinde teil. Nun allerdings, nach dem Zuzug der Hugenotten aus Alt-Landsberg, die weder zum Hof noch zum Heer gehörten, entstand der Wunsch nach einer eigenen französisch-reformierten Kirche, nach Predigten in französischer Sprache und einer Liturgie, wie sie die Franzosen im brandenburgischen Exil aus ihrer Heimat gewohnt waren. Dieses verständliche Begehren fand schnell einen einflußreichen Fürsprecher bei Hofe: Louis de Beauveau, comte d'Espence, Generalleutnant und Oberstallmeister des Kurfürsten, ein Provinzadliger aus dem Anjou, der Frankreich 1668 verlassen hatte und über Holland nach Berlin gekommen war.

Im Sommer 1672 ging der Wunsch der Berliner Hugenotten in Erfüllung. Sie erhielten die Erlaubnis, eine eigenständige Kirchengemeinde zu bilden. Der erste Eintrag im *Regître des Actes consistoriaux de l'Église françoise reformée de Berlin*[6] lautet in freier Übersetzung:

„Am 10. Juni 1672 hat der hohe, mächtige und erhabene Kurfürst Friedrich Wilhelm von Brandenburg durch göttliche Vorsehung den frommen und mildtätigen Entschluß gefaßt, in der Stadt Berlin eine französische Kirche zu stiften. Mit der Amtsführung des Pastors hat er Herrn Fornerod betraut, und zwar auf Betreiben des frommen und erlauchten Herrn von Beauveau, Graf von Espence, der sich diesem Werke Gottes in Umsicht und Nächstenliebe freimütig gewidmet hat, und der es sich nicht nehmen lassen wollte, den Grundstein zu diesem geistlichen Gebäude zu legen."[7]

Dem geistlichen Gebäude fehlte indes noch eine angemessene weltliche Fassade. Die junge Gemeinde traf sich zum Gottesdienst bei Baron Pöllnitz, einem Stabsoffizier des Grafen Espence, dessen Wohnung in der Breiten Straße über dem kurfürstlichen Marstall lag.[8] Und so weitläufig man sich diese Wohnung auch vorstellen mag: mehr als hundert Personen wird sie kaum gefaßt haben.

Aber diese Unterbringung war ja ohnehin nur ein Provisorium. Schon im Juli 1672 bekamen die Franzosen einen Versammlungsraum *[une chambre]* in der zweiten Etage der Stallungen zugewiesen. Hier richteten sie sich auf Dauer ein. Sie ließen für ihr neues Gemeindezentrum ein Predigerpult und Sitzbänke zimmern, deren Bezahlung aus der internen Armenkasse erfolgte. Die ersten Täuflinge wurden eingesegnet, Aufgebote verlesen. Nach anderthalb Jahren, im Januar 1674, zog man jedoch wieder ein Stockwerk tiefer und baute die Räumlichkeiten des jüngst verstorbenen Baron Pöllnitz zum Gottesdienstsaal *[salle des exercices]* aus. Dort reichte der kurfürstliche Hofprediger Bergius den Franzosen am ersten Septembersonntag des Jahres 1680 das Abendmahl *en françois,* um dann anschließend in der Domkirche im Beisein der deutsch-reformierten Gemeinde und ihrer Geistlichen Schmettau und Ursinus die feierliche Amtseinführung des neuen Pastors Jacques Abbadie *en allemand* vorzunehmen.[9] David Fornerod, der erste Prediger der Berliner Hugenotten, verließ die Stadt ein Dreivierteljahr später und übernahm eine Theologieprofessur in Lausanne.

Inzwischen hatte die französische Gemeinde von allen Seiten Zulauf bekommen. Der Saal am Stallplatz wurde zu eng. Und wieder war es der Graf Espence, der für großzügige Abhilfe sorgte: in Übereinstimmung mit dem Staatsminister Paul von Fuchs bat er den Kurfürsten, den Franzosen die Schloßkapelle zur Mitbenutzung zu überlassen. Am Sonntag, dem 9. April 1682, fand hier der erste französisch-reformierte Gottesdienst statt.

Nun hatten die Franzosen endlich eine richtige Kirche. Aber noch immer keine eigene Kirchenverfassung. Sie waren nach wie vor dem deutschen Oberkonsistorium unterstellt und kirchenrechtlich von dessen Weisungen und Beschlüssen abhängig. Im November 1682 erfuhr Pastor Abbadie zwar offiziell von Minister Fuchs, der Kurfürst habe ihm die Erlaubnis zur Benennung von Diakonen und zur Einsetzung einer Gemeindevertretung *[presbytère]* erteilt, um die Armenkasse anständig führen und unter den Franzosen für Zucht und Ordnung sorgen zu können. Diese Angelegenheit müsse jedoch mit Rücksicht auf die Verwaltungskompetenzen der reformierten Kirche von Brandenburg sehr diskret behandelt werden, und von einem Französischen Konsistorium dürfe öffentlich nie die Rede sein.[10] Das war es auch nicht. Der Rechtstitel *consistoire* taucht zu dieser Zeit in keinem amtlichen Schriftstück auf. Abbadie und seine Kirchenältesten *[anciens]* – sie wurden schon seit Jahren stillschweigend aus dem Kreise der Koloniehonoratioren nominiert, ohne daß die in der französisch-reformierten Kirchenordnung *[Discipline ecclésiastique]* für jede Gemeindegründung bindend vorgeschriebene Urwahl[11] in Berlin jemals stattgefunden hätte – bezeichneten sich selbst stets als die *conducteurs* oder die *compagnie* der französischen Kirche zu Berlin.

Wenn der französisch-reformierten Glaubensgemeinschaft also auch die kirchenrechtliche Eigenständigkeit verwehrt blieb, so machte doch ihre innere Organisation deutliche Fortschritte. Die erste intern beschlossene Gemeindeordnung – das Reglement vom Mai 1684 – wies alle in Berlin lebenden Hugenotten drei Visitationsbezirken zu. Für jedes dieser *quartiers* wurden zwei Kirchenälteste eingeteilt, die die Ansprechpartner für alle Sorgen und Nöte ihrer Schutzbefohlenen sein sollten, und die alle drei Monate zusammen mit einem Pastor – inzwischen war Gabriel d'Artis als zweiter Geistlicher ordiniert worden – bei sämtlichen französischen Familien Hausbesuche durchzuführen hatten. Am 25. Mai 1684 erfuhr die in der Schloßkapelle versammelte Gemeinde aus dem Munde von Pastor d'Artis:

„Der Sinn dieser Maßnahme, meine Brüder, liegt vorzüglich darin, jeden einzelnen von euch zu einem gottgefälligen Leben anzuhalten, auf daß er seinen Nächsten durch sein Vorbild erbaue, Friede und Eintracht wahre und jedes Ärgernis *[scandale]* vermeide. Auch sollen die Familienhäupter in ihrem Hause für Ordnung sorgen und ihre Kinder und alles Gesinde und Arbeitsvolk mit Fleiß in der Schrift unterweisen und gut erziehen. Das ist das eigentliche Ziel, das mit den Besuchen bei euch erreicht werden soll. Zweitens haben wir es für notwendig erachtet, den Ältesten zur allseits größeren Bequemlichkeit Bezirke zuzuweisen, damit ein jeder wisse, an wen er sich zu wenden habe, falls er in Fragen der Erbauung und des christlichen Friedens Rat braucht, oder wenn es darum geht, die persönliche Not einzelner Hilfsbedürftiger zu lindern."[12]

Drittens, so schloß d'Artis seine Abmahnung, habe man neben den regulären sonntäglichen Gottesdiensten Bibelstunden eingeführt, die künftig jeden Donnerstagmorgen um punkt neun Uhr – beim letzten Glokkenschlag vom Turm der Domkirche – beginnen würden. Und an jedem Samstag vor einer Abendmahlsfeier werde eine besondere Familienandacht mit einer Unterweisung im Katechismus abgehalten.

Die seit Anfang Juni des Jahres regelmäßig durchgeführten Hausbesuche der Pastoren und Ältesten – übrigens stets verbunden mit einer Kollekte – sorgten trotz der guten Absicht für erhebliche Unruhe in der Gemeinde und zogen handfesten Ärger nach sich. Denn nicht wenige der in Berlin ansässigen Franzosen fühlten sich von den selbsternannten Sittenwächtern der Kirche bespitzelt, gegängelt, in ihrer freien Lebensführung eingeengt. Und diese Lebensführung war zuweilen äußerst frei. In der Franzosenkolonie herrschte ein ständiges Kommen und Gehen, und unter denen, die in der Hauptstadt hängenblieben, fanden sich wohl auch etliche, die nähere Nachforschungen über ihren Lebenswandel durchaus zu fürchten hatten. Nicht nur Bettler und Herumtreiber, entlaufene Dienstboten und arbeitsscheue Wandergesellen suchten sich nach Kräften der drohenden Gewissenspredigt ihrer geistlichen Herren zu entziehen. Auch Hochstapler und Betrüger, Falschspieler und Trinker, Kuppler, Dirnen und Ehebrecher schätzten den Anblick eines erhobenen

Zeigefingers nur gering und verbaten sich energisch jede moralisierende Einmischung in ihr Privat- und Intimleben. Die Quartiersvisiten der Pastoren und Ältesten gerieten so oft genug zum Spießrutenlauf: manche Tür wurde ihnen vor der Nase zugeschlagen, Hohn und Spott waren zuweilen das einzige Echo auf jede fromme Ermahnung.

Dem mußte ein Riegel vorgeschoben werden. Der zweifelhafte Lebenswandel einer Handvoll Unbelehrbarer drohte die gesamte Kolonie in Verruf zu bringen und machte die Franzosen zur Zielscheibe böser Gerüchte und übler Nachreden.[13] Dadurch wurde letztlich auch die ohnehin prekäre Sonderstellung ihrer Kirchengemeinde gefährdet, die sich auf keinerlei geschriebene Privilegien berufen konnte, sondern einzig vom Wohlwollen des Herrscherhauses abhing. Am 11. August 1684 wandten sich daher die „sehr ergebenen, sehr gehorsamen und sehr treuen Diener und Untertanen, die Pastoren und Ältesten der französischen Kirche" hilfesuchend an den Kurfürsten und ließen ihm durch Minister Fuchs eine Petition überreichen, in der es unter anderem hieß:

„Wir nehmen uns die Kühnheit, Eurer Kurfürstlichen Hoheit untertänigst vorzustellen, daß die Pastoren und Ältesten, die gemeinsam mit Herrn Bergius die Versammlung unserer Gemeindevertretung *[la compagnie de notre presbytère]* bilden, welche mit Erlaubnis und Vollmacht Eurer Kurfürstlichen Hoheit eingesetzt wurde, sich stets mit dem Ausdruck achtungsvollen Gehorsams den Befehlen Eurer Kurfürstlichen Hoheit unterworfen haben. Niemals haben wir uns die Regelung von Dingen angemaßt, die unter das Kirchenrecht fallen, wie etwa die Beurteilung von Ehe- und sonstigen Sachen, die dem deutschen Konsistorium obliegen. Aber wir möchten uns das Recht bewahren, das uns Eure Durchlauchtigste Kurfürstliche Hoheit als unser geistliches und weltliches Oberhaupt *[notre évêque et souverain]* in seiner Güte zugestanden hat, und das uns ermächtigt, jedes Ärgernis und jeden verwerflichen Anstoß durch öffentliche und persönliche Zurechtweisungen *[censures publiques et particulières]* zu unterbinden. Als uns Herr Fuchs die Erlaubnis Eurer Kurfürstlichen Hoheit überbrachte, unter uns Älteste zu benennen, erklärte er, wir seien gleichermaßen berechtigt, den Lasterhaften und Sittenlosen mit aller Strenge der Kirchenzucht *[selon la rigueur de la discipline]* zu begegnen, und seitdem hatte Eure Kurfürstliche Hoheit die Güte, dieses Recht gegenüber unserem Pastor Abbadie wiederholt mündlich zu bestätigen."[14]

In letzter Zeit – so sinngemäß die Petition – sei es jedoch öfters vorgekommen, daß sich die schwarzen Schafe der Gemeinde schlichtweg geweigert hätten, vor ihren geistlichen Hirten zu erscheinen. Die Begründung – wohl von den Papisten oder anderem Gelichter ihres Schlages ausgeheckt[15] – laute in diesen Fällen stets, die *compagnie* sei überhaupt nicht dazu befugt, Vorladungen auszusprechen und Maßregeln zu verhängen, denn da niemals eine konstituierende Ältestenwahl durch die Gesamtheit aller Gemeindeglieder stattgefunden habe und es mithin gar keine ordentliche Kirche gebe, entbehre dieses Verfahren jeder rechtlichen Grundlage. Daher bitte man den Kurfürsten inständig, „daß es ihm gefalle, derartige Unbotmäßigkeiten, die nirgendwo geduldet werden können, zu unterbinden, die bereits mündlich gegebene Ermächtigung schriftlich zu bestätigen und einen allgemeinen Befehl an alle reformierten Franzosen zu erlassen, auf daß sie vor ihrer Gemeindevertretung zu erscheinen haben, wenn man sie gebührend vorlade."[16]

Die Antwort des Kurfürsten, gegeben zu Schönebeck am 11. September 1684, ist im deutschen Kanzleistil der Zeit verfaßt und entsprechend umständlich zu lesen. Der reformierten französischen Kirchengemeinde wurde gnädigst gestattet, „daß dieselbe aus der Gemeinde gewisse Aeltesten wahlen mögen, Vor welche mit assistenz eines der Hoffpredigern diejenigen Sachen, so zu erhaltung guter disciplin, wie es in Frankreich der Gebrauch ist, gehören, erörtert und entschieden werden sollen, Alß hatt jedermännlich, der ein Glied selbiger Gemeinde ist, sich hiernach gehorsamßt zu achten, und wann Er von denen Predigern und ältesten Vorgefordert wird, gebürend zu erscheinen, auch deroselben Decretis und Verordnungen schuldige Folge zu leisten."[17] Gezeichnet Friedrich Wilhelm und gesiegelt mit rotem Wachs.

Auf dieser Rechtsgrundlage wurde fortan verfahren. Aber die inneren Schwierigkeiten, mit denen die Gemeinde zu kämpfen hatte, nahmen dennoch zu. Die ersten Wellen jenes gewaltigen Flüchtlingsstroms, der über Jahresfrist ganz Nordeuropa heimsuchen sollte, erreichten schon jetzt Berlin. Und es waren wirkliche Jammergestalten, die sich vor der Schloßkapelle sammelten und ihre Landsleute um Hilfe anflehten. Was ihnen zu Beginn der heimlichen Flucht vor den Dragonern ihres Königs auch geblieben sein mochte – sie hatten es unterwegs verloren, weggeben müssen an geldgierige Schiffseigner oder dubiose Fluchthelfer, für Brot und Obdach, für Winterkleidung und feste Stiefel. Und selbst das nackte Leben, das die Kräftigeren unter ihnen auf ihren monatelangen Gewaltmärschen bis nach Brandenburg herüberretten konnten, war in Gefahr: die Réfugiés schleppten die Cholera mit sich, das Frostfieber grassierte unter den ausgemergelten Gestalten, viele von ihnen waren bis auf den Tod erschöpft, ihre in Lumpen gewickelten Säuglinge hatten Hungerbäuche.

Die Berliner Franzosen krempelten die Ärmel hoch. Manch einer entdeckte unter den Flüchtlingen vertraute Gesichter, Freunde und alte Bekannte aus der Heimat, sogar Blutsverwandte, denen sofort ein Platz am Ofen eingeräumt wurde. Für diejenigen, die den beschwerlichen Weg nach Brandenburg ohne feste Anlaufadresse und nur von vagen Hoffnungen geleitet auf sich genommen hatten, wurden eilends Notunterkünfte hergerichtet. Man half ihnen mit Brennholz, Strohsäcken und Decken, kochte für sie Bouillon und sammelte Kleider, kurierte die Kranken und vermittelte elternlosen Kindern ein neues Zuhause.

Aber es war auf die Dauer ein Kampf gegen Windmühlenflügel. Kaum war der eine untergebracht, klopfte schon der nächste an die Tür. Durch kirchliche und private Hilfsaktionen – so sehr sie die Not im Einzelfall auch lindern mochten – war dem allgemeinen Elend nicht mehr beizukommen. Denn es waren wirklich die Ärmsten der Armen, die sich nun nach und nach in Berlin sammelten. Ihre gut betuchten Landsleute hatten ein standesgemäßes Exil in der nahen, wenn auch teuren Schweiz, in Holland oder in England vorgezogen. Der einfache Mann jedoch wanderte ins ferne Brandenburg. Dort waren die Lebenshaltungskosten noch erschwinglich. Das lohnte die weite Reise, wirkte wie ein Magnet. Außerdem sprach es sich allmählich unter den Réfugiés herum, daß es in Berlin schon seit Jahren eine französische Kirche gab, die allen heimatlosen Glaubensflüchtlingen den Start in ein neues Leben erleichterte.

Den Start konnte ihnen die Kirche tatsächlich erleichtern. Sie leistete Hilfe zur Selbsthilfe: die Neuankömmlinge wurden nach Bedarf gekleidet und für die erste Zeit versorgt, man brachte sie bei freier Kost und Logis in den Betrieben französischer Handwerksmeister – Schneider und Besatzsticker, Strumpf- und Bortenwirker, Schuh-, Hut- und Handschuhmacher – unter und nahm die Witwen und Waisen, die Kranken und Gebrechlichen in kostenlose Obhut. Die Armenkasse der Gemeinde reichte allerdings bei weitem nicht dazu aus, jedem Einwanderer den erbetenen – und zuweilen auch barsch geforderten oder trickreich erschlichenen – Unterhalt auf Dauer zu gewähren.

Am Freitag, dem 25. September 1685, versammelte sich die *compagnie* zu einer außerordentlichen Sitzung. Es wurde überlegt, was man für die Flüchtlinge tun könne, die Tag für Tag in stetig wachsender Zahl in Berlin eintrafen und sich fast blindlings darauf verließen, daß man ihnen schon irgendwie helfen würde. Pastor d'Artis übernahm es, eine Bittschrift an den Kurfürsten zu entwerfen.[18] Schon am nächsten Morgen händigte er sie Baron Knyphausen – dem späteren Präsidenten des Französischen Oberdirektoriums – aus, der ihm versprach, sie noch am selben Tag bei Hofe vorzulegen.[19] Die Petition begann mit den Worten:

„Die Leiter *[conducteurs]* der französischen Kirche und die Verwalter ihrer Armenkasse geben Eurer Kurfürstlichen Durchlaucht untertänigst kund, daß ihre reformierten Landsleute grausame Verfolgungen *[persécutions]* zu erleiden haben und sich in großer Zahl hier einfinden. Jede Woche müssen wir für ihre Ernährung, ihre Unterkunft und oft genug sogar für ihre Bekleidung mehr Geld aufbringen, als sich zur selben Zeit in unseren Sammelbüchsen findet. Sollte dieser Zustand anhalten, worauf leider alles hindeutet, und sich der Andrang der armen Verfolgten weiterhin so steigern, wie er es jetzt schon alle Tage tut, so werden unsere letzten Reserven bald erschöpft und wir selbst außerstande sein, den vielen notleidenden Familien und Hilfsbedürftigen den schuldigen Beistand zu gewähren. Diese Zwangslage drängt uns dazu, beizeiten auf Mittel und Wege zu sinnen, wie wir unsere Armen insgesamt kostengünstiger unterhalten können."[20]

Die Kirche – so kam d'Artis in gewundenen Worten endlich zum Kern der Sache – erbitte daher vom Kurfürsten die Zuweisung eines leerstehenden, möglichst geräumigen Gebäudes in oder außerhalb der Stadt, um dort ein Notaufnahmelager mit einer zentralen Versorgungsstelle für alle Vertriebenen einrichten zu können.

Diese Idee war zwar wegweisend – ein solches Haus, das *Maison* oder *Hôtel de Refuge,* wurde tatsächlich fünfzehn Jahre später für die aus der Schweiz umgesiedelten französischen Réfugiés gestiftet[21] –, aber momentan hatte der Kurfürst andere, größere Pläne. Fürs erste überschrieb er der Armenkasse der französischen Gemeinde eine Landeskollekte aus allen reformierten wie lutherischen Kirchen der gesamten Mark Brandenburg. Der Hofrat und Prinzenerzieher Claude du Bellay d'Anché sollte darüber wachen, daß die einlaufenden Summen von den Kassenführern der Gemeinde sicher verwahrt und später nach Maßgabe des Kurfürsten unter die Flüchtlinge verteilt würden. Für die unmittelbaren Bedürfnisse der Réfugiés war eine Berliner Haussammlung vorgesehen. Das Doppeldekret vom 1. Oktober 1685[22] befahl die Anlage eines Kollektenbuches, in dem die Namen der Spender mitsamt der Beträge vermerkt werden sollten. Weiterhin war die Gemeinde gehalten, von nun an ein exaktes Ausgabenbuch zu führen, in dem alle Unterstützungszahlungen und Sachleistungen zu notieren waren.[23]

Soweit die direkte Order des Kurfürsten. Ihm war natürlich die Not der Hugenotten in Frankreich genauso bekannt wie deren Hilfsbedürftigkeit in seinen eigenen Landen. Und ihm war ebenfalls klar, daß dieses Problem nicht auf karitativem Wege zu meistern war, sondern einer politischen Lösung bedurfte. In seiner Kanzlei wurde daher schon seit Wochen an der Endfassung eines Aufnahmeedikts gearbeitet, durch das die Réfugiés verstärkt nach Brandenburg gezogen und dauerhaft in die heimische Volkswirtschaft eingegliedert werden sollten. Die Unterzeichnung dieses Edikts am 29. Oktober 1685 in Potsdam – sein voller Titel lautete: „Edict, betreffend diejenige Rechte, Privilegia und andere Wohlthaten, welche Se. Churfürstl. Durchl. zu Brandenburg denen Evangelisch-Reformirten Frantzösischer Nation, so sich in Ihren Landen niederlassen werden, wegen der Jurisdiction und sonst, daselbst zu verstatten gnädigst entschlossen seyn"[24] – überschnitt sich nur um wenige Tage mit dem Bekanntwerden des Edikts von Fontainebleau,[25] in dem Ludwig XIV. das Edikt von Nantes aus dem Jahre 1598 ersatzlos aufhob und jegliche Religionsausübung nach reformiertem Kultus in seinem Lande endgültig verbot.

Doch wenn die französisch-reformierte Gemeinde zu Berlin gehofft hatte, der Kurfürst werde ihr im Edikt von Potsdam nun endlich eine eigene Verfassung zuerkennen und ihr den Rechtsstatus einer vom deutschen Oberkonsistorium unabhängigen Kirche verleihen, so sah sie sich enttäuscht. Artikel 11 – der einzige kirchenpolitische Paragraph des vierzehn Verordnungen umfassenden Edikts – besagte lediglich:

„In einer ieden Stadt wollen wir gedachten Unsern Frantzösischen Glaubens-Genossen einen besondern Prediger halten, auch einen bequemen Ort anweisen lassen, woselbst das exercitium Religionis Reformatae in Frantzösischer Sprache, und der Gottesdienst mit eben denen Gebräuchen und Ceremonien gehalten werden sol, wie es biß anhero bey den Evangelisch Reformirten Kirchen in Franckreich bräuchlich gewesen."[26]

Man möchte hinzufügen: und wie es seit gut dreizehn Jahren auch bei der Hugenottenkirche in Berlin der Brauch war. Das Edikt von Potsdam schrieb nämlich nur ein örtliches Gewohnheitsrecht – die den Franzosen im Jahre 1672 erteilte Erlaubnis zur Religionsausübung in ihrer eigenen Sprache und nach reformierter Liturgie – verallgemeinernd fest. Aber es überging – und fiel insofern hinter die bisherige Praxis durchaus zurück – das für die Berliner Kirchengemeinde im September 1684 erlassene, grundlegende Dekret bezüglich der Ältestenwahl und der Kompetenzen des gemischten Presbyteriums sowie der Gehorsamspflicht der Gemeindeglieder. Die Frage, ob auch diese lokale Regelung auf alle im Wirkungsbereich des Edikts neu entstehenden französischen Kirchen generell übertragbar war, blieb also offen.

Die ins Land strömenden Réfugiés hatten freilich andere Sorgen, als sich über derartige juristische Spitzfindigkeiten den Kopf zu zerbrechen. Sie vertrauten auf den Geist des Potsdamer Edikts, weniger auf dessen Wortlaut, den sie ohnehin nur in einer französischen Parallelübersetzung kennenlernten. Und so begannen sie damit, in den Ländern des Kurfürsten – in den Städten und Dörfern vom Niederrhein über die Marken Brandenburgs bis hin nach Pommern und Preußen – ihre eigenen Kirchen zu gründen und sich in den ihnen angewiesenen Orten häuslich niederzulassen. Die französisch-reformierte Gemeinde in Kleve versammelte sich noch im Dezember 1685 zu ihrem ersten Gottesdienst. Im Jahr darauf folgten Emmerich und Wesel, Magdeburg und Halle, Frankfurt an der Oder, die Stadt Brandenburg, Köpenick, Ziethen und Schwedt, Rheinsberg, Kagar, Vierraden und schließlich Königsberg in Preußen. Und 1687 entstanden die Kolonien und Kirchen von Burg, Gramzow, Potzlow und Prenzlau, Bergholz und Angermünde in der Uckermark sowie Stargard in Hinterpommern.[27]

Alle diese Gemeinden regelten ihre geistlichen und weltlichen Belange in lokaler Eigenverantwortung. Zwar herrschte unter ihnen – allein schon im Interesse der Familienzusammenführung – ein lebhafter Reise- und Briefverkehr. Kontakte auf institutionalisierter Ebene gab es jedoch nicht. Denn den neu gegründeten französischen Kirchen fehlte das organisatorische Dach, und daran änderte sich auch bis zum Tode des Kurfürsten Friedrich Wilhelm (29. April 1688) nichts.

Sein Sohn und Nachfolger Friedrich III. setzte allerdings bereits in den ersten Monaten seiner Regierung dazu an, die Verwaltung der französischen Gemeinden neu zu ordnen. Er ließ verlautbaren, die Réfugiés möchten ihn künftig nicht mehr mit ihren Streitfällen und Eingaben behelligen, sondern sich in allen Fragen direkt an den Geheimrat und Obermarschall Joachim Ernst von Grumbkow oder an seinen erst kürzlich aus Paris abberufenen Botschafter Ezechiel von Spanheim wenden. Doch auch diese beiden Koloniedirektoren – seit Mai 1689 im Amt und den Franzosen als *chefs de la nation* vorgesetzt – sahen sich mit verwaltungstechnischen Problemen konfrontiert, die sie aus eigener Machtvollkommenheit nicht bewältigen konnten. Ein an sich unbedeutender Kirchenbankstreit in Magdeburg, der allerdings für zähe Zwistigkeiten sorgte und die dortige Gemeinde in zwei feindliche Lager zu spalten drohte,[28] war schließlich der Auslöser für eine grundlegende Neuordnung der „Französischen Angelegenheiten". Unter Berufung auf diesen Vorfall erklärte Friedrich III. am 7. Dezember 1689 in einer Zusatzdeklaration zu Artikel 11 des Potsdamer Edikts, „dass zu beibehaltung einer gleichformigkeit der Ordnung unter den Predigern und administration des Kirchwesen unter den Frantzosen [...] nicht allein bey hiesiger Berlinischen, sondern auch allen andern Frantzösischen Gemeinden in allen dero Landen [...] die Kirchen Disciplin in S. Chrfstl. Dchl. hohen Nahmen nach dem in Franckreich üblich gewesenen Gebrauch, reguliret und observiret werden solle."

Mit dieser „Declaration Sr. Churfürstl. Durchlaucht von Brandenburg die Verwaltung der französischen Kirchen in seinen Staaten betreffend"[29] wurde die *Discipline ecclésiastique des églises réformées de France* in der von der Nationalsynode zu Saumur im Jahre 1666 sanktionierten Fassung samt der ihr untrennbar verbundenen *Confession de foi* – dem reformierten französischen Glaubensbekenntnis von 1559 – als Rahmengesetz hinsichtlich der inneren Organisation aller in Brandenburg-Preußen existierenden französischen Kirchengemeinden verbindlich eingeführt.

Als Rahmengesetz – nicht aber als ein in allen Teilen gültiges Staatsgesetz. Denn der Kurfürst pochte unmißverständlich auf seine landesherrlichen Rechte und schränkte die sehr weit gefaßten Bestimmungen der französischen Kirchendisziplin dahingehend ein, „dass der weltlichen Obrigkeit die verwürckte Straffe gegen Excesse, wie auch diejenige Fälle, welche von Sr. Chl. Dchl. disposition und gnädigsten Verordnungen eintzig und allein dependiren, und darüber von Sr. Chl. Durchl. allein erkandt und verordnet werden muss, ausdrücklich hier unter vorbehalten seyn sollen."

Die französischen Konsistorien – dieser Begriff tauchte hier zum ersten Mal in offiziellem Zusammenhang auf – wurden außerdem bezüglich der Klärung strittiger Fragen, die sich aus der Anwendung der Disziplin ergaben, an eine noch zu schaffende Behörde verwiesen: die im Mai 1694 nach jahrelangem Kompetenzstreit eingesetzte Kirchenkommission *[commission ecclésiastique]*, der neben der Inspektion aller französischen Kolonien auch noch die Visitation der dortigen Gemeinden aufgebürdet wurde.

Dieser Mehrfachbelastung waren die vier Kommissionsmitglieder auf die Dauer nicht gewachsen. Baron Spanheim und der reformierte deutsche Konsistorialrat Neuhausen sowie die Berliner Pastoren François Bancelin und François de Gaultier gerieten bald schon hinter staubigen Aktenbergen außer Sicht, und selbst die lange Bank, auf die hier mancher heikle Fall geschoben wurde, war nach einigen Sitzungsperioden nicht mehr lang genug.

Friedrich – inzwischen als Friedrich I. zum König in Preußen gekrönt – ließ durch seine Hofjuristen Abhilfe schaffen. Am 26. Juli 1701 unterzeichnete er das „Patent, dass die Frantzösische Commission Ecclesiastique auff den Fuss des teutschen Consistorii gesetzet werden solle". Gleichzeitig wurde die Behörde umbenannt. Sie firmierte von nun an als Französisches Oberkonsistorium *[consistoire français supérieur]*. Seine Majestät bekräftigte, „dass dieselbe hinführo [...] als das höchste Forum Ecclesiasticum und Consistoriale über die Frantzösische Colonien, wann entweder beyde Theile, oder auch nur Reus oder Rea zur Frantzösischen Colonie gehören, Dero Teutschen Consistorio gleich consideriret, vor demselben auch alle Caussae Ecclesiasticae und Consistoriales, ausser, wann de Religione & Capitibus fidei & credendorum Streit entstehet, welche Sr. Königl. Majest. Dero hohen Persohn allein vorbehalten, gezogen, examiniret, und plenarie decidiret werden sollen, sonder, dass von demselben einige Apellatio oder ulterior provocatio gelten, oder angenommen werden müge, es sey dann, dass Sr. Königl. Majest. in causis arduis & dubiis ein anders specialiter verordnen."[30]

Mit anderen Worten: die alte Kirchenkommission wurde nunmehr als Oberkonsistorium *[consistoire supérieur]* zum königlichen Verwaltungsgericht erklärt, das in letzter Instanz für alle Auseinandersetzungen kirchenrechtlicher Natur zuständig war, soweit sich diese unter den Angehörigen oder den Konsistorien der Ortsgemeinden *[consistoires inférieurs* oder *ordinaires]* innerhalb der französischen Kolonie ereigneten oder jene direkt oder indirekt als beklagten Teil betrafen. Nicht unter die Entscheidungskompetenz dieses Gerichts fielen sämtliche Religions- und

Glaubensfragen, deren Regelung sich der König ebenso reservierte wie die höchste kirchliche Gesetzgebung, die freilich stets mit der 1689 eingeführten französischen Kirchendisziplin harmonisiert werden mußte. Aber auch hier hatte es der Herrscher bekanntlich nicht versäumt, seinen Episkopalvorbehalt festzuschreiben.

Der König war also nach dieser Kirchenverfassung – sie blieb mit nur geringfügigen Änderungen bis 1809 bestehen – der Summus Episcopus, das alleinige Oberhaupt der französisch-reformierten Kirche seines Landes. Die ehedem in Frankreich unter dem Horizont der calvinistischen Doktrin entwickelte und auch von der dortigen Obrigkeit bis zur Aufhebung des Edikts von Nantes zumindest formal respektierte Synodalverfassung, die der reformierten Kirche zeitweilig eine fast uneingeschränkte Autonomie zukommen ließ, wurde in Preußen niemals eingeführt. Vielmehr oblag die Kirchenverwaltung dem Oberkonsistorium in Berlin, das – hinsichtlich seiner Kompetenz der französischen Nationalsynode vergleichbar – auch die seit 1737 eingerichteten Kircheninspektionen überwachte und die einzelnen Ortskonsistorien samt ihrer wiederum mit eigenen Reglements versehenen Filialgemeinden kontrollierte.

Wie sich die in die Staaten des Kurfürsten eingewanderten Franzosen im Laufe der Generationen in Sprache und Auftreten, in Sitten und Gebräuchen allmählich ihrer neuen Umgebung anpaßten, so änderte auch ihre Kirche ihr Gesicht. Als Kirche der Berliner Exilfranzosen wurde sie eingerichtet, als Kirche für die brandenburgischen Réfugiés erlebte sie ihre härteste Belastungsprobe, als Kirche im brandenburgisch-preußischen Refuge wurde sie zum kulturellen Mittelpunkt hugenottischen Lebens und als Preußische Staatskirche französisch-reformierter Konfession schließlich zum geistigen Zentrum der Rückbesinnung auf reformierte Grundwerte und zur Wahrerin hugenottischer Tradition. Die Kirche, die sie einst in ihrer alten Heimat zerstört hinterlassen mußten, konnten die französischen Reformierten freilich in der Diaspora niemals wieder aufrichten. (Abb. 9, 11)

Catherine Yon

Das Refuge auf dem Lande. Das Beispiel Hessen

Nach Brandenburg war Hessen-Kassel die Region Deutschlands, die der größten Anzahl französischer Protestanten Aufnahme gewährte. Seltsamerweise ist sie jedoch von der einschlägigen Historiographie oft vernachlässigt worden, die ihr nicht nur das Kurfürstentum Brandenburg sondern auch das Fürstentum Bayreuth und das Herzogtum Württemberg vorgezogen hat. Und dies obwohl Hessen in mancher Hinsicht ein eigentümliches Profil bot.

Hier hatte sich nämlich der ursprüngliche Aufnahmeplan des Landesherrn wegen unvorhergesehener Schwierigkeiten als ungeeignet herausgestellt, so daß er mehrfach geändert werden mußte. Neben den Städten mußten auch ländliche Gegenden für die Einwanderer geöffnet werden.

Schließlich zeichnete sich das hessische Refuge auch durch besondere Lebendigkeit im kollektiven Gedächtnis der Hugenottennachkommen aus – ein bis heute bemerkenswertes Faktum.

I. Die Gründung des hessischen Refuge

Die Grundlagen der Einwanderungspolitik wurden von Landgraf Karl I. (1677–1730) – noch vor der Aufhebung des Edikts von Nantes – mit der Veröffentlichung mehrerer Erlasse und Privilegien geschaffen. Der erste Erlaß, allein in deutscher Sprache abgefaßt, datierte vom 18. April 1685 und ließ ganz klar die merkantilistischen Ziele des Fürsten erkennen: Er richtete sich an ausländische Gewerbetreibende. Der Landgraf gestand ihnen auf zehn Jahre Steuerfreiheit zu, nahm sie von Zollabgaben aus und entzog französische Handwerker und Meister den Zunftzwängen. Er ließ den Réfugiés die Wahl zwischen sieben Städten, um sich dort niederzulassen und Manufakturen einzurichten. Der Landgraf verpflichtete sich zudem, einen Prediger und einen Schulmeister französischer Sprache zu unterhalten. Der zweite Erlaß, veröffentlicht am 1. August 1685, erbrachte keine größeren Änderungen. Da er sich dieses Mal an „Personen, die sehr reich an Vermögen und Gewerbe sind", richtete, privilegierte der Landgraf Kassel als Niederlassungsort.

Der dritte und letzte Erlaß vom 12. Dezember 1685, der ausschließlich in Französisch verfaßt war, wandte sich an „alle diejenigen, die sich in seinen Staaten niederlassen wollen, um dort Manufakturen zu betreiben oder betreiben zu lassen, die es dort noch nicht gibt, und andere nützliche und notwendige Künste, Handwerke und Gewerbe, welche es auch immer sein mögen". Bis auf eine Veränderung waren hier dieselben Privilegien wieder aufgenommen: die Befreiung von Abgaben für alle, die ein Haus bauten, wurde jetzt auf 15 Jahre ausgedehnt (bisher: 10 oder 12 Jahre).

Die drei Erlasse legten also die Leitlinien der Einwanderungspolitik des Landesfürsten fest. Es handelte sich um die Einwanderung von beruflich qualifizierten Personen in ein städtisches Milieu. Der Landgraf hatte die Absicht, die Hugenotten als eine dynamische ökonomische Innovationskraft zu nutzen, um den Wiederaufbau seiner Staaten, die immer noch unter den Folgen des Dreißigjährigen Krieges litten, zu beschleunigen. Zu diesem Zeitpunkt ging es keineswegs um eine Ansiedlung auf dem Land: wie in den anderen deutschen Territorien bemühte man sich, Unternehmer in die Städte zu ziehen.

Aber es reichte nicht aus, Erlasse zu veröffentlichen, man mußte sie vor allem denen bekanntmachen, die man als Arbeitskräfte zu gewinnen wünschte. So setzte der Landesherr Agenten ein, die diese Aufgabe in den Durchzugsgebieten der Hugenotten, d.h. vor allem in Frankfurt a.M. und in der Schweiz übernahmen. Wir wissen z.B., daß Jacques, Marquis de Barjac, Seigneur de Rochegude, als Beauftragter der Flüchtlingsbehörde in Bern, in Kontakt mit Karl von Hessen stand, um über Zuzug und Ansiedlung von Hugenotten zu verhandeln. Die Reise der Réfugiés vollzog sich dann in „Brigaden", d.h. in kleineren Gruppen mit einem Anführer, meistens einem Pfarrer. Der Ort der Abreise befand sich in der Regel in der Schweiz, dem Sammelgebiet der flüchtigen Hugenotten; weiter führte der Weg über Frankfurt a.M., der zweiten Drehscheibe des hugenottischen Exils. Von dort aus wurde der Weg nach Kassel zu Fuß zurückgelegt.

Der in Kassel ankommende Flüchtlingsstrom wurde immer größer, und bald war die Stadt überfüllt. Es mußten also weitere Maßnahmen ergriffen werden, um die einwandernde Bevölkerung zu kanalisieren. Zu diesem Zweck wurde 1686 eine Kommission eingesetzt, deren Aufgabe es war, ein Inventar der verlassenen bzw. verfügbaren Orte zu erstellen. Da die Ernennung einiger Flüchtlingskommissare allein nicht ausreichte, um die ihnen anvertraute Aufgabe zu bewältigen, wurde die Französische Kanzlei geschaffen. Nach hessischem Recht fungierte sie als das offizielle Vermittlungsorgan zwischen den „Kolonisten" und dem Landgrafen. Als Justizbehörde und Berufungsinstanz – allein für die Städte – wachte sie nicht nur über die Anwendung der erlassenen Privilegien, sondern gleichermaßen auch über die Versorgung und materielle Ausstattung der Réfugiés. Darüber hinaus hatte sie die Aufgabe, diese „auszukämmen" – indem sie sie vereidigte –, um die Unterstützung von „Passadenjägern" („coureurs d'églises") und notorischen Profiteuren, die von finanziellen Beihilfen und diversen Gaben lebten, zu vermeiden.

Der Landgraf appellierte zugleich an das christliche Mitgefühl („compassion chrétienne") seiner Untertanen und organisierte eine Sammlung zugunsten der Réfugiés, die 9000 Gulden einbrachte. Zu demselben Zweck erhielt er finanzielle Hilfen von der Schweiz, aus England und den Niederlanden.

Der Landgraf hatte also eine sehr selektive Einwanderung konzipiert und dementsprechende Strukturen für die Aufnahme der ankommenden Bevölkerung geschaffen. Aber die wachsende Zahl von Réfugiés und die ersten Probleme, die sich aus dem Zusammenwohnen in der neuen Oberstadt von Kassel, die eigens für die Hugenotten gegründet worden war, ergaben, bewog ihn dazu, seine Einwanderungspolitik zu überdenken. Das ursprüngliche Vorhaben wurde zudem auch durch die Anzahl und die mittelmäßige Qualifikation der Réfugiés in Frage gestellt. Man mußte demzufolge über andere Formen als die der städtischen Kolonisation nachdenken, in erster Linie über eine Kolonisation „extra-muros" und eine Siedlung auf dem Land. Diese letzte Form hat also ein ländliches Refuge in Hessen hervorgebracht, das ursprünglich nicht vorgesehen war.

Etwa ein Drittel der hugenottischen Kolonien wurde in städtischen Siedlungen angelegt. Ein neues Stadtviertel wurde in Kassel gegründet, während sich die einzige Neugründung einer Stadt, Karlshafen, als Fehlschlag herausstellen sollte. Die anderen Ansiedlungen – insgesamt 27 – wurden auf dem Lande vorgenommen. Relativ früh wurde der Landgraf dazu gezwungen, ländliche Kolonien zu planen. Dies war besonders der Fall bei Mariendorf und Carlsdorf, für die er selbst den Architekten Paul du Ry verpflichtete. In der Folgezeit wurden die Behörden des Landgrafen, um mit der Ansiedlung der zahlreichen Kandidaten für die Niederlassung fertig zu werden, dazu veranlaßt, neue Kolonien aufzubauen, die letzten in den Jahren 1720–22 (Gewissenruh, Gottstreu). Diese beiden Gründungen banden die letzten umherirrenden Réfugiés, die aus Brandenburg, Dänemark und Hamburg zurückwanderten.

Manchmal kam es sogar vor, daß kleine Gruppen von Réfugiés – zusammengeschmolzen auf zwei oder drei Familien – dem Landgrafen von sich aus Niederlassungsorte vorschlugen. Dies war beispielsweise der Fall bei Hof Frauenberg und Hertingshausen, wo einige Familienoberhäupter, gestärkt durch die Unterstützung eines Pfarrers, die Erlaubnis des Fürsten für die Errichtung einer Kolonie erbaten.

Die Einwanderung nach Hessen-Kassel vollzog sich in drei Schüben, 1685–86; 1699; 1720–22. Der Personalbestand der Kolonien unterlag von Anfang an ziemlichen Schwankungen, die Zahl der Familien reichte von zwei (Hof Frauenberg) bis dreiunddreißig (Kelze). Darüber hinaus war die geographische Herkunft in den jeweiligen Kolonien nicht immer homogen: in Carlsdorf (erste Gründung; 1686) stammten die Neuankömmlinge im wesentlichen aus Südostfrankreich (zum größten Teil aus Abries im Queyras); in Kelze dagegen (1699) kamen 33 Familien aus fünfzehn verschiedenen Regionen (z. B. aus der Picardie, dem Dauphiné und dem Languedoc). Man kann hier eine Veränderung zwischen der ersten und der zweiten Einwanderungswelle beobachten: während der ersten kamen die Réfugiés in geschlossenen Gruppen direkt aus Frankreich, bei den Wandernden der zweiten fanden sich Brigaden, die hinsichtlich ihrer geographischen Herkunft heterogen waren und sich erst in der Schweiz gebildet hatten.

Indessen kam es vor, daß diese eigentümlichen Verhältnisse noch zusätzlichen Veränderungen ausgesetzt waren: manche Familien gaben ihren Ort zugunsten eines anderen oder einer Stadt auf, in der Hoffnung, dort bessere Lebensbedingungen zu finden. So verließen zwei Familien aus Schwabendorf, entmutigt durch die dürftigen Lebensbedingungen, den Ort still und heimlich im Jahre 1690.

1755 zogen 13 Familien von Todenhausen – wo die Böden von minderer Qualität waren und sich die Probleme, die durch das Zusammenwohnen mit den Deutschen entstanden, häuften – nach Wiesenfeld um. Andere Familien wanderten in Richtung der Territorien ab, die sich durch bedeutende Privilegien empfohlen hatten, wie Brandenburg (zehn Familien aus Carlsdorf 1691). Schließlich kehrten manche in das Herzogtum Savoyen zurück, besonders die Waldenser nach 1690, im Zuge der „Glorieuse Rentrée".

Die drei Einwanderungswellen in Verbindung mit der anhaltenden Personalfluktuation führten dazu, daß die französische Bevölkerung der Kolonien sich nicht schnell genug stabilisieren konnte. Darüber hinaus wurden die Kolonien ziemlich früh der deutschen Bevölkerung geöffnet, aber in unterschiedlichem Rhythmus: In Schwabendorf, Wolfskaute, Sankt Ottilien war die Bevölkerung bereits im Jahr 1740 stark gemischt, während in Wiesenfeld, Frankenhain, Leckringshausen, Gottstreu und Gewissenruh die Bevölkerung auch 1780 immer noch überwiegend französischer Herkunft war (in Gottstreu waren zu diesem Zeitpunkt 15 von 19 Familien französisch). In den letzten Jahren des 18. Jahrhunderts war die französische Bevölkerung – aufs Ganze gesehen – jedoch in den Kolonien zur Minderheit geworden; dessen ungeachtet fuhren die Behörden des Landgrafen damit fort, sie als „les villages français" zu bezeichnen.

Die Zuwanderung von Deutschen war wesentlich durch die Suche nach Ackerland motiviert (und durch den Wunsch, in den Genuß der Privilegien zu gelangen, die an diese Orte geknüpft waren). Diese Suche richtete sich auf die einzelnen Kolonien in unterschiedlichem Maß und war dabei von den wirtschaftlichen Bedingungen abhängig: Hertingshausen, wo der Boden sehr gut und die Verteilung freier Flächen noch möglich war (es gab dort lediglich drei Familien), wurde sehr geschätzt, wogegen Kelze gemieden wurde, da dort nur weniger gute Böden anzutreffen waren.

Hessen-Kassel war besonders stark von den Wüstungen des Mittelalters betroffen (W. Abel zufolge mehr als 40% des Landes im Spätmittelalter); so war eine große Anzahl von Böden im wüsten Zustand verblieben. Manche Kolonien wurden auf dem Boden alter Siedlungen, die im Mittelalter aufgegeben und dem Verfall überlassen worden waren, errichtet: dies war der Fall besonders bei Louisendorf, das auf den Trümmern von Hammonshausen erbaut wurde, und bei Kelze, das auf 1338 verlassenem Grund errichtet wurde.

Andere Orte waren seit dem Dreißigjährigen Krieg verlassen und konnten durch die Hugenotten wiederbesiedelt werden – so Wolfskaute, Schöneberg, Leckringshausen, Gewissenruh und Gottstreu (Besitzungen der alten Abtei Lippoldsberg), Kelze, Carlsdorf, Wiesenfeld und Gethsemane. Es handelte sich dabei zwar nicht um einen systematischen Plan zur „Peuplierung“ wüster Gebiete, aber immerhin um eine Suche nach freien Stellen für die Ansiedlung der Réfugiés, häufig genug in Gegenden, wo der Boden von minderer Qualität war und bisweilen anderen Siedlungen als Weideland diente.

Andere Gründungen wurden auf den Besitzungen des Landgrafen vorgenommen, so die Kolonie Sankt Ottilien, die 1699 auf einem Stück Land, das 1640 von der Landgräfin Amalie Elisabeth gekauft worden war, eingerichtet wurde. Die Landzuweisungen durch den Landgrafen waren manchmal mit bestimmten Auflagen verbunden: Erhaltung der öffentlichen Wege; Säuberung der Teiche; Holzlieferungen und Hilfeleistungen für die Förster – die immer Hessen waren.

In allen Siedlungen wurde die Feldmark in gleichgroße Abschnitte geteilt (den jeweiligen Verhältnissen einer Kolonie entsprechend zwei bis fünf „Äcker“ je Familie); zu jedem gehörten Wiesen, Äcker und Gärten. Daneben verfügten die Kolonien manchmal über eine Allmende. In einigen Kolonien wurden Anteile als Reserve für künftige Erwerber freigehalten.

Indessen brachte die Schaffung dieser Feldmarken zahlreiche Streitigkeiten mit den benachbarten deutschen Gemeinden mit sich: oft genug hatte das Brachland, das die Hugenotten wiederbesiedelten und neu erschlossen, den Deutschen als Durchgangsland gedient; anderswo wurden die Allmenden der deutschen Dörfer beschnitten, um Parzellen zu gewinnen, die den Réfugiés zugeteilt wurden. Die von den betroffenen Dörfern an den Landgrafen gerichteten Beschwerden blieben jedoch ohne Wirkung, zumal sie das Recht des Eigentümers in Frage stellten.

Bei ihrer Ankunft am Ort der zukünftigen Kolonie mußten die Hugenotten während der ersten Zeit in Baracken leben, bis die Siedlung tatsächlich erbaut worden war: in den Flurbezeichnungen haben sich Spuren dieser Einrichtungen bis heute erhalten („Barackenwiese", „In den Baracken").

Der Landgraf hatte eine Starthilfe für die Errichtung mancher Siedlungen bereitgestellt: finanzielle Hilfe (für Mariendorf zum Beispiel) oder Unterstützung mit Materialien (Baumaterial – Stroh, Holz – für Gewissenruh und Schöneberg, Öfen für Louisendorf und Mariendorf, Werkzeuge, Beile und Sägen). Aber diese Bauarbeiten, zum Teil von den Réfugiés selbst durchgeführt, verliefen zunehmend planlos und ungleichmäßig in den später gegründeten Kolonien. Die Errichtung der ersten Ackerbaukolonien war von einem Architekten (Paul du Ry) geplant worden und ging mit großer Schnelligkeit vonstatten. Sie ging ähnlich schnell voran in der „privaten" Kolonie Hertingshausen, wo einige der niedergelassenen Familien (die Boucsein vor allem) wohlhabend genug waren, um selbst ihre Behausungen zu bauen, ohne auf irgendwelche Hilfe warten zu müssen. Im Gegensatz dazu verzögerte sich in anderen Kolonien, wie Schwabendorf und Louisendorf, der Bau erheblich: in Schwabendorf begann er in der Tat nicht früher als sieben Jahre nach der Ankunft der Réfugiés.

Die Anlage der Siedlungen war einfach: man wählte häufig die Form des Straßendorfes, die in Todenhausen deutlich mit dem deutschen Teil der Siedlung, einem Haufendorf, kontrastiert; manchmal ähnelte die Anlage einem Kreuz (in Kelze z.B.) oder einem T (wie in Mariendorf).

Dagegen existiert ein spezifisch hugenottischer Haustyp überhaupt nicht. Der Hausbau war abhängig von den vorhandenen Materialien – daher erklärt sich auch die Häufigkeit des Fachwerks – und wies von Kolonie zu Kolonie Unterschiede auf: Doppelhäuser in Frankenhain, Flachhäuser in Gethsemane, Häuser mit einer Etage in Todenhausen und Wiesenfeld.

Kirche und Schule gehörten selten zu den Einrichtungen, denen Vorrang eingeräumt wurde: der Fall war dies jedoch in Mariendorf und Carlsdorf, Kolonien, deren Gründung einer stringenten Planung gefolgt war, und in denen Kirchen bereits 1702 bzw. 1705 errichtet wurden. Anderswo dauerte es viel länger (in Gewissenruh bis 1779).

Die Benennung der Siedlungen folgte einfachen Regeln: einige Kolonien übernahmen schlicht und einfach den Namen der alten Lokalität (Kelze, Todenhausen). Andere trugen Namen, die der fürstlichen Familie entlehnt waren: Carlsdorf, die erste hessische Kolonie, verdankt seinen Namen dem Landgrafen Karl; Mariendorf wurde nach der Gemahlin des Landgrafen, Marie-Amelie, benannt; Louisendorf trug den Namen der Prinzessin Marie-Louise, Friedrichsdorf den des Landgrafen Friedrich II. Manche Kolonien schließlich führten symbolische Namen: Gewissenruh und Gottstreu.

II. Die Wirksamkeit der Hugenotten

Die Landlose, die den Réfugiés zugeteilt worden waren, bildeten – aufs Ganze gesehen – Ackerland, das ihnen ein auskömmliches Leben ermöglichte. Indessen ließen die Schwierigkeiten bei der Bodennutzung nicht lange auf sich warten. Die Mehrzahl der zugeteilten Landstreifen war in den meisten Kolonien von mäßiger Qualität. Ausnahmen waren allein Hertingshausen und Hof Frauenberg, beides „private" Kolonien, wo die Réfugiés fruchtbarere Böden ausgewählt hatten.

Abgesehen von der in der Regel geringen Fruchtbarkeit des Bodens kam noch die Gestalt der Äcker und deren Lage belastend hinzu. Die neugeschaffenen Parzellen waren besonders schmal; die Flurbezeichnungen erinnern auch heute noch daran: („Die langen Stücke", „Die schmalen Äcker"). Stellenweise (Gewissenruh, Gottstreu) waren sie zudem geneigt, so daß die Schwierigkeiten bei der Nutzung noch zunahmen. In anderen Kolonien, wie in Louisendorf, lagen die zu bearbeitenden Äcker weit entfernt von dem Wohnort. Für gewisse Siedlungen (Todenhausen, Kelze) erwies sich die Schaffung einer homogenen Feldmark als schwierig. Von Anfang an zeigte sich, daß die Nutzungsbedingungen wenig günstig waren; man kann allgemein eine sehr schmale Parzellierung feststellen, die Parzellen waren klein, von geringer Qualität und ungünstig gelegen. Um 1778 dachte man sogar daran, die Kolonie Sankt Ottilien aufzugeben, wo die Lebensbedingungen sehr schlecht waren und zudem noch die landwirtschaftlichen Kenntnisse fehlten. Darüber hinaus waren nicht allen Kolonien auch Weiderechte zugestanden worden: gewährt waren sie z.B. Carlsdorf und Mariendorf, verweigert wurden sie Kelze und Schöneberg; dasselbe galt für das Recht der Schweinemast: gewisse Kolonien haben es jedoch nie erhalten.

Schwierigkeiten entstanden auch aus dem Zusammenwohnen mit den Deutschen, sei es, daß es sich um denselben Ort oder um benachbarte Gemeinden handelte. So hatte der Landgraf durch seine Kommissare an die Réfugiés Saatgut verteilen lassen, so daß mit der Bebauung des Bodens begonnen werden konnte, wobei die deutschen Bauern die Neuankömmlinge bei der Bodenbestellung durch die leihweise Überlassung ihrer Pflüge unterstützen sollten. Diese Ausleihe kam jedoch nicht zustande, mit der Folge, daß die Franzosen sich wie z. B. in Schwabendorf weiterhin mit einfachen Werkzeugen zufriedengeben mußten. Anderswo – beispielsweise in Todenhausen – weigerte man sich sogar, Dünger an die Franzosen zu verkaufen. Grenzfragen bildeten gleichermaßen eine Quelle zahlreicher und endloser Konflikte. An anderer Stelle kam es sogar vor, daß deutsche Bauern die Ernten der Hugenotten vernichteten, indem sie ihr Vieh über deren Felder trieben. Einigen von ihnen wurde vorgeworfen, daß sie weiterhin vom Zehnt befreit waren, obwohl die Geltungsdauer der Privilegien bereits abgelaufen war.

Die mittelmäßige Bodenqualität und die Zusammenstöße mit den deutschen Nachbarn riefen zwei Arten der Reaktion hervor. Auf der einen Seite wurde gefordert, stets die Nähe des Landgrafen zu suchen, um Weideland und Triftflächen für das Vieh zu erhalten, da das Weiden auf den abgeernteten Äckern allein nicht ausreichte; außerdem ging es um Waldrechte und die Rodeerlaubnis mit dem Ziel, die Ackerflächen zu vergrößern.

Der Landgraf gestand den Flüchtlingen diese Rechte, oft genug durch ihre Not veranlaßt, nach und nach zu. Auf der anderen Seite wurden Anstrengungen unternommen, um eine Begrenzung oder mehr noch: ein Verbot der deutschen Einwanderung in die hugenottischen Kolonien zu erreichen. Dabei spielten vor allem ökonomische Motive eine Rolle: man wollte in erster Linie den Franzosen die in unsicheren Verhältnissen lebten, die verbliebenen Landparzellen reservieren. Die Verbote gingen vom Landgrafen selbst aus, der die Ansiedlung von Deutschen nach einem Gesuch der Réfugiés untersagte. Dies galt für Todenhausen noch bis 1772. Der Zuzug dorthin war teils verboten, teils wurde er überwacht: Die Folge war, daß in manchen Kolonien ein Deutscher nicht als Käufer von Land auftreten konnte, wenn ein Franzose es zu erwerben wünschte. Allerdings zeigt der Kataster von 1780 die Grenzen dieser Maßnahmen: zu diesem Zeitpunkt gehörte die Hälfte der Feldmarken „französischer" Dörfer Eigentümern mit deutschen Namen.

Die Franzosen lebten in unsicheren wirtschaftlichen Verhältnissen, wobei sie – wie man annimmt – überwiegend eine Dreifelderwirtschaft und in geringerem Maße Viehzucht (vor allem Schafe) betrieben, da der Besitz von Vieh durch das Fehlen von ausreichendem Weideland eingeschränkt werden mußte. Ein Chronist des 18. Jahrhunderts berichtet, daß die Neuankömmlinge durch rationellere Bewirtschaftung des Bodens eine Neuerung eingeführt hätten, was jedoch sehr zweifelhaft zu sein scheint. Was dagegen die Einführung der Kartoffel, des Kirschbaums und anderer Obstbäume (in Schöneberg) sowie die Zucht von Truthähnen (in Carlsdorf) angeht, so kann man zweifellos von Innovationen sprechen. Jedoch waren es häufig Zwangslagen und schwierige Lebensbedingungen, die sie dazu veranlaßten.

Die Landwirtschaft verschaffte den Réfugiés also nur magere Einkünfte. So kam es nicht selten vor, daß sie Nebenbeschäftigungen ausübten. Auf diese Weise sind viele „Kolonisten" zu Bierbrauern oder Branntweinbrennern geworden. Dies war besonders der Fall in Mariendorf, Hof Frauenberg, Gottstreu und Schöneberg. In der letztgenannten Kolonie erhielt jeder Grundbesitzer automatisch das Privileg, Bier brauen zu dürfen. Einige Bewohner von Immenhausen, die dieses Privileg besaßen, behielten es, als sie sich in Mariendorf niederließen. Man fand daher häufig Bierbrauer und Branntweinbrenner in den hessischen Kolonien.

Noch weitaus häufiger vertreten waren Handwerker, die Wolle verarbeiteten. Dies war das am weitesten verbreitete Handwerk in den Kolonien Hessens, das Wollkratzern („cardeurs"), Wollkämmern („peigneurs"), Wollarbeitern („travailleurs de la laine"), Strumpfwirkern („fabricants de bas"), aber auch Werkzeugmachern (für die Webrahmen) Beschäftigung bot. Die übrigen Handwerke – Leinenweberei, Hutmacherei, Keramik, Ziegelbrennen, Goldschmiedekunst – waren weniger verbreitet. Die Wollverarbeitung beherrschte demzufolge das Handwerk, was sich zu einem Teil aus der Nähe zu Kassel, dem Zentrum der Tuchproduktion, erklärt, das die Ansiedlung von gewerblichen Betrieben in Carlsdorf, Kelze und Schöneberg bestimmte. Für andere Kolonien, wie Schwabendorf, war der Zuzug einer großen Anzahl von Strumpfwirkern, die aus dem Tal von Pragela stammten, prägend: 1780 übten dort noch 60% der Hugenotten wollverarbeitende Berufe aus.

Dennoch muß die Bedeutung des ländlichen Handwerks relativiert werden. In vielen Fällen blieb es eine Zusatzbeschäftigung, in anderen wiederum wurde es zur Haupteinnahmequelle, wie in Schwabendorf oder Kelze, als sich die dortigen Bodenverhältnisse und die daraus resultierenden Lebensbedingungen als zu dürftig erwiesen. Nur drei Kolonien waren für ihr Handwerk bekannt: Frankenhain, Schwabendorf und Wiesenfeld. Aufgrund mangelnder Absatzmöglichkeiten nahm die Bedeutung des Handwerks im letzten Drittel des 18. Jahrhunderts übrigens ab.

Welche wirtschaftliche Bilanz läßt sich nun im Blick auf die Hugenotten der nordhessischen Kolonien ziehen? Man muß tatsächlich drei Typen von Kolonien unterscheiden: ausschließlich landwirtschaftliche Kolonien (Gottstreu und Gewissenruh), Kolonien, die gleichermaßen auf Landwirtschaft und Handwerk gegründet waren und der Zahl nach überwogen, sowie überwiegend handwerkliche Kolonien, die selten vorkamen. Über die Verschiedenartigkeit der wirtschaftlichen Profile hinaus kann man jedoch nur die Feststellung treffen, daß der ökonomische Einfluß der Hugenotten eher mäßig war. Einerseits fehlten die Grundvoraussetzungen für lebensfähige landwirtschaftliche Kolonien. Die ländlichen Kolonien konnten schwerlich erfolgreich sein, da die Böden von schlechter Qualität waren und die Ansiedlung der Einwanderer auf dem Land in erster Linie ein Notbehelf war: es ging darum, die Masse der Flüchtlinge unterzubringen und zugleich die Entstehung von Konfliktherden in den Städten zu verhindern.

Was andererseits das Handwerk betrifft, war dieses weit davon entfernt, eine Haupteinkunftsquelle zu bilden; es stellte vielmehr eine Beschäftigungsmöglichkeit dar, die zusätzlich das Leben sichern half und die immer durch Absatzschwierigkeiten begrenzt blieb. Die französischen Flüchtlinge, in der Mehrzahl ursprünglich Bauern, hatten also nicht die erwartete wirtschaftliche Dynamik ins Land gebracht.

Entsprach die Leistung der Hugenotten also dem Plan des Landgrafen, „die Réfugiés als das neue Element des hessischen Gewerbs" zu benutzen? Es fällt schwer, diese Frage zu bejahen. Die ländlichen Kolonien bieten hierfür eine gute Anschauung. Wenn die Réfugiés für die Einführung neuer Kulturpflanzen verantwortlich waren, kann man deswegen schon von wirklichen Innovationen sprechen? Es ist zweifellos eher anzunehmen, daß diese „Neuerungen" aus den fürstlichen Gärten stammten, um durch die Hugenotten weiter verbreitet zu werden. Was die Wollbearbeitung angeht, war sie sicher repräsentativ für das hugenottische Handwerk. Aber richteten sich die Aktivitäten der Hugenotten nicht eher auf die Verbreitung als auf die Neuerung wirtschaftlicher Methoden?

III. Integration und Assimilation

1. Konsequenz des Zusammenwohnens: Integration

Die Präsenz einer deutschen Bevölkerung in den hugenottischen Kolonien oder in deren Nachbarschaft hatte bemerkenswerte – und unvermeidliche – kulturelle Auswirkungen auf die Einwanderer (und auf die von diesem Begegnungsprozeß betroffenen Einheimischen); Auswirkungen, die nichtsdestoweniger in den jeweiligen Kolonien von unterschiedlicher Reichweite waren.

Die demographische Absorbierung der Hugenotten vollzog sich relativ schnell: seit der dritten Generation – um 1760/1780 – befand sich die französische Bevölkerung der Zahl nach in der Minderheit. Diese Absorbierung war allerdings nicht mit einer Assimilation gleichzusetzen.

Zieht man als Indikator für die gegenseitige Durchdringung die französisch-deutschen Eheschließungen heran, so zeigt sich, daß sie in diesen ländlichen Kolonien im Vergleich mit den städtischen relativ spät auftraten: die erste Mischehe wurde 1750 in Frankenhain geschlossen. In

Gethsemane wurden zwischen 1750 und 1775 71% der Ehen zwischen französischen und deutschen Partnern geschlossen, gegenüber nur 33% im Zeitraum zwischen 1725 und 1750. So lange wie möglich war man bemüht, innerhalb der Gruppe zu heiraten, d.h. innerhalb der Kolonie oder in anderen französischen reformierten Dörfern: die hugenottischen Kolonien waren stark endogam. Dies wird auch deutlich in Schwabendorf, wo eine Konsultation des Kirchenbuchs ergibt, daß bis zum Ende des 18. Jahrhunderts und zu Beginn des 19. Jahrhunderts Ehen nur innerhalb der Kolonie oder in den benachbarten Dörfern Louisendorf, Rauschenberg und Todenhausen geschlossen wurden. Nach diesem Zeitpunkt stammten die Ehepartner gleichermaßen aus reformierten deutschen Gemeinden der Umgegend wie Bracht, Schönstadt, Halsdorf.

Der ländliche Charakter all dieser Kolonien erklärt zum Teil das im allgemeinen verspätete Auftreten von Mischehen, wobei Ausnahmen zu beachten sind: im Vergleich zu vielen anderen Kolonien trat sie in Hof Frauenberg verfrüht auf, denn das Dorf war zu klein, um auf sich gestellt sein zu können; es hat übrigens nie einen eigenen Pfarrer gehabt und war seit 1716 mit der deutschen reformierten Gemeinde von Cappel verbunden. Im Gegensatz dazu verlangte die Bevölkerung von Todenhausen im Jahr 1772 auf dem Wege einer Bittschrift vom Landgrafen wirtschaftliche Maßnahmen, deren einer Aspekt die Begrenzung der deutschen Zuwanderung bildete:

„Die Kolonie von Todenhausen, im Fürstentum Marburg, wirft sich Euer Durchlauchtigsten Hoheit zu Füßen, um Ihr mit untertänigstem Respekt mitzuteilen, daß deutsche Herren wiederholt aus den Dörfern der Umgebung gekommen sind, um sich dort niederzulassen, indem sie mit den Töchtern dieser Siedlung auch die Äcker, die diese besaßen, nahmen, mit dem Ergebnis, daß sie infolgedessen Mitglieder der genannten Kolonie geworden sind.

Wie sich dadurch die Völker mischen, so jedenfalls auch die Religionen; es gibt nun Streit und Konflikte, wofür wir bereits den Beweis haben, und wir fürchten, daß weitere hierherkommen, um sich bei uns niederzulassen, woraus der völlige Ruin der Kolonie entstehen wird (...)

Wir wagen es, Eure Durchlauchtigste Hoheit untertänigst zu bitten, gnädigst dafür Sorge zu tragen, daß kein Deutscher von jetzt an mehr sich bei uns als Mitglied unserer Kolonie oder als Besitzer einer unserer Landlose niederlassen darf."

Das war ein Versuch, Mischehen zu beschränken oder das Erbfolgerecht entsprechend zu ändern. Das Gesuch wurde vom Landgrafen positiv beschieden.

In anderen Kolonien, wo es keine Verbote gab, wurde die Endogamie stillschweigend beibehalten. Weitergehende Untersuchungen würden es möglicherweise erlauben, Heiratsstrategien aufzudecken, die denen ähneln, die man in Karlshafen beobachten kann, wo man – soweit es möglich war – unter denjenigen Kolonisten heiratete, die aus derselben Region stammten.

Es muß schließlich hervorgehoben werden, daß in diesen ländlichen Kolonien die jeweils erste Mischehe oft zwischen einer Französin und einem hessischen Förster geschlossen wurde; außerdem waren es häufig die französischen reformierten Prediger oder deren Kinder, die damit begannen, Mischehen zu schließen. Ob Förster oder Pfarrer, es waren in der Regel die Honoratioren, die die Mittlerrolle zwischen den beiden Gemeinschaften übernahmen.

Diese wachsende Anzahl von Mischehen begünstigte ohne Zweifel auch den sprachlichen Austausch. Eine Bemerkung von C. W. Casparson (1785) zeigt, daß es eine Zeit der übergangsweisen sprachlichen Schwankungen in den französischen Kolonien Hessens gab: „In ihrer alten Muttersprache gemeiniglich schlecht ausdrücken und das findet auch im deutschen bey ihnen statt." Das Französische war verkümmert, aber die Kenntnis des Deutschen blieb noch lange zu ungenügend, als daß Deformierungen und eine Französisierung hätten vermieden werden können. Diese Tatsache wird bestätigt durch ein zeitgenössisches Nachlaßinventar (1780; aus Schöneberg stammend). Man findet dort unter anderem „un Sizo a tontre le haye" (Heckenschere; frz.: une paire de ciseaux pour les haies), oder auch „un vieu couto a coupe la pa" (Messer zum Strohschneiden; frz.: un vieux couteau à couper la paille), was einen Verfall des Französischen belegt. Desgleichen sind dort aufgeführt „une rispe pour les cartoufflen" (Kartoffelkorb; frz.: une corbeille pour les pomme de terre), „un ladre pour couper le foudre" (Futterlade; frz.: coupe-paille), oder auch „une braque de chambre" (Breche; frz.: brisoir). Diese Beispiele erhellen ausreichend die Französisierung deutscher Wörter. Dieselbe sprachliche Konfusion erscheint in einem auf einen Ziegel gravierten Text des „Vater unser", der 1927 in Mariendorf entdeckt wurde: „Noter berr, Geht esius, donon soet sanctifiet" (frz.: Notre Père qui es aux Cieux, que ton nom soit sanctifié. . .).

Diese sprachliche Transformation erwies sich in einem umfassenden Sinn als wichtig, aber es muß angemerkt werden, daß man in einigen bestimmten Bereichen früher auf deutsche oder ursprünglich deutsche, und erst danach auf französisierte Ausdrücke zurückgriff. Dies geschah einmal in bezug auf Maße und Gewichte: in den französischen Texten findet man häufig deutsche Einheiten, wie Morgen und Malter. Andererseits war dies der Fall bei dem Vokabular, daß im Hinblick auf Werkzeuge Anwendung findet: es sei hier nur an „le ladre", „le braque" oder auch „la haque" (= Hacke) erinnert. Derartige Anleihen finden sich gleichermaßen auch in der Amtssprache: „Forstaire" (vom deutschen Wort: Vorsteher) wurde anstelle von „procureur" verwendet. Es handelte sich also in allen diesen Fällen um Begriffe, die mit dem alltäglichen Leben zusammenhängen: mit dem Einzelhandel (Lebens- und Nahrungsmittel; Werkzeuge), mit einfachem Dialog (Flüche und eventuell – aber dies ist lediglich eine Annahme – die Sprache der Liebe) und mit juristischen Anordnungen. Dagegen hielt sich das Französische, wenn auch in deformierter Form, länger im Bereich des Privatlebens.

Am Ende des 18. Jahrhunderts befand sich also die Sprache der „Kolonisten" in einem grundlegenden Wandlungsprozeß: die Anleihen aus dem Deutschen mehrten sich in einigen spezifischen Vokabelbereichen, während im Hintergrund das verarmende und sich deformierende Französisch seine Vorrangstellung in der internen Kommunikation behielt.

Zu Beginn des 19. Jahrhunderts, als die Hugenotten schon seit fünf Generationen im Land ansässig waren, verstanden sie die deutsche Sprache mühelos, wenn sie nicht sogar von der Mehrzahl der „Kolonisten" gesprochen wurde. Diese Tatsache rechtfertigte 1804 die Abschaffung der Französischen Kanzlei in Kassel auf Betreiben des Landgrafen, eine Maßnahme, die eine weitere Etappe auf dem Weg zur Integration der hugenottischen Kolonien markierte.

Dieser Wendepunkt um 1800 entsprach dem Anstieg der Mischehenzahl, der fortgeschrittenen Verbreitung des Deutschen, sowie dem Verlust der früher gewonnenen juristischen Positionen. Er markiert in einem engeren Sinne das „Ende" der Kolonien, ohne daß deswegen der „Geist" der Kolonisten verschwand.

Nichtsdestoweniger hatte eine Entwicklung eingesetzt, die mit dem Ergebnis enden sollte, das Henri de Tallenay in einer Denkschrift des Jahres 1857 beschrieb (‚Über die religiösen Verhältnisse in Kurhessen'):

„In den von französischen Réfugiés gegründeten Siedlungen Hessens ist die religiöse Situation günstiger (als anderswo), wo die Religion schon einen Gutteil ihres ursprünglichen Charakters eingebüßt hat; die Mischehen sind noch nicht so häufig wie in der Hauptstadt und die Kenntnis der französischen Sprache hat sich recht gut erhalten. Es ist allerdings vor allem ein Mißstand vorhanden, der früher oder später die Auflösung dieser Gemeinden herbeiführen wird: die Schwierigkeit, Pfarrer mit ausreichenden französischen Sprachkenntnissen zu finden. Früher das unzureichende Gehalt, heute die gestiegenen Lebenshaltungskosten entmutigen junge gebildete Leute, den Beruf des Pfarrers einer französischen Gemeinde zu ergreifen. Das ist auch der Grund, weshalb französische Schulmeister so selten geworden sind und weshalb einige Gemeinden sich veranlaßt gesehen haben, im Unterricht die französische Sprache zu ersetzen. (...)

Es gibt in Hessen kaum mehr als zwei oder drei Gemeinden, in denen sich die französische Sprache erhalten hat und wo in den Kirchen abwechselnd in Französisch und Deutsch gepredigt wird."

Jedoch zeigen die Nuancen, die dieser Text vermittelt, daß diese Entwicklung in den einzelnen Kolonien unterschiedlich schnell vor sich gegangen ist. Tallenay schreibt übrigens des weiteren: „Der Franzose, der nach Kassel reist, wird angenehm überrascht, wenn er den Wochenmarkt besucht und dort in einer Ecke seine eigene Sprache hört, in korrekter Weise gesprochen von den Bauern, die aus den französischen Kolonien kommen, um ihre Lebensmittel in der Hauptstadt zu verkaufen."

Obwohl von Übertreibungen nicht ganz frei, zeugen diese Zeilen von der Erhaltung eines den ländlichen Kolonien eigenen Charakters, in diesem Fall von der Bewahrung des Französischen.

2. Eine weitere Konsequenz: schrittweise Assimilation

Im kirchlichen Bereich waren die Réfugiés besonders bemüht, ihre Eigenständigkeit in institutioneller und sprachlicher Hinsicht zu bewahren. Davon zeugen die wiederholten Bemühungen, eine synodale Kirchenverfassung, wie sie in Frankreich existierte, vom Landgrafen jedoch abgelehnt wurde, wiederaufzubauen. 1724 bewilligte der Landesherr immerhin die Schaffung einer „Inspektion der Französisch-Reformierten Kirche Hessens", die es den Hugenotten erlaubte, die Kontrolle und ein – begrenztes – Aufsichtsrecht über das kirchliche Leben auszuüben, wobei sie zugleich in enger Abhängigkeit vom Landgrafen gehalten wurden. Im Gegenzug hatte sich der Landgraf verpflichtet, den „Kolonisten" die Verwendung des Französischen im Gottesdienst zu belassen. Dies war ein Privileg, an das sich die Hugenotten lange Zeit gebunden fühlten, trotz der gelegentlich frühzeitigen Bemühungen, die deutsche Sprache einzuführen.

In Gethsemane versuchte 1741/42 ein neuernannter deutscher Pfarrer, der französischen Gemeinde den Gebrauch des Deutschen im Gottesdienst aufzuerlegen. Er stieß auf heftigen Widerstand und die Affäre wurde 1755 vor den Inspektor der französisch-reformierten Kirchen Hessens, Rochemont, gebracht, der den Pfarrer dazu bewog, auf sein Vorhaben zu verzichten, indem er schloß: „Die Gemeinde will französisch bleiben." Sogar weniger radikale Bemühungen stießen auf Schwierigkeiten: so in Treysa, wo im Januar 1798 der Vorschlag, den Gottesdienst abwechselnd auf deutsch und französisch zu halten, von der Bevölkerung zurückgewiesen wurde. Diese fortdauernde Anhänglichkeit gewann den Charakter einer wirklichen Fixierung, die die Symbolkraft, die dem Französischen beigemessen wurde, bezeugt: 1818 verlangte in Todenhausen, wo das Deutsche zu dieser Zeit die geläufige Sprache war, die Gemeinde beim Tod ihres Pfarrers einen anderen französischsprechenden Pfarrer. Viele weitere Dörfer forderten die uneingeschränkte Beibehaltung des Französischen im Gottesdienst, sogar dann, wenn sie kein Wort mehr davon verstanden. In Louisendorf, der letzten Kolonie, die ihn aufrechterhielt, wurde der Gottesdienst in französischer Sprache erst 1871 abgeschafft. Jedoch hat die allgemeine Abschaffung des Gottesdienstes in französischer Sprache nicht völlig dessen Spuren ausgelöscht, wovon die Behauptung eines aus Carlsdorf stammenden Hugenottennachkommen, Louis Bonnet, von 1920/30 zeugt: „Beten, das kann ich nur französisch."

Betrachtet man die Taufnamen, deren Symbolgehalt von mehreren Anthropologen bekräftigt worden ist, so zeigt sich, daß sie sich parallel zur Verwendung des Französischen im Gottesdienst entwickelten. Was die Vornamen der Kinder aus gemischten Ehen anbetrifft, stellt man an den Beispielen von Schwabendorf und Wolfskaute fest, daß die Mehrzahl der Vornamen bis 1820 französisch war, ohne Unterschied der Geschlechtszugehörigkeit des hugenottischen Partners. Die deutschen Vornamen (Wilhelm, Konrad, Hermann, Friedrich) erschienen erst gegen Ende des 18. Jahrhunderts, und dann zunächst in einer französisierten Form (Wilhelmine, Jean-Conrad). Einen Aufschwung erlebten sie in ihrer deutschen Form erst in den Jahren nach 1810. Dasselbe läßt sich auch in Karlshafen und wahrscheinlich auch in andern hessischen Kolonien beobachten.

Demgegenüber fand die deutsche Sprache in weniger symbolträchtigen Bereichen als dem des eigentlichen Gottesdienstes oder dem der Namen früher Eingang: in Schöneberg, wo der Gottesdienst bis 1820 in Französisch zelebriert wurde, benutzte man das Deutsche bereits seit 1767 in den Kirchenrechnungen. Das Französische setzte sich im kirchlichen Bereich allgemein bis in die Jahre um 1820/30 fort, allerdings mit einigen Ausnahmen: Der Unterricht in französischer Sprache war der Flüchtlingsbevölkerung ebenfalls vom Landgrafen garantiert worden, wovon auch andere profitieren sollten: in Carlsdorf stellt man unter dem Jahr 1709 die Anwesenheit deutscher Schüler in der französischen Schule fest.

Dies ist ein Beispiel für das kulturelle Vermittlungswerk der Réfugiés. Wie beim Kultus vollzog sich auch hier die Ersetzung des Französischen durch das Deutsche allmählich und durchlief dementsprechend eine Übergangsphase: der Unterricht wurde in beiden Sprachen erteilt. Auf diese Weise haben sich zweisprachige Schreibübungen in Wiesenfeld erhalten. Andere Beispiele bestätigen die Existenz eines französisch gehaltenen Unterrichts bis in die 1820er Jahre: in Kelze wurden noch 1819 vierundzwanzig „vocabulaire" für die Schule angeschafft. Von den Jahren 1820–30 an überwiegt freilich der deutsche Unterricht. Jedoch gab es große Unterschiede zwischen den einzelnen Kolonien: in Todenhausen wurde der Unterricht 1841 ausschließlich in deutscher Sprache erteilt, während in Louisendorf der Unterricht in Französisch erst 1850 dem zweisprachigen Unterricht weichen mußte, der wiederum erst 1871 zugunsten des Deutschen aufgegeben wurde.

Es wird also deutlich, daß die französische Sprache im kirchlichen Bereich und im Unterricht länger im Gebrauch blieb als im täglichen Leben. Und selbst dann vermochten die napoleonischen Episoden dazu beizutragen, die landesherrlichen Bemühungen um die Assimilation der alten französischen Bevölkerung zu beschleunigen (dies war eindeutig in Gethsemane der Fall). Wie dem auch sei, die Hugenotten verstanden es, ihre kulturelle Eigenständigkeit zu wahren, was sie freilich nicht davon abhielt, sich gleichzeitig zu integrieren. Wir haben in der Tat gesehen, daß die Anleihen aus der deutschen Sprache schnell und zahlreich in den Bereichen der geläufigen Beziehungen (Handel, Recht) vor sich gegangen sind; sie erlaubten es den Hugenotten, ursprüngliche Charakteristika zu bewahren (Gottesdienst, Unterricht). Diese Anleihen zeugten nämlich von einer gewissen Integrationsbereitschaft der Réfugiés, die sie trotz aller Unterschiede als annehmbar erscheinen ließen. Indem sie ihre Integration betrieben, schafften die Hugenotten es, zugleich ihre Eigentümlichkeit zu erhalten und verzögerten auf diese Weise ihre Assimilation.

Dieselbe Strategie zeigt sich in ihrem gesamten kulturellen Verhalten: einerseits beobachtet man eine gewisse Öffnung gegenüber deutschen Gepflogenheiten, wie die Schaffung einer „Société de Tir" in Kelze (deren Reglement vom 24. März 1805 noch in französisch verfaßt ist) nach dem Vorbild der deutschen Schützenvereine (bei den Hugenotten handelte es sich um ein Kegelspiel); andererseits bemühten sich die Réfugiés, ihre kulturelle Gemeinschaft zu bewahren.

Bemerkenswert ist in der Tat die Beständigkeit des hugenottischen Elements in den Schlüsselpositionen der Kolonien, seien es Pfarrer, Schul- oder Bürgermeister. Es sind die Franzosen, die bis ca. 1820, manchmal darüber hinaus, diese Positionen innehatten (in Sankt Ottilien trug der Schulmeister 1843 den einzigen französischen Namen der Kolonie; in Treysa stellte eine französische Familie von 1773–1881 die Schulmeister), selbst dann, wenn die französische Bevölkerung zur Minderheit geworden war; in Hofgeismar und Grebenstein blieben die Bürgermeister französischer Abstammung.

Auf der anderen Seite gelangten häufig die Mitglieder ein und derselben Familie auf diese Posten, gleichgültig in welcher Kolonie; dies ist bezeichnend für das enge Netz der Beziehungen zwischen den verschiedenen Dörfern, in welchen die Vorherrschaft von Familien mit ausgeprägt „französischem" Charakter ausgeübt wurde. Die Familie Suchier ist dafür ein gutes Beispiel: François, Jean Daniel, Chrétien Henri Paul haben jeweils nacheinander zwei Gemeinden innegehabt, die alle nicht mit ihrem Geburtsort identisch waren; dagegen war Guillaume, Pastor von

1794–1846, sein ganzes Leben lang in seiner Heimatgemeinde geblieben, wo er 1825 den Zusammenschluß der französischen und deutschen reformierten Gemeinden inauguriert hatte. Hier ist auch das Beispiel der Familie Aillaud zu nennen, von der sechs Mitglieder über vier Generationen hinweg an zehn verschiedenen Orten Schulmeister waren. Von den letzten drei Mitgliedern beendeten nach 1835 zwei ihre Karriere in deutschen Städten (Gelnhausen und Rauschenberg), während der dritte, Daniel Aillaud, sein ganzes Leben in Sankt Ottilien blieb, wo er 1843 als einziger noch einen französischen Namen trug. Man könnte noch weitere Beispiele anführen.

Es existierte also eine französische Kulturgemeinschaft, die den Rahmen der Kolonien überschritt und die bis zum Anfang des 19. Jahrhunderts besonders lebendig war. Eine ihrer markantesten Persönlichkeiten war Dorothea Viehmann (1755–1815), die – der hugenottischen Familie Pierson aus Schöneberg entstammend – den Gebrüdern Grimm zahlreiche Fragmente französischer Erzählungen lieferte. Die Homogenität dieser Gemeinschaft wurde durch den Austausch der Pfarrer und Schulmeister zwischen den einzelnen Kolonien erhalten. Seit den Jahren 1820/30 etwa zeigten sich freilich Zerfallserscheinungen; die Pfarrer und Schulmeister hörten damit auf, ihren Aufenthaltsort zu wechseln, Gottesdienst und Unterricht in französischer Sprache gingen zurück; mehr noch: sie verschwanden stellenweise, so daß einige Schulmeister – und wahrscheinlich auch Pfarrer – ihren Beruf gleichermaßen in alten hugenottischen Kolonien wie in deutschen Städten ausüben konnten. So entstand eine Situation, wie sie 1857 von Tallenay beschrieben wurde.

Obwohl sich eine gewisse Integration der hugenottischen Kolonien seit dem Ende des 18. Jahrhunderts in den Bereichen des täglichen Lebens vollzogen hatte, hatte auf diese Weise die von der Gesamtheit der Kolonien gebildete Kulturgemeinschaft – gegründet auf den Gottesdienst und den Unterricht in französischer Sprache, sowie auf lebendige kulturelle Traditionen – längere Zeit Bestand gehabt und zu einer Verbreitung bestimmter Elemente der französischen Kultur beigetragen. Seit den 1820er Jahren fiel diese Gemeinschaft auseinander; dazu trugen gleichermaßen das Aufgehen der französischen Familien in der deutschen Bevölkerung wie die Nachwirkungen politischer Ereignisse bei. Im kollektiven Gedächtnis hielt sich dennoch zäh die Erinnerung an die hugenottische Eigenart.

3. Ein zähes hugenottisches Gedächtnis

Nach einer Periode des Übergangs schien vor allem gegen Ende des 19. Jahrhunderts die hugenottische Erinnerung zu erwachen: zu einem Zeitpunkt, da fast alle französisch-reformierten Gemeinden verschwunden waren, war auch die Gefahr des Vergessens groß. Man mußte sich also erinnern und nochmals erinnern.

Das Erwachen der hugenottischen Erinnerung vollzog sich lediglich in Deutschland in diesem Ausmaß. Dem entsprach das Aufblühen einer hugenottischen Zeitschriftenkultur zwischen 1874–1940. Ebenfalls in dieser Phase wurde 1890 der Deutsche Hugenottenverein (DHV) in Friedrichsdorf bei Frankfurt am Main gegründet. Aber zuallererst war dies die Stunde des Gedenkens.

Auf diese Weise begingen seit dem Ende des 19. Jahrhunderts praktisch alle hessischen Kolonien das Gedenken des Jahrestages ihrer Gründung; es handelte sich also um eine 200-Jahr-Feier. Die Jubiläen boten einen Anlaß für verschiedenartige Veranstaltungen, wie historische Festzüge und Lustspiele, Theateraufführungen, französische und deutsche Predigten. Anläßlich der 200-Jahr-Feier von Gewissenruh (1922) fand z. B. ein Festzug statt, der die Ankunft der Réfugiés nachstellte: Leute in historischen Kostümen der entsprechenden Zeit wurden begleitet von Kühen und Schweinen; die kostümierten Frauen trugen Spinnräder.

Einige Kolonien feierten darüber hinaus noch andere Gedenkfeste: in Frankenhain wurde von Zeit zu Zeit eine „Kirschenkirmes" organisiert, in Erinnerung an die Einführung von Obstbäumen durch die Hugenotten; in Kelze feierte man die „Kelzer Mayence", die von den Hugenotten eingeführt worden sein soll und das Frühjahr ankündigt. Dieses Fest wird noch heute gefeiert.

Einige Familien haben sich zu Familienverbänden zusammengeschlossen: die Martins, die Mulots und die Suchiers (1933). Der Verband der Martins gibt noch heute Familiennachrichten heraus, die Berichte über genealogische Forschungen und Reisen nach Frankreich enthalten. Der Verband versammelt seine Mitglieder regelmäßig – alle zwei Jahre –, hält Gottesdienste und organisiert „Pilgerfahrten" in verschiedene hessische Kolonien, in denen sich ihre Vorfahren angesiedelt hatten. Man erhält also einen Teil der hugenottischen Erinnerung durch die Pflege der familiären Vergangenheit.

Im 20. Jahrhundert wurden die Bemühungen um eine Historisierung dieser Erinnerung verstärkt. Die Gedenkfeiern anläßlich des 250. und 275. Jahrestages ihrer Gründungen ließen einerseits Platz für den traditionellen Festzug: 1972 stellten in Gewissenruh kostümierte Reiter die landgräflichen Agenten dar; Gespanne zogen mit Möbeln beladene Wagen oder transportierten auf diese Weise am Spinnrad arbeitende Frauen; Männer schoben Schubkarren mit landwirtschaftlichen Gegenständen (Dreschflegel, Harken, Gießkannen); Hirten trieben ihre Tiere. Aber darüberhinaus wurden zu diesen Anlässen Monographien (z. B. 1970 für Todenhausen) oder kleine Geschichtshefte (z. B. in Gewissenruh und Gottstreu 1972) herausgegeben.

In der letzten Zeit erst haben sich in den Gemeinden der alten französischen Dörfer Arbeitsgruppen gebildet, die sich mit Genealogie beschäftigen. In Schwabendorf haben sie ein Familienbuch herausgegeben (demographische Rekonstruktion der Familien auf der Grundlage einer systematischen Auswertung der Kirchenbücher). Darüber hinaus wird die Schaffung von Museen betrieben, eine Entwicklung, die ihren Höhepunkt 1980 mit der Eröffnung des Hugenottenmuseums in Karlshafen gefunden hat, die sich jedoch weiter fortsetzt; das vorläufig letzte Museum wurde im Juni 1984 in Schwabendorf eröffnet, wo das Haus des 2. Pfarrers der Gemeinde, Daniel Martin, wiederaufgebaut worden ist.

Schließlich muß die kürzlich erfolgte Schaffung der „Hugenottenerlebnistour" in Nordhessen erwähnt werden, die die Besichtigung einiger Kolonien – Mariendorf, Carlsdorf, Kelze, Schöneberg – und die Besichtigung des Museums in Karlshafen anbietet. Die hugenottische Vergangenheit bildet also einen zusätzlichen touristischen Trumpf, den die alten französischen Dörfer eifrig ausspielen: Restauration von Kirchen, Erhaltung von Inschriften an Häusern; man kann heute bei den Jouvenals in Gewissenruh speisen, oder auch im Restaurant „Zum Jean Bonnet" in Kelze französische Gerichte essen.

Die Formen des Gedenkens entwickelten sich also im Laufe der Jahre. Im 19. Jahrhundert beschäftigten sich die einzelnen Gemeinschaften mit sich selbst; die Erinnerung vollzog sich intern. Im Laufe des 20. Jahrhunderts überschreitet die Darstellung den Rahmen einzelner Gemeinden: Rundwege verbinden die Dörfer, die Museen und Publikationen breiten die hugenottische Vergangenheit vor der gesamten Gesellschaft aus.

Heute sind diese Gemeinden über die Rekonstruktion der Vergangenheit wieder hugenottisch geworden; sie läßt die kollektive Erinnerung wieder aufleben. Durch das Prestige des 18. Jahrhunderts verherrlicht, unterhalten im 19. und 20. Jahrhundert, nimmt die Erinnerung an die französische Präsenz heute Formen der Frankophilie an. (Abb. 12, 13, 14)

Myriam Yardeni

Refuge und Integration. Der Fall Erlangen

Als man in Frankreich wenige Jahre nach der Aufhebung des Edikts von Nantes den früheren Zustand noch einmal wiederherzustellen suchte, schien für die um ihres Glaubens willen geflüchteten französischen Protestanten eine Rückkehr in ihre Heimat möglich zu werden. Doch entgegen manchen Vermutungen war das für die Masse von ihnen nicht die erträumte Lösung ihrer Probleme: zu schmerzhaft waren ihre Erfahrungen und zu schlecht ihre Erinnerungen, als daß eine solche Heimkehr nicht hätte gewagt erscheinen müssen.

Ihnen stand vielmehr ein anderes Wunschbild vor Augen: die Gründung in sich geschlossener Hugenottenkolonien, ja sogar eines neuen, französisch-protestantischen Staatswesens. Diese Utopie hatte mit dem energischen Henri Duquesne, dem Sohn des berühmten hugenottischen Admirals Ludwigs XIV., Abraham Duquesne, sogar vorübergehend eine Chance, auf der Insel Bourbon verwirklicht zu werden; doch sie blieb Utopie.[1] Die Protestanten, die nach Amerika geflüchtet waren, baten Ludwig XIV. um die Erlaubnis, eine solche Kolonie in Louisiana gründen zu dürfen – ein Anliegen, das verächtlich abgewiesen wurde. In Südafrika fanden sich die französischen „Kolonisten" von Stellenbosch in der rein französischen Siedlung Drakenstein zusammen.

Nur in Deutschland wurde die Utopie Wirklichkeit. Dort sah eine ganze Reihe von Fürsten ihrerseits in der Gründung von Kolonien, die ausschließlich den Hugenotten vorbehalten sein sollten, die einfachste Möglichkeit, diese in ihrem Staat anzusiedeln. So gründete der Landgraf Karl von Hessen-Kassel die Neustadt von Kassel und wenig später Karlshafen, während der Landgraf Friedrich von Hessen-Homburg die berühmte Hugenottensiedlung Friedrichsdorf ins Leben rief. Die bekannteste dieser „rein französischen" Siedlungen ist aber vermutlich die Neustadt von Erlangen, die im Jahre 1701 zu Ehren ihres Gründers den Namen Christian-Erlang erhielt. Dieser, der Markgraf Christian Ernst von Brandenburg-Bayreuth, war ein lutherischer Neffe des Mannes, der als der Beschützer der Hugenotten schlechthin galt, des Großen Kurfürsten Friedrich Wilhelm von Brandenburg.

Kaum aber war die Utopie Wirklichkeit geworden, so traten an ihre Stelle die harten Realitäten des täglichen Lebens. Erlangen war darin keine Ausnahme von der Regel, ganz im Gegenteil. Die Geschichte dieser Gründung spiegelt vielmehr auf seltsame Weise nicht nur die Problematik, sondern auch das Schicksal der übrigen französischen Kolonien, die unter weniger günstigen Vorzeichen entstanden waren: der gleiche Rhythmus der Assimilation, der gleiche Prozeß schwindender nationaler und kultureller französischer Identität, das gleiche Bild von Aufbau und Verfall der kirchlichen Institutionen, die gleichen unaufhörlichen Kompromisse auf religiösem und moralischem Gebiet, die gleiche soziale Polarisation und schließlich im Gemeindeleben die gleiche Vorherrschaft einer egozentrischen, sich verzweifelt an ihre Privilegien klammernden Oligarchie. Die Gesamtheit dieser Aspekte macht Erlangen zu einem Idealfall für die Untersuchung des Schicksals der Glaubensflüchtlinge in ihren Zufluchtsorten.

I. Formen der Aufnahme und Aufbau der Kolonie

Die enge Verflechtung von eigennützigen und uneigennützigen Motiven, die für die Aufnahme der Glaubensflüchtlinge kennzeichnend ist, läßt sich für die Markgrafschaft Brandenburg-Bayreuth ebenso zeigen wie für alle übrigen Zufluchtsländer: Zu den Geboten der christlichen Nächstenliebe kamen die der Staatsraison, genauer gesagt, die des wirtschaftlichen Nutzens, den man aus der Ansiedlung der Hugenotten zu ziehen hoffte. In dem vom Dreißigjährigen Kriege ausgebluteten Deutschland beschränkte sich die Kosten-Nutzen-Rechnung zudem nicht auf die Einrichtung neuer Industrien, sondern schloß – in guter merkantilistischer Logik – die Neuansiedlung ganzer Bevölkerungsgruppen ein.

Alle diese Tendenzen finden sich in dem von Christian Ernst geplanten Kolonisationsunternehmen wieder. In einer ersten Phase suchte man vorzugsweise drei Gruppen nach Erlangen zu ziehen: Unternehmer, die zur Gründung von Manufakturen imstande waren; Handwerker, die dort arbeiten konnten, und Kaufleute, die die Vermarktung ihrer Produkte sicherstellten. Dazu kamen die Gruppen, die für den Aufbau des städtischen und kirchlichen Lebens notwendig waren.

Aber eine zweite Phase brachte den Druck neuer Hugenottenverfolgungen und neuer Einwanderungswellen. Es handelte sich bei ihnen um Waldenser aus dem Tal von Pragelas, um Pfälzer, die ihr Land in der Folge der französischen Besetzung verließen und schließlich um sogenannte Schweizer, die 1699 die evangelischen Kantone der Schweiz verlassen mußten, weil diese sie nicht hatten eingliedern können. Damit ging jede Planung verloren; man nahm nun ohne Unterschied Flüchtlinge von überallher auf. Aber zu diesem Zeitpunkt waren die ersten Aufnahmestrukturen doch schon festgelegt und verankert.

Das kleine Fürstentum Brandenburg-Bayreuth legte eine bemerkenswerte Fähigkeit zur Planung und Organisation der neuen Kolonie an den Tag – jedenfalls in der Theorie.

Die erste Phase hatte eine doppelte Dimension. Sie wurde zunächst durch eine am 7. Dezember 1685 erlassene Deklaration des Markgrafen umrissen, in der dieser die Privilegien aufzählte, die er den in sein Land einwandernden Réfugiés zu verleihen gewillt war. Mit dieser Deklaration versehen, brachen die Emissäre des Markgrafen zu den großen Durchgangszentren und Drehscheiben des Flüchtlingsstroms auf – nach Frankfurt am Main, Genf und Den Haag; dort suchten sie solche Flüchtlinge anzuwerben, die möglichst genau den Vorstellungen des Landesherrn entsprachen. Die ersten Einwohner der Erlanger Neustadt, die am 17. Mai 1686 dort eintrafen, waren dementsprechend fünf Kaufmannsfamilien, die alle aus Vitry-le-François stammten und Frankreich nach 1682 verlassen hatten, um in Genf Zuflucht zu suchen.[2]

Die Deklaration des Markgrafen Christian Ernst sicherte den Flüchtlingen zunächst die gleichen Rechte wie den eigenen Landeskindern zu, daneben das Recht der freien Religionsausübung. Ferner versprach der Markgraf, sich um den Unterhalt eines Pfarrers und eines Schullehrers zu kümmern, und stellte Darlehen für diejenigen Réfugiés in Aussicht, die zur Gründung von Manufakturen bereit waren. Ebenso sah die Deklaration vor, daß den Allerbedürftigsten Häuser zur Verfügung gestellt wurden, und versprach den Baulustigen alle nötige Hilfe (Baumaterial, Transportmittel, Darlehen und vor allem die Möglichkeit des späteren Ankaufs). Befreiung von Steuern und Auflagen für einen Zeitraum bis zu zehn Jahren waren ebenso in der Deklaration enthalten wie das Recht auf freie Teilhabe an den Märkten für die Réfugiés. Diese Privilegien wurden in einer zweiten Deklaration vom 15. August 1687 präzisiert und erweitert.

Die Erlanger Neustadt mußte auf dem Gelände eines ehemaligen Waldes bei Nürnberg erbaut werden und lag deshalb sehr günstig. Im Jahre 1699 konnte der Pfarrer Esprit Tholozan schon sagen: „Die Lage dieser Stadt ist äußerst angenehm; sie liegt nur drei Wegstunden von der berühmten Stadt Nürnberg entfernt und an einer für den Handel so vorteilhaften Stelle, daß nur wenige sie darin übertreffen dürften. Auch haben unsere Kaufleute ihre Verbindungen schon über beinahe das ganze deutsche Land ausgedehnt und darüber hinaus nach Holland und England. Es ist richtig, daß die Stadt noch nicht ganz fertig erbaut ist, aber wir arbeiten ständig an ihr, und bald wird man sie vollendet sehen."[3]

Aber im Jahre 1686 war man von dieser Vollendung noch weit entfernt. Die Flüchtlinge wurden zunächst in den benachbarten Dörfern untergebracht, da die Lutheraner der Erlanger Altstadt sich ihnen gegenüber äußerst feindselig verhielten. Der Markgraf kümmerte sich persönlich um die Heranschaffung der Baumaterialien nach Erlangen ebenso wie um die notwendigen Transportmittel für die Flüchtlinge. Gleichwohl gab es Schwierigkeiten, vor allem materieller Art. Die Darlehen erwiesen sich als unzureichend, und während dieser ersten Phase verfügten die Réfugiés noch nicht über genügend eigene Geldmittel, um bauen zu können. Dennoch entstanden gleichzeitig mit den ersten Häusern auch Manufakturen für die Herstellung von Wolle, Bändern, Tuchen und Kleidung.

Parallel hierzu wurde die Verwaltung der neuen Stadt eingerichtet. Dem Vorsteher der städtischen Verwaltung, den die Behörden benannten, standen drei Direktoren zur Seite, von denen zwei Franzosen waren. Ebenso wurde ein Conseil du Commerce, ein Handelskomitee, eingerichtet, das ausschließlich aus Franzosen bestand. In der Justizverwaltung schließlich blieb ein Platz einem französischen Richter vorbehalten.

Im Jahre 1690 begannen neue Flüchtlinge, nämlich die vertriebenen Pfälzer, in die Stadt zu strömen. Sie stellten schließlich etwa 30% der Bevölkerung in der Neustadt (300 Pfälzer auf 1000 Franzosen im Jahre 1698), während die Erlanger Altstadt im Jahre 1686 ungefähr 500 Einwohner zählte.

Diese Veränderungen im Verhältnis der verschiedenen Gruppen der Stadtbevölkerung untereinander zogen im Jahre 1692 eine Neuordnung der Verwaltung nach sich. Gross von Trockau wurde auf den Posten des „grand directeur“ der Stadt berufen; er behielt jedoch einen französischen Vize-Direktor, Pierre Peirille, an seiner Seite. 1697 vervollständigte ein Polizeierlaß, der jede Ausschweifung in der Stadt untersagte, ihre Verwaltungsordnung. Kennzeichnend für diese Periode ist der Beginn einer Konkurrenz zwischen deutschen und französischen Flüchtlingen um die Oberhand in den Stadtgeschäften.

Trotz verschiedener Krisen entwickelte sich die Stadt jedoch kontinuierlich. Seit 1686 betrieb Markgraf Christian Ernst auch den Bau eines Gotteshauses auf seine eigenen Kosten, – immerhin nur wenige Wochen nach der Ankunft der ersten Glaubensflüchtlinge. Das Gebäude wurde jedoch erst 1736 mit der Errichtung des Turmes seiner Vollendung zugeführt:

So treibt in wunderbarer Weise
die Kraft der Vorsehung uns an,
So bricht die Macht des Herrn dem Gläubigen,
den eben noch das Unglück hielt, nun auf.
So läßt des wieder auferbauten Zion
der Türme einer Gottes unermess'ne Huld
Als strahlend Licht in unsere Augen scheinen.[4]

Um das stets gefährdete Gleichgewicht zwischen Franzosen und Deutschen zu erhalten, „wurde das Gebäude fertiggestellt von Hans-

Georg Konhauser und Pierre-François Navelot, beide Meister des Maurerhandwerks".

Im Jahre 1708 wurde die Stadt Christian-Erlang in den Rang der sechsten „Hauptstadt" der Markgrafschaft erhoben und erhielt eine neue Verwaltung, die „Amtshauptmannschaft", die von nun an die Angelegenheiten der beiden vereinigten Städte Christian-Erlang und Alt-Erlangen führte. An der Spitze der neuen Verwaltung standen ein Präsident und unter ihm ein Vizepräsident, dem Justiz und Handel anvertraut waren, sowie zwei Sekretäre (ein Franzose und ein Deutscher) und ein Kanzleischreiber. Einer der Vizepräsidenten sollte der Franzose Rossaldy werden.

Der Anteil der französischen Glaubensflüchtlinge und ihrer Nachkommen an der Verwaltung der Stadt nahm freilich zusehends ab. Diese Entwicklung ergab sich gewiß auch aus dem wachsenden Bemühen der Fürsten, ihre Macht auf Kosten der wenigen Oligarchen aus den Einwandererfamilien zu zentralisieren, die, wiewohl inzwischen praktisch zu Deutschen geworden, eifersüchtig über ihren Status und ihre Privilegien wachten; aber sie entsprach in einem tieferen Sinne vor allem den demographischen Veränderungen, die im Laufe des 18. Jahrhunderts zum Nachteil der „François" einsetzten.

Der Prozentsatz von Franzosen unter den Einwohnern von Erlangen schwand von Tag zu Tag. Dennoch blieb die Stadt mit ihren zweistöckigen, sehr französisch wirkenden Häusern und dem Gotteshaus, das an die Kirche von Vitry-le-François erinnerte, auch im 18. Jahrhundert in vieler Hinsicht eine Hugenottenstadt.

II. Erste Krisen und Ausbau der Kolonie

Verfolgt man die Anfänge der neugegründeten Kolonie Erlangen nicht nur an Hand der offiziellen Dokumente, sondern „von innen", so ergibt sich ein ganz anderes Bild. Organisation und Planung waren zwar in der Theorie bemerkenswert, brachen aber unter dem Gewicht der Geschehnisse in der Praxis zusammen. Der Bau der Häuser blieb weit hinter dem Rhythmus der Einwanderung zurück. Als man im Jahre 1687 neue Flüchtlinge aus dem Tal von Pragelas erwartete und sich für sie um provisorische Unterkünfte bei den Bauern der umliegenden Dörfer bemühte, erschienen unerwartet 300 Arme aus dem Dauphiné und anderen Provinzen. Nun ergaben sich auch noch Schwierigkeiten aus den Beziehungen unter den Flüchtlingen aus verschiedenen Provinzen untereinander.

In einem Brief vom November 1687 an seinen Amtsbruder Dolimpie in Schaffhausen wehrte sich der Pfarrer Rey ziemlich halbherzig gegen die Anklagen, die gegen die Kirchenbehörden in Erlangen erhoben worden waren: ihnen wurde vorgeworfen, die verfolgten Brüder nicht mit offenen Armen empfangen und „die Leute aus dem Dauphiné von den anderen unterschieden zu haben, denn diese halte man fest, während man die anderen abweise."[5] Das Erlanger Konsistorium versuchte damit, den neuen Flüchtlingen aus dem Pragelas vom Kommen abzuraten, und erklärte das mit der schwierigen Lage der Stadt. Aber der Brief kam zu spät; sie waren schon unterwegs.

Kaum eingerichtet, wurde die Kolonie in Erlangen von einer existenzbedrohenden Krise betroffen – einer Epidemie, die Hunderte von Todesopfern forderte. Im Winter 1687/8 betrug die Todesrate im Mittel 50 Personen im Monat (56 im November, 42 im Dezember, 52 im Januar), während man im ganzen Jahr 1687, das doch ein schwieriges Jahr war, nur 110 Todesfälle zählte. Von diesen 110 Toten waren 48 aus dem Pragelas.

Die Epidemie und das Elend jenes furchtbaren Winters verdunkelten aufs grausamste die Werbungen des Markgrafen, die neue Flüchtlinge anziehen sollten. Der Name Erlangen hatte seither unter den Réfugiés einen finsteren Nebenklang. In einer Broschüre an die „schweizerischen" Auswanderungskandidaten aus dem Jahre 1699 suchte Tholozan die Schuld bei den Neueinwanderern aus dem Pragelas selbst: „Man schreibt dem ungünstigen Einfluß des hiesigen Klimas ein Unglück zu, das ausschließlich aus dem schlechten Verhalten dieser unserer zahlreichen armen Brüder aus dem Prajela herzuleiten ist ... Jeder weiß, wie haushälterisch und sparsam die Menschen aus diesen Gegenden sind, manchmal viel zu sehr. Sie haben unterwegs nur von den Früchten gelebt, die sie reichlich auf den Feldern fanden, dazu ein wenig Wasser und Brot zu sich genommen. Kurze Zeit nach ihrer Ankunft hat diese schlechte Ernährung und vielleicht auch die Luftveränderung den Ausbruch einer fiebrigen Dysenterie bewirkt. Diese Krankheit aber verlangt vor allem Reinlichkeit, und da sie diese vernachlässigten, steckten sie sich untereinander an, und diese Infektion brachte vier oder fünf Monate lang mehrere von ihnen ins Grab. Als das vorbei war, haben wir dergleichen nicht wieder erlebt." Rey beschreibt in seinem Brief, „wie man sie habe zusammenpferchen müssen, um ihnen ein Dach über dem Kopf geben zu können". So erfaßte die Ansteckung auch die Gesunden: „Mehr als fünf- oder sechshundert Menschen liegen in den Kellern, Ställen, Winkeln und Passagen der Häuser, die meisten nicht einmal auf genügend Stroh" – und natürlich erst recht nicht mit genügend Nahrung versorgt.

Inmitten dieser Krisen bildete sich allmählich die Kolonie Erlangen. Der Pfarrer Esprit Tholozan, aus Gap stammend, war der erste geistliche Hirte der Gemeinde. Er begann mit der Abfassung des ‚Livre du Sénat Ecclésiastique de ceux de la Religion Réformée de France Réfugiés dans les Etats de Son Altesse Sérénissime Monseigneur le Margraff de Brandenbourg-Bareuth et établis dans la nouvelle ville d'Erlang, d. h. mit dem Register der Konsistorialverhandlungen. In einem schönen Einführungstext erzählt er für die Nachfahren die Geschichte des Protestantismus in Frankreich und seiner Verfolgungen, „denn man kann getrost versichern, daß seit der Erschaffung der Welt die Kirche Gottes keine so furchtbare Verfolgung erduldet hat, wie sie sie jetzt in Frankreich hat erleiden müssen". Das habe die Menschen dazu getrieben, ihr Vaterland zu verlassen, um Gott nach seinem Wort und ihrem Gewissen zu dienen.

Die Konsistorialverhandlungen zeigen uns vor allem, wie wenig gesichert das Gemeinwesen während der ersten Jahre seiner Existenz war. Man wird eines ständigen Kommens und Gehens der Mitglieder gewahr: neue Flüchtlinge treffen auf der Suche nach besseren Lebensbedingungen als in ihren bisherigen Asylorten ein, langjährige Mitglieder der Kolonie verlassen sie enttäuscht auf der Suche nach Besserem. Man weiß, daß Erlangen zwischen 1690 und 1700 eine wirtschaftlich schwierige Phase durchmachte (Kredit- und Kapitalmangel). 60 Handwerker und Unternehmer verließen die Stadt und gingen nach Wilhelmsdorf, unter ihnen sehr angesehene Leute wie Gely und Meyradier.

Die Leitung des Konsistoriums konsolidierte sich gleichfalls nicht ohne Schwierigkeiten. Am 28. Oktober 1693 hören wir, „daß gegenwärtig das Konsistorium nur sehr schwach besetzt ist, teils wegen mehrerer Todesfälle, teils wegen des Ausfalls von Mitgliedern, die die Kolonie ohne Hoffnung auf Rückkehr verlassen haben, und daß der größte Teil der Verbliebenen fast immer unterwegs ist". Die übrigen, so heißt es, können nicht mit allen Angelegenheiten des Konsistoriums fertig werden.

Dennoch zeigten sich bereits hier zwei hervorstechende Eigenheiten des Konsistoriums. Die erste war die Bildung einer Kaufmannsoligarchie, die sich an seiner Spitze einrichtete und diese Position eifersüchtig hütete. Mehrmals beklagten sich Gemeindeglieder der ersten Stunde, daß man ihnen bei der Kooptation von „Ançiens" Neuankömmlinge vorziehe. Die Atmosphäre verschlechterte sich, aber mit angeborenem politischem Instinkt ließ die etablierte Oligarchie ihre Kritiker an der Leitung des Konsistoriums teilhaben, und diese wurden ihrerseits dann zu den eifersüchtigsten Hütern der konsistorialen Prärogativen.

Das schlechte Verhältnis zwischen Laien-Ältesten und Geistlichen bildete den zweiten kennzeichnenden Zug der französischen Kolonie in Erlangen. Es gab Streit mit Tholozan; seiner Witwe wurde die Pension verweigert. Am 7. Januar 1704 war die Gemeindeversammlung „außerordentlich überrascht" zu erfahren, daß der Pfarrer Ruynat seine Freistellung erbat, weil es unmöglich sei, von seinem Gehalt seine Frau und zwei Kinder zu ernähren. Die Freistellung wurde ihm gewährt „mit unsäglichem Kummer und Tränen in den Augen".

Dennoch erkannte man an, daß die Gemeinde bei alledem zwei oder sogar drei Pfarrer brauchte (die sich zudem nur mühsam finden ließen); sonst wäre es nicht möglich gewesen, die geistlichen Bedürfnisse ihrer Mitglieder zu befriedigen, die ihre Heimat schließlich eben deswegen verlassen hatten, weil sie ihre Religion frei ausüben wollten.

Im Jahre 1718 wurde der Pfarrer Rochemont „in der Folge seiner leidigen Angelegenheit, die ihm ein unglückseliges Mädchen eingetragen hatte", von seinen Ämtern entbunden. Wenn man dazu die Reaktion der Vénérable Compagnie von Genf hört, war das Vorgehen des Erlanger Konsistoriums gegen seinen Pfarrer ebenso demütigend wie ungerecht.[6] Die – milde ausgedrückt – „Mißverständnisse" setzten sich mit den Pfarrern de Colombier (1718–1734) und Henri Hollard (1743–1753) sowie mit all denen fort, die sich den Anweisungen des Konsistoriums nicht unterwerfen mochten. Die Amtszeit von Jean Obern (1733–1742), einem irischen Edelmann, stellte die einzige Idylle inmitten dieser gespannten Atmosphäre dar.

Nach und nach spielte sich auch eine Zensur derjenigen ein, die – vor allem sonntags – im Wirtshaus spielten oder dort ihre Mahlzeiten einnahmen, sowie derer, die sich eines liederlichen Lebenswandels schuldig machten. Viel Zeit verwandte das Konsistorium auch auf die Überprüfung von Neuankömmlingen aus Frankreich, die dort zum Katholizismus hatten konvertieren müssen und ihm nun wieder abschwören wollten. Das Erlanger Konsistorium war mit ihnen besonders genau; alle, die abgeschworen hatten, durften erst nach zwei Jahren untadeligen Lebenswandels eine Ehe eingehen.

Auch die kirchlichen Einrichtungen festigten sich nach und nach. Die Schule wurde sehr frühzeitig eingerichtet, wie ein Gesuch des Schulmeisters, des Sieur Boucoiran, belegt, in dem er das Konsistorium bittet, „daß es die Frauen daran hindern möge, den Kindern das Lesen und Schreiben selbst beizubringen – jedenfalls soweit das den Erwerb seines Lebensunterhalts schmälerte, da er nur sehr wenige Schüler habe und sich zudem mit denjenigen belastet sehe, die das Konsistorium ihm gratis zuschickt" (Gesuch vom 1. Februar 1700). Auch ein Krankenhaus wurde eingerichtet, ebenso wie man sich jetzt um Waisenkinder kümmerte.

Ganz allmählich besserten sich nun die Zustände. Schon im Jahre 1695 konnte das Konsistorium dem Bäcker ein Darlehen gewähren und drei Wirkrahmen für einen Strumpfhersteller kaufen. Aber trotz ihrer guten Ausgangsbedingungen blieben die Anfänge der Kolonie schwierig und das Fußfassen der Einwanderer mühsam. Immerhin überlebte das hugenottische Erlangen seine ersten Krisen und führte auf kommunaler Ebene das ganze 18. Jahrhundert hindurch ein fast unverändertes Leben.

III. Religion, Moral und Isolierung der Kolonie

Von ihrer Gründung an war die französische hugenottische Kolonie in Erlangen zur Isolierung verdammt. Die Markgrafschaft Brandenburg-Bayreuth gehörte nicht zu den Brennpunkten französischer Kultur wie Berlin oder die großen Verlagszentren in Holland. Erlangen zog keine Intellektuellen an. Unter den 22 Pfarrern, die bis 1822 auf französisch predigten, hatte nur einer, Esprit Tholozan, wirklichen geistigen Zuschnitt. Er gehörte darüber hinaus zu jener Generation von Pfarrern aus der Revokationszeit, die Europa durch ihre unerwartete Qualität in Erstaunen setzten. Aber der Kontrast zu ihm machte den folgenden Verfall und das Fehlen von Berufungen nur umso deutlicher: Erlangen war zu keiner Zeit imstande, seine Pfarrer oder seine Lehrer selbst zu stellen. Sie mußten aus Basel oder anderswoher geholt werden. Und wenn auch der erste Kanzler der neugegründeten Universität Erlangen, der 1743 eingesetzte Daniel de Superville, aus einer angesehenen Hugenottenfamilie stammte, so kam er doch nicht aus der Stadt selbst und spielte überdies im Gemeindeleben keinerlei Rolle.

Seine Bildung gereichte dem Erlanger Konsistorium ohnehin nicht zur Ehre: die ständigen Konflikte zwischen Pfarrern und Gemeinde-Ältesten zeigen das deutlich. Von Anfang an waren die Pfarrer – schlecht bezahlte – Gehaltsempfänger, die ihre Direktiven von den Ältesten erhielten; die Kluft zwischen beiden wurde immer tiefer. Zum 2. November 1786 heißt es zum Beispiel, daß die Ältesten zur Jahrhundertfeier der Kirchengründung „auf ihre Kosten ein Festmahl veranstaltet haben, zu dem sie die Herren Pfarrer, die dabei waren, gratis eingeladen haben." Stattgefunden hat das Festmahl im Pfarrhaus.

Im Laufe des 18. Jahrhunderts erstarrte und vertrocknete das reformierte Bekenntnis in Erlangen immer mehr. Zwar handelte es sich dabei um einen langsamen Prozeß, denn gegen Ende des 17. und am Anfang des 18. Jahrhunderts gibt es kein Testament, in dem der Kirche nicht für den Unterhalt ihrer Armen und ihrer Pfarrer finanzielle Legate – oft rührend in ihrer Bescheidenheit – gemacht wurden. Diese Testamente zeigten in den Formulierungen der drei französischen Notare Meynier, Caries und Petit, von deren Hand sie stammten, noch die ganze Frömmigkeit und die treue Anhänglichkeit an den Glauben der Väter. Der wirtschaftlich Erfolgreichste der Kolonie, Abraham Marchand, der es vom armen Jungen zu einem der reichsten Kaufleute von Erlangen gebracht hatte, schenkte der Kirche den Turm, die beiden Glocken und die Orgel und hinterließ ihr schließlich im Jahre 1750 sein ganzes Vermögen.

Diese Frömmigkeit ging übrigens Hand in Hand mit einer strengen

Sittsamkeit. Im Vergleich zu anderen Kolonien gab es in Erlangen erstaunlich wenige illegitime Geburten oder Skandale (und wenn, dann nur in den unteren Schichten der Bevölkerung). Gegen 1769 trat freilich eine Veränderung ein: Das Konsistorium beschloß, die Gemaßregelten von da ab nur noch mit ihren Initialen zu bezeichnen. Vermutlich handelte es sich um Namen, die in der Gemeinde wohlbekannt waren. Aber gleichzeitig ließ sich – und das schon seit Jahren – ein Nachlassen des sonntäglichen Gottesdienstbesuches ebenso wie der Teilnahme am Abendmahl feststellen. So wurde die Kirche mehr und mehr zu einem Gebilde, das von einem kleinen Personenkreis künstlich am Leben gehalten wurde, der dort seine Interessen – übrigens nicht nur aus religiösen Beweggründen – vertrat. Immerhin gab es zwei Phasen geminderter Isolierung der Gemeinde: am Anfang des 18. Jahrhunderts und an seinem Ende, kurz ehe sie der vollständigen Assimilierung erlag.

Nach der Gründung der Kolonie vereinigte alle zwei Jahre eine Synode die reformierten Kirchen der Markgrafschaften Brandenburg-Bayreuth und Brandenburg-Ansbach, darunter die von Erlangen, Bayreuth, Wilhelmsdorf und Schwabach. Erlangen, das auch das Recht hatte, die Handauflegung zu gewähren, spielte hier eine entscheidende Rolle. Aber mit dem langsamen Dahinschwinden der übrigen Kirchen stand Erlangen schließlich allein, und nach 1732 trat auch die Synode nicht mehr zusammen.

Am Anfang des 18. Jahrhunderts wurde Erlangen also noch als eine wichtige Kirche betrachtet. Als man in Genf daran ging, die Psalmenübersetzungen des Beza und Marot zu modernisieren und zu vereinheitlichen, wandten sich die Genfer in dieser Sache an Erlangen ebenso wie an alle anderen wichtigen französischsprachigen Kirchen. In einem Brief vom 14. März 1700, der von den drei Pfarrern (Tholozan, Michel und Ruynat), von drei Ältesten, von einem Diakon und von ihrem Sekretär unterzeichnet war, antwortete die Kirche von Erlangen, daß sie diese Initiative ganz vorzüglich finde: „Wir wünschen, wir wären in der Lage, Euch nachzueifern und uns in dieser wie in allen anderen Angelegenheiten nach Eurer Kirche zu richten. Aber abgesehen davon, daß Psalmenbücher für uns nicht leicht zu erwerben sind und wir zudem unsere Gemeindeglieder auf eine solche Änderung erst vorbereiten müßten, meinen wir auch, daß wir diese Sache erst unserer Synode vorlegen müssen. Jedoch sind wir Euch zu Dank für das verpflichtet, was Ihr uns freundlicherweise mitgeteilt habt, und dafür, daß Ihr uns an den Geschehnissen in Eurer Kirche habt teilhaben lassen, der wir uns bereitwillig zuordnen und mit der wir gerne jene enge Verbindung halten, die die Freude unserer Gemeindeglieder und unserer Kirche ist und bleiben wird."[7] Unverkennbar war das Empfinden, zu einer gemeinsamen französischen, reformierten Kirche zu gehören, noch sehr stark.

Am Anfang des Jahrhunderts war Erlangen auch noch von den großen geistlichen Krisen betroffen, die den Glaubensflüchtlingen in Abständen zu schaffen machten. So wandten sich die Pfarrer und die Ältesten im Jahre 1714 noch einmal an Genf, um Rat über „Inspirierte" einzuholen, die die Stadt besucht und die „Erweckung" eines Handwerkers bewirkt hatten. Die Angelegenheit, zunächst geringschätzig behandelt, hatte schließlich eine beunruhigende Wendung genommen: fünf wichtige Mitglieder der Gemeinde „haben auf den Rat ihrer Brüder aus Holland die Werke einer gewissen Antoinette Bourgignon entdeckt und mit einem solchen Eifer gelesen, daß sie schließlich die darin enthaltenen Gefühle ebenso gläubig angenommen haben wie die Wahrheiten des Evangeliums".[8]

Mit zunehmender Assimilierung lockerten sich freilich die Bande zu den anderen Kirchen der Glaubensflüchtlinge und zu Genf, und Erlangen glitt in die Isolierung ab. Dramatisch änderte sich das erst, als die Markgrafschaft 1792 unter preußische Herrschaft kam. Berlin, die einzige Kirche, mit der Erlangen während des ganzen 18. Jahrhunderts kontinuierlich Kontakt gehalten hatte, bot seine Dienste an: Am 1. März 1792 berichtete der Pfarrer Hollard dem Kirchenkonvent (Compagnie), „daß er einen Brief von Herrn Pfarrer Hochecorne aus Berlin erhalten habe, in dem dieser ihm sehr freundliche Vorschläge unterbreitet habe, wie eine Verbindung und Vereinigung unserer Kirche mit den übrigen französischen Kirchen in den Staaten seiner Majestät des Königs von Preußen hergestellt werden könne". Die Vorschläge wurden mit warmer Zustimmung aufgenommen, aber es war schon zu spät, für Erlangen ebenso wie für Berlin.

IV. Franzosen und Deutsche

Die Erlanger Neustadt, als merkantilistisches Unternehmen gegründet, betrieb von Anfang an dreierlei: sie produzierte, kaufte und verkaufte. Alle diese Tätigkeiten brachten sie ununterbrochen in Berührung mit der sie umgebenden deutschen Bevölkerung. Man braucht nur die Notariatsakten durchzublättern, um sich über die Natur und die Dichte dieser Kontakte klar zu werden: Verkäufe, Ankäufe, Anleihen, Hypotheken – aber auch Ausbildungsverträge, die junge deutsche Lehrlinge in französische Familien brachten, in Strumpfwirker-, Hutmacher- und Gerberfamilien. In diesem ständigen, sich oft über mehrere Jahre hinziehenden Kontakt gelangten die ersten deutschen Worte und Sitten zu den Franzosen. Schon früh fanden sich Franzosen und Deutsche auch zu gemeinsamen geschäftlichen Unternehmungen zusammen.

Seit 1690, das heißt, seit der Ankunft der Pfälzer, bestand die deutsche

Bevölkerung nicht mehr nur aus Lutheranern, sondern auch aus Reformierten, die der gleichen Konfession angehörten wie die Hugenotten. Ihre Ankunft war durchaus nicht ohne Komplikationen, ja Spannungen abgelaufen, vor allem nachdem die Pfälzer die Erlaubnis erhalten hatten, die französische Kirche mitzubenutzen. In der Folge einer Kette von Konflikten legten die deutschen Reformierten schließlich im Mai 1697 ein Gesuch gegen die Franzosen vor. Und das (französische) Konsistorium stellte mit ernster Betroffenheit fest, „daß hier eine ganz außerordentliche Feindseligkeit vorliegt, von der wir niemals gedacht hätten, daß sie bei ihnen (den Deutschen) entstehen könnte". Im Jahre 1737 verzichteten die Deutschen schließlich – unter Mitwirkung einer Summe von 500 Gulden – auf ihr Recht, die französische Kirche mitzubenutzen.

Sehr rasch wurden die Franzosen zu einer Minderheit, selbst in der Erlanger Neustadt; im Jahre 1723 war Erlangen schon eine überwiegend deutsche Stadt. 174 Häuser waren von Deutschen bewohnt und nur 74 von Franzosen. Es gab 2154 deutsche Einwohner, davon 172 reformierte, dagegen nur 1028 Franzosen. Noch auffallender war das Eindringen der Deutschen in die einzelnen Wirtschaftszweige. Seit dem Beginn des 18. Jahrhunderts wurden die Franzosen in den Manufakturen ebenso wie in den Handwerksbetrieben von Deutschen verdrängt.[9] In der Folge war es fast unmöglich, in der Stadt irgendein wirtschaftliches Unternehmen zu finden, das nicht gemeinsam betrieben worden wäre. Man braucht nur das Tagebuch des Abraham Marchand im Erlanger Stadtarchiv durchzusehen, um sich darüber klar zu werden.

Marchands Handelsbeziehungen umfaßten außer Erlangen Städte wie München, Frankfurt, Leipzig, Passau, aber auch alle großen österreichischen und mehrere böhmische Städte. Abraham Marchand handelte mit Strümpfen, Handschuhen, Hauben, Galanteriewaren, Parfums, Leinen und Wein. Er stand in ständiger Geschäftsverbindung mit „Giacom. Hirschl Juiff de Rosenberg". Außerdem war er, wie wir schon gesehen haben, Wohltäter der französischen Kirche, der er immer bedeutendere Summen vorschoß.

In den ersten Dezennien des 18. Jahrhunderts beschleunigte sich auch die Zunahme von Mischehen. Auf 197 Ehen, die bis zum Ende des Jahres 1700 in der französischen Kirche eingesegnet wurden, kamen nur vier Mischehen. Der erste Fall im Jahre 1689 war der einer Ehefrau, die der Augsburger Konfession angehörte. 1691 und dann noch einmal 1700 heiratete die Ehefrau Wolf aus Nürnberg einen Franzosen. Der vierte Fall im Jahre 1698 schließlich war der eines Ehemanns aus Rothenburg. Wir haben es also noch durchaus mit einer in sich geschlossenen Gesellschaft zu tun.

Untersucht man im Vergleich dazu die Eheschließungen, die in dem Jahrzehnt von 1741–1750 in der französischen Kirche eingesegnet wurden, so drängen sich zwei Feststellungen auf: zunächst der Rückgang der Zahl von Heiraten, ein Zeichen für das Schrumpfen der französischen Kolonie, und weiter der rasch gestiegene Anteil von Mischehen. Von insgesamt 39 Eheschließungen entfallen sehr wahrscheinlich 13 auf Mischehen (zwei Männer und elf Frauen). Da aber diese Zahl genau den Eheschließungen entspricht, bei denen ein Partner seine Bindung an die französische Kirche beibehalten möchte, wird man auf weitere Mischehen schließen dürfen, die nur in der lutherischen Kirche registriert worden sind.

Die kulturelle Assimilation schritt nicht weniger rasch voran. Freilich war dies der Bereich, in dem die Widerstandsfähigkeit der Franzosen in Erlangen am geringsten war. Immerhin setzte dieser Prozeß eher spät ein. Als im Jahre 1700 ein wichtiges Schriftstück in deutscher Sprache einging, verstand es kein Mensch, und man mußte es in aller Eile nach Nürnberg befördern, um es dort ins Französische übersetzen zu lassen. Und es dauerte bis zum 25. Januar 1703, bis man in den Beschlüssen des Konsistoriums nachlesen konnte, daß man dem Lehrer an der deutschen reformierten Kirche „die französischen Kinder schicken will, die die deutsche Sprache lernen wollen, und zwar zu einem Preis, über den man sich mit ihm einigen will, sobald er eingetroffen ist".

Das Vordringen des Deutschen ist deshalb nicht weniger offensichtlich. In den Beratungen des Konsistoriums findet man Sprachperlen wie „distripuer" statt „distribuer" (1777) und „éclise" statt „église" (1782). Im Jahre 1785 „on puplie" (statt „on publie" ein Schreiben). Das Französisch verfiel mehr und mehr. Singular und Plural stimmten nicht überein, es wimmelte von Rechtschreibfehlern.

Von 1760–1770 an wurde es offensichtlich, daß die Zugehörigkeit zur französischen Gemeinschaft nicht mehr eine Frage von Religion oder Kultur war, sondern daß es sich für die etablierte Oligarchie an der Spitze des Konsistoriums einfach um eine Frage von Status und Privilegien handelte. Immerhin gelang es dieser Oligarchie im Jahre 1781 noch einmal, den Versuch einer Abschaffung des französischen Sekretariats im Conseil de Justice zu durchkreuzen und darüber hinaus sogar den Sieur Asimon als neuen Conseiller de Justice zu benennen. Von 1792 an, nach der Eingliederung der Markgrafschaft Brandenburg-Bayreuth in Preußen, wurde der Druck stärker. Hardenberg suchte im Zuge seiner Reformbemühungen, die anachronistischen Privilegien der Franzosen aufzuheben. Am 20. März 1797 bat der Conseiller de Justice das Konsistorium um eine Intervention zu seinen Gunsten, nachdem er einen Brief von Hardenberg erhalten hatte, „in dem dieser ihm auf seine Anfrage mitteilt, daß man in der neuen Organisation keinen passenden Platz für ihn gefunden und ihm deshalb eine Pension von 200 Gulden zugebilligt hat".

Im Kampf um die Rettung seiner Privilegien fand das Konsistorium einen unerwarteten Verbündeten: die deutsche reformierte Kirche. Die beiden Konsistorien ließen unter Mitwirkung eines bekannten Juristen, M. Meyer, ein Memorandum über die berechtigten Grundlagen ihrer Privilegien aufsetzen. In einer Versammlung der beiden Konsistorien am 4. Januar 1798 erinnerte man sich allerdings passenderweise, „daß es ein Präjudiz und in mehrerlei Hinsicht sehr gefährlich für die französische Kirche gewesen wäre, ein Schriftstück in deutscher Sprache einzureichen. So wurde beschlossen, eine freie Übersetzung ins Französische anzufertigen, die nur vom französischen Konsistorium unterzeichnet werden sollte, während die deutsche Fassung nur die Unterschriften der deutschen Reformierten tragen sollte." In der preußischen Verwaltung hat sich davon sicher niemand täuschen lassen.

Als im Jahre 1810 Erlangen unter bayerische Herrschaft kam, verschwanden auch die letzten Anachronismen, die mit den alten Privilegien verbunden waren. Auch waren die Franzosen nun vollständig integriert.

Paradoxerweise ist das hugenottische „Refuge" dennoch in Deutschland am langsamsten und am spätesten untergegangen. Und das nicht wegen der hier besonders schwierigen Assimilation und Integration, sondern gerade auf Grund der Privilegien, die ihnen gewährt worden waren, um sie nach Deutschland zu ziehen. Diese Privilegien haben aus den Sachwaltern der Réfugiés eine bevorrechtete Schicht entstehen lassen, die sich zunächst an ihre Ämter und dann nur noch an ihre Statuten klammerte.

In dieser Hinsicht ist Erlangen ein klassisches Beispiel. Wenn die Erinnerung an das „Refuge" und an das französische Ansehen bis zum Ende des 18. Jahrhunderts überlebte, so dank dieser Privilegien. Aber diese Privilegien haben den Lauf der Zeit nicht aufhalten und die Assimilierung der Hugenotten nicht verhindern können. Aus diesen wurden – zu ihrer Zeit – schließlich Deutsche. (Abb. 15, 16)

Stefi Jersch-Wenzel

Ein importiertes Ersatzbürgertum? Die Bedeutung der Hugenotten für die Wirtschaft Brandenburg-Preußens

Die Darsteller der Hugenottengeschichte sind nicht müde geworden, die religionspolitischen Motive des Großen Kurfürsten zur Aufnahme der Glaubensflüchtlinge in Brandenburg-Preußen zu untersuchen. Dabei haben sie nicht zuletzt die Gründe herausgestellt, die im Zeitalter des Konfessionalismus und der Religionskriege zur Ausbildung von Prinzipien der Toleranz führen sollten. Jedoch ließ sie dies auch häufig die wirtschaftspolitischen Aspekte der Frage vernachlässigen, die doch von Anfang an eine zentrale Rolle spielten.

Wie wichtig die Überlegungen zur wirtschaftlichen Eingliederung der Hugenotten waren, kann gut am Beispiel der Stadt Magdeburg illustriert werden. Zu Beginn des Jahres 1709 ließ der Magdeburger Magistrat auf einem „Bogen in Folio durch den Druck bekannt machen", daß nach seiner Meinung – und Buchführung – die auf „königliche Intention" erfolgte Ansiedlung von französischen und anderen Glaubensflüchtlingen der Stadt ein Vielfaches von dem eingebracht habe, was in diese neuen Bürger investiert worden sei.[1] Das geschah zu einem Zeitpunkt, als die preußischen Herrscher bereits seit fast vier Jahrzehnten ihre Einwanderungspolitik im Hinblick auf verfolgte, unterdrückte oder vertriebene protestantische Glaubensgenossen betrieben, mit dem Ziel, diesen zu helfen und zugleich dem eigenen Land in bevölkerungs- und wirtschaftspolitischer Hinsicht einen Vorteil zu verschaffen.

Offensichtlich hatten sie weite Kreise der alteingesessenen Untertanen noch nicht vom Nutzen dieses Vorgehens überzeugen können, die in den zuwandernden Fremden eher eine bedrohliche Konkurrenz beim Kampf um die karge „Nahrung" als eine Bereicherung sahen. Der Magdeburger Magistrat fragte daher rhetorisch: „ob es einem Lande nützlich oder den alten Einwohnern schädlich sei, wenn die Herrschaften durch gewisse Immunitäten und Freiheiten Fremde in das Land ziehen?"

Und er gibt selbst die Antwort: „Daß solches einem Lande nütz sei, wird nicht allein durch Exempel, sondern auch aus der Erfahrung genugsam erwiesen, zumalen der klare Augenschein weiset, daß wo viel Leute seyen, auch viel Nahrung sei".

Der volkswirtschaftlichen Lehre des 17. Jahrhunderts folgend, die eine enge Wechselbeziehung zwischen Bevölkerung und Produktion, zwischen Volksreichtum und Macht als wichtigstes Postulat hatte, versuchten Kurfürst Friedrich Wilhelm, der „Große Kurfürst" (1640–1688) und sein Nachfolger Kurfürst Friedrich III. (1688–1713) – seit 1701 König Friedrich I. in Preußen – während ihrer Regierungszeiten, ihr durch den Dreißigjährigen Krieg sowie durch Seuchen und Mißernten entvölkertes Herrschaftsgebiet zu „peuplieren" und seine Wirtschaft zu beleben. Schon seit der Jahrhundertmitte holte man Niederländer nach Preußen, damit sie dem ganz agrarisch geprägten Staat durch ihre Spezialkenntnisse im landwirtschaftlichen Bereich Nutzen brächten und ihre Erfahrungen für die gewässerreiche Mark Brandenburg zur Verfügung stellten. Eine besonders günstige Gelegenheit, die Hilfe für verfolgte Glaubensgenossen – das preußische Herrscherhaus und Teile des Adels gehörten dem reformierten Glauben an – mit der Gewinnung neuer Untertanen zu verbinden, die z. T. zugleich Facharbeiter in hier noch nicht vertretenen Wirtschaftszweigen waren, bot sich in der zweiten Hälfte des 17. Jahrhunderts, als die Diskriminierung und Unterdrückung der Protestanten in Frankreich immer schärfere Formen annahm. Seit Beginn der 1670er Jahre wuchs die Zahl dieser Franzosen, die ihre Heimat verließen. Insbesondere seit der Aufhebung des Edikts von Nantes im Oktober 1685 flohen Zehntausende von ihnen in die mittel- und westeuropäischen Nachbarländer, zwischen denen eine Art Wettstreit um die Gewinnung möglichst vieler französischer Glaubensflüchtlinge einsetzte. Während auf dem Gebiet der Habsburger Monarchie, zu dem auch Teile Italiens gehörten, in Spanien, Portugal und Polen, also in Ländern mit katholischer Staatsreligion, und auch im russisch-orthodoxen Zarenreich nur einzelne Hugenottenfamilien Aufnahme fanden, bemühten sich Holland, England, Irland, Dänemark, Schweden und verschiedene deutsche Territorialstaaten, eine große Anzahl von ihnen anzusiedeln.

In diesem Sinne heißt es im Rechenschaftsbericht des Magdeburger Magistrats: „... der unvergleichliche Held, des Herrn Friedrich Wilhelms Churfürstliche Durchlaucht Glorwürdigen Andenkens (hat) die Religionsverfolgung wegen ihr Vaterland verlassenen Franzosen in dero gnädigsten Schutz genommen und damit allerhand nützliche Manufacturen ins Land gezogen."

Es waren aber nicht nur die aus Frankreich kommenden Réfugiés, sondern Protestanten der verschiedensten Richtungen, die in Brandenburg-Preußen eine Zuflucht fanden. In der Zeit vom ausgehenden 17. bis zum Ende des 18. Jahrhunderts wurden mehr als 30 Verfügungen über ihre Niederlassung und die ihnen dabei gewährten Vergünstigungen erlassen bzw. bestätigt; 1685, 1696, 1709, 1720, 1721, 1731, 1743/44, 1755 für die Réfugiés aus Frankreich; 1687/88 für die Waldenser; 1689/90,

1708, 1712/13, 1743, 1747, 1755 für die Wallonen aus der Pfalz, die sogenannten Pfälzer; 1699 für Réfugiés, die sich zunächst in der Schweiz niedergelassen hatten; 1732 für die Salzburger Protestanten, die wohl größte Zuwanderergruppe; 1732, 1737 und 1742 für die böhmischen Protestanten; 1683 für die Socinianer; 1742 für eine kleine Gruppe von sogenannten Schwenkfeldianern; 1698 und 1743/44 erschienen darüber hinaus Edikte, die allen reformierten oder lutherischen Glaubensflüchtlingen die gleichen Privilegien zusicherten, wie sie die bereits im Lande ansässigen genossen. Aber auch diejenigen Protestanten mit einer abweichenden Interpretation der Religion, die bereits in später preußisch werdenden Gebieten lebten, erhielten die Freiheit der Glaubensausübung zugestanden. Dazu gehörten vor allem die mährischen Brüder, die in wachsender Zahl in das von Preußen annektierte Schlesien, ihren „Stammsitz", einwanderten (Toleranzedikte 1742, 1744, 1746) und die Mennoniten in Westpreußen, die mit der ersten Teilung Polens unter preußische Herrschaft gerieten (Toleranzedikte 1772–1774 und 1780); bereits 1710/11, 1721 und 1740 hatte man den im 16. Jahrhundert aus den damals unter spanischer Gewaltherrschaft stehenden Niederlanden nach Ostpreußen geflüchteten Mennoniten ihre Religionsausübung zugestanden).[2]

Innerhalb der breit angelegten preußischen Kolonisationspolitik, die das Ziel hatte, durch die Besiedlung der Städte und des „platten Landes" mit möglichst qualifizierten Arbeitskräften die Macht des Staates – ebenso wie die Anzahl der Steuerzahler und der Soldaten – zu mehren, spielten also die Hilfsbereitschaft gegenüber verfolgten Glaubensgenossen und die Toleranz gegenüber Andersgläubigen eine beträchtliche Rolle. Ohne die religiösen Motive und die kirchliche Toleranz der preußischen Herrscher gering zu achten, kann man als Maxime ihres Vorgehens feststellen: Sie gewährten freie Religionsausübung und wirtschaftliche wie soziale Privilegien und erwarteten als Gegenleistung wirtschaftlichen Ertrag.

Diese Aussage läßt sich im einzelnen mit dem bereits zitierten Magdeburger Rechenschaftsbericht belegen, der praktisch eine Kosten-Nutzen-Berechnung darstellt. Er bezieht sich übrigens nicht auf die eigentliche französische Kolonie in Magdeburg, sondern auf die „Mannheimer Kolonie", deren Mitglieder seit 1689 aus der von französischen Truppen verwüsteten Pfalz eingewandert waren. Es handelte sich bei ihnen vor allem um Nachkommen von niederländischen Wallonen und um einige reformierte Glaubensflüchtlinge aus dem Norden Frankreichs sowie einige deutsche Pfälzer. Magdeburg gehörte zu den dringlichsten Kolonisationsobjekten der preußischen Herrscher, da es galt, die einst in Handel und Gewerbe blühende Stadt, die im Dreißigjährigen Krieg fast völlig zerstört und entvölkert worden war, wieder aufzubauen. Die „Pfälzer" oder „Mannheimer" erhielten praktisch die gleichen Privilegien wie die Hugenotten – die Befreiung von allen Abgaben, mit Ausnahme der Akzise, und von der Einquartierung von Soldaten für zunächst 15 Jahre; umfangreiche materielle Unterstützung beim Bau von Häusern; die Möglichkeit, für einen gewissen Zeitraum als Freimeister außerhalb der Zünfte zu arbeiten; Starthilfe für die Begründung einer Existenz usw. – und gelangten, insgesamt gesehen, relativ bald zu Wohlstand, was durchaus dazu beigetragen haben mag, die Spannungen zwischen ihnen und den Einheimischen zu verschärfen. „Ob denn nun die Königliche Intention erreicht worden?" heißt es daher. „Und nachdem Se. Königl. Majestät noch alljährlich der Colonie Geld auszahlen lasse, ob solches Nutzen bringen könne? Oder ob nicht die alten Inwohner eben das prästirt hätten, wenn Se. Königl. Majestät diesen solche Privilegien gegeben?"

Und die Antwort lautet:

„Daß Sr. Königl. Majestät allergnädigste Intention freilich erreicht worden, solches weisen nicht nur

1. Die in dieser Stadt Magdeburg 40 Jahre öde gelegene und nunmehr innerhalb 18 Jahre aufgeführten Gebäude; sondern auch

2. die vorhin nicht gewesenen und jetzt etablirten Manufacturen, durch welche aus fremden Landen viel Geld hierher gezogen und davon etliche 100 Personen erhalten werden, die sonst betteln, oder das Land hätten räumen müssen, welche alle das ihrige in der Consumption beitragen."

Der Bau von Häusern war im ganzen Land und speziell in Magdeburg eine dringende Aufgabe. Die Bevölkerung der Stadt war im Dreißigjährigen Krieg von rund 35 000 auf 5000 reduziert worden, und an Gebäuden blieben lediglich der Dom, das Kloster Unser Lieben Frauen mit seiner Kirche und etwa 130 kleine Häuser und Fischerhütten an der Elbe erhalten. Da jede zuziehende Familie eine Unterkunft benötigte, verursachte der Zustrom von etwa 2000 „Pfälzern" (Stand im Jahre 1704) – die französische Kolonie umfaßte zum gleichen Zeitpunkt etwa 1300 Personen – bei einer Gesamteinwohnerzahl von etwa 5200 einheimischen Magdeburgern eine erdrückende Wohnungsnot und in der Folge einen schwunghaften Anstieg des Wohnungsbaus.

Mit dem zweiten Punkt der Antwort wird ein zentraler Gesichtspunkt der damals herrschenden merkantilistischen Wirtschaftstheorie angesprochen, daß nämlich möglichst viel exportiert und möglichst wenig Waren importiert werden sollten, um eine aktive Handelsbilanz zu erreichen. In einem Land, das kaum Bodenschätze besaß, in dem weite Flächen noch nicht wieder für Ackerbau und Viehzucht nutzbar gemacht waren, das keine traditionsreiche gewerbliche Struktur aufweisen konnte und auch im Handel auf den Verkehr mit den unmittelbaren Nachbarstaaten beschränkt war, bedeutete jeder Export einen Erfolg.

Im Bericht heißt es: „Weiter auch

3. die von der Colonie in Accis [=Akzise, die indirekte Steuer auf alle Gebrauchsgegenstände], außerhalb der neuen Manufacturen, nicht frei seiend, sondern gleich anderen bezahlen müssen, die meisten auch ihre Lebensmittel, Kleidung und andere Nothwendigkeiten von den alten Inwohnern kaufen, die den Accis bereits abgetragen, so wird dasjenige, was an die Colonie bezahlt wird, von ihr selbst contribuirt. Ob aber die alten Inwohner das hätten prästiren können, was die Fremden gethan, daran wird sehr gezweifelt, weil sie es in 60 Jahren nicht bewerkstelligt ... und damit ein Jeder unparteiisch solches erkennen möge, wollen wir Alles dasjenige, was die Pfälzer Colonisten seither ihrer Ankunft nach Magdeburg gekostet, bis ad annum 1708 incl., aus der Rechnung darthun, welches in allem erträgt ohne die Französische Colonie – 114,402 Thaler 11 Groschen."

Anders als vor allem die Gewerbetreibenden jener Zeit, die aus statischem Zunftdenken heraus geschäftsfördernden Bestrebungen distanziert gegenüberstanden und eine auf Wettbewerb ausgerichtete Wirtschaftsgesinnung noch weitgehend ablehnten, zeichnete sich bei der Obrigkeit die Erkenntnis ab, daß durch die Bedürfnisse der neuen Mitbewohner eine allgemeine Ausdehnung des städtischen Binnenmarktes stattfand. Sie kam den einheimischen Handwerkern und Kaufleuten zugute, und die Stadt profitierte auf ihre Weise von den neuen Steuerzahlern.

Den in die Pfälzer Kolonie investierten 114402 Talern stehen in dem Rechenschaftsbericht 913881 Taler Gewinn gegenüber, die die Kolonisten teils mitgebracht, teils durch die Ausfuhr von Wollfabrikaten, teils durch die Ausgaben für ihren Lebensunterhalt der Stadt eingebracht haben sollen. Die Berechnung erfolgte auf der Grundlage der Stadt- und Steuerrechnungen. Im einzelnen heißt es:

„1. seiend an erkauft und gebaute Häuser ohne die ihnen zu Gut gethane 15% [Unterstützungsgelder] verwendet worden, so sie theils aus der Pfalz gebracht, theils durch ihrer fleißigen Hände Arbeit hier erworben 102,486 Thaler.

2. Seiend vor den in Böhmen, Schlesien und sonsten außer Landes geschickten Tobak, (ohne dasjenige, was von kleinen Fabrikanten, wie auch in der Stadt und auf dem Lande an Fremde verkauft ist), an Geld hierher gebracht worden ist, 369,395 Thaler.

3. Von den aus den Wollfabriken allein nach Hamburg, Braunschweig, Leipzig, Naumburg und Frankfurt a.M., ohne andre in die Stadt verkauften Waaren seynd erlöst 298,000 Thaler.

4. Besteht diese Colonie in 400 Familien, welche mit Kindern und Gesinde 2000 Köpfe machen, deren Consumption an Speise und Trank, Kleidung, Handlung und Gewerbe ... trägt de anno 1691 (ohne 1689

und 1690 [= den Jahren der Hauptzuwanderung]) in 18 Jahren 144 000 Thaler; Summa Summarum 913,881 Thaler.“

Über die unter Punkt 1 und 4 genannten Tatbestände, die Investitionen in den Bau von Häusern und den Bedarf der Kolonisten für das tägliche Leben, hinaus ist zu Punkt 2 der Argumentation zu sagen, daß unter den Zuwanderern aus der Pfalz sehr viele Ackerbauern und Tabakpflanzer waren. Der Anbau und die Verarbeitung des Tabaks wurden durch sie z. T. weiterentwickelt, z. T. auch erst eingeführt und blieben ein wichtiger Exportbereich. Bei den in Punkt 3 genannten Waren aus der Produktion der Wollfabriken, die ins Ausland verkauft worden waren, ist es wenig wahrscheinlich, daß sie tatsächlich nur in den Manufakturen der Pfälzer hergestellt wurden, weil sich die größte Zahl von Handwerkern unter den Hugenotten fand. Nur etwa 12% der Handel- und Gewerbetreibenden in der eigentlichen französischen Kolonie befaßten sich mit Handel und Dienstleistungen, alle übrigen waren überwiegend selbständige Handwerker, sogenannte „Fabrikanten“, und von ihnen wiederum arbeiteten über 70% als Strumpfwirker – bei den Zuwanderern aus der Pfalz waren nur etwa 22% der Handwerker in diesem Gewerbe tätig – und machten damit Magdeburg zum Zentrum der Strumpfherstellung durch „Franzosen“. Mit Hilfe des von ihnen eingeführten mechanischen Strumpfwirkerstuhls stellten sie damals jährlich rund 18 000 Paar Strümpfe her. Hier dürfte einer der wichtigsten Exportbereiche gelegen haben.

Die Berechnung erscheint eindrucksvoll, muß aber relativiert werden. Abzüglich der in die Kolonisten investierten Summen bleibt für den preußischen Staat ein offensichtlich „geschönter“ Reingewinn von 799 479 Talern, also knapp 45 000 Thaler pro Jahr in der Zeit von 1691 bis 1708. Geht man davon aus, daß andere französische Kolonien in Brandenburg-Preußen, speziell ländliche oder solche in kleinen Städten im Sinne des Staates weniger erfolgreich wirtschafteten – in großen Städten wurden die „Einnahmeeinbußen“ durch die zahlreichen Armen und Unterstützungsbedürftigen „kompensiert“ durch die Gewinne der wenigen gewerblichen Großunternehmer –, so kann man einen durchschnittlichen Jahresertrag aller französischen Kolonien von rund 160 000 Talern und von jedem protestantischen Glaubensflüchtling von 10 Talern vermuten. Setzt man diese Annahme in Beziehung zu den Einnahmen, die der preußische Staat von seinen übrigen Einwohnern erzielte (3,5 bis 4 Millionen Taler bei etwas über 1 Million Untertanen, von denen aber z. T. gerade die wohlhabendsten von Steuerlasten befreit waren), so dürfte der Durchschnittsertrag hier nicht viel niedriger gelegen haben.[3]

Eine weitere Überlegung bietet sich an: Selbst wenn aus Opportunitätsgründen in dem Magdeburger Rechenschaftsbericht die in die Kolonisten investierten Mittel zu niedrig angegeben worden sein sollten, sind sie doch insgesamt sehr gering. Für den ganzen brandenburgisch-preußischen Staat hochgerechnet, hätte danach die Regierung in den betreffenden 18 Jahren je 25 000 Taler für alle im Lande lebenden französischen Glaubensgenossen ausgegeben, während sie sich Aufbau und Unterhalt des Heeres mehr als die Hälfte aller Staatseinkünfte, also zwischen 1,7 und 2 Millionen Taler im Jahr, kosten ließ.

Ob die Rechenschaftslegung in dieser Weise von den Zeitgenossen überprüft worden ist, ob sie dazu beigetragen hat, Spannungen abzubauen, die gegenüber den neuen Stadtbewohnern oft auch bis zu Feindseligkeiten reichten, ist nicht bekannt. Die Verfasser gingen jedenfalls davon aus, denn sie beenden ihren Bericht mit folgenden Worten: „Hieraus werden denn verhoffentlich Unpassionierte das Königliche Hocherleuchtete Absehen nicht tadeln, sondern glauben, daß dieselben in Annehmung Fremder dem Lande Nutzen geschafft und Ihre Hohe Intention erreichet, dahero werden die bisherige Übelgesinnte den armen Fremdlingen nicht mehr so zuwider sein, sondern ihnen das durch fleißige Arbeit ohne derselbigen Schaden suchende Stücklein Brod aus Christlicher Liebe gern gönnen ..."

Das Bestreben der preußischen Regierung, mit Hilfe vieler Fremder und besonders der französischen Glaubensflüchtlinge und angeworbener Facharbeiter aus dem Ausland die einheimische Wirtschaft speziell im gewerblichen Bereich zur Blüte zu bringen, hielt fast das ganze 18. Jahrhundert hindurch an.[4] Man bezahlte ihnen Mietzuschüsse, jährliche gehaltsähnliche Zahlungen („Pensionen"), finanzielle oder materielle Zuschüsse zum Hausbau oder zum Umbau von Wohnhäusern für Manufakturzwecke, Startkapital für die Gründung von Unternehmen, Darlehen, Prämien für die Ausbildung von Lehrlingen; sie erhielten Webstühle geschenkt, bekamen Geld für Auslandsreisen, um neueste Techniken zu studieren und dafür notwendige Facharbeiter anzuwerben. Es wurden zahlreiche Monopole für die Herstellung neuartiger Gegenstände verliehen; aus dem Ausland importierte Waren wurden mit hohen Zöllen belegt, während es für den Export einheimischer Produkte Prämien gab.

Es mangelte also nicht an Starthilfen und staatlicher Unterstützung in den verschiedensten Formen. Zwar brachten die französischen Einwanderer neue Kenntnisse und Fertigkeiten nach Preußen; sie erprobten neue Produktions- und Handelsformen und verfeinerten die bereits vorhandenen, doch der erhoffte starke Aufschwung in Handel und Gewerbe stellte sich nicht ein. Zu massiv war der staatliche Dirigismus, der sich in allen Bereichen der Produktion bemerkbar machte, von der Wahl des Standortes für die Unternehmungen – die „Königlichen Residenzstädte Berlin und Potsdam" sollten aus Repräsentationsgründen der absolutistischen Herrscher bevorzugt werden – über die maschinelle Ausstattung, die Größe der Betriebe, die Preisgestaltung bis hin zur entscheidend wichtigen Auswahl der herzustellenden Produkte. Orientiert an der aufwendigen Lebensführung des französischen Adels und vor allem des Hofes wurde zum einen die Produktion von Luxusgütern wie Samt und Seide, Damast, Taft, Gold und Silberwaren oder Gobelins favorisiert, Güter also, für deren Herstellung die Rohstoffe eingeführt werden mußten, für die es kaum einheimische Arbeitskräfte gab und für deren Verkauf der kapitalkräftige Kundenkreis viel zu gering war. Zudem konnten die Produkte in Preis und Qualität nicht mit denen anderer europäischer Staaten, z.B. der Niederlande, Frankreichs oder Englands, konkurrieren. Zum anderen wurde, getreu der merkantilistischen Theorie, zunächst die im Lande vorhandenen Rohstoffe zu verarbeiten, die Wollindustrie stark gefördert, obwohl die schweren, relativ teuren Tuche bei der Bevölkerung sehr viel weniger gefragt waren als die leichten, preiswerten Baumwollstoffe, deren Herstellung über mehrere Jahrzehnte nicht erwünscht war, weil der Rohstoff importiert werden mußte. Der dritte vom Staat geförderte Produktionsschwerpunkt war die Gewehrfabrikation, die jedoch, da der Staat der Hauptabnehmer war, nur wenig außenwirtschaftlichen Erfolg bewirkte.

So ist es nicht verwunderlich, daß die Mehrzahl der im 18. Jahrhundert begründeten Unternehmungen mit dem Ende des absolutistischen Staates, der sie gefördert hatte, aufhörte zu existieren. Davon waren auch die von französischen Glaubensflüchtlingen und ihren Nachkommen betriebenen Produktionsstätten betroffen. Besonders eindringlich wird dieser Vorgang am Schicksal der Französischen Kolonie in Magdeburg.

Der zitierte Rechenschaftsbericht aus dem Jahre 1709, in dem die Nützlichkeit der Ansiedlung von Fremden dargelegt wurde, bezog sich, wie betont, auf die sogenannte Pfälzer Kolonie. Diese war gegen Ende des 18. Jahrhunderts auf rund 3400 Mitglieder angewachsen, weil in Magdeburg das „Mannheimer Konsistorium" seinen Sitz hatte und die den Pfälzern verliehenen Privilegien nicht an jedem beliebigen Ort galten. Dagegen mußte die eigentliche Französische Kolonie, die um 1700 in vergleichbarer wirtschaftlicher Blüte gestanden hatte, einen starken Rückgang sowohl zahlenmäßig als auch in kirchlicher und wirtschaftlicher Hinsicht verzeichnen. Nachdem sie mit 1582 Mitgliedern im Jahr 1719 ihren größten Umfang erreicht hatte, bestand sie 1797 nur noch aus 1245 Personen, von denen aber bereits 730 Deutsche waren, die seit 1772 Mitglieder der Kolonie werden konnten, auch wenn sie keine Reformierten waren; und Anfang des 19. Jahrhunderts wird die Zahl der französisch-reformierten Mitglieder auf 300 geschätzt. Eine rücklaufende Tendenz wiesen auch andere Gemeinden auf: In Fürstenwalde, Oranienburg, Cagar-Reinsberg und Spandau hatten sie schon in der ersten Hälfte des 18. Jahrhunderts aufgehört zu existieren; seit den 1730er und 1740er Jahren waren die Kolonien Berkholz, Französisch-Buchholz, Calbe, Prenzlau, Neustadt a. d. Dosse, Frankfurt a. d. Oder, Cottbus usw. im Abnehmen begriffen, und auch die Mitgliederzahl der Französischen Kolonie in Berlin, dem Zentrum hugenottischen Lebens in Preußen, war von 6600 um 1750 auf etwa 5400 um 1800 gesunken.[5]

Gegen Ende des 18. Jahrhunderts wurde daher in Berlin eine königliche Untersuchungskommission eingesetzt, die die Größe und den Zustand der einzelnen Kolonien zu prüfen hatte. Für Magdeburg existiert der entsprechende Bericht der Justice aus dem Jahre 1797; er wird ergänzt durch eine Stellungnahme der Pastoren und Ançiens zum inneren Zustand der Gemeinde, in der der Rückgang der Mitglieder folgendermaßen begründet wird:[6]

„1. Das völlige Aussterben mehrerer Familien.

2. Die Mischehen, die dazu führen, daß die meisten Mädchen unserer Kirche, die Deutsche heiraten, gewöhnlich zur Kirche des Mannes überwechseln, mit dem Ergebnis, daß die Kinder für die unsrige verloren sind.

3. Die Abwanderung mehrerer Personen, die teils die Stadt verlassen haben, um ihre Lebensverhältnisse zu verbessern und sich in der Hauptstadt oder anderswo niedergelassen haben, teils, dem Brauch und den Vorschriften ihres Handwerks folgend, sich auf die Wanderschaft begeben haben und nicht zurückgekommen sind, weil sie anderswo eine günstige Gelegenheit fanden, sich zu etablieren.

4. Der Wechsel des Domizils von einigen wohlhabenden Leuten, die Güter erworben und sich dahin zurückgezogen haben.

5. Die Unkenntnis der [französischen] Sprache zwingt eine Reihe von Kindern, zur deutschen Kirche zu gehen."

Wie in anderen Kolonieorten wurden also auch in Magdeburg die Verluste vor allem durch Abwanderung, Mischehen und Assimilation im kulturellen, besonders im sprachlichen Bereich verursacht.

Anders als zu Beginn des 18. Jahrhunderts, als an dem viermal im Jahr stattfindenden feierlichen Abendmahl, einem Ereignis von großer sozialer und gesellschaftlicher Bedeutung, auch einheimische reformierte Adlige und Beamte aus der Stadt teilgenommen hatten, lautete 1797 die Antwort auf die Fragen, ob die französische Kirche von Fremden und besonders von hochgestellten Personen besucht werde und ob auswärtige Gäste zum Abendmahl kämen, lapidar: „Selten oder zu besonderen Anlässen ... Manchmal Gouvernanten, die in unserer Umgebung beschäftigt sind."

Der offizielle Bericht an die Königliche Untersuchungskommission vom gleichen Jahr geht vor allem auf die wirtschaftliche und soziale Lage der Französischen Kolonie ein. Auf die Frage: „Sind die Fabriken und Manufakturen, durch die die Kolonie früher vor allen Dingen floriert hat, sichtlich in Verfall geraten und welche Aussichten und Mittel könnten helfen, sie zu unterstützen, sie wiederzubeleben?" erfolgt die deprimierende Antwort: „In dem Maße, wie die Zahl der Fabrikanten sich verringert hat, sind die Fabriken unmerklich in Verfall geraten. Augenblicklich existiert nur eine Fabrik für Seidenstrümpfe, vier für Wollstrümpfe, vier für Handschuhe, eine Fabrik für Chicorée [=krauser Besatz], eine für grüne Seife und eine für Wachslichte. Diejenigen für Chicorée und Wachslichte sind von Deutschen begründet worden, die anderen aber von Franzosen. Es gibt in diesen Fabriken französische und deutsche Meister, die wie Teilhaber arbeiten, die aber nicht genügend Geld haben, um selbst vergleichbare Unternehmungen zu gründen."

Konnte Anfang des Jahrhunderts betont werden, wie ertragreich die Aufnahme von Glaubensflüchtlingen für die Volkswirtschaft sei – sowohl durch den Export der von ihnen hergestellten Waren als auch durch ihren Konsumtionsbedarf –, so wird am Jahrhundertende festgestellt, daß die genannten „Fabrikanten" immerhin so viel verdienen, daß sie einigermaßen leben können und nicht öffentliche Unterstützungen in Anspruch nehmen müssen.

Eine weitere Frage der Königlichen Untersuchungskommission galt dem Zustand der Handelsunternehmen und der Möglichkeit von Neugründungen in diesem Bereich. Auch hier ist die Antwort wenig zufriedenstellend: „Bei den Kaufleuten geschieht es häufiger als in den anderen Wirtschaftszweigen, daß die jungen Leute abwandern, vor allem wenn ihre Väter früh gestorben sind oder Bankrott gemacht und ihr Vermögen an ihre Gläubiger abgetreten haben. Die Söhne lernen das Geschäft und gehen in anderen Städten in Stellung, sei es innerhalb Preußens, sei es außerhalb; sie finden dort sehr oft eine gute Gelegenheit, sei es durch Heirat, sei es als Teilhaber, sich zu etablieren und tragen dadurch unmerklich zur Verminderung der Colonie bei; sie verliert nämlich nicht nur diese Personen, sondern auch deren Nachkommenschaft. Das ist überhaupt das prinzipielle Elend der französischen Colonien in den Provinzen."

Der bereits seit dem Ende des 18. Jahrhunderts generell zu beobachtende Zug von jungen Handel- und Gewerbetreibenden aus kleinen und kleinsten Städten in die erfolgversprechenderen größeren hatte für die französischen Kolonien einschneidendere Konsequenzen als für die übrige Bevölkerung. Deren größter Teil – etwa fünf Siebentel – lebte auf dem Lande und bildete, spätestens seit der Aufhebung der Leibeigenschaft im Jahr 1810 und den dadurch auf die „befreiten" Bauern zukommenden, horrenden Ablösungszahlungen, ein ständiges Zuzugsreservoir für alle Städte. Die Abwanderung in die größeren Städte und in die industriellen Ballungsgebiete machte sich hier erst im Zuge der Hochindustrialisierung in der zweiten Hälfte des 19. Jahrhunderts in Form eines relativen Rückgangs der Kleinstadtbevölkerung bemerkbar. Demgegenüber hatten die französischen Kolonien kein auch nur annähernd vergleichbar großes Rekrutierungsfeld von Glaubensgenossen auf dem Lande, so daß mit der Abwanderung ihrer Mitglieder aus den kleinen in die größeren Gemeinden ein nicht revidierbarer Schrumpfungsprozeß eintrat. Nur in einem der eingangs genannten Bereiche, in denen sich nach zeitgenössischer Auffassung die Aufnahme der Glaubensflüchtlinge „gelohnt" hatte, scheinen deren Nachkommen auch knapp 100 Jahre später noch eine wichtige Rolle gespielt zu haben: im Erwerb von Immobilien. Auf die Frage, ob das Zahlenverhältnis von französischen Hausbesitzern zu den übrigen Hausbesitzern in Magdeburg vorteilhaft oder unvorteilhaft für die Kolonie ausfalle, lautet die Antwort: „Man kann nicht sagen, daß das Verhältnis unvorteilhaft wäre, eher das Gegenteil. Der Hang der Bürger, Immobilien zu besitzen, ist niemals so stark gewesen wie seit mehreren Jahren, selbst wenn der Preis stark gestiegen ist, sogar über ihren Wert. Und diese Leidenschaft ist allgemein verbreitet in der Stadt."

Das zusammenfassende Urteil über diese Berichte des Konsistoriums und der Justice der Französischen Kolonie seitens des Französischen Departements in Berlin lautet: „Man ist zornig, wenn man sieht, daß diese einst so große und so blühende Colonie sich im Zustand des Verfalls befindet."

Die Gegenüberstellung der beiden hier zitierten Texte mag einen etwas zu krassen Eindruck von der sinkenden Bedeutung der Hugenottensiedlungen in Brandenburg-Preußen vermitteln, weil durch sie die Jahre des wirtschaftlichen und gesellschaftlichen Erfolgs, die Details der Wissensvermittlung durch die Zuwanderer, die religiöse und kulturelle Entwicklung in den dazwischenliegenden Jahrzehnten ausgespart werden. An diesen beiden Texten läßt sich aber zeigen, welches Ergebnis die Kombination von machtpolitischen Zielen, volkswirtschaftlichen Interessen und dem Bedürfnis, verfolgten Glaubensgenossen zu helfen, im Zeitalter des Absolutismus in diesem Staat hatte. Rund 20 Jahre nach der Niederlassung der Fremden waren es die Einheimischen, die nach dem Nutzen dieses Bevölkerungszuwachses fragten, und die Obrigkeit antwortete stolz mit erfolgssicheren Argumenten und Zahlen. Mehr Menschen, mehr Kenntnisse und qualifizierte Warenproduktion, mehr Steuerzahler – letztendlich und unausgesprochen auch die Hoffnung auf mehr Soldaten – lautete die Devise.

Assimilation und allmähliche Integration der ehemals Fremden reduzierten den Umfang ihrer eigenständigen Organisationen; ihre Einbeziehung in die geschilderte dirigistische preußische Handels- und Gewerbepolitik machte die Zuwanderer zu „Normalbürgern", die zwar noch auf die Exklusivität ihrer Herkunft und die damit verbundenen Vorrechte Wert legten, aber im wirtschaftlichen Bereich die bei Außenseitern häufig anzutreffenden innovatorischen Aktivitäten weder entwickeln konnten noch wollten. Man gewinnt den Eindruck, daß es auch anfänglich nicht die Bereitschaft zur Einführung und Durchsetzung von Innovationen war, die ihnen eine besondere Bedeutung für das Wirtschaftsleben gab, sondern vielmehr der Vorsprung an hier noch weitgehend fehlenden Kenntnissen und Fertigkeiten, den sie aus ihren wirtschaftlich weiterentwickelten Heimatländern mitbrachten. Diesen Vorsprung brachten sie ein; die wirtschaftliche Entwicklung Brandenburg-Preußens wurde durch sie beschleunigt und bereichert. Nach hundert Jahren aber war dieser Vorsprung von der allgemeinen Entwicklung eingeholt. Am Ende des 18. Jahrhunderts schließlich ist es die Obrigkeit, die – indem sie nach dem Zustand der Kolonien fragt – das Problem des Nutzens noch einmal aufwirft und feststellen muß, daß die ursprüngliche Zielsetzung bei aller Bereicherung des Wirtschaftslebens nicht nur im märkischen, sondern auch im sächsischen Sande verlaufen ist. (Abb. 17)

Frédéric Hartweg

Die Hugenotten in Deutschland. Eine Minderheit zwischen zwei Kulturen

In ihren „Politischen Beobachtungen und Mutmaßungen" (1788) schreibt Madame de Charriere den im Vergleich zu Italien oder Spanien in England, Deutschland und Holland erheblich größeren Einfluß der französischen Sprache den ‚Réfugiés' zu, die sich in diesen protestantischen Ländern niedergelassen hatten: „Ohne sie wäre der Berliner Hof nicht französisch gewesen, und der verstorbene König von Preußen hätte nicht französisch geschrieben. (...). Dank den französischen Lehrern lernen die holländischen und deutschen Kinder La Fontaine auswendig sobald sie sprechen können." Diese Einschätzung schlägt den von den Hugenotten ausgehenden sprachlichen und kulturellen Einfluß deutlich zu hoch an, denn auch in Wien oder München, wo sich keine Réfugiés etabliert hatten, war eine Französisierung der Sitten festzustellen. Viele französische Kolonien, deren Mitglieder, besonders wenn sie den im deutschen Gebiet isolierten Gruppen angehörten, bei weitem nicht alle in der Lage waren, neueres französisches Kulturgut zu verbreiten, gingen im 18. Jahrhundert in der deutschen Bevölkerung auf. Die sehr unterschiedlichen Entwicklungen der einzelnen Gruppen, von der frühen Aufgabe ihrer Sonderexistenz bis zur beharrlichen Beibehaltung der französischen Sprache über zwei Jahrhunderte, wie in Friedrichsdorf am Taunus, zeugen von einem äußerst differenzierten Prozeß. Das Festhalten an der Fremdsprache zögerte in geschlossenen Siedlungsbezirken die Assimilation im Gastland hinaus, den Gebildeten und Gelehrten in den Städten hingegen erleichterte es die Kommunikation und Integration, da das Französische zur europäischen Kultursprache avanciert war. Für die hellsichtige Beobachterin zu Beginn des 19. Jahrhunderts, Madame de Staël, schwächte der Einfluß der Réfugiés mit ihrem „abergläubigen Respekt" vor dem Zeitalter des Sonnenkönigs die von Berlin ausgehenden Impulse in der aufstrebenden deutschen Literatur.

In der Stadt und auf dem Land, innerhalb und außerhalb der Kolonie, im schriftlichen und mündlichen, privaten und öffentlichen, im kirchlichen und nicht-kirchlichen Bereich, aber auch je nach gesellschaftlicher Schicht wurde die sprachliche Kommunikation recht unterschiedlich gestaltet. Die engen Verflechtungen zwischen der Sprache und den sozialen, religiösen und politischen Existenzbedingungen der Gemeindeglieder der französischen reformierten Kirche auf deutschem Boden treten dabei auch in der Phase der fortschreitenden ‚Eindeutschung' zutage.

Die erste Generation der französischen Glaubensflüchtlinge, bei der die Hoffnung auf Rückkehr in das Land der Väter noch wachblieb, hat ihr Leben lang nur französisch, einen französischen, okzitanischen oder frankoprovenzalischen Dialekt oder ein Patois gesprochen. Für viele der Menschen, die ja aus sehr verschiedenen Provinzen stammten, waren nur der Gottesdienst, die Heilige Schrift und die Schule Mittler der französischen Hochsprache. Die nach Deutschland mitgebrachte Kirchenordnung verpflichtete die Kirchen, „allen Fleiß auf(zu)wenden, Schulen aufzurichten, und Anstalt (zu) machen, daß die Jugend unterrichtet werde". Die an die deutschen Fürsten gerichteten Bittschriften ersuchen nicht selten sowohl um die Anstellung eines Pfarrers als auch um die eines Lehrers. Im allgemeinen verhalten sich die deutschen Behörden in sprachpolitischer Hinsicht zunächst liberal, obwohl einige versuchen, im Schriftverkehr Deutsch zu erzwingen. Nachdrückliche Germanisierungsbestrebungen lassen sich nur in den sprachlich noch nicht gefestigten Kontaktgebieten Ostpreußens feststellen, wo den Kolonisten keine französischsprachigen Prediger gestattet wurden.

Die vom Binnenfranzösischen isolierte Sprache der Réfugiés, die ohne sprachliches Hinterland weiterlebte, nahm bald deutsche Wörter auf, die z.T. unverändert in die französischen Texte Eingang fanden – z.B. Einlager-Geldt, Baumeister, Küster, z.T. an das Französische angepaßt, wie z.B. *bourguemaître* (Bürgermeister), *risdalle* (Reichstaler), *gros* oder *grosche* (Groschen), *fénin* (Pfennig). Orts- und Personennamen wurden der französischen Aussprache angepaßt, so z.B. Verdre (Werder), Abrestadt (Halberstadt), Boukolz (Buchholz), De Spanèm (von Spanheim). Obwohl viele Mitglieder der kurfürstlichen Familie und mehrere Minister des Französischen mächtig waren, wurden im Verkehr mit den obersten Behörden und vor allem mit der deutschen Kirche Übersetzer und Dolmetscher eingesetzt.

Mit der zweiten Generation der Réfugiés vermehrte sich die Zahl der ‚Mischehen' und derjenigen, die des Französischen nicht mehr oder nur noch passiv mächtig waren, während sich bei vielen eine asymmetrische Zweisprachigkeit einstellte. Der langjährige Akademiesekretär, S. Formey, berichtet von sich selbst, er habe die deutsche Sprache wie eine tote Sprache erlernt und sie nie vollständig in der Schrift beherrscht. Obwohl die Abneigung des ‚Soldatenkönigs' gegen das französische Wesen auch in Brandenburg-Preußen zuweilen für die Sprache des Schriftverkehrs mit der Kolonie Folgen hatte, konnte sich das Französische als Amts- und Kirchensprache weitgehend halten. Nachdem sein Vorstoß, in den französischen Kirchen Berlins eine deutsche Predigt einzuführen, gescheitert war, verordnete Friedrich Wilhelm I. 1738, „daß es zwar mit den Predigern in denen Frantzösischen Kirchen in Berlin bey der bisherigen Verfassung verbleiben, vor das Künfftige aber kein Candidatus zu einer Frantzösischen Predigerstelle angenommen werden solle, bevor er nicht eine Probepredigt in Teutscher Sprache im Dohm zu Berlin gethan habe. Auch sollen die Frantzösischen Schulmeister zugleich des Teutschen mächtig seyn."

Die sprachliche Praxis der staatlichen und kirchlichen Verwaltung dieser Zeit ließ verschiedene Formen der Zweisprachigkeit zu. So liest man z. B. im Heiratsregister der Rheinsberger Kolonie im Jahr 1727: „3 Juin béni à Meerkazenheyde le Mariage d'entre Caspar Dietrich, Christ Lutherischer Religion, ein Schneider, wohnhaft bei seinem Bruder allzeit gewesen in Cagar, et Elisabeth Loiselet, native de Stoorbeck, Vater und Mutter waren Refug. Franzosen."

Aus dem Jahr 1731 stammt die den Zustand der Kolonie betreffende Frage-Antwort-Folge: „I. An welchem Ort sie gebohren? – Jean Pierre du Port, né à Francfort sur l'Oder. II. Seit wie lange ihre Eltern oder Voreltern in hiesige Lande gekommen? – Ses parents sont morts ici, après y avoir séjourné une vingtaine d'années (. . .)."

Auch bei den Eintragungen in die Kirchenbücher gab es beträchtliche Unterschiede hinsichtlich des Übergangs zum Deutschen: gemischte Eintragungen und Sprachentausch sind nicht selten. Im Berliner Heiratsregister wird die Ehe Cuny/Gädicke vom 25. April 1896 noch französisch, die Trauung Ziehl/Ballier am 18. Mai, wie dann alle folgenden, deutsch verzeichnet.

In der geschriebenen Sprache der Réfugiés sind zahlreiche Interferenzen festzustellen, die auf Kontamination mit der deutschen Sprache schließen lassen, wie z. B. der folgende, sowohl deutsch wie vom Dialekt gefärbte Text von 1733: „Javons toujour trouve la justisses est lequite auprex De vous. Je venons nous la reclamer. Nous sommes oblige davoir recour à vôter esquites, de nous protejer conter les pasteur de brebis."[1] Charakteristisch für die Interferenz sind z. B. die Formen *voter, conter* anstatt *vôtre, contre.*

Allmählich werden die französischen Namen eingedeutscht, zunächst nur im Gebrauch der deutschsprachigen Bevölkerung, z. B. Hennequin → Hennicke, Le Clerc → Klerike, später durch bewußte Entscheidung. Umgekehrt versuchen einige Deutsche, die in die Kolonie eingeheiratet haben, ihren Namen zu französisieren.

Besonders in den ländlichen Kolonien wurde das Französisch der Réfugiés-Nachkommen, auch infolge mangelhaften oder unzureichenden Unterrichts – nicht selten waren es Handwerker, die im Nebenberuf als Lehrer tätig waren –, unsicher und die Interferenzen mit dem Deutschen wurden spürbar. Als Beispiel dafür möge das um 1780 in Mariendorf (bei Hofgeismar) in einen Dachziegel eingeritzte ‚Vater Unser' stehen:

„Noter berr Cjeht es ius donon ßoet sanctifiet don rein noeß abiene da bolunto ßoe föt an la ter. Comme außjehl, donne nos auguerti Nott (er) bey gottiene, noes bartonn nos ofans ainsi comme, noes, lees barrdonn nos a seüs kunnesunt ofannse e ne nos in (duis) buint an tantasion, [meaß deeli es dü maln] carr a toy et la büsans la glor aüßjeäcle dies seäcles ammen."[2]

Auch in Kinderreimen oder Zählversen, wo nur noch dem ursprünglichen Klangkörper ähnliche Laute übrigbleiben, tritt das Phänomen der Sprachmischung zutage.

Das Französisch der gebildeten Bürgerschichten und Pastoren blieb von solchen Zerfallserscheinungen verschont. Die Hugenotten wehrten sich eine Zeitlang gegen die sprachliche Entfremdung und versuchten, z.B. über die im Exil einzigartigen ‚Conférences sur la langue françoise' (1697, 1698), den Anschluß an den Pariser Geschmack nicht zu verlieren. Einige Réfugiés, wie S. Formey, wurden zu eifrigen Propagandisten der französischen Sprache und priesen ihre Genauigkeit und ihre Art, die Aufmerksamkeit zu fesseln. Voltaire jedoch verwendet die Formel des ‚style réfugié' und meint damit eine Sprache, die in ihrer Entwicklung stehen geblieben, in ihrem Vokabular und ihren Redewendungen veraltet oder verarmt ist. Damit werde ein Zustand bezeichnet, der nicht nur auf die Isolierung, sondern ebenfalls auf den ständigen Umgang mit den Autoren und der Bibelübersetzung aus dem 16. Jahrhundert und der provinziellen Herkunft und Erziehung der Autoren des Refuge zurückzuführen sei. De Prémontval veröffentlichte in Berlin ein zweibändiges Werk (1759–1762), das zur Verhütung der Verderbnis der französischen Sprache im Ausland verhelfen soll, und polemisierte gleichzeitig gegen die Manie der Deutschen, ihre Sprache mit französischen Wörtern oder Sätzen zu spicken. Dies sei „ein sehr schlechter Dienst, den die Neigung für die französische Sprache der deutschen Nation geleistet habe, und dieses Übel sei tief verwurzelt."

Damit ist auch die Frage nach dem Anteil der Réfugiés an der in Deutschland weitverbreiteten Gunst, die die französische Sprache genoß und die z.T. Aspekte einer Modeerscheinung annahm, gestellt. Die gesellschaftliche Anziehungskraft der französischen Gemeinde, die damit zusammenhängenden Aufnahmegesuche von Deutschen und die Tatsache, daß Standespersonen es sich z.B. in Frankfurt/Oder etwas kosten ließen, um sich einen festen Platz im französischen Gottesdienst zu sichern, ist wohl nicht nur auf die feinere Kanzeleloquenz der französischen Prediger zurückzuführen. In derselben Stadt war der Zulauf deutscher Schüler, für die, wie an anderen Orten auch, die französischen Schulen offenstanden, groß. Von Hugenotten geführte Mädchenpensionate hatten in Berlin großen Erfolg. Für die Chronisten Erman und Reclam gibt es einen engen Zusammenhang zwischen der Etablierung der französischen Kolonien und den Möglichkeiten, eine Sprache zu erlernen, „deren Studium notwendigerweise zu jedem guten Erziehungsplan gehört". Auch die rege publizistische Tätigkeit der Hugenotten hat zugunsten der französischen Sprache gewirkt. Diese Tatsachen sollten jedoch nicht dazu verführen, ein europäisches Phänomen, nämlich die Vorherrschaft und die Verbreitung des Französischen, allein oder vornehmlich auf die Hugenotten zurückzuführen. Das 800 Seiten starke, 1728 von Sperander (= Friedrich Gladow) in Nürnberg herausgegebene „A la mode-Sprach der Teutschen Oder Compendieuses Hand-Lexicon, in welchem die meisten aus fremden Sprachen entlehnte Wörter und gewöhnliche Redens-Arten so in den Zeitungen, Briefen und täglichen Conversationen vorkommen (...) erkläret werden", legt ein beredtes Zeugnis davon ab.

In Berlin, wo die Hugenotten eine zahlenmäßig nicht unbedeutende Minderheit in der Bevölkerung darstellten, sind viele Entlehnungen in das lexikalische Inventar der deutschen Sprache eingedrungen. Sie galten zuweilen in einer Stadt, in der auch mehrere Straßennamen die Präsenz der Hugenotten dokumentieren, als vornehm, da sie zumindest kulturelle Anpassung bewiesen, wenn die Sprachfertigkeiten im Französischen auch häufig nicht darüber hinausreichten. Was zum festen Bestandteil des Berlinerischen geworden ist – Willibald Alexis bezeichnet es herablassend als „Kehricht der höheren Gesellschaftssprache" –, läßt sich jedoch nicht alles eindeutig auf die Hugenotten zurückführen, da auch die in Deutschland allgemein herrschende Mode und die napoleonische Besetzung ihren Anteil daran haben. Es seien trotzdem folgende Beispiele erwähnt: „die Bulette (boulette), der Hauju (haut goût), die Butelje (bouteille), der Ragufeng (ragoût fin), die Bulljong (bouillon), der Bulljongkopp (aus französisch brouillon: Wirrkopf), der Bulljongkeller, die Budike (boutique), die Stampe (estaminet), die Destille (von distillation), blümerant (bleu mourant) usw." Aus dem Brandenburg-berlinischen Wörterbuch sei in Anspielung auf die Bouchéschen Gärten noch die Wendung „sitzen wie Excellenz bei Bouché (wie ein Narr dasitzen)" erwähnt. Verschiedene Formen der Sprachmischung, Doppelformen in beiden Sprachen (mit-avec, Jardin-Garten, Château-Schloß, Fromage-Käse, vis-a-vis-jejenüber), Einflechtungen von französischen Redewendungen, wie z. B. in Fontanes Erzählung ‚Schach von Wuthenow', oder das dichterische Spiel mit den zwei Sprachen, wie Glaßbrenners „Tugend ist nur Mut zur Courage", sind charakteristisch für Berlin.

In dieser Stadt, in deren Sprache das Französische die tiefsten Spuren hinterlassen hat, werden auch die Probleme, die mit seiner Erhaltung in den französischen Gemeinden verbunden sind, besonders deutlich. Während mit dem Regierungsantritt Friedrichs II. die offizielle Stimmung wieder eindeutig zugunsten des Französischen umschlägt und sich die geistig führende Schicht der Réfugiés in ihrer sprachlichen Praxis dadurch bestätigt sieht, setzt sich der Erosionsprozeß des Französischen in den breiten Schichten der Réfugiés weiter fort und hat spürbare Folgen im Kirchenleben.

In der Phase der fortschreitenden ‚Eindeutschung' wird in den Augen der Berliner kirchlichen Behörden die französische Sprache neben der Aufrechterhaltung der eigenen Kirchenordnung zum wichtigsten Identifikationselement im Kampf um die Behauptung des Sonderstatus. Das Sprachproblem steht von nun an im Zentrum und wird zu einem häufig behandelten Thema der kirchlichen Führungsgremien, die sich ab 1765 mehrmals mit der Frage der Aufnahme Deutscher als Gemeindeglieder und der Kirchenzugehörigkeit von Hugenottennachfahren, die des Französischen nicht mehr mächtig waren, zu befassen hatten. Der Plan von Gottesdiensten in deutscher Sprache wurde zur Diskussion gestellt, dies u. a. im Zusammenhang mit Maßnahmen, die dem zurückgehenden Besuch entgegenwirken sollten. In den Führungsgremien, die sich auch häufig mit Klagen über ungenügende Französischkenntnisse im schulischen Bereich beschäftigen mußten, dominierte die Tendenz des Hinauszögerns von Entscheidungen, deren negative Auswirkungen für die Existenz der Gemeinden und der Kolonie befürchtet wurden.

Der nur mehr symbolische Wert des Französischen, der in seiner gruppenausweisenden Funktion besteht, verdeutlicht das Dilemma der Gruppe, die sich zwar durch ihre religiös bestimmte Zusammengehörigkeit definiert, aber ein wesentliches Element ihrer geistlichen Aufgabe, nämlich das der Verkündigung und Seelsorge, in dem Moment verkümmern läßt, in dem sie ihren Bestand durch mögliche Eingriffe der politischen Macht als gefährdet empfindet und infolgedessen das Französische als existenzlegitimierendes Moment verteidigt, obwohl ein großer Teil der Gemeindeglieder dieser Sprache nicht mehr mächtig ist. Das Französische wurde für viele zur reinen Kultsprache. Die Tatsache, daß mehrere und für die Zeit hervorragend ausgebaute Institutionen der Armenfürsorge gefährdet wurden, erschwerte zusätzlich den Entscheidungsprozeß. Dabei wurde auch die Frage der ‚genealogisch' begründeten Berechtigung auf Anspruch der Leistungen diskutiert.

Aus einer gutachtlichen Denkschrift des Berliner Pastors A. R. Bocquet (1774) geht hervor, daß bei aller Zuversicht eine gewisse Skepsis gegenüber den Absichten des Hofes und der deutschen reformierten Kirche vorhanden war. Obwohl die französische Sprache ein wesentliches Element im Gefüge der Kolonie bildete, schien ihre Erhaltung für Bocquet dennoch weniger wichtig als die der französischen Kirchenordnung. Diese Auffassung zeugt von einem gewissen Realismus, der die unaufhaltsame sprachliche Entwicklung richtig einschätzt, und gleichzeitig von einer ausgesprochen elitären Haltung, da der Verlust der französischen Sprache in den niederen Volksschichten in Kauf genommen wird, solange diese Sprache in den gehobenen Familien weiter erhalten bleibt. Mit der Einführung der deutschsprachigen Gottesdienste erhofften einige sogar die Eingliederung von Deutschen der gleichen hohen sozialen Kategorie, d.h., daß nur ein Proselytismus in diesem gesellschaftlichen Rahmen erwogen wurde.

Ein Memorandum aus dem Jahr 1784, das sich mit der Frage der Inanspruchnahme von Leistungen der von der französischen reformierten Kirche verwalteten Stiftungen befaßt, kommt zu dem Schluß, daß es „hart und ungerecht" sei, Nachfahren von Hugenotten, die dazu beigetragen hätten, den Grundstock des Kirchenfonds zu bilden, von der Nutznießung der Fürsorgemaßnahmen auszuschließen, weil sie des Französischen nicht mehr mächtig seien. Andererseits sei für die Inanspruchnahme der Unterstützung die Mitgliedschaft in der französischen Kirche, d.h. der Besuch des Gottesdienstes, Voraussetzung, was wiederum die Einführung eines Gottesdienstes in deutscher Sprache notwendig mache.

Auch in den Jahren danach blieb die Aufnahmepraxis der französischen Kirche hinsichtlich des Kriteriums der Sprachkenntnisse schwankend. Noch 1787 erwähnt eine königliche Verfügung die Erhaltung und Pflege der französischen Sprache als eine der Aufgaben der französischen Kirchen. Das Problem der Unterstützung von Nachfahren der Réfugiés, die kein Französisch mehr konnten, spitzte sich 1794 in Berlin zu, als sich das Gerücht „unter den Deutschen" verbreitete, die französische Kirche weise bedürftige Nachfahren von Réfugiés zurück. Erst 1801 wurde eine konkrete Maßnahme beschlossen, die im Hospital dem Deutschen einen sehr beschränkten Einzug ermöglichte. Liturgie, Segen und Bibeltext blieben jedoch von dieser, den Insassen des Hospitals reservierten, sehr reduzierten Kulthandlung, bei der auch keine Opferbüchsen aufgestellt wurden, ausgeschlossen.

Im selben Jahr wurde eine Kommission gebildet, die untersuchen sollte, wie groß die Zahl der ‚Franzosen' sei, die sich aus sprachlichen Gründen absonderten, und wie für ihr „geistliches und zeitliches Wohl" gesorgt werden könnte. Mit dem Hinweis auf den ebenfalls sehr geringen Gottesdienstbesuch in den deutschen Kirchen wurde vom sprachlichen Problem abgelenkt. Die Zeit der napoleonischen Besetzung scheint ein Anwachsen der Zahl der Anträge auf Aufnahme in die französische Kirche mit sich gebracht zu haben, die über die schon früher feststellbare Anziehungskraft auf die höheren Schichten der Gesellschaft hinausging. Noch 1813 hielt man am Widerstand gegen eine Aufforderung der staatlichen Kirchendeputation fest, in drei französischen Kirchen Berlins monatlich einen deutschsprachigen Gottesdienst einzuführen.

Nach den politischen Umwälzungen des Jahres 1814 kam es zu einer für den Fortbestand der französischen Kirche und Sprache grundsätzlichen Diskussion, die von einer Schrift des Pastors Théremin ausging. Angeblich beeinflußte sie den preußischen König in Richtung auf Abschaffung des Französischen als Gottesdienstsprache, weshalb der Berliner Pastor Henry mit einer Widerlegung antwortete. Die politischen Ereignisse und ihre Begleiterscheinungen hatten den Bewußtwerdungsprozeß beschleunigt, diese Kontroverse war dabei zugleich Ausdruck und Katalysator.

Mit größter Deutlichkeit stellt Théremin die zentrale Frage: „Ist es aber vernünftig, daß dieser Gottesdienst in französischer Sprache noch fortdaure, wenn schon der größte Theil der Gemeinen von dieser Sprache nichts mehr verstehet und sich unmöglich in derselben erbauen kann? Betet man Gott an, wenn man nicht weis, was man hört oder was man selbst spricht?" Als einen der wesentlichen Gründe für die Auswanderung der Hugenotten bezeichnet er ihren festen Willen, „Gott mit Verstand verehren" zu können, d.h. „in einer ihnen bekannten Sprache". Seine Ansicht stützt er durch das Paulus-Zitat: „Ich will lieber vor der Gemeine fünf Wörter sagen, die verständlich und für andere belehrend sind, als zehend Tausend in einer fremden Sprache." (1. Kor. 14,19).

Die Abgänge aus der Gemeinde wären noch zahlreicher gewesen, „wenn nicht die größere Leichtigkeit, aus der Armenkasse Unterstützung zu erhalten, ärmere Familien davon abgehalten hätte." Nach Théremin sollten alle Gemeinden die „gänzliche Aufhebung der französischen Predigten" beschließen, „sobald sie sich von dem Vorurtheil losgemacht haben werden, daß die Beibehaltung der französischen Sprache in ihrem Gottesdienst, ein Privilegium sey, ihnen bürgerliche Vortheile zuwege bringe, oder sie sonst vortheilhaft auszeichne."

Die Tatsache, daß „die französischen Prediger in unserem Lande immer nur eigentlich eine Büchersprache sprechen", erschwere den katechetischen Unterricht der Jugend, denn „so geläufig ihnen die französische Sprache auch geworden seyn mag, so können sie doch nie mit ihren Schülern, wie ein Pfarrer in Frankreich reden, das Genuine, das Eigene der Sprache, wie sie das Volk in Frankreich spricht, erreichen sie nie. Sie mögen, als Schriftsteller, sich immer gut ausdrücken; für das Volk zu reden, vermögen sie nicht. Noch so schöne Phrasen gehen vor dem Verstande und Herzen der Jugend, als leerer Schall vorüber."

Die französische Sprache ist, so Théremin, zur reinen Gottesdienstsprache geworden: „im gemeinen Leben spricht sie schon Niemand mehr." Sein klares Bekenntnis zum deutschen Vaterland legt er mit folgenden Worten ab: „Wie sollten wir denn einen Vortheil darin suchen, nicht völlig Deutsche zu seyn, die wir doch einem deutschen Volke einverleibt sind, kein anderes Vaterland haben, als ein deutsches Land, und keine andere Mitbürger kennen noch wissen, als Deutsche?"

Friedrichs II. stark ausgeprägte Vorliebe für das Französische sowie die „immer sehr gnädige(n) Gesinnungen (der Hohenzollern) gegen die Abkömmlinge der französischen Réfugiés“ habe manche dazu veranlaßt, „sich mit ihrer französischen Abkunft, als mit einem Vorzuge zu brüsten.“ Diese Haltung nähre den Verdacht, „daß wir, die wir in unserm Vaterlande noch immer halbe Fremdlinge seyn wollen, unser Interesse trennen, und ausschließliche Vortheile beabsichtigen.“

Den Vorurteilen der friederizianischen Zeit nachzuhängen mache aus den Nachfahren der Réfugiés nicht nur Fremdlinge im deutschen Land, sondern auch „Fremdlinge in unserer Zeit“. Französische Sprache und Sitte zu erhalten, komme dem Kultivieren eines Spaltungsfaktors gleich, und der jetzige König wisse wohl, „daß Nichts ein Volk so sehr zur Einheit verbindet, als gleiche Sprache und Sitte.“ Die Pflicht der Hugenotten sei es deshalb, so Théremin, „unsere Kinder nicht zu französischen, sondern zu deutschen oder preußischen Bürgern zu bilden; und dies kann nur durch die deutsche Sprache geschehen.“ Hingegen würde sie das Anerziehen „eine(r) gewisse(n) Façon Réfugiée (...) weder den deutschen, noch den Franzosen empfehlen, sondern sie in beider Augen vielleicht lächerlich machen.“

In dieser öffentlichen Aufforderung zur willentlichen Selbstaufgabe sieht Henry einen Beweis dafür, daß Perioden der Revolutionen und Kriege die Leidenschaften anfachen, grundlose Verdächtigungen, Denunziationen und – unter dem Deckmantel des Patriotismus getarnt – die niedrigsten Regungen aufkommen lassen. Théremins Zuruf habe die Gemüter gegen Frankreich und „gegen alles, was von nah oder fern die Nation, die unsere Väter verfolgt hat, berührt“, aufgebracht. Auf dem Gebiet der Erkenntlichkeit dem Herrscherhaus gegenüber mit Théremin rivalisierend, wünscht Henry, besonders für die jungen Gemüter, die Pflege der eigenen Tradition und Geschichte, die „ihrem Patriotismus einen religiösen Charakter verleihen und in ihnen eine gerechte Empörung gegen ein Volk, das ihre Väter ausgewiesen hat, bewirken würde sowie eine ewige Dankbarkeit gegenüber der Regierung und der Nation, die sie aufgenommen hat.“

Das Aufrechterhalten dieser Tradition mache „unsere Kinder“, so Henry, „zu den eifrigsten Christen und feurigsten Patrioten.“ Henry gibt zwar zu, daß eine große Anzahl von Réfugiés-Nachfahren das Französische verlernt habe oder es nur noch passiv beherrsche, behauptet aber, daß es im allgemeinen noch sehr gut verstanden werde, selbst wenn es nicht mehr Sprache der Kommunikation im Alltag sei. Diese Beschreibung träfe für die meisten Kirchen von Berlin, Königsberg, Potsdam, Stettin und Magdeburg zu und sogar auf dem Land, wie in Bergholz, wo die Bauern noch beide Sprachen sprächen und verstünden.

Henry wendet sich nachdrücklich gegen die Vorstellung, der Gebrauch des Französischen sei etwas Verwerfliches an sich. Diese Sprache sei in ganz Europa in den höheren Schichten der Gesellschaft und schon vor Friedrich II. in der Gelehrtenrepublik üblich gewesen. Das Argument Théremins, nach welchem politischer Eifer die Aufgabe der Sprache der Väter verlange und nach welchem ihr Beibehalten mit Undankbarkeit und Treubruch gleichzusetzen sei, wird mit der Empörung zurückgewiesen, mit der nach Henrys Ansicht die Elsässer und Lothringer es zurückweisen würden, wenn man ihnen ihren (deutschen) Sprachgebrauch vorhalten und ihren (französischen) Patriotismus anzweifeln würde. Es sei völlig unangebracht, bei den Réfugiés von ‚Fremdlingen' zu sprechen, nur weil sie im Gottesdienst und unter sich die Sprache ihrer Väter gebrauchten. Wenn einige erregte, von fanatischem Patriotismus erfaßte Geister sich vorgenommen hätten, die französische Sprache aus Europa und aus der Gelehrtenrepublik zu verbannen, wenn dieselben den Patriotismus nicht von den Gefühlen, sondern von mehr oder weniger fremden Wörtern, der Syntax und den Regeln der deutschen Sprache abhängig machen wollten – „so daß der größte Purist der beste Mitbürger wäre" –, dann könne es sich dabei nur um ein vorübergehendes Fieberdelirium handeln. Die Bedrängnisse und Leiden des Vaterlandes, die auch ganz Europa heimgesucht hätten, wären nicht auf die französische Sprache und Literatur und das Wohl des Staates nicht auf Sprachpurismus zurückzuführen.

Diese Auseinandersetzung, in der bereits einige der wichtigsten Elemente der polemischen Diskussionen, die im 19. Jahrhundert um Elsaß-Lothringen geführt wurden, vorweggenommen werden, zeigt, daß auch die Nachfahren der Réfugiés am Meinungsstreit um die von den Jakobinern in Frankreich verfochtene und in Deutschland zur Zeit der napoleonischen Kriege z.T. wieder aufgegriffene Idee der einheitlichen Sprachnation teilnahmen; das jakobinische Prinzip „eine Nation, eine Sprache" wurde allerdings in „eine Sprache, eine Nation" umgekehrt. Die für eine Kirche grundlegende Frage der Volkssprache wird von Henry nicht aufgegriffen: seine Replik bezieht sich vielmehr auf den ‚Korpsgeist', der die hugenottischen Gemeinden beseele; dieser Geist sei mit der Sprache der Väter vererbt worden, er lebe in ihr weiter und sei von ihr untrennbar. Nur Eifersucht oder mangelnde Hellsicht könnten dazu verleiten, den Hugenotten diesen Korpsgeist vorzuwerfen, der durch das nachahmungswürdige Beispiel der Glaubensbekenner und Märtyrer weiterlebe und nur dann tadelnswert sei, wenn durch ihn nicht das Gemeinwohl, sondern als einziges Ziel nur der Nutzen und die gegenseitige Begünstigung der Mitglieder der französischen Gemeinden angestrebt würden.

Die Zugehörigkeit zu diesen Gemeinden begründete, so Henry, eine Art geistigen Adels, dessen man sich würdig erzeigen und den man weitergeben müsse. Schuld an der mit dem allmählichen Rückgang der französischen Sprache zusammenhängenden Abschwächung des Korpsgeistes seien diejenigen, die einen Gegensatz zwischen ihrer Eigenschaft als Mitglieder der französischen Kirche und der als preußische (und nicht als deutsche, wie Henry betont) Bürger konstruierten. Deutsche zu werden bedeute für viele, namentlich unter den Jugendlichen, sich vom Joch besonderer Verpflichtungen zu befreien, den Rigorismus der Väter aufzugeben und ihrer ernsten, schlichten Lebensart eine leichtere, lockerere vorzuziehen, sich den Freuden des Lebens hinzugeben und in religiöser und sittlicher Hinsicht dem Indifferentismus, der alle Ausschweifungen entschuldige und rechtfertige, das Wort zu reden. Die Nicht-Achtung der Grundsätze der Väter und die Verachtung ihrer Maximen gingen einher mit dem Verlust der Sprache und führten zum Niedergang.

Für Henry ist es durchaus noch möglich, die Jugendlichen an den Umgang mit klaren Ideen und einem gehobenen Stil zu gewöhnen und sie infolgedessen für eine Beredsamkeit zu sensibilisieren, die „einfach und volkstümlich sein kann und sein soll, ohne jedoch gemein und trivial zu sein". Das fehlerhafte Französisch sei auch keineswegs ein besonderes Merkmal der Réfugiés. Beschwörend richtet sich Henry an alle, die unbewußt oder bewußt, mit blindem Eifer oder weil sie dem vermeintlichen Wunsch der wechselhaften öffentlichen Meinung nachzugeben wünschten, am Niedergang und an der Auflösung der französischen Gemeinden arbeiteten oder im Verwischen der Spuren ihrer Herkunft einen Akt des Patriotismus zu sehen glaubten. Ihre Pflichtvergessenheit mache sie nicht zu besseren Bürgern, und durch das Verleugnen der Vorfahren und ihres Werkes zerstörten sie Gottes Werk und das Denkmal der Nächstenliebe. Wie Moses, die Propheten und Psalmisten das Volk Israel an den Auszug aus Ägypten erinnerten, wenn es fremde Götzen anbetete, wie sie es wieder aufrichteten, indem sie auf das Erbe Jakobs hinwiesen, wenn es entmutigt war oder Gefahr lief, sich den Nachbarvölkern zu assimilieren, so erinnert Henry die nach seiner Meinung zur Auflösung der Gemeinde bereiten Hugenotten an die Verfolgung der Väter, an die Gründe des Exils und an die Segnungen, die auf die Opfer folgten. Henry ruft den Familien zu: „Seid des geistigen Adels würdig (...). Ein jeder sei das, was er sein soll." Verzichtet man auf seine eigentliche Identität, „so wird man ein unbedeutendes Zwitterwesen".

Obwohl die Berliner Kirchengremien die Argumente Henrys ausgezeichnet fanden, hielten sie es für angebracht – nach ihren eigenen Worten –, „sich ruhig zu verhalten". Nicht selten erwecken die langwierigen Auseinandersetzungen den Eindruck, daß es sich dabei um ausgesprochene ‚Rückzugsgefechte' handelte, die nur noch eine bestimmte Schicht der Gemeinde betrafen. Aber auch in Gebieten mit eher ländlichen Réfugiés-Siedlungen, wie z. B. in Hessen-Kassel, wurde über ähnliche Fragen gestritten. Zwischen 1741 und 1792 stießen hier, trotz zunehmender Eindeutschung der Kolonie, mehrere Versuche, Deutsch als Predigtsprache einzuführen, auf entschiedene Ablehnung der Réfugiés-Nachfahren, obwohl sie mit der deutschen Alltagssprache vertraut waren; Französisch blieb für sie weiterhin die Sprache, in der sie Gebete, Katechismus und Psalmen auswendig gelernt hatten, d.h. die Sprache der Religion überhaupt.

Ein Inspektorenbericht erwähnt die Tatsache, daß ihre Beibehaltung im Gottesdienst von den Nachkommen der Glaubensflüchtlinge als „das Symbol der ihnen gnädigst verliehenen Privilegien angesehen" wurde. So bestanden Eltern, die ihre Kinder in umliegende deutsche Schulen schickten, auf Beibehaltung des Französischen in der Kirche, und seine Zurückdrängung zog sich bis ins 19. Jahrhundert hin. In Kelze wurde noch 1822 für die Beibehaltung des Französischen im Gottesdienst „als ein für die Flüchtlinge tröstliches, niemandem schädliches, einziges Privilegium" plädiert. In Louisendorf wurde erst 1871 der deutsche Gottesdienst verfügt. In Friedrichsdorf am Taunus leisteten aus der Schweiz verpflichtete Pfarrer den entscheidenden Beitrag zur Aufrechterhaltung der französischen Tradition. Öffentliche Bekanntmachungen und Aushänge erfolgten bis 1883 nur in französischer Sprache, und ein deutscher Gottesdienst wurde erst nach 1885 eingeführt, während Muttersprachler beider Sprachen den Unterricht in der Volksschule versahen. Der Mariendorfer Lehrer notiert 1927 in seiner Schulchronik, daß um 1900 noch fast alle älteren Leute französisch sprechen konnten, was nun nicht mehr der Fall wäre, und er zitiert die Äußerung eines 1926 im Alter von 81 Jahren verstorbenen Landwirts: „In unserem Hause sprechen wir immer nur alles deutsch. Nur meine Frau und ich unterhalten uns gern französisch. Aber beten, Herr Lehrer, beten, das kann ich nur auf französisch."

Nur am Rande können hier Fragen erwähnt werden, die dicht an den Alltag, den unmittelbaren, konkreten Lebensbereich herankommen: Essen und Kleidung, Familie und Feste, Frömmigkeitsformen, Wohnen und Hausbau. Stellvertretend für diese Bereiche, in denen die Unterschiede von der einheimischen Bevölkerung als charakteristische Merkmale wahrgenommen wurden, mögen die Eßgewohnheiten stehen, z.B. frisches Gemüse, Obst, feines Backwerk.

Die Hugenotten kamen in Brandenburg in einen weitgehend lutherisch bevölkerten Staat, und Prediger dieser Konfession hetzten zuweilen die einheimische Bevölkerung gegen sie auf und bezeichneten ihr Schicksal als eine Strafe Gottes. Obwohl die Réfugiés den Kalvinismus, der damals als die politisch fortschrittlichere Konfession galt, im Staat der Hohenzollern stärkten, blieb es ihnen weitgehend verwehrt, selbständige synodale Leitungsstrukturen aufzubauen. Die stets bekundete ‚ewige Dankbarkeit' dem selbst zum reformierten Bekenntnis übergetretenen Herrscherhaus gegenüber erlaubte kaum das Aufkommen staatskritischen Denkens oder die Wahrnehmung eines Wächteramtes, und dies, obwohl die gekrönten Häupter nicht selten zu Füßen (unter der Kanzel) der französischen Prediger saßen. So stellte sich das ‚importierte Ersatzbürgertum', das sich aus Gliedern oder Nachkommen einer Minderheit, die einem extremen Absolutismus zum Opfer gefallen war, zusammensetzte, willig in den Dienst der politischen Macht, die seine ‚Privilegien' garantierte: die Réfugiés wurden die treuen ausführenden Organe der Politik der Hohenzollern, als deren unmittelbare Untertanen sie sich empfanden.

In einer Epoche der fortschreitenden Auflösung eines Systems, das alle Lebensgebiete einem einheitlichen Gedankengerüst unterworfen hatte, hatte die hugenottische Diaspora einen bedeutenden Anteil an einer Entwicklung, die durch die historische Kritik, die Scheidung in natürliche und geoffenbarte übernatürliche Wahrheiten der Vernunft zu einem autonomen Status verhalf. Obwohl das vom Dreißigjährigen Krieg noch stark gezeichnete Deutschland, dessen Rheingebiete von Frankreich weiter bedroht wurden, als ‚Réfugié-Zentrum' für die ‚hommes de lettres' mit den kalvinistischen Niederlanden, dem gelobten Land der Universitäten, Drucker und Buchhändler, und dem wirtschaftlich stark aufstrebenden England und deren relativer Nähe zur ehemaligen Heimat kaum wetteifern konnte, ließ sich eine nicht geringe Zahl von Theologen, Juristen, Lehrern, Künstlern und Ärzten in Berlin nieder. Im Vergleich zu den publizistischen Betätigungsfeldern, die in dem zur geistigen Drehscheibe gewordenen Holland gegeben waren, waren in Berlin die Möglichkeiten bescheiden, und im Vergleich zu Versailles bot der Berliner Hof dem Literaten zunächst nur wenig. Gleichwohl sicherten die Schaffung besonderer Akademien und Institutionen im Bereich des Schulwesens und auf der Ebene der Gerichtsbarkeit sowie die Anstellung von hugenottischen Erziehern und Erzieherinnen im Herrscherhaus, im Adel und bald auch im gehobenen Bürgertum zahlreichen gebildeten Réfugiés, für die Literatur oder Wissenschaft lediglich eine Nebenbeschäftigung waren, in kurzer Zeit eine Existenzbasis.

Einen ersten Mittelpunkt der geistigen Tätigkeit der Hugenotten bildete die Berliner Akademie der Wissenschaften: in den ersten Jahrzehnten ihres Bestehens stellten die Hugenotten etwa ein Drittel der Mitglieder, und die Wahl des Französischen zur Akademie-Sprache begünstigte ihre Tätigkeit in dieser Institution. Sie waren Teil einer Bewegung, die es Preußen erlaubte, den Anschluß an die geistige Entwicklung in Europa zu finden. Dies geschah nicht selten über das Medium der neuen Wissenschaftssprache Französisch. Die Verwendung des Französischen als Verhandlungs- und Veröffentlichungssprache der Akademie (1745) sollte die Verbreitung der Publikationen im Ausland und die Mitarbeit von

Männern wie Voltaire, Maupertuis und La Mettrie sichern und entsprach der Neigung des Königs. Daß dies gegen Leibniz' Anliegen und den ausdrücklichen Wunsch des Stifters ging, die deutsche Sprache und Kultur zu fördern, ist nicht die geringste Paradoxie der Akademie gewesen. In der französischen Sprache vermittelten die Hugenotten als Übersetzer oder publizistische Bearbeiter der Naturrechtslehre Pufendorfs oder der Wolfschen Philosophie Resonanz im gebildeten europäischen Publikum, wenn dies auch manchmal gegen die streng orthodoxen Auffassungen der kirchlichen Führungsgremien geschah. Sie leisteten dadurch einen beachtlichen Beitrag zum europäischen Machtverschiebungsprozeß vom katholisch-romanischen Süden zum protestantisch-germanischen Norden, der das Kulturgefälle zwischen diesen Gebieten einebnete.

Das auf den preußischen Zweig gepflanzte Réfugié-Pfropfreis hat vielleicht mehr ansehnliche Früchte als prachtvolle Blüten hervorgebracht; im Bereich der Verbreitung, der allgemeinverständlichen Darstellung, der Herausgabe gelehrter, kritischer, exegetischer, philosophischer, sprachwissenschaftlicher und geschichtlicher Arbeiten haben sich die Hugenotten als verdienstvolle Mitstreiter des geistigen Umbruchs im 18. Jahrhundert erwiesen. Als Mittler und Multiplikatoren haben sie sich nicht nur an der Tradierung der französischen Klassik beteiligt, sie vermittelten auch der europäischen Elite, die sich der französischen Sprache bediente, das deutsche historische, philosophische, staatspolitische und juristische Gedankengut.

Doch die Hugenotten sind nicht nur als verdienstvolle, „tüchtige Handwerker" der Aufklärung (P. Hazard), die Wege zur Erkennbarkeit einer erklärbaren Welt suchten, tätig gewesen. Nicht nur auf der Ebene des Begreifens, sondern auch auf der des Ergriffenseins, auf der die Welt magisch und verschlossen, als im Mythos verankertes Rätsel erscheint, haben sie französisches Kulturgut nach Deutschland gebracht. Was die Brüder Grimm bei den Hessen, die „zu den Völkern unseres Vaterlandes gezählt werden, die am meisten wie die alten Wohnsitze so auch die Eigentümlichkeiten ihres Wesens durch die Veränderung der Zeit festgehalten haben", zu finden glaubten, was Hugo von Hofmannsthal als „tiefe und schöne Geschichten, in denen das wahre Herz des Volkes darin ist, die wahre, scharf umgrenzte Wesenheit des deutschen Gemüts" bezeichnete, nämlich die ‚Kinder- und Hausmärchen', die, nicht nur weil sie in der Realschulbuchhandlung Berlin erschienen, zu einem Lese- und Vorlesebuch der Nation wurden, stammen nicht immer aus altdeutschen Spinnstuben, aus urdeutschem Volksgut. Etliche dieser ‚Volksmärchen' gehen auf französische Vorlagen zurück, die von übergesiedelten Hugenotten, deren Nachfahren dann zu Beiträgern und Gewährspersonen der Brüder Grimm wurden, nach Hessen gebracht wurden. (Abb. 18, 19)

Rudolf von Thadden

Vom Glaubensflüchtling zum preußischen Patrioten

1788 – ein Jahr vor Ausbruch der Französischen Revolution und zwei Jahre nach dem Tod des großen Preußenkönigs Friedrich – erschien in Berlin ein anonym verfaßter „Brief" eines eingewanderten Schweizers französischer Herkunft „an einen Genfer Freund" über „den Zustand und Wohlstand der französischen Kolonien in den Staaten des Königs" von Preußen.[1] In diesem Brief begründet der Autor, warum er sich seit seinem Zuzug nach Berlin zur dortigen Kolonie der französischen Réfugiés, der vor 100 Jahren eingewanderten Glaubensflüchtlinge, halte und sich nicht – wie der Genfer Freund ihm geraten hatte – der allgemeinen Gesellschaft der Stadt angeschlossen habe: „Alle diese Kolonien, und insbesondere die von Berlin, sind für eine große Zahl von Ausländern immer das gewesen, was sie für mich waren: ein Anziehungspunkt. Ich hätte sicherlich Mühe gehabt, mich zu entschließen, herzukommen und mich hier niederzulassen, wenn ich nicht sicher gewesen wäre, daß ich hier die Sprache finden würde, die ich spreche, und die Bräuche, die mir seit meiner Kindheit zur Gewohnheit geworden sind."[2]

Der Autor beteuert also seinem Briefpartner in Genf, daß in Berlin nach wie vor eine französischsprachige Gemeinschaft bestehe, an die Angehörige des französischen Kulturkreises mit Gewinn Anschluß finden können. Offenbar war nämlich in Europa der Eindruck entstanden, daß die Auswanderungsgruppen der hugenottischen Glaubensflüchtlinge inzwischen längst in der jeweiligen einheimischen Bevölkerung aufgegangen seien oder sich doch, jedenfalls kulturell, weitgehend assimiliert hätten. Dem tritt der Autor des Briefes im Blick auf die preußischen Lande entgegen: „In den meisten Orten [Europas], in denen sich zur Zeit des Glaubensexils französische Kolonien gebildet haben, sind diese beträchtlich schwächer geworden, in manchen Orten sind sie sogar gänzlich eingegangen, während die Kolonien in diesem Lande weiterleben und die von ihnen gegründeten Stiftungen Beständigkeit gewonnen haben und täglich weiter gewinnen ..."[3]

Preußen also ein Land nicht nur zeitgebundener Zuflucht, sondern auch dauerhaften Gedeihens französischer Kultur und Lebensart, ein Gelobtes Land sogar noch für späte Nachkommen von Glaubensflüchtlingen des 17. Jahrhunderts? Preußen ein Flecken Erde, der im Vergleich mit anderen Orten der Zuflucht wie Holland, England oder der Schweiz die attraktivsten Existenzbedingungen für Gemeinschaften französischer Kulturprägung bietet? Franzosen nichthugenottischer Herkunft zeichneten da ein anderes Bild. So der künftige Kopf der Französischen Revolution Mirabeau, der ebenfalls 1788 in seinem nach eigenen Reiseeindrücken geschriebenen Buch „De la Monarchie Prussienne" den übertrieben militärischen Charakter des Hohenzollernstaates betonte und die „Disproportion zwischen Armee und Bevölkerungszahl" geißelte. Von einer besonderen Anziehungskraft dieses Staates auf Franzosen war da nicht die Rede.[4]

Wie es damit wirklich stand, wie es in der Welt der französischen Gemeinschaften im Lande aussah und wie ihre Mitglieder hundert Jahre nach der Auswanderung ihrer Vorfahren aus Frankreich die eigene Situation empfanden, das kam ziemlich deutlich in den zahlreichen Reden, Predigten und Veröffentlichungen aus Anlaß des hundertjährigen Jubiläums des Einwanderungsedikts von Potsdam zum Ausdruck. Des Einwanderungsedikts von Potsdam vom 29. Oktober 1685, nicht des die Auswanderung befördernden Widerrufs des Edikts von Nantes vom 18. Oktober (alten Stils), wie es aus französischer Sicht nahegelegen hätte! „Das Potsdamsche Edikt", so wird in allen Gedenkschriften hervorgehoben, „ist in den Augen der französischen Kolonien der wahre Zeitpunkt, den ihre Dankbarkeit zum Zweck dieser Jubelfeierlichkeit macht." Nicht das traurige Datum der Flucht aus der alten Heimat, sondern das freudige Datum der Aufnahme in das neue Vaterland ist Gegenstand der Besinnung.[5]

In der historischen Einleitung zu einem Predigtsammelband des Jahres 1785 wird in diesem Zusammenhang unumwunden der Zweck der Gedenkfeiern bezeichnet: „Nach hundert Jahren widmen die Fremden einen besonderen Tag ehrlichen Freudenfesten . . ., um ihrer Nachkommenschaft das Bewußtsein ihrer Herkunft weiterzugeben . . . Sie prägen Münzen und schreiben Bücher, um zu verhindern, daß eine lange Reihe von Jahren aus dem Gedächtnis auslöschen, was die Vorfahren gewesen sind und getan haben." In dieser Hinsicht sei das Jubiläum der französischen Kolonien nicht nur ein religiöses, sondern auch ein staatsbürgerliches Fest, das zum Ziel habe, eine besondere Gesellschaft zu erhalten und in ihrem Fortbestand zu sichern.[6]

Offenbar gab es also Anlaß nicht nur zu dankbarer Erinnerung an die großzügige Aufnahme der Vorfahren im Land der Zuflucht an der Spree, sondern auch zu mahnenden Worten an die Nachfahren, daß sie die Bindungen ihrer Gemeinschaft nicht vergäßen. „Was ist aus der dritten, was aus der vierten Generation geworden?" so fragte besorgt der Pastor A. R. Bocquet in seiner Jubiläumspredigt in der Werderschen Kirche in Berlin. „Gibt es unter uns noch viele Familien, die mit der Glaubenstreue ihrer Vorväter deren Bescheidenheit, Rechtschaffenheit und

Mäßigung ... verbinden?“ Die Antwort fiel kritisch aus: Ja, es gebe wohl noch solche Familien, aber daneben doch auch allzu viele, die diesen keineswegs ähnelten. „Mehrere verschmähen schon den Namen ‚Réfugiés-Nachkommen‘“, und auch bei den anderen stehe es mit der Bewahrung des Erbes nicht zum Besten.[7]

Noch besorgter urteilt der Pastor an der Französischen Kirche in der Friedrichstadt, Pajon, über den Zustand der französischen Kolonien, indem er vor allem den Rückgang des Sinns für Sparsamkeit und Arbeitsamkeit anprangert. „Ja, der Luxus“, so klagt er in seiner von moralischen Ermahnungen erfüllten Predigt, „er kündigt nach dem Eingeständnis der Personen, die darüber nachgedacht haben, den Verfall der Familien und des Staates an; er deutet auf ein Erlöschen der erhabenen Gefühle, welche Vergnügungssucht, Müßiggang und Eigeninteresse mit einem gefährlichen Wetteifer, die anderen in eitler Pracht zu übertreffen, vermischen.“ Man wisse wohl, daß sich die Zeiten seit der Einwanderung der Vorfahren gewandelt haben und daß die Notwendigkeit sparsamen Lebens für die meisten Angehörigen der Kolonien geringer geworden sei. Aber das ändere nichts daran, daß man „wünschen müsse, daß die Einfachheit und Strenge der Väter weniger mit der Eleganz und Nachsicht kontrastiere, mit der die meisten Kinder erzogen werden“.[8]

Diese Mahnungen lassen nicht nur ein für die Hugenotten der Enkelgeneration typisches Argumentationsschema erkennen, demzufolge das Verhalten der Väter – ähnlich dem der Erzväter im Alten Testament – als Maßstab für die Nachkommen diente; sie sagen auch etwas über die Situation der Enkelgeneration aus. Wenn Gefährdung durch Luxus ein Predigtthema bei Jubiläumsfeierlichkeiten sein kann, dann muß es ein nennenswerter Teil der Gemeindeglieder zu ansehnlichem Wohlstand gebracht haben, dann entspricht dem Begriff des Réfugiés nicht mehr der Inhalt einer Flüchtlingsexistenz.

Und in der Tat erscheint die Flüchtlingszeit der Vorfahren in den Jubiläumspredigten nur noch als Folie für den Aufstieg zu neuem Wohlstand der Nachkommen. Die Erinnerung an die Leiden der Vergangenheit hat nur noch zwei Funktionen: sie soll das soziale Gewissen schärfen und das Gefühl der Verpflichtung gegenüber dem neuen Vaterland stärken. In diesem Sinne ruft einer der Verfasser des großen Geschichtswerks zu Ehren der Réfugiés, Pastor Reclam, in seiner Berliner Jubiläumspredigt die glücklicherweise überwundenen Nöte der ersten Generation ins Gedächtnis: „Der Réfugié – verschlagen in ein fremdes Land, in ein rauheres Klima als das ihm gewohnte, in die Mitte von Unbekannten, deren Sprache er nicht einmal kennt und deren Sitten ihm neu sind, gezwungen, auf mehr als eine Gewohnheit zu verzichten und neue anzunehmen, ... plötzlich auf die Wohltätigkeit anderer angewiesen, nachdem er sie vorher hatte selber ausüben können: wieviel Schwierigkeiten hatte er zu überwinden, um ein neues Vaterland an der Stelle dessen zu finden, das er wegen seiner Frömmigkeit verloren hatte.“[9]

Auf dem Hintergrund so bedrängender Schicksale in der Vergangenheit konnte es kaum anders sein, als daß Dankbarkeit gegenüber dem neuen Vaterland geboten war. Ja, mehr noch: alle Gefühle der Réfugiés sollten in Patriotismus gipfeln und Hingabe an das neue Vaterland bewirken. „Oh mein Vaterland!“ so beschließt die genannte Predigt ihre Rückbesinnung auf die Nöte der Vergangenheit, „sei immer mächtig, immer glücklich! Mögen die Gebete, die aus unserem Patriotismus für dich entspringen, auf dich Frieden und Wohlstand herabsteigen lassen.“[10]

Dieser auch in anderen Predigten betonte Patriotismus war jedoch keineswegs nur ein künstliches Feiertagsprodukt; er entsprach vielmehr tieferen Empfindungen der Réfugiésgeneration der Zeit und wurde auch über die Jubiläumstage hinaus bekundet. In dem erwähnten großen Geschichtswerk zum Gedächtnis der ausgewanderten Hugenotten, den seit 1782 in mehreren Bänden erschienenen und von Reclam mitverfaßten „Mémoires pour servir à l'Histoire des Réfugiés François dans les Etats du Roi“, wird ausdrücklich gesagt, daß die Vaterlandsliebe gefördert und der Boden für ihr Gedeihen bereitet werden müsse: „Für uns Geschichtsschreiber der Réfugiés war das Hauptziel unserer Arbeit, in unseren Kolonien den Geist zu bewahren, der die Absichten der Regierung stets so sehr unterstützt hat; indem wir die Wohltaten der Fürsten in Erinnerung rufen, suchen wir das Gefühl des Patriotismus durch das der Dankbarkeit zu beleben ...“[11]

Diesem Gedanken waren fast alle Predigten des Jubiläumsjahres in Preußen verpflichtet. Man hob in immer neuen Variationen die Wohltaten der Hohenzollern hervor und war bestrebt, die deutschen Untertanen in der Anhänglichkeit ans Herrscherhaus zu übertreffen. Besonders dem Großen Kurfürsten galt die Verehrung der Réfugiés, er war ihnen „der Begründer der Größe Brandenburg-Preußens“. „Ich sehe in einem noch schwachen Staat ...“, so ruft Pastor Barandon in der Kirche des Berliner Vororts Köpenick aus, „einen Fürsten, der allein darum bemüht ist, diesen Staat wachsen und gedeihen zu lassen; er gibt seinen von einem langen und unseligen Krieg verwüsteten Provinzen ... neues Leben, stellt in ihnen Ordnung und Frieden wieder her, erschließt alle Quellen des allgemeinen Wohlstands, ermutigt das Gewerbe, befördert den Handel, ruft die Künste ins Land, wird der Schöpfer und Neubegründer seiner Staaten und legt die Fundamente dieser stetig wachsenden Macht und Glorie.“ Und fast hymnisch schließt er sein Portrait des großen Gönners der Réfugiés: „Welche glänzenden und zuverlässigen Eigenschaften beeindrucken mich in ihm! Auf dem Thron ist er der Vater seiner Völker; wachsam, tätig und unermüdlich ist er um ihr Glück bemüht, gerecht und umsichtig in seinen Unternehmungen, fromm, empfindsam und menschlich. An der Spitze seiner Armeen ist er ein Held, der Weisheit mit Tapferkeit verbindet, der ungerechte Feinde zurückschlägt und verwirrt und den immer der Sieg krönt."[12]

Dem so verherrlichten Großen Kurfürsten steht in der Sicht der Predigten das negative Bild Ludwigs XIV. gegenüber, der zum Inbegriff aller denkbaren Untugenden und Charakterlosigkeiten wird. Fanatisiert, verblendet und verhärtet fügt der Annullierer des Toleranzedikts von Nantes seinem Lande schweren Schaden zu und ruiniert erheblich den Wohlstand seines Volkes. „Stolz auf seine Größe und seine Erfolge", so stilisiert ihn der Prediger, „irritiert ihn der geringste Widerstand; an Gehorsam gewöhnt, sobald er befiehlt, will er über die Gewissen jene absolute Herrschaft ausüben, vor der sich alles beugt; ruhmsüchtig, aber unfähig, zwischen echtem und falschem Ruhm zu unterscheiden, ist er bestrebt, die Ketzerei auszurotten und seinen eigenen Glauben überall in seinem Königreich durchzusetzen."[13]

Von der Intoleranz und eitlen Herrschsucht Ludwigs XIV. stechen nun die Duldsamkeit und solide gegründete Autorität des Großen Kurfürsten ab, die die Voraussetzung für den Aufstieg Brandenburg-Preußens bilden. Sichtbar ruht der göttliche Segen auf dem Hause Hohenzollern, das eine große Herrscherpersönlichkeit nach der anderen hervorbringt und schließlich in Friedrich dem Großen einen König von europäischer Geltung hat. „Glückliche Réfugiés", so schließt der Berliner Pastor J. A. Bocquet seine Predigt, „das Jahrhundert des Glücks, das ihr zurückgelegt habt, beginnt und endet unter den Auspizien von zwei Helden ... Und im Blick auf Friedrich können wir fühlen, wie sehr Franzosen ihre Könige abgöttisch lieben."[14]

Diese starke Betonung der Verbundenheit mit dem Herrscherhaus hat eine deutlich erkennbare Räson. Sie fügt sich nicht nur in den allgemeinen Rahmen der Fürstenverehrung im Zeitalter des Absolutismus, sondern ist Ausdruck der besonderen Lage der Glaubensflüchtlinge in ihren Einwanderungsländern. Da sie in der Regel in der örtlichen Bevölkerung keine freundliche Aufnahme gefunden hatten und bei den meist lutherischen Ständen sogar auf spürbaren Widerstand gestoßen waren, verdankten sie die Begründung ihrer neuen Existenz in Deutschland fast ausschließlich der Gunst der Fürstenhäuser, die in den Einwanderern auch nützliche Stützen im Kampf gegen die Stände sahen. Dies traf besonders für Brandenburg-Preußen zu, wo die Krone wegen der Vielzahl der bislang nur locker zusammenhängenden Territorien vital auf Kräfte angewiesen war, die zur Integration des aufstrebenden Staatswesens beitragen und Gegengewichte gegen die widerspenstigen Stände bilden konnten. Hier entsprach die Aufnahme der Glaubensflüchtlinge also einem doppelten Interesse des Herrscherhauses: sie halfen nicht nur, die vom Dreißigjährigen Krieg verwüsteten Gegenden zu „peuplieren" und mit neuer wirtschaftlicher Kraft zu beleben, sie trugen auch dazu bei, daß die weitverstreuten Landesteile zusammenwuchsen und ein verbindendes Staatsbewußtsein entwickelten. Die eingewanderten Hugenotten wurden nicht Brandenburger, Pommern, Ostpreußen oder Westfalen sondern staatsunmittelbare Preußen, Glieder des integrationsbedürftigen Gesamtstaates.[15]

Man kann also nicht sagen, daß der bei den Feiern zum hundertjährigen Jubiläum bekundete Patriotismus der Réfugiés nur aufgesetzt und ohne konkreten Inhalt war. Ganz abgesehen davon, daß nach der langen und an Erfolgen reichen Regierungszeit Friedrichs des Großen sich durch das ganze Land hindurch ein preußischer Vaterlandsgeist zeigte, hatten die Nachkommen der Einwanderer allen Anlaß, ihrer Verbundenheit mit dem Herrscherhaus der Hohenzollern und dem preußischen Staat Ausdruck zu geben. Im 18. Jahrhundert entsprachen die hugenottischen Loyalitätsbekundungen noch handfesten Realitäten, auch wenn sich bereits Ansätze zu einer gewissen Sublimierung und auch Instrumentalisierung abzeichneten.

Ansätze dieser Art waren am sichtbarsten in dem großen Geschichtswerk von Erman und Reclam ausgeprägt, das sich nicht mit der Darstellung der realen Begebenheiten begnügte, sondern auch geschichtstheoretische Schlußfolgerungen aus diesen abzuleiten bestrebt war. So zogen die beiden Autoren eine Linie vom Segen der Hugenottenaufnahme zum Erfolg von Toleranzpolitik überhaupt und entwickelten aus der Geschichte des Hohenzollernstaats allgemein gültig erscheinende Regeln. „Diese Tatsache [des Aufstiegs Brandenburg-Preußens dank der Aufnahme der Glaubensflüchtlinge] ist der am deutlichsten sprechende Anschauungsunterricht in Sachen Toleranz, den die Geschichte den Herrschern geben kann; sie beweist unwiderlegbar, daß Intoleranz und Verfolgungsgeist den Prinzipien einer aufgeklärten Politik nicht weniger entgegengesetzt sind als denen des Christentums und den Gefühlen der Menschlichkeit. Alle Staaten, in denen die herrschende Religion neben sich jede Meinung duldet, die keinen verderblichen Einfluß auf die Tugenden des Bürgers ausübt, haben sich vergrößert, während diejenigen, in denen die Regierung den absurden Plan gehabt hat, alle Untertanen durch Zwang zu einer in den Prinzipien der Religion absolut einheitlichen Denkweise zu bringen, manche Quellen des allgemeinen Wohlstands versiegen sahen und erleben mußten, wie in ihrer Mitte manchmal Unruhen und Bürgerkriege aufkamen, die immer viel unheilvoller sind als die unglücklichen auswärtigen Kriege."[16]

Hier werden also nicht nur Inhalte eines der praktizierten Politik entsprechenden preußischen Patriotismus beschrieben, sondern generalisierende Ableitungen vorgenommen, die den Gegenstand in einen größeren

Bezugsrahmen stellen. Preußischer Patriotismus ist danach nicht nur eine Form allgemein üblicher Vaterlandsliebe sondern auch und vor allem Ausdruck eines übergreifenden Geschichtsbewußtseins. Im Staat der Hohenzollern hatte sich in der Sicht der hugenottischen Geschichtsschreiber eine fast an moderne Evolutionstheorien erinnernde stringente historische Entwicklung vollzogen, die über Preußen hinaus Bedeutung hat. Wo religiöse Toleranzpolitik getrieben wird, blühen Staaten auf und gewinnen Macht und Ansehen. Wo allgemeine Menschheitsprinzipien in der Politik zum Durchbruch kommen, besteht die beste Chance, daß sich langfristig politischer und wirtschaftlicher Erfolg einstellt, daß Staatsbildungen einen Sinn haben.[17]

Und dies genau sagten die Réfugiés von ihrem neuen Vaterland: Preußen hat einen Sinn; es ist nicht nur eine beliebige historische Erscheinung, ein Zufallsprodukt ohne Ort und Bestimmung in der universalen Menschheitsgeschichte, sondern Inkarnation eines Prinzips, Träger einer Idee, wie man im 19. Jahrhundert gesagt haben würde. Dieses Prinzip, das man mit Ranke das „protestantische Prinzip" nennen könnte, gibt dem preußischen Patriotismus einen Inhalt, läßt Anhänglichkeit an den Staat der Hohenzollern sinnvoll sein. Preußen hat eine raison d'être, einen Daseinszweck.

Aber diese Ansätze der hugenottischen Autoren zur Begründung eines alle Untertanen des preußischen Königs umgreifenden Patriotismus bildeten nur die eine Seite ihrer Argumentation. Die andere, weniger erhabene Seite bestand in der Abwehr von Eifersüchten und Anfeindungen ihrer deutschsprachigen Mitbürger, die den Aufstieg Preußens im 18. Jahrhundert nicht vorherrschend auf den Beitrag der Einwanderer reduziert sehen wollten. Ihnen mußte vorgehalten werden, daß die vom Dreißigjährigen Krieg verwüsteten deutschen Territorien ohne den Zustrom fleißiger und gewissenhafter Glaubensflüchtlinge länger gebraucht hätten, um aus dem Elend herauszukommen: „Zweifellos hätte unter weisen Regierungen, auf die Länge gesehen, alles auch so neues Leben gewonnen; aber es ist eindeutig klar, daß die Réfugiés die Fortschritte wenigstens um ein halbes Jahrhundert beschleunigt haben."[18]

Der bedrängendste Vorwurf deutscher Mitbürger, gegen den sich hugenottischer Patriotismus zu behaupten hatte, zielte auf die angeblich zur Verweichlichung führende Verfeinerung der Sitten, die den Franzosen angelastet wurde. Als wenn alle französischen Einflüsse des 18. Jahrhunderts ausschließlich auf die Wirkung der Réfugiés zurückzuführen seien, beschuldigte man diese, mit französischem Sinn für Eleganz und Annehmlichkeiten des Lebens den alten Sinn für Einfachheit zerstört zu haben. „Man behauptet, daß der Nationalcharakter eine verderbliche Veränderung erfahren habe, indem er sich nach dem der Franzosen gerichtet habe."[19]

Aber dieser Vorwurf wird entschieden zurückgewiesen. Er erscheint den Autoren als absurd angesichts der Tatsache, daß die ersten Réfugiés im Rufe standen, bescheidene, sittsame und arbeitsame Leute zu sein, und nichts mit dem leichtlebigen Milieu von Paris und Versailles zu tun hatten, sondern vielmehr größtenteils aus entlegenen Provinzen mit strengen und einfachen Sitten kamen. Wenn man jedoch mit Recht den Fortschritt des Luxus, der Frivolität und der Vergnügungssucht beklagt, dann müsse man den Grund dafür eher anderswo als im Einfluß der Réfugiés suchen. Diese hätten, wenn sie auch die Formen ihrer Mitbürger verfeinert haben mögen, diese doch nicht verdorben. „Grobe Sitten sind noch keine guten Sitten, und schlechte Kleidung oder Ernährung sind noch keine Zeichen für Bescheidenheit und Mäßigung."[20]

Hier wird also ein Bewußtsein überlegener hugenottischer Kultur an den Tag gelegt, die sich gleichermaßen vom leichten Lebensstil der anderen Franzosen des 18. Jahrhunderts wie von der ungehobelten Lebensweise der deutschen Mitbürger abhebt. Die Geschichtsschreiber der Réfugiés betonen mit Stolz, daß ihre Gemeinschaft einen Beitrag zur Kultivierung nicht nur des Landes, sondern auch des Volkes ihrer Umgebung geleistet habe und folglich dem Gemeinwohl nützlich geworden sei. „Wenn der Nationalcharakter der Deutschen", so beschließen sie diese Betrachtungen, „heute vielleicht etwas weniger eckige Züge hat als im vorangegangenen Jahrhundert, so kann man zugestehen, daß es nicht schlecht ist, daß sich einige davon abgeschwächt haben oder verschwunden sind. Und wenn die französischen Réfugiés einen gewissen Einfluß auf den Wandel gehabt haben, so haben sie auch ihrerseits den Einfluß derer verspürt, in deren Mitte sie sich niedergelassen haben. Alles in allem haben die einen wie die andern dabei mehr gewonnen als verloren."[21]

Untersucht man die vorgetragenen Werturteile auf ihre sozialen Vorstellungen hin, so stößt man auf bürgerliche Leitbilder, die dem Zeitalter der Aufklärung entsprechen. Die hugenottischen Prediger und Autoren des zu Ende gehenden 18. Jahrhunderts gründeten ihren preußischen Patriotismus in bürgerlichem Ethos im doppelten Sinn des Wortes: im Ethos sowohl des nichtadligen Stadtbürgers als auch des allgemeinen Staatsbürgers. Die Tugenden, die sie den um ihres Glaubens willen ausgewanderten Vorfahren zuschrieben und die sie als vorbildhaft auch für die Enkelgeneration herausstellten, waren in erster Linie solche, die Distanz zur Welt des Feudalismus zeigten. „Kunstfleiß, Thätigkeit und kluge Sparsamkeit", so resümiert die aus Anlaß des hundertjährigen Jubiläums in zwei Sprachen erschienene ‚Historische Nachricht von der Stiftung der französischen Kolonien in den preußischen Staaten', „waren die drey Hauptzüge im Karakter der Réfugiés von allen Ständen, und diese für einen jeden rechtschaffenen Bürger so wesentliche Eigenschaften waren es, die den Grund zu so manchen wohlhabenden und begüterten Häusern legten ... und dem Vaterlande durch das Leben, welches sie der Handlung und den Manufakturen mitgetheilt, so nützlich gewesen sind."[22] Und in einem anderen Zusammenhang rühmt dieselbe Schrift „jenen Arbeitstrieb, jene glückliche lobenswürdige Einfalt im Äussern, jene Sittenreinigkeit, jenen Sinn für die Religion, jene Frömmigkeit ..., die unsre Voreltern auszeichneten".[23]

Diese bürgerlichen Tugenden waren nun jedoch auch nicht so eng gefaßt, daß sie nur zum Beruf etwa eines Handwerkers oder Kaufmanns gepaßt hätten. Sie ließen vielmehr Spielraum für weitere Formen der Tüchtigkeit und boten Grundlagen dafür, daß man dem aufstrebenden Staate auf sehr vielfältige Weise nützlich sein konnte. Seltsam ambivalent entsteht sogar der Eindruck, daß der Réfugié alle Eigenschaften eines idealen Staatsbürgers besaß und für fast jede Situation der wechselvollen Geschichte Brandenburg-Preußens taugte: dem glaubens- und willensstarken Großen Kurfürsten mochte er durch seine Glaubenstreue und ausgeprägten Talente gefallen, den auf äußerliche Wirkung und Ansehnlichkeit bedachten ersten König mit Weltgewandtheit, Kunstfertigkeit und Geschmack beeindrucken, den frommen und soliden Soldatenkönig mit Sittenstrenge und Arbeitsamkeit gewinnen und dem großen König Friedrich schließlich sowohl durch militärische Tapferkeit als auch durch französische Geistigkeit und Gelehrsamkeit wertvoll sein. Der Réfugié entsprach wirklich allen Anforderungen der so verschiedenen preußischen Herrscher; er hätte erfunden werden müssen, wenn es ihn noch nicht gegeben hätte.[24]

Aber so facettenreich die hier gepriesenen Tugenden auch erscheinen mochten, in ihrem Kern hatten sie doch nur eine Bestimmung: Bürgersinn und nicht nur bürgerliche Ordnungsvorstellungen zu fördern. In den Schriften und Predigten des Jahrhundertjubiläums geht es letztlich um den Standesbefangenheiten überwindenden Staatsbürger, den „citoyen", der dem Vaterland auf vielfältige Weise dient. Das öffentliche Wohl gilt mehr als die partikularen Interessen, das Allgemeine steht über dem Besonderen.

Dies wollte für Hugenotten des 18. Jahrhunderts einiges bedeuten. Sie lebten seit ihrer Flucht aus Frankreich von sorgsam gehüteten Sonderrechten und Privilegien, die ihnen eine eigene Stellung in der Gesellschaft ihrer deutschen Mitbürger sicherten und durchaus auch partikulare Interessen begründeten. So machten eigene Kirchen und Schulen sowie eine eigene Gerichtsbarkeit es möglich, daß nicht nur die französische Sprache, sondern auch französische Bräuche und Gewohnheiten in den Orten des Refuge einen festen Platz behielten und die Sonderexistenz der hugenottischen „Kolonien" allen Gefährdungen zum Trotz erhalten blieb. Dankbar stellte der Pastor der Friedrichstädter Kirche in

Berlin, Abel Burja, fest, daß die von den Hohenzollern gewährten Vorrechte es den Réfugiés erlaubt hätten, „Frankreich im Herzen Deutschlands wiederzufinden".[25]

Aber wie gelangten die Hugenotten von der Betonung ihrer Sonderidentität zu einem allgemeinen Staatsbewußtsein, zu einem umfassenden Patriotismus? Wer dem Geschichtswerk von Erman und Reclam folgt, könnte glauben, daß ein direkter Weg von dem einen zum anderen führte, ja daß die Begründung der Sonderidentität geradezu auf die Entfaltung eines allgemeinen Staatsbürgersinns hin angelegt war. Der Große Kurfürst, so heißt es dort, habe mit der Gewährung von Sonderrechten den besonderen Gemeingeist der Réfugiés erhalten wollen, der sie zu so ausgezeichneten Bürgern ihres neuen Vaterlandes habe werden lassen.[26] Dies entspricht in mancher Hinsicht der Anschauung Friedrichs des Großen, der die Aufrechterhaltung der Sonderexistenz hugenottischer Kolonien mit dem Argument verteidigte, daß die weniger kultivierten deutschen Mitbürger Gelegenheit erhalten sollten zu sehen, „wie jene sich einrichten und wirtschaften".[27] Die Sonderrechte der Réfugiés wiesen also über sich hinaus und stellten gewissermaßen Vorbildungen späterer Allgemeinheiten dar.

Diese Deutungen folgen jedoch mehr Idealvorstellungen als einer Analyse der geschichtlichen Realitäten am Ende des 18. Jahrhunderts. Wer hier das Augenmerk auf den tatsächlichen Zustand der hugenottischen Kolonien in Preußen lenkt, der wird eher zu dem Ergebnis kommen, daß Auflösungserscheinungen dieser Kolonien Anlaß zur Entwicklung eines Allgemeinbewußtseins gegeben haben. Jedenfalls zeugen die zitierten Predigten und Schriften zum hundertjährigen Jubiläum selbst davon, daß die französischen Gemeinschaften nicht mehr über die Konsistenz verfügten, die sie in ihrer Entstehungszeit besaßen. „Wenn man von einer Kolonie spricht", so heißt es in der historischen Einleitung zum erwähnten Predigtband, „so versteht man darunter meistens eine Gesellschaft von Menschen ein und derselben Nation, die sich in einem fremden Land niedergelassen haben, ohne sich mit der eingeborenen Nation zu vermischen. Aber diese Definition trifft auf uns im strengen Sinne nicht zu: wir sind mit der deutschen Nation vermischt, und zwar sowohl im Hinblick auf unsere Wohnungen und unser Gewerbe als auch selbst im Hinblick auf unsere Heiraten, die häufig national gemischt sind."[28]

Die Zugehörigkeit zu einer hugenottischen Kolonie ließ sich also nicht mehr so selbstverständlich begründen wie hundert Jahre zuvor; es bedurfte zusätzlicher Motivationen. Lag es da nicht nahe, daß man ein übergreifendes Bürgerbewußtsein entwickelte und soziale Ordnungsvorstellungen überhöhte? Und dies umso mehr als der Geist der Zeit, das Klima der Aufklärung, ohnehin Leitbilder einer allgemeinen Menschheits- und Vaterlandsverbundenheit förderte, die partikulare Solidaritäten hinter sich ließen. Der Réfugié als preußischer „citoyen" war beinahe zwangsläufig.[29]

Der Überhöhung hugenottischer Identität in Preußen diente freilich auch ein Element calvinistischer Ethik, das sich in dem so stark von religiösen Impulsen bestimmten Milieu der Réfugiés fast durchgängig bemerkbar machte: die unbefangene Verbindung von politischer und christlicher Moral. In der Widmung des fünften Bandes des großen Geschichtswerks von Erman und Reclam an den neuen König Friedrich Wilhelm II. vom Januar 1787 heißt es, daß es die „Berufung" der Verfasser sei, mit ihrer Arbeit „Bürger und Christen" zu formen.[30] Und in seiner Jubiläumspredigt verdichtet derselbe Pastor Reclam diesen Gedanken zu dem Satz, daß Bürgersinn und Frömmigkeit zusammengehören. „Vergeßt nicht", so mahnt er seine Gemeinde, „daß die Tugenden des Bürgers an denen des Christen hängen und daß eure Väter nur deshalb so gute Patrioten gewesen sind, weil sie eifrige Jünger Jesu waren."[31]

Durchaus auch im Geiste der Aufklärung werden hier politische und religiöse Bereiche ohne jede Brechung einander zugeordnet; die Spannung zwischen Glauben und Vernunft scheint aufgehoben. Die Doppelaussage des 1. Timotheus-Briefes (4,8), derzufolge die Frömmigkeit zu allen Dingen nütze sei und die Verheißung dieses und des zukünftigen Lebens habe, wird zu dem einfachen Satz verkürzt, daß der Frömmigkeit vor allem der Lohn des irdischen Glückes winke. „Dieses in Zweifel zu ziehen, ... hieße, die Religion in Gegensatz zur Natur zu setzen und sie damit für falsch und widersinnig zu erklären."[32]

Im Ausgang des Jahrhunderts der Aufklärung wird also von dem hugenottischen Prediger und Autor eine Gleichung von Glaube und Vernunft aufgestellt, die wenige Jahre danach unter den Erschütterungen der Französischen Revolution zerbrechen sollte. Ein guter Bürger ist auch ein guter Christ, und – wichtiger für das Selbstverständnis der sich schrittweise säkularisierenden Zeitgenossen – ein guter Christ ist immer auch ein guter Bürger. Führt da nicht die Glaubenstreue der Réfugiés in strenger Folgerichtigkeit zur Begründung eines gemeinnützigen Patriotismus, der in nichts hinter der Obrigkeitstreue der deutschen Lutheraner zurückstehen möchte? – So vielschichtig aber auch die Grundlagen des hugenottischen Patriotismus in Preußen gewesen sein mögen, in einem Punkt erlauben sie doch eine eindeutige Einordnung: die Basis der Réfugiés im Staat der Hohenzollern war schwächer als ihre Wirkung. Wer Berichte über den Zustand der „Kolonien" zum Zeitpunkt der Jubiläumsfeier liest, muß den Eindruck gewinnen, daß die wirtschaftliche Kraft der Réfugiés weit geringer war als das Ansehen, das sie im Staat und in der Gesellschaft genossen. Keine andere Einwanderungsgruppe hatte so viel von sich reden gemacht, keine andere hatte auch so viele Ansätze zur heroisierenden Legendenbildung geboten.

Fragt man nach den Gründen für das in der Tat außergewöhnliche Prestige der Hugenotten in Preußen, so wird man jedoch nicht nur von diesen selber sprechen dürfen. Vielmehr muß ein Faktor in Betracht gezogen werden, dessen Bedeutung gar nicht hoch genug veranschlagt werden kann und dessen sich nicht zuletzt die Réfugiés selbst bewußt gewesen sind: die hohe Geltung der französischen Kultur im 18. Jahrhundert. Französisch war die Sprache der Gebildeten der Zeit; was Wunder, wenn in der „Historischen Nachricht von der Stiftung der französischen Kolonien in den preußischen Staaten" mit Stolz vermerkt wird: „Dieses [Französische] Gymnasium [zu Berlin] hatte den besonderen Vorzug, daß die Kinder der Teutschen unter andern eine Sprache darin erlernen konnten, die zumal dem Manne, der in öffentlichen Ämtern steht, so unumgänglich nöthig geworden ist."[33]

Die Réfugiés profitierten also paradoxerweise von der kulturellen Ausstrahlung des Staates, der sie unter dem „Sonnenkönig" Ludwig XIV. verfolgt und hinausgedrängt hatte. Aber auch dieser Faktor der allgemeinen Bedeutung der französischen Sprache und Kultur erklärt, für sich genommen, noch nicht das ganze Ausmaß des hugenottischen Prestiges in Preußen. Denn Französisch stand auch anderswo in hohem Ansehen. Etwas weiter mögen hingegen Überlegungen führen, die den Zustand des jeweiligen Aufnahmelandes mitbedenken und die Wirkung der Réfugiés vor dem Hintergrund des allgemeinen Entwicklungsstandes der ihnen Asyl bietenden Staaten erörtern. Warum, so wäre zu fragen, genossen die Hugenotten im Staat der Hohenzollern ein vergleichsweise größeres Ansehen als in Holland, England oder der Schweiz? Und weshalb bildeten sich dort mehr Legenden um sie als hier?

Es bedarf keiner Hugenottenforschung, um in Erinnerung zu rufen, daß die weiten Landstriche zwischen Elbe und Memel in vieler Hinsicht rückständig waren. Nicht nur ausgeblutet vom Dreißigjährigen Krieg, auch über weite Strecken menschenleer und von Armut geprägt brauchten sie Kultivierung auf allen Ebenen. Die Hohenzollern-Herrscher wußten wohl, warum sie der Landeskultur so große Aufmerksamkeit schenkten. Wie konnte es da anders sein, als daß die Einwanderer aus dem wirtschaftlich und kulturell fortgeschrittenen Frankreich in die Rolle von Repräsentanten einer höherrangigen Welt gerieten und ein Ansehen erlangten, das das Bild ihrer ursprünglichen Flüchtlingsexistenz bei weitem überstieg? Französische Kolonisten in der Uckermark oder Pommern wirkten wie bunte Blumen in ländlichen Nutzgärten. Ohne Gewährung von Privilegien wären sie hier nicht auf Dauer zu halten gewesen, und ohne eine Überhöhung ihrer Identität hätten sie in dieser unwirtlichen neuen Heimat nur schwer Wurzeln geschlagen. Die Ansätze zur Legendenbildung waren also bereits mit den Umständen der Einwanderung gegeben. (Abb. 20)

Etienne François

Vom preußischen Patrioten zum besten Deutschen

In den verschiedenen deutschen Territorien, wo die französischen Protestanten Zuflucht gesucht hatten, hatte man im 18. Jahrhundert erleben können, wie sich zusehends Ansätze zu einer ersten hugenottischen Traditions- und Legendenbildung zeigten. Diese Traditions- und Legendenbildung, die ihre erste Krönung und Entfaltung in den Jubiläumsfestlichkeiten des Jahres 1785 beziehungsweise in dem Geschichtswerk von Erman und Reclam fand, gewann ihre Kraft aus dem sozialen Erfolg zahlreicher Réfugiéfamilien, aus den Begünstigungen, welche die Regierungen den französischen „Kolonien" einräumten und aus dem Prestige, das die französische Sprache und Kultur in der deutschen öffentlichen Meinung weiterhin genossen. Sie betonte gerne, wie vielfältig die Glaubensflüchtlinge ihr Gastland Deutschland bereichert hatten, und verriet, bei aller erklärten und untadeligen Loyalität zu den deutschen Fürsten, Stolz auf die französische Besonderheit des hugenottischen „Refuge" in Deutschland. In vielerlei Hinsicht war diese erste Traditionsbildung Ausdruck und Spiegel eines starken Identitäts- und Überlegenheitsbewußtseins der französischen Einwanderergemeinschaft. Sie gehörte zu den Elementen hugenottischen Stolzes, die Fontane in seiner Novelle ‚Schach von Wuthenow' zum wichtigsten Charakterzug der Madame de Carayon gemacht hat. Am deutlichsten wird diese Eigenschaft in dem Textabschnitt, wo Madame de Carayon, außer sich über Schachs Zögern, ihre Tochter Victoire zu heiraten, dieser ins Gedächtnis ruft, daß zu der Zeit, wo ihre Vorfahren auf Kreuzzüge gingen und mit den Troubadouren sangen, diejenigen Schachs nichts als unkultivierte und kaum christianisierte Grobiane waren.

Im Zuge der Revolution aber und mehr noch während des Kaiserreichs löste sich dieses alte Identitätsbewußtsein auf und wich der Verwirrung, dem Zweifel und der Unsicherheit. Die ersten tiefen Risse wurden mit der Ankunft der Revolutionsflüchtlinge deutlich: ohne auch nur im entferntesten in jenen die Leidensgenossen ihrer ein Jahrhundert früher ausgewanderten Väter zu erkennen, fiel den Nachkommen der Flüchtlinge von 1685 im Gegenteil auf, wieviel sie von diesen Neuankömmlingen trennte. Gleichzeitig wurde ihnen auch deutlich, daß ihre eigene Integration sehr viel weiter fortgeschritten war als sie es sich bisher eingestanden hatten; sie grenzten sich nun unaufhörlich gegenüber ihren Landsleuten – das heißt gegenüber der deutschen Öffentlichkeit – von jenen Franzosen ab, mit denen sie nichts als der Name verband und deren verderbte Sitten und unverantwortbares Abenteuertum sie verurteilten.

Mit der Eroberung und Besetzung Deutschlands durch die siegreichen französischen Truppen und mit den Umwälzungen der napoleonischen Ära gewinnt die Krise der hugenottischen Identität eine ganz neue Tragweite. Denn auch wenn die französische Besatzung für die Nachkommen der Réfugiés nicht ohne Vorteile blieb – man denke zum Beispiel an die Einwohner von Friedrichsdorf bei Frankfurt, welche den französischen Befehlshabern gegenüber auf ihre Herkunft rekurrierten, um sich von Abgabezahlungen befreien zu lassen –, wurde sie von der Mehrzahl doch als eine schmerzhafte Offenlegung des längst vollzogenen Bruchs mit dem Heimatland erlebt. Nur wenige ergriffen wie die Brüder Théremin (Söhne einer in Preußen lebenden Pastorenfamilie) die von der konstituierenden Nationalversammlung gebotene Gelegenheit, erneut die französische Staatsbürgerschaft anzunehmen – und als der Senior der hugenottischen Pastoren Berlins, Erman, von Kaiser Napoleon Bonaparte gesagt bekam, er sei Franzose, weil er diese Sprache so gut spreche, soll er die Antwort gegeben haben, er sei Preuße, und fügte hinzu: „Sire, ich wäre weder des Amtskleides würdig, das ich trage, noch des Wortes, das ich verkündige, noch des Königs, dem ich diene, wenn ich die Anwesenheit Eurer Majestät an diesem Ort nicht mit größtem Schmerz sähe."

Viele Hugenotten, die ohne klare Orientierungshilfen zwischen den beiden entgegengesetzten Zugehörigkeiten schwankten, begannen an ihrer Identität zu zweifeln, und es gelang ihnen nicht mehr, sich selbst als Hugenotten zu definieren. Dies veranschaulicht das Beispiel vom Vater Fontanes, der sich einerseits seiner (fiktiven) Verwandtschaft mit Napoleons Minister und „Grand-Maître de l'Université", Fontanes, rühmte und es sich zur Ehre rechnete, die Laufbahnen aller Marschälle des Kaiserreichs auswendig zu kennen, der andererseits aber genau in jenen Jahren aufhörte, in der Familie französisch zu sprechen, und sich im Jahre 1813 als Freiwilliger (mit 17 Jahren) verpflichtete, um in den Kampf gegen die französischen Truppen zu ziehen. Diese Identitätskrise war insofern umso ernster, als sie genau zu dem Zeitpunkt entstand, wo sich die französischen Gemeinden infolge der Neuordnung des Verwaltungssystems zu Beginn des 19. Jahrhunderts überall in Deutschland ihrer Privilegien beraubt sahen, welche das hugenottische Bewußtsein bisher institutionell gestützt hatten (Abschaffung der französischen Kanzlei von Hessen-Kassel in den Jahren 1800–1804, Aufhebung der Privilegien der französischen Gemeinde Berlins 1808/1809 usw.).

Unter der doppelten Last dieser Bewußtseinskrise im Innern und dem

Verschwinden der ihre Existenz künstlich verlängernden Stützmauern nach außen schien die hugenottische Identität von nun an zu ihrer endgültigen und beschleunigten Auflösung verurteilt zu sein. In der ersten Hälfte des 19. Jahrhunderts gingen mehr und mehr französische Pfarrgemeinden ein und es häuften sich die Fälle von Verschmelzungen französischer und deutscher Gemeinden; die deutsche Sprache setzte sich fast überall als (manchmal ausschließliche) Sprache der Liturgie durch und nicht selten wurden sogar deutsche Pastoren an Kirchen berufen, die nur noch dem Namen nach französisch waren. Ohne Kraft zur Erneuerung überlebte die hugenottische Tradition bestenfalls noch dank ihres einmal gewonnenen Antriebs, befand sich aber in der Defensive und verarmte beträchtlich, während ganze Bereiche der kollektiven Erinnerung verschwanden.

Zwei Beispiele mögen genügen, um das Ausmaß dieses zunehmenden Vergessens zu verdeutlichen: als erstes das der Brüder Grimm, Bibliothekare in Kassel, die das Wesertal entlang in mündlichen Umfragen die deutschen Volksmärchen zusammentrugen und dabei derartig fest überzeugt waren, nur auf Vertreter der authentischsten deutschen Kulturtradition getroffen zu sein, daß sie sich nicht einmal der Herkunft ihrer besten Informantin, Dorothea Viehmann, bewußt waren – einer direkten Nachfahrin von Glaubensflüchtlingen, die sich am Ende des 17. Jahrhunderts in Hessen niedergelassen hatten. So wußten die Gebrüder Grimm nicht, daß Dorothea Viehmann ihnen hauptsächlich Informationen französischen Ursprungs vermittelt hatte. Das zweite Beispiel ist die außerordentliche Verlegenheit der hessischen Behörden angesichts einer offiziellen Anfrage des französischen Unterrichtsministeriums im Jahre 1852, welche Spuren französischer Präsenz es noch in Hessen gäbe; die hessischen Behörden erwiesen sich faktisch als unfähig, auf diese Anfrage in präziser und zufriedenstellender Weise zu antworten. Diese Verarmung der hugenottischen geschichtlichen Erinnerung und die Auflösung der Identität alter französischer Gemeinden waren im übrigen nicht auf Deutschland beschränkt, wenn man dem französischen Historiker Charles Weiss Glauben schenkt, der in dem Schlußteil seiner ‚Histoire des Réfugiés Protestants de France' (erschienen 1853) die „Auflösung" der „zerstreuten Gemeinden" hervorhob und traurig hinzufügte: „Noch vor Ende des Jahrhunderts werden sie zweifelsohne jegliche Erinnerung an das Vaterland verloren haben, um das ihre Vorfahren so getrauert haben."

Alles gab in der Tat Anlaß zur Annahme, daß das Verlöschen des kollektiven Gedächtnisses der Hugenotten bevorstünde, so wie zur gleichen Zeit das Gedächtnis anderer Minderheiten erlosch, die in Deutschland Zuflucht gesucht hatten, wie der „Wallonen", welche im ausgehenden 16. Jahrhundert die Niederlande verlassen hatten, oder der Protestanten aus Böhmen und dem Bistum Salzburg zu Beginn des 18. Jahrhunderts. Entgegen aller Wahrscheinlichkeit und im Gegensatz zu dem langen Schweigen, das in der ersten Jahrhunderthälfte geherrscht hatte, zeichnete sich aber die zweite Hälfte des 19. Jahrhunderts in Deutschland durch ein auffälliges Wiederaufleben der hugenottischen Erinnerung und ihres Legendenschatzes aus. Während die 150. Wiederkehr des Jahres 1685 kein Gegenstand irgendeiner besonderen Veranstaltung war, wurde des 200. Jubiläums (1885) überall mit einer Feierlichkeit und einer Einmütigkeit gedacht, die wiedergewonnene Sicherheit und Selbstvertrauen verraten. Dieses Jubiläum brachte eine ganze Reihe von Initiativen mit sich, denen die gleiche Entschlossenheit zur Erhaltung und Bewahrung des hugenottischen Andenkens und Erbes gemein ist: zum Beispiel die Gründung des Deutschen Hugenottenvereins 1890 in Friedrichsdorf, das Erscheinen der Geschichtsblätter des Hugenotten-Vereins im Jahre 1892 oder die Folge von ebenso sorgfältigen wie detaillierten historischen Monographien zum Jahrhundertende wie die 1885 erschienene Studie von E. Muret über die französischen Niederlassungen in Brandenburg oder die von H. Tollin über die französische Kolonie von Magdeburg, die zwischen 1886 und 1894 herauskam.

Parallel zu diesem Wiedererwachen des hugenottischen Bewußtseins ließ sich schließlich in der deutschen Öffentlichkeit ein erneutes Interesse für die Sache der Hugenotten feststellen, wovon Geschichtsbuchkapitel über die Einwanderung, häufig detailliert und immer des Lobes voll, ebenso Zeugnis gaben wie der zunehmende Raum, den Nachschlagewerke ihr einräumten: in Johann Heinrich Zedlers „Universal-Lexikon" (Leipzig 1732/50) wird das deutsche Refuge nur zweimal kurz in nicht mehr als acht Zeilen erwähnt; dagegen sind es in der 6. Auflage von Meyers großem „Konversations-Lexikon", erschienen zu Beginn des 20. Jahrhunderts, fünf verschiedene Artikel, die ihm etwa drei Spalten widmen.

Zur Erklärung dieser überraschenden Umkehrung der Tendenz sind mehrere Gründe anzuführen. Der erste liegt in der Wirksamkeit der von der hugenottischen Geschichtsschreibung im 18. Jahrhundert geleisteten Arbeit, besonders in Preußen: mit der Genauigkeit, Konkretheit und Klarheit ihrer Darstellung, mit ihrer Fähigkeit, ein breites Publikum anzusprechen, und darüber hinaus mit der Schlüssigkeit ihrer Geschichtsdeutung, hatten Ancillon und vor allem Erman und Reclam eine solide fundierte „Geschichtsmythologie" aufgebaut, aus der die nachfolgenden Generationen noch lange (und bis in unsere Tage) Beispiele, Bezüge, Anekdoten und Zitate schöpfen sollten. In den preußischen Gymnasien des 19. Jahrhunderts wurde eine gekürzte Fassung der „Mémoires" von Erman und Reclam als französisches Schulbuch benutzt, und nicht zufällig sind neun Zehntel des Kapitels von Charles Weiss über das „Refuge" in

Deutschland in Wirklichkeit nichts anderes als eine Zusammenfassung eben dieser „Mémoires“.

Der zweite Grund ist darin zu sehen, daß bestimmte französische Gemeinden trotz des Verlustes ihrer Privilegien eine ausreichend starke Struktur und soziale Grundlage bewahrt hatten, um den veränderten Verhältnissen standhalten zu können. Dies gilt vor allem für die französische Gemeinde in Berlin, welche am Ende des 19. Jahrhunderts immer noch etwa 6000 Mitglieder zählte (also ein Bestand, der demjenigen des beginnenden 18. Jahrhunderts ähnlich war) und sich auf mehrere Pfarrgemeinden, ein französisches „Collège“ und ein französisches Predigerseminar stützen konnte, und aus der viele Mitglieder der besten Berliner Gesellschaft angehörten.

Als dritter Grund müssen der historische Eifer im Deutschland des ausgehenden 19. Jahrhunderts und die Leidenschaft genannt werden, mit der Deutschland sich selbst in den großen Stunden seiner Vergangenheit feierte und dort die Legitimation seiner Erfolge in der Gegenwart suchte. Aber über diese Gründe hinaus, welche alle in unterschiedlichem Grade gewirkt haben, spielten die entscheidende Rolle doch die Erfolge des Bismarckschen und dann des wilhelminischen Preußen und das durch die Siege von 1866 und 1870/71 sowie die Einigung des Reiches unter der Führung Preußens neu geschaffene Klima: als Bestandteil der preußischen Ahnengalerie und als Teil der Mythen, welche das siegreiche Preußen mitbegründet hatten, wurde der hugenottische Traditions- und Legendenschatz gerade deshalb automatisch Nutznießer eines jeden preußischen Erfolgs; unlöslich mit Preußen verbunden, konnte er nur in den unaufhaltsamen Aufstieg dieses Staates mit hineingezogen werden.

Diese wenigen Hinweise genügen, um zu zeigen, daß es sich in der Erneuerung zum Ende des 19. Jahrhunderts weniger um ein Wiederaufleben der früheren Traditions- und Legendenbildung als um den Ansatz einer neuen handelte. Denn auch wenn, wie man feststellen kann, viele ihrer Züge der Überlieferung entliehen sind, fügen sie sich fortan doch in eine ganz andere Perspektive ein: weitgehend säkularisiert, geprägt durch die Folgen der Auseinandersetzung mit Frankreich und mehr denn je auf Preußen zentriert, steht dieser zweite hugenottische Traditions- und Legendenschatz ganz im Dienste der Verherrlichung Deutschlands, seiner Vergangenheit, seines politischen Systems, seiner geistigen Welt und seiner kulturellen Sendung.

Die Darstellung der Jahre vor 1685, die notwendigerweise jedes Kapitel über die Geschichte der Hugenotten eröffnet, bietet eine erste Illustration dieser Neuauslegung der Vergangenheit. Im Gegensatz zu dem, was noch bis zum Ende des 18. Jahrhunderts vorherrschte, ist die Kürze der Ausführungen über die französische Zeit aufschlußreich. Dieser Rückgang erklärt sich sicher zum Teil aus „objektiven“ Gründen (zeitliche Entfernung, Notwendigkeit, den auf die Aufhebung des Edikts folgenden Jahrhunderten einen größeren Platz einzuräumen), aber in einem tieferen Sinne entspricht er einer Veränderung der Warte und einer Umkehr der Perspektive, die das Jahr 1685 nicht zu einem Endpunkt, sondern zu einem Anfang macht: in dem neuen Traditions- und Legendenschatz des ausgehenden 19. Jahrhunderts beginnt die wirkliche Geschichte der Hugenotten im Jahre 1685; was vorhergeht, ist nur noch Prolog, Vorgeschichte.

Dieser Eindruck wird dadurch verstärkt, daß in der Darstellung jener Jahre ausschließlich die Verfolgungen betont werden, denen die Hugenotten zum Opfer fielen. Diese „Schwarzmalerei" des Jahrhunderts vor 1685, eines Jahrhunderts in dem ohne Lücke von der Bartholomäus-Nacht zu den Dragonaden übergegangen wird, entspricht freilich einem doppelten Anliegen: durch den Kontrast hebt sie einerseits die Radikalität des Einschnitts von 1685 und den totalen Gegensatz zwischen tragischer Vorgeschichte und glücklicher Hauptgeschichte hervor; andererseits suggeriert sie durch die Dringlichkeit, mit der sie an die Kontinuität der Verfolgungen und die überwiegende Feindseligkeit der Franzosen gegenüber den Hugenotten erinnert, daß letztere keine Franzosen wie die anderen gewesen seien, und treibt damit den kompromittierenden Geist ihrer Herkunft aus dem Lande des „Erbfeinds" aus.

Die ausschließlich positiven Eigenschaften, die den Hugenotten in den Schriften des 19. und der ersten Hälfte des 20. Jahrhunderts zugeordnet werden, unterstützen ausnahmslos diese These. Wenn alle diese Schriften tatsächlich in beachtenswerter Einmütigkeit den Gewerbefleiß, die Tüchtigkeit, die Sparsamkeit, die unerschütterliche Treue, die Sittenstrenge, den Familiensinn, die geläuterte protestantische Frömmigkeit, die Bildung und die politische Loyalität der Hugenotten betonen, dann zeichnen sie damit ein Bild von ihnen, das dem üblichen Franzosenbild in Deutschland symmetrisch exakt entgegensteht (oberflächlich, unmoralisch, impulsiv, eitel, launenhaft usw.). Derartig deutlich von der Masse der übrigen Franzosen abgehoben (mit denen sie schließlich nichts als die Sprache gemeinsam haben), besitzen die solchermaßen beschriebenen Hugenotten der Zeit vor 1685 tatsächlich schon, in einer Art prästabilisierter Harmonie alle diejenigen Eigenschaften, welche nach 1870 dazu dienen sollten, die kulturelle und moralische Überlegenheit Deutschlands und der Deutschen über das restliche Europa zu rechtfertigen.

Auch hier ist die Akzentverschiebung im Traditions- und Legendenschatz der Hugenotten auffallend. Während vorher vor allem die technische und kulturelle Überlegenheit der Franzosen hervorgehoben wurde, betont man nun gern die „Wahlverwandtschaft" zwischen Hugenotten und Deutschen. In dieser Perspektive ist der Exodus des Jahres 1685 nicht mehr die Bewegung, in deren Zuge vor Verfolgung flüchtende

Franzosen einem unterentwickelten Deutschland die Wohltaten ihres wirtschaftlichen und kulturellen Vorsprungs mitbrachten; der Exodus wird vielmehr zu einer Bewegung, dank derer die französische Minderheit, selbst eigentlich „potentielle" Deutsche, sich von der Vorsehung mit dem Glück beschenkt sieht, ihr wahres Vaterland aufzusuchen und, im deutschen Volk aufgehend, zur Höhe ihrer Möglichkeiten zu gelangen.

Diese Möglichkeiten hätten allerdings niemals Wirklichkeit werden können ohne die folgenden beiden bestimmenden Vorbedingungen: einerseits die Effektivität der vom Hause Brandenburg durchgeführten Politik der hugenottischen Integration und andererseits die großzügige Gastfreundschaft, welche die deutsche Bevölkerung den Flüchtlingen bot. Diese beiden benachbarten Themen, welche ebenfalls schon in dem ersten Traditions- und Legendenschatz zu finden waren, erhalten nach 1850 eine unvergleichlich größere Aufmerksamkeit. Wenn das Eintreffen der Hugenotten ein Geschenk für Preußen und Deutschland gewesen sei, so beteuern nun ständig Historiker, Pastoren und Publizisten um die Wette, dann habe das vor allem daran gelegen, daß der Große Kurfürst es verstanden hätte, dafür die notwendigen Maßnahmen zu treffen (wenn, wie übrigens ziemlich selten, von der Politik anderer Territorialfürsten die Rede ist, dann immer nur, um die Überlegenheit der preußischen Politik zu betonen). Im Grunde muß also der Schlüssel zum Verständnis der späteren Erfolge in der organisatorischen Leistung des Fürsten und seiner Berater gesucht werden. Der Vergleich zweier Darstellungen der Flüchtlingsaufnahme in Preußen, des Stichs von Chodowiecki, abgedruckt neben der Titelseite der „Mémoires" von Erman und Reclam (1782), und des Gemäldes von Hugo Vogel zum Jubiläum von 1885, macht die Perspektivenveränderung deutlich, die als Folge der Aufwertung aktiver preußischer Politik innerhalb eines Jahrhunderts eingetreten war. Während der Große Kurfürst bei Chodowiecki mit einer von Menschlichkeit erfüllten Geste den Flüchtlingen die Hand reicht, ist Vogel vor allem daran gelegen, die Autorität des Großen Kurfürsten zu rühmen und den Abstand deutlich zu machen, welcher den Fürsten von seinen neuen Untertanen trennt.

Genauso wird die Aufnahme der Flüchtlinge durch die deutsche Bevölkerung zu exemplarischer Gastfreundschaft verklärt, wobei natürlich der Palmenzweig der Großzügigkeit im Wetteifer der verschiedenen deutschen Territorien der Bevölkerung Brandenburgs und Berlins zukommt. In der historischen Theater-Vorstellung im Jahre 1935 in Berlin aus Anlaß des 250. Jahrestages des Edikts von Potsdam endet das speziell für diese Gelegenheit vom Pastor E. Lindenborn geschriebene Stück mit einer Apotheose: während der Große Kurfürst sein Edikt proklamiert, gehen die Berliner geschlossen den Hugenotten entgegen, verbinden sich mit ihnen zu einem geeinten Volk und singen alle zusammen Gott ihren

Dank, indem sie Luthers Choral „Ein' feste Burg ist unser Gott" anstimmen.

Was Wunder, wenn unter diesen Umständen in der Darstellung des Geschicks der Hugenotten nach ihrem Eintreffen in Deutschland fortan nicht mehr besonders hervorgehoben wird, wie groß ihre Fähigkeit zur Bewahrung ihrer kulturellen und religiösen Eigenart und zur Vermittlung der Wohltaten französischer Kultur an die Deutschen ist, sondern im Gegenteil nun die Leichtigkeit, Schnelligkeit und Vollständigkeit ihrer Assimilation betont wird, welche sie, um es mit einem häufig zitierten Ausspruch Bismarcks zu sagen, zu „den besten Deutschen" machte (während für Michelet die Hugenotten „die besten Franzosen Frankreichs" waren). In seinem Roman „Résister", erschienen kurz vor dem Zweiten Weltkrieg, schildert der schon erwähnte Pastor E. Lindenborn das abenteuerliche Leben des jungen Pierre Lachaise, Sohn eines reichen Webers aus Lyon, der allein nach Deutschland flieht, nachdem seine Eltern von den Dragonern verhaftet worden sind, und gleich bei seinem Eintreffen in Berlin vom Ratsschreiber adoptiert wird. 16 Jahre später ist er vollkommen integriert in die Berliner Gesellschaft, spricht deutsch und französisch und hat das Amt des Adoptivvaters übernommen, als er erfährt, daß seine Eltern noch am Leben sind (sein Vater auf einer Galeere, seine Mutter in Aigues Mortes im Gefängnis). Er folgt der Stimme seines Herzens und beschließt also, nach Frankreich aufzubrechen, wo er nach einer Vielzahl von Abenteuern seine Eltern nur noch wiederfindet, um ihren letzten Seufzer zu vernehmen. Doch am Ende seiner Reise durch Frankreich, das er als fremd empfindet und an das ihn nach dem Tode der Eltern nichts mehr bindet, hat er nur noch einen Wunsch: in sein wirkliches Vaterland Preußen zurückzukehren: „Unser Leben gehört Brandenburg", sagt er seiner Verlobten auf dem Schiff, das sie zurückbringt, „uns hat Gott mit vielen Schmerzen in den Boden Brandenburgs gepflanzt. Dort sollen wir wachsen und Frucht bringen. Das ist sein Wille! (...) Ich weiß, daß einst die Zeit kommen wird, wo die Hugenotten Brandenburgs auch in ihrem Herzen Deutsche sein werden, wo nur noch ihr Name an ihre Abstammung erinnern wird! Das soll dann der Dank sein an jenes Land, das uns aufgenommen und beherbergt hat, daß unsere Kinder es über alles lieben, es bauen helfen und, wenn nötig, sogar mit ihrem Blut verteidigen."

Aus eben diesem Grunde tauchen in dem immer reichhaltigeren „hugenottischen Panthéon" nur noch Männer auf, die in irgendeiner Weise die preußischen und deutschen Tugenden modellhaft verkörpert haben, wie der Unternehmer Achard, der Minister Ancillon, die Generäle Forcade oder du Verdy du Vernois, die Schriftsteller La Motte-Fouqué oder Fontane (wobei sorgfältig verschwiegen wird, daß zwar niemand besser als Fontane das alte Preußen beschrieben hat, aber auch niemand sein strengerer Kritiker gewesen ist). Bei vielen von ihnen betont man gerne, daß ihnen nichts Französisches mehr eigen ist, wie es zum Beispiel die Gattin des Junkers Bernd von Vitzewitz aus Fontanes erstem Roman *Vor dem Sturm* verdeutlicht, jene Madeleine von Dumoulin, die der Autor beschreibt als „groß, schlank, blond, eine typische deutsche Schönheit, wie so oft die Töchter des altfranzösischen Adels". Und wenn im einen oder anderen Fall noch auf französische „Überlebensreste" angespielt wird, dann immer um genau festzuhalten, daß sie rein äußerlicher Natur sind (in Romanen und Theaterstücken erkennt man die Hugenotten an ihren dunklen Augen und ihrem schwarzen Haar) oder daß sie eigentlich an eine frühere deutsche Tradition anknüpfen (dies gilt vor allem für den religiösen Bereich, in dem Calvin als Erbe und Fortführer Luthers dargestellt wird und wo mit den Worten eines Pastors aus dem Jahre 1885 hinzugefügt wird: „Wir befolgen zwar die Lehre Calvins, singen aber die Choräle Luthers") oder schließlich, daß sie harmonisch mit deutschen Eigenschaften verschmolzen seien: so wird der so leicht in Launenhaftigkeit ausartenden französischen Heftigkeit die hugenottische Lebhaftigkeit entgegengesetzt, welche durch ihre Verbindung mit deutscher Solidität gegen eine solche Gefahr gefeit ist. A. Descamps beschreibt dies am Jahrhundertende so: „Laßt uns die Züge beider Rassen erhalten, Preußen dem Herzen nach, wenn auch Franzosen dem Namen nach, laßt uns den Geist und die Grazie des echten Galliers haben und vom frommen Germanen die tiefen Gefühle."

Selbstverständlich spielt bei diesem Schwärmen der hugenottischen Nachkommen für das reine Germanentum das traditionell übersteigerte Nationalgefühl der Minderheiten eine erhebliche Rolle, zumal im Kontext des allgemeinen nationalen Eifers und der Franzosenfeindlichkeit. Aber über den zahlenmäßig beschränkten Kreis der alten Hugenotten hinaus scheint die deutsche Öffentlichkeit in der Mehrheit solche Ansichten geteilt zu haben. Anders ließe sich nicht erklären, warum das Stereotyp des alten Hugenotten als Preuße par excellence einen so beachtlichen Bestand hatte, eine Beständigkeit, welche der Roman ‚August 14' bis heute bezeugt. Solschenizyn setzt in diesem Werk dem unglücklichen Helden seines historischen Freskos, dem durch seine Niederlage geheiligten General Samsonov, als Gegner den preußischen General von François entgegen, den Kommandeur des ersten Armeekorps. Dieser wird bei Solschenizyn zum eigentlichen Sieger der Schlacht von Tannenberg, er stellt ihn dar als die perfekte Verkörperung des deutschen Offiziers, methodisch und angriffslustig, ein arroganter Technokrat – und schließt sein Porträt mit folgenden Worten: „Für das hugenottische Geschlecht der François war ihr Gastland nicht ein zufälliger Zufluchtsort. Die François hatten es sich zur Gewohnheit gemacht, nur ein Vaterland anzuerkennen und nur diesem einen zu dienen. Der Vater François, ebenfalls

General und von den Franzosen 1870 tödlich verwundet, hatte laut ausgerufen: ‚Ich bin glücklich, in dem Moment zu sterben, in dem Deutschland zu siegen scheint'.

Weit entfernt davon, das Jahr 1685 in Vergessenheit geraten zu lassen, führen die Begeisterung über das deutsche Wesen der Réfugiés, die Beachtung vor allem der jüngsten Aspekte ihrer Geschichte und der wachsende zeitliche Abstand zur Zeit ihrer Flucht zu dessen Glorifizierung; das Jahr in dem das Edikt von Nantes widerrufen und das von Potsdam erlassen wurde, wird im Lichte der deutschen Erfolge und des deutsch-französischen Gegensatzes neu gedeutet und als grundlegendes Ereignis gerühmt; verklärt durch die Gedenkfeiern der Jubiläumsjahre 1885 und 1935, wird es zum historischen Wendepunkt, an dem sich nach dem Willen der Vorsehung die gegensätzlichen Geschicke Frankreichs und Deutschlands unwiderruflich voneinander trennen.

Mit dem Widerruf des Edikts von Nantes und auch deswegen beginnt Frankreich, dessen Kultur ganz Europa überstrahlt, auf der Höhe seiner Macht seinen unerbittlichen Niedergang. Die deutschen Schriften des ausgehenden 19. Jahrhunderts und der ersten Hälfte des 20. Jahrhunderts nehmen das Urteil von Edgar Quinet auf und erweitern es, demzufolge Frankreich mit dem Widerruf „durch Vertreibung und Vernichtung seiner besten Staatsbürger sich selbst das Herz und die Eingeweide aus dem Leibe gerissen hat", und lassen die Anfänge des demographischen Niedergangs Frankreichs bis zum Jahr 1685 zurückgehen. Mit einer Eindringlichkeit, die nicht frei von Schadenfreude ist, stellen sie die hugenottische Auswanderung als einen unermeßlichen Aderlaß dar, der Frankreich seiner lebendigsten Kräfte beraubt, als eine offene Flankenwunde, welche Frankreich zwingt, sich an das unreine Blut minderer Rassen (Italiener, Nordafrikaner, Polen usw.) zu wenden, um nicht vom Aussterben bedroht zu sein. Auch indem sie zur besseren Untermauerung ihrer Thesen notfalls auf Zitate französischer Autoren zurückgreifen, beschreiben diese Schriften den Widerruf als Ausgangspunkt der Entchristianisierung Frankreichs (der demographische Malthusianismus ist nur deren Konsequenz) und als Grund für „die Zerstörung des Lebensnervs französischer Sittlichkeit" (Brunetière). Der Widerruf ist die Ursache für die Zerrüttung der gesellschaftlichen Ordnung in direkter Hinführung zur Französischen Revolution („Wer kann schon sagen", so schreibt Charles Weiss im Schlußteil seiner Schrift über die Hugenotten, „daß die Revolution von 1789 nicht einen anderen Verlauf genommen hätte und nicht frei von den meisten schmutzigen Exzessen und Verbrechen geblieben wäre, wenn Frankreich noch die zahlreichen Nachkommen jenes zwar ein wenig rigiden, aber religiösen, moralischen, intelligenten, energievollen und loyalen Geschlechts besessen hätte, die einer seiner Könige unklugerweise aus seinem Schoß verstoßen hatte?"). Und zuletzt stellen jene Texte in einer atemberaubenden Verkürzung die Jahre 1685 und 1871 nebeneinander und kommen zu dem Schluß, daß „die erzwungene Amputation von 1871 nur der normale und verhängnisvolle Gegenschlag zur freiwilligen Amputation von 1685 sei".

Umgekehrt wird gerne daran erinnert, daß das Eintreffen der Glaubensflüchtlinge mit seinen glücklichen Folgen für die preußische Wirtschaft und Kultur eine der Grundlagen des unaufhaltsamen Aufstiegs Preußens gebildet habe. Aus diesem Grunde wird die Etablierung des „Refuge" in Deutschland zu einem Bestandteil des Mythos, der das moderne Preußen begründet. Der Platz, welcher diesem Faktor zukommt, ist sicher vergleichsweise zweitrangig: der wirkliche „Vater" des modernen Preußen, sagt man unter Rückgriff auf den Romantitel von Jochen Klepper, ist der Große Kurfürst, und in dessen Heldenleben kommt der Sieg von Fehrbellin noch vor dem Edikt von Potsdam. Doch wichtiger ist die symbolische Bedeutung des Jahres 1685: Der neue hugenottische Legendenschatz überträgt in einer säkularisierten, doch nach wie vor religiösen Geschichtsauffassung die biblische Geschichte der heiligen drei Könige auf Preußen und versteht damit die Ankunft der französischen Protestanten in Brandenburg als prophetische Huldigung, welche die Elite der kultiviertesten Nation Europas dem Land erweist, das später der Leuchtturm des modernen Europas werden sollte. Eben dies legt Fontanes Sohn in dem für das Jubiläum von 1885 geschriebenen Theaterstück dem Vater Morand in den Mund, einem alten französischen Protestanten, der seine im Aufbruch nach Berlin befindlichen Kinder segnet und dann in einer letzten Vision vor dem Tode ausruft: „Ich schau' vor mir ein fernes, fremdes Land Voll düst'rer Haide und voll Bruch und Sand – Und doch zu hohen Dingen ausersehn! Hell leuchtet über ihm der Zukunft Stern: Aus dieses unscheinbaren Landes Kern Wird einst ein allgewaltig Reich erstehn!"

In einem Vorgang dramatischer Personalisierung, die man in jeder historischen Mythologie wiederfindet, gipfelt der bisher umrissene Gegensatz zwischen Frankreich und Preußen (einem Preußen, das inzwischen synonym für das ganze Deutschland ist) in der Parallele zwischen Ludwig XIV. und dem Großen Kurfürsten, einer so naheliegenden Parallele, daß sie zu einem notwendigen Bestandteil des kollektiven Gedächtnisses wird: im Jahre 1885 ist es für den Pastor der französisch reformierten Gemeinde von Magdeburg selbstverständlich, daß der geschichtliche Teil seiner Predigt den Gegensatz bezeichnet zwischen dem in Verblendung seine Untertanen verfolgenden Ludwig XIV. und dem in Glaubenszuversicht die Fremden beglückenden und sein Land segnenden Großen Kurfürsten. Während für die französischen Autoren der Widerruf des Edikts von Nantes trotz allgemeiner Verurteilung doch nicht ausreicht, um das im ganzen positive Bild vom „Jahrhundert Ludwigs XIV."

zu trüben (für Charles Weiss ist er „der Monarch, der trotz dieses verhängnisvollen Irrtums seiner Regierungszeit einer unserer größten Könige war"), ist auf deutscher Seite hingegen die Verurteilung erbarmungslos: der durch falschen Ruhm verblendete und nur an Stärke glaubende alternde König, auf dem die Schande des Raubes von Straßburg und der Verwüstung der Pfalz lastet, ist nur noch ein blasser, bigotter Monarch, Spielball der Intrigen und Rivalitäten seines Hofes, ausgeliefert der verderblichen Macht seines jesuitischen Beichtvaters und, schlimmer noch, seiner renegaten Maitresse, der Madame von Maintenon.

Der Große Kurfürst wird umgekehrt begeistert für seine untadelige moralische Haltung und seine tiefe und tatkräftige Frömmigkeit gerühmt; als Idealbild des christlichen Herrschers (im Gegensatz zum „vorgeblich sehr christlichen König"), dem immer sein Erbarmen für die Untergebenen und sein Staatssinn wichtiger sind als seine persönlichen Interessen, wird er zu einer Art protestantischem Heiligen Ludwig; als Feind des Prunks, des Luxus und des Pomps ist er die Verkörperung des preußischen Leitsatzes „mehr sein als scheinen". Indem er sich mit klugen Beratern umgibt, zugleich aber zu sehr vom eigenen Verantwortungsbewußtsein durchdrungen ist, um ihnen auch nur die geringste Entscheidungskompetenz zu überlassen, zeugt er von der Überlegenheit des monarchischen über das demokratische Prinzip. Und durch die strenge Verwaltung der Staatsfinanzen, die Reorganisierung der Armee und die Weitsichtigkeit seiner Wirtschaftspolitik schafft er die Grundlagen für das Wohlergehen seiner Untertanen und für die zukünftige Macht Preußens.

Man würde fehlgehen, wenn man in dieser einmütigen Huldigung nur einen Ausdruck untertäniger Ehrerbietung gegenüber der gottgegebenen Obrigkeit sähe. In einem tieferen und authentischeren Sinne ist solche Huldigung ein Zeichen für die feinfühlige Anhänglichkeit und die fast kindliche Zuneigung, welche die Nachkommen der Réfugiés – mit einer vermutlich größeren Intensität als die übrigen Deutschen – der Hohenzollerndynastie entgegenbringen. Jedes Jahr legte eine geschlossene Delegation der Berliner Hugenotten am Todestag des Großen Kurfürsten an seiner monumentalen Reiterstatue Blumen nieder, jede der französisch-reformierten Kirchen Preußens besaß eine der königlichen Familie vorbehaltene Ehrentribüne und auf der Kopfseite der Gedenkmedaille zum Jubiläum von 1885 waren die gegeneinander gerichteten Profile des Großen Kurfürsten und Kaiser Wilhelm I. eingraviert, von Eichenblättern umrahmt und mit dem Leitsatz „Gott schütze unsere Herrscher".

Verglichen mit dem ersten hugenottischen Traditions- und Legendenschatz des 18. Jahrhunderts hat der zweite des ausgehenden 19. Jahrhunderts unbestreitbar an Originalität und Autonomie verloren: am Endpunkt der Veränderungen und der Neuauslegung, die er erfahren hatte, scheint er völlig in der historischen Mythologie Preußens aufgegangen zu sein. Aber was er an Originalität verloren hat, hat er an Breite und Wertschätzung gewonnen. Zuerst an Breite, da er mittlerweile als fester Bestandteil des kollektiven Geschichtsbildes der Deutschen über den begrenzten Kreis der Réfugié-Nachkommenschaft hinausreicht und in das kulturelle Erbe eingeht, das der Mehrheit der Deutschen gemeinsam ist; sodann auch an Wert, soweit dieser zweite Legendenschatz wie ein doppelter Spiegel den Deutschen erlaubt, sich in den als „beste Deutsche" dargestellten Hugenotten verherrlicht zu sehen, und es auch den Hugenotten möglich macht, sich im Ruhme Preußens mit seiner Gastfreundschaft und Großzügigkeit zu sonnen.

Die Rolle, welche die Hugenotten für die Entstehung des modernen Deutschlands gespielt haben, wird daher häufig übertrieben: so zum Beispiel in der verbreiteten Tendenz, alle Immigranten aus Westeuropa, die in der Neuzeit in Deutschland Familien gegründet haben, als Hugenotten zu betrachten (von den Wallonen auf der Flucht vor den Verfolgungen durch Herzog Alba im 16. Jahrhundert bis zu den von Friedrich II. im 18. Jahrhundert rekrutierten französischen Technikern und Künstlern). Ein anderes Beispiel wäre die Erfindung des Begriffs „hugenottischer Stil" durch deutsche Kunsthistoriker des ausgehenden 19. Jahrhunderts zur Beschreibung dessen, was man in Frankreich den klassischen Stil nennt (eine im übrigen trügerische Bezeichnung, da es ebensowenig einen hugenottischen wie einen jesuitischen Stil gegeben hat!). Schließlich ließe sich noch die Unterscheidung anführen, welche häufig zwischen dem wohltätigen Nutzen der hugenottischen Einwanderung und der gelungenen Assimilation der Réfugiés einerseits und den unseligen Folgen und der Assimilationsverweigerung anderer Minderheiten (früher mitteleuropäische Juden, heute Türken!) andererseits gemacht wird. Dies alles sind Indizien für die hohe Wertschätzung des hugenottischen Mythos im kollektiven Gedächtnis der Deutschen.

Aber diese hohe Wertschätzung erklärt sicher auch die erstaunliche Fähigkeit des hugenottischen Legendenguts, die Umstürze in der Mitte des 20. Jahrhunderts zu überleben und sich völlig neuen Gegebenheiten anzupassen. Das ambivalente Verhältnis zwischen ihm und dem Nazismus bietet dafür eine erste Veranschaulichung. Auf der einen Seite lassen sich sicher mehrere Beispiele für eine Ansteckung oder gar Vereinnahmung durch den Nazismus finden, etwa die feierliche Huldigung beim Jubiläum von 1935 für einen SS-Mann, ein Mitglied der französischen Gemeinde Berlins, der in den Straßenkämpfen vor 1933 ums Leben gekommen war, oder Rosenbergs „Mythos des 20. Jahrhunderts", der aus den in Deutschland Zuflucht suchenden Hugenotten die entfernten Nachkommen der Germanen und Westgoten machte, welche sich nach der Völkerwanderung in Gallien niedergelassen hatten, oder schließlich der Plan der SS während des Krieges, aus Nachkommen der Réfugiés Verwalter des zur Reichskolonie reduzierten Frankreich zu machen.

Auf der anderen Seite beeindruckt einen die Dringlichkeit, mit welcher die Prediger bei demselben Jubiläum von 1935 daran erinnerten, daß die reformierte Kirche Frankreichs der Zeit vor 1685 bereits eine „Bekennende Kirche" gewesen sei, oder wie nachdrücklich sie Hitler empfahlen, die beispielhafte Toleranz des Großen Kurfürsten nachzuahmen. Es kann ferner keinem Zweifel unterliegen, daß der Pastor Manoury mit seinem Vorwurf gegen Ludwig XIV., das Gewissen seiner Untertanen vergewaltigt zu haben, indem er ihnen das Prinzip „Ein König, ein Volk, eine Kirche" auferlegte, und dem weiteren Vorwurf, „ein Fanatiker des staatlichen und kirchlichen Einheitsgedankens gewesen zu sein", indem er die Religion in den Dienst des Staates stellte, in Wirklichkeit mit kaum verschleierten Worten den Hitlerschen Totalitarismus und seinen Leitsatz „Ein Volk, ein Reich, ein Führer" angegriffen hat.

In der heutigen Zeit schließlich haben die Konsequenzen der deutschen Niederlage, Deutschlands Teilung in zwei miteinander rivalisierende Staaten, die großen Bevölkerungsbewegungen nach 1945 und die Ruinierung der ehemaligen historischen Mythologie Preußens und Deutschlands das aus dem 19. Jahrhundert überkommene hugenottische Legendengut zwar bis auf die Grundlagen erschüttert, aber doch nicht verschwinden lassen. Über die Pflege des kollektiven Gedächtnisses hinaus, die Familienverbände und der Deutsche Hugenottenverein betreiben, scheinen mehrere jüngere Anzeichen sogar – im Zusammenhang mit den Erfahrungen und Sorgen der Gegenwart – auf ein wiederaufblühendes Interesse für die Sache der Hugenotten hinzudeuten. Erste Anzeichen sind die sorgfältigen Bemühungen beider deutscher Staaten in den letzten Jahren, die Orte französischer Präsenz zu retten oder zu restaurieren (Eröffnung mehrerer Museen in Westdeutschland, besonders in Karlshafen, exemplarischer Wiederaufbau des Französischen Doms in Berlin (DDR), usw.). Diese Bemühungen gehören ihrerseits zu der viel allgemeineren Tendenz zur Wiederentdeckung und Neuaneignung der Vergangenheit, die man in Deutschland „Spurensicherung" nennt.

Das Erscheinen zweier historischer Romane über Hugenottenschicksale innerhalb weniger Jahre – „Drei Fräulein an der Jungfernbrücke", veröffentlicht 1971 in Berlin (DDR) von Claus Back und „Die Laurents. Der Roman einer Berliner Hugenottenfamilie", veröffentlicht 1981 in München von Uwe Otto – verdient ebenfalls Aufmerksamkeit. Bei aller Unterschiedlichkeit des Informationsgehalts (der Roman von Otto wimmelt von Detailfehlern, während der von Back peinlich genau ist), legen beide Romane den Hauptakzent auf die Auswanderung und die Anpassungsschwierigkeiten der Glaubensflüchtlinge und beschreiben dabei die zahlreichen Ähnlichkeiten, welche zwischen dem Schicksal der Hugenotten und demjenigen von Flüchtlingen und Einwanderern unserer Zeit bestehen. Die Nähe, die Uwe Otto zwischen der damaligen Situation der Hugenotten und derjenigen der Ausländer in der heutigen Bundesrepublik sieht, oder die mit der Geschichtsphilosophie der DDR in Einklang stehende Darstellung der Hugenotten als Vertreter des Übergangs vom Feudalismus zum Kapitalismus im Buch von Claus Back betonen noch stärker dies Bemühen um eine zeitgemäße Lesart der hugenottischen Geschichte und erklären den Erfolg beider Veröffentlichungen: wenige Jahre nach seinem Erscheinen ging der Roman von Back in die zweite Auflage, während der Roman von Otto sofort als Fernsehserie verfilmt wurde. Warum also nicht schließen mit dem Echo in der Presse und in der deutschen Öffentlichkeit auf die Ankündigung unseres Forschungsprojektes, einem Echo völlig unerwarteter Breite, das uns schließlich davon überzeugt hat, daß wir mit der Entscheidung für das Hugenottenthema als Forschungsgegenstand nicht dem erlegen sind, was man als bloßen Reiz der Vergangenheit betrachten könnte. (Abb. 21)

Friedrich Centurier

Die Hugenotten-Nachkommen und der Deutsche Hugenotten-Verein

Seit der Ansiedlung der Hugenotten in Deutschland sind nun 300 Jahre vergangen. Zwischen den eingewanderten Vorfahren und einem heute lebenden Nachkommen liegen also mittlerweile 10 Generationen. Das ist eine lange Zeit, in der das Ansiedlungsgebiet zwischen dem Niederrhein, der Pfalz und dem östlichen Ostpreußen durch neue Grenzen in unserem Jahrhundert zerrissen wurde. Politische und militärische Ereignisse haben viele familiengeschichtlich wertvolle private und öffentliche Dokumente vernichtet. So ist es kein Wunder, wenn festgestellt werden muß, daß häufig der Zusammenhang zwischen der Fluchtgeneration und der heute lebenden abhanden gekommen ist.

Bei einer Volksbefragung mit der Fragestellung: „Sind Sie ein Hugenotten-Nachkomme?“ wäre selbst bei Anwendung moderner Erhebungsmethoden kein der Wirklichkeit nahekommendes Ergebnis zu erwarten. Zwar würde eine ganze Anzahl Befragter mit „Ja“ antworten können, die große Masse jedoch mit: „Ich weiß es nicht“, also auch nicht mit einem klaren „Nein“.

Die Zahl der in Deutschland lebenden Hugenotten-Nachkommen ist nicht feststellbar. Jede Schätzung ist abzulehnen, weil dafür jede Voraussetzung fehlt. Wer ist nun ein Hugenotten-Nachkomme? Um diese Frage beantworten zu können, muß man zunächst wissen, was die heutige Forschung unter „Hugenotten“ versteht: ganz allgemein „Glaubensflüchtlinge reformierter Konfession französischer Zunge“. Das sind im einzelnen: Réfugiés, die direkt oder nach Zwischenaufenthalten aus Frankreich kamen, Wallonen, Waldenser, Welschschweizer, Pfälzer, Orangeois, Mömpelgarder und Graubündner. Schon diese Aufzählung zeigt, daß die Hugenotten aus sehr verschiedenen Gegenden nach Deutschland gekommen sind, sich nach Herkunft und Abstammung nicht unwesentlich voneinander unterschieden. Ihr gemeinsames Kennzeichen ist die kalvinistische Konfession und die französische Sprache. Danach gilt es, in Zweifelsfällen zu forschen. Glaube und Sprache sind bei der Ansiedlung in andersartigem Volkstum von immenser Bedeutung, zumal wenn der Glaube so stark ist, daß er zum Verlassen von Heimat, Besitz und allen bisherigen Bindungen zwang. So ist die Gleichsetzung eines Hugenotten mit einem Glaubenskämpfer wohl berechtigt.

Während es in der Ansiedelungszeit ausschlaggebend war und in den Privilegien für die Hugenotten-Kolonien festgelegt wurde, daß alle Voraussetzungen für ein Leben im kalvinistischen Bekenntnis gegeben waren – sonst wäre die Flucht sinnlos gewesen –, so hat sich das im Lauf der Jahrhunderte allmählich geändert. Nur in Frankfurt und in Offenbach am Main sowie in Berlin gibt es noch „Französisch-reformierte Kirchengemeinden"; dazu zu zählen ist die „Wallonisch-Niederländische Gemeinde" in Hanau. Die meisten der ehemals ca. 210 Hugenotten-Gemeinden in Gesamt-Deutschland gehören heute zu den jeweiligen Landeskirchen und sind entweder mit deutsch-reformierten, mit lutherischen oder unierten Kirchen vereinigt. Das bedeutet nicht, daß vielerorts nicht dennoch hugenottisches Bewußtsein vorhanden ist.

Hinzu kommt, daß viele Hugenotten-Nachkommen, oft schon seit vielen Generationen, nicht mehr in den ehemaligen Hugenotten-Kolonien leben, und den Kontakt zu ihnen verloren haben. Wir müssen also feststellen: Ein Hugenotten-Nachkomme ist heute nicht durch sein Bekenntnis bestimmt, auch lebt er nicht unbedingt in einer hugenottischen Gemeinschaft. Durch sogenannte Mischheiraten ist es sogar möglich, daß ein Hugenotten-Nachkomme heute katholisch ist. Wer Einwohnerlisten, Telefonbücher und ähnliches durchsieht oder nach seinen Vorfahren zu forschen beginnt, stößt häufig auf französische oder französisch klingende Namen. Ist der Träger eines französischen Familiennamens in Deutschland ein Hugenotten-Nachkomme? Nach unseren Erfahrungen stimmt das ganz sicher nicht.

Sieht man einmal ab von einer zu Zeiten modernen Angleichung deutscher Namen an französische Aussprache und Schreibweise, die sich erhalten hat, so sind im Laufe der Jahrhunderte doch viele Franzosen nach Deutschland gekommen und hier geblieben. Man denke nur an die französischen Fachleute verschiedener Berufe, die von deutschen Arbeitgebern herangezogen wurden und nicht zurückkehrten, an französische Soldaten, die im 18. und 19. Jahrhundert in Deutschland kämpften oder zur Besatzungstruppe gehörten, als Verwundete nach ihrer Genesung oder als Deserteure im Lande blieben. Neben Zuwanderern aus der französischen Schweiz ist die große Zahl der Flüchtlinge nach Ausbruch der Französischen Revolution, die in Deutschland eine neue Heimat fanden, nicht zu vergessen. Ihre Zahl wird auf 40000 geschätzt.

Diese Andeutungen mögen genügen als Beweis für die Feststellung: Der Träger eines französischen Familiennamens ist nicht unbedingt ein Hugenotten-Nachkomme.

Selbst wenn der französische Familienname hugenottischer Herkunft durch die männlichen Vorfahren überkommen ist, so kommt es häufig vor, daß Träger deutscher Namen durch weibliche Vorfahren mehr hugenottische Ahnen nachweisen können. Eine Person, die nur hugenottische Vorfahren hat, gibt es nach unserer Kenntnis in Deutschland nicht mehr. Nachdem diese Aussage schon 1885 gemacht worden war, erschien in der Zeitschrift „Die Französische Colonie", Nr. 6, Juni 1887 als Gegenbeweis die „Ahnentafel einer Vollblutkolonistin", Anne Clotilde Violet, geb. 02.03. 1840. Sie mag die letzte in Deutschland gewesen sein.

Auch das Französische als in einer Hugenottenfamilie fortgeführte Muttersprache gibt es unter den heute Lebenden nicht mehr. Die letzten Reste sind mit der nunmehr ausgestorbenen Generation in der kleinen hessischen Hugenotten-Kolonie Louisendorf untergegangen, wo sich die Sprache immerhin rund 280 Jahre erhalten hatte.

Mögen unter den Hugenotten der Immigrationszeit die damals begehrten Handwerker der Textil- und Lederverarbeitung überwogen haben, so stellten sie doch einen beruflichen Querschnitt durch die Bevölkerung des Heimatlandes dar. Alle Schichten waren vertreten. Unter den Hugenotten-Nachkommen in Deutschland ist ein berufliches Schwergewicht nicht feststellbar.

Wenn nun heute Glaube, Name, Beruf, Sprache und die Zugehörigkeit zu einer Kirchengemeinde nicht mehr entscheidende Merkmale für einen Hugenotten-Nachkommen sind, so ist es einzig und allein der Nachweis der hugenottischen Vorfahren. Wenn man den Ahnenschwund, der durch Verwandtenheiraten entsteht, einmal beiseite läßt, so hat eine Person in der 10. Elterngeneration über 1000 Vorfahren. Es wäre sehr willkürlich, wollte man eine bestimmte Zahl nachgewiesener hugenottischer Ahnen fordern. Diese kann nicht wichtig sein.

So hat der Deutsche Hugenotten-Verein e.V. das Tor für die Mitgliedschaft weit geöffnet und verlangt keinen Nachweis hugenottischer Vorfahren: „Jede an den Zielen des Vereins interessierte natürliche und juristische Person kann Mitglied werden." Diese Ziele sind in der jetzt gültigen Satzung umrissen mit den nüchternen Worten: „Der Verein stellt sich zur Aufgabe, die deutschen Hugenotten-Nachfahren zu gewinnen. Der Glaube der hugenottischen Vorfahren soll verständlich gemacht und ihre Geschichte historisch und genealogisch dargelegt werden. Ständige Verbindung mit hugenottischen Vereinigungen in anderen Ländern ist anzustreben." Auf Grund dieser Ziele ist der Verein wegen ausschließlicher und unmittelbarer Förderung der Wissenschaft und Religion als gemeinnützigen Zwecken dienend anerkannt.

Die Aufgabenstellung hat sich seit der Gründung des Deutschen Hugenotten-Vereins im Jahre 1890 nicht grundlegend gewandelt. Der für heutige Ohren pathetische Ton des „Aufruf für einen deutschen Hugenottenbund", der im September 1890 in der Berliner Zeitschrift „Die Französische Colonie" erschien, muß aus seiner Zeit heraus verstanden werden. Die Eingangszeilen seien hier zitiert: „In der gesamten Geschichte des Protestantismus klingt kein Name so rein, so voll und so edel, als der der ‚Hugenotten'. Die Hugenotten sind ein Segen gewesen für die Welt wie im ‚Desert' so im Refuge. Die deutschen Réfugiés haben sich des Hugenottennamens allzeit würdig gezeigt. Deutsch durch und durch, königstreu aus innerster Seele, leben sie heute durch Deutschland zerstreut. Viele Colonien sind eingegangen, manche Französisch-Reformierte lutherisch geworden, einzelne haben ihre Familientraditionen vergessen. Da gilt es sammeln. Das will der Hugenottenbund. ‚Halte, was Du hast, daß niemand Deine Krone raube'. Noblesse oblige! Seien wir der hugenottischen Väter werth. Und Gott segne den Bund!"

Als Gründungsort wurde Friedrichsdorf bei Frankfurt am Main gewählt und dazu erklärt: „Schon der Große Kurfürst von Brandenburg zählte die Réfugiés zu seinen treuesten Untertanen, obwohl die meisten kein Wort deutsch verstanden. Bei seinem Sterben übergab er die Hugenotten der treuen väterlichen Fürsorge seines Nachfolgers als ‚seine andere Familie'. Unter Friedrich dem Großen sind die Hugenotten in Preußen, ja auch sonst in Deutschland, deutsch geworden und seitdem so deutsch geblieben, daß sie niemand zugestehen, königstreuer oder deutscher zu sein. Auch das hübsche Städtchen Friedrichsdorf bei Frankfurt am Main ist deutsch durch und durch. Aber weil hier stets Hugenotten sich mit Hugenotten verheiratet haben, so spricht hier noch heute (1890), von der Gründung her (1687), alles französisch: mitten in Deutschland die einzige rein erhaltene französisch-reformierte Colonie. Dort wird der deutsche Hugenottenbund seine constituierende General-Versammlung halten am Michaelistage dieses Jahres."

Zu der betonten Königstreue muß erläuternd gesagt werden, daß auch die Nachkommen sich stets dessen bewußt waren, daß die Ansiedelung der Glaubensflüchtlinge nur der Gnade und Einsicht der jeweiligen Fürsten zu verdanken war, die sich gegen ihre Ratgeber und die Masse ihrer Untertanen, die den kalvinistischen Franzosen gegenüber keineswegs freundlich gesinnt waren, durchzusetzen wußten.

Die Gründung des Deutschen Hugenotten-Vereins muß wohl als ein Ergebnis des Jahrhundert-Gedenkens 1885 an die Aufhebung des Ediktes von Nantes, den Erlaß des Ediktes von Potsdam und andere Einladungsedikte, sowie an die Gründung zahlreicher Hugenotten-Kolonien in Deutschland 200 Jahre zuvor angesehen werden. Die an vielen Orten veranstalteten „Jubelfeiern", wie man das damals nannte, lösten eine Renaissance aus. Dazu verhalfen so bedeutende Veröffentlichungen wie die „Geschichte der Französischen Kolonie in Brandenburg-Preußen unter besonderer Berücksichtigung der Berliner Gemeinde" von Dr. Eduard Muret (Berlin 1885), die Herausgabe der „Colonieliste von 1699", „Rôle général des françois Refugiez dans les estats de sa Sérénité Electorale de Brandenbourg, comme ils se sont trouvez au 31. décembre 1699" von Dr. Richard Béringuier und andere Werke. Die Monatszeitschrift „Die französische Colonie" wurde 1887 ins Leben gerufen und ist in 20 Jahrgängen bis 1906 als „Zeitschrift für Vergangenheit und Gegenwart der französisch-reformierten Gemeinden Deutschlands" nach Gründung des DHV zugleich als dessen Vereinszeitschrift erschienen. In vielen brandenburg-preußischen Familien fand eine wohlfeil angebotene Reproduktion des Gemäldes von Hugo Vogel „Empfang der Réfugiés durch den Großen Kurfürsten" (vor dem Eingang zum Stadtschloß in Potsdam am 10. November 1685) seinen Platz. Man erinnerte sich auch außerhalb der noch bestehenden französisch-reformierten Gemeinden der Schicksale und Taten der hugenottischen Vorfahren.

Von den Gründungsmitgliedern des DHV seien zwei Namen genannt, die durch besondere Veröffentlichungen und Initiativen hervorgetreten sind: Dr. Henri Tollin, Magdeburg und Dr. Richard Béringuier, Berlin. Unter ihrer Leitung gedieh der junge „Deutsche Hugenotten-Verein" (DHV), der schon in der Gründungsversammlung diesen Namen erhielt.

Der Gründung des DHV war man in anderen Refugeländern zuvorgekommen. So bestand bereits die Huguenot Society of London und die Commission pour l'Histoire des églises wallonnes in Leiden. Diese sowie die Société de l'Histoire du Protestantisme français in Paris nahmen erfreut Anteil an dem Zusammenschluß der deutschen Hugenotten-Nachkommen. Bis auf den heutigen Tag bestehen gute Kontakte zwischen den Hugenotten-Gesellschaften in vielen Ländern, die 1966 zur Gründung des Centre Mondial Huguenot in Paris führten. Alle drei Jahre wird an wechselnden Orten hugenottischer Geschichte in Frankreich ein Treffen der Hugenotten-Nachkommen aus aller Welt durchgeführt. So trafen sich z.B. 1972 in Paris hugenottische Vertreter aus 14 Nationen am Denkmal des Hugenotten-Führers Admiral Gaspard de Coligny am temple d'Oratoire du Louvre, dessen Ermordung 400 Jahre zuvor das grausame Gemetzel der Bartholomäus-Nacht (Pariser Bluthochzeit) eingeleitet hatte.

Sogleich nach der Gründung des DHV wurde mit der Bearbeitung und Herausgabe von „Geschichtsblättern" begonnen. Es war höchste Zeit, die Geschichte einzelner Hugenotten-Kolonien festzuhalten und zu veröffentlichen. Bedingt durch die beiden Weltkriege traten Unterbrechungen ein, doch wurde die Arbeit an den Geschichtsblättern immer wieder aufgenommen, und noch wird die Reihe in unregelmäßigen Abständen fortgesetzt.

Darüber hinaus müssen Veröffentlichungen genannt werden, die als „Urkundenbücher des DHV" zwischen 1911 und 1914, als „Geschichtsblätter Neue Folge" von 1924 bis 1936 und schließlich als „Tagungsschriften der Deutschen Hugenotten-Tage" von 1968–1983 erschienen sind. Wissenschaftliche Arbeiten mit hugenottischen Themen auch außerhalb des Vereins werden nach Möglichkeit gefördert.

Seit 1929 stellt die vierteljährlich erscheinende Vereinszeitschrift „Der Deutsche Hugenott" die Verbindung unter den Vereinsmitgliedern her und informiert über die Ergebnisse der Hugenottenforschung. Kriegsbedingt zwischen 1941 und 1949 unterbrochen, erscheint 1984 der 48. Jahrgang.

Da der DHV zu Beginn des Zweiten Weltkrieges seinen Sitz in Berlin hatte, war sein Archiv und seine Bibliothek im Französischen Dom am Gendarmenmarkt, der heute Platz der Akademie heißt, untergebracht. Bei der schweren Beschädigung des Doms durch Bombentreffer im letzten Kriegsjahr wurde einiges Material vernichtet, anderes lag jahrelang unter Trümmern. Auf Grund der Bestimmungen in der DDR ist der DHV in ihrem Geltungsbereich nicht zugelassen, und der schließlich gerettete Bestand der Vereinsbibliothek darf nicht in die Bundesrepublik Deutschland überführt werden. Er ist nur am Ort einsehbar. So mußte aus antiquarischen Ankäufen, aus Spenden der Mitglieder und aus Kopien von Werken öffentlicher Bibliotheken eine neue Vereins-Fachbibliothek aufgebaut werden, die inzwischen einen beachtlichen Bestand aufzuweisen hat.

Auch das 1935 im Französischen Dom in Berlin eingerichtete Hugenotten-Museum, das auf den reichen Fundus des Zentrums der Deutschen Hugenotten zurückgreifen kann, war durch die Zerstörungen 1944 stark in Mitleidenschaft gezogen. Es ist inzwischen im Untergeschoß der zum Dom gehörigen und instandgesetzten Friedrichstadtkirche wieder eingerichtet und wird als kleinstes Museum Berlins viel besucht. Die Grenzziehung innerhalb Deutschlands und die „Mauer" in Berlin erschweren jedoch für Bewohner der Bundesrepublik den Besuch. So hat sich der DHV für die Einrichtung des Deutschen Hugenotten-Museums in der alten Hugenottenstadt Bad Karlshafen an der Weser eingesetzt, als ein Mitglied durch Ausbau eines ehemaligen Lagerhauses die räumlichen Voraussetzungen dafür schuf. Seit 1980 besteht dort die Möglichkeit, die Besucher mit der Geschichte der Hugenotten vom Beginn der Reformation in Frankreich bis zu ihrem Wirken in Deutschland vertraut zu machen. Zur Trägerschaft mußte der „Verein Hugenotten-Museum Bad Karlshafen" gegründet werden, der als legitime Tochter des DHV anzusehen ist. Viele Museumsbesucher aus dem In- und Ausland nutzen die Gelegenheit, die Altstadt von Bad Karlshafen zu besichtigen, die ihren barocken Charakter aus der Ansiedelungszeit der Hugenotten noch weitgehend bewahrt hat. Der Plan zu ihrer konstruierten Anlage stammt von dem hugenottischen Baumeister Paul du Ry, der sich in Kassel und in einigen nordhessischen Hugenotten-Kolonien große Verdienste erworben hat.

Die großen Besucherzahlen des Deutschen Hugenotten-Museums und die zahlreichen Anfragen nach historischen und familienkundlichen

Unterlagen, die den DHV erreichen, lassen erkennen, daß das Interesse an diesem Teil der deutschen Geschichte beachtlich groß ist.

Die Mitgliederzahl des DHV nimmt seit Jahren langsam zu und betrug 1984 ca. 1200. Schwund und Neuzugänge halten sich etwa die Waage. Dabei ist erfreulich festzustellen, daß die neuen Mitglieder fast gleichmäßig allen Altersschichten angehören. Bemerkenswert ist, daß beim Tod eines Mitgliedes häufig ein jüngeres Familienmitglied die Mitgliedschaft fortsetzt; ein Zeichen lebendiger Familientradition.

Als Rahmen für die alle 2 Jahre fällige Mitglieder-Versammlung veranstaltet der DHV an wechselnden Orten der Ansiedelung von Hugenotten Deutsche Hugenottentage. Im Mittelpunkt dieser mehrtägigen Veranstaltungen steht ein deutsch-französischer Gottesdienst, dessen Predigt von einem französischen Geistlichen gehalten wird. Vorträge, Diskussionen in Arbeitsgruppen, Konzerte, Führungen durch alte Hugenotten-Siedlungen und Ausstellungen vervollständigen das Programm. Für viele Teilnehmer ist der Kontakt zu Menschen, deren Vorfahren das gleiche schwere Schicksal durchlebt und durchlitten haben, das beglükkende Erlebnis dieser Veranstaltungen: Heimattreffen nach 300 Jahren.

Es ist kein Zweifel möglich: ein wenig Heimatgefühl zu Frankreich ist bei vielen bewußten Hugenotten-Nachkommen noch vorhanden. Die Suche nach dem Herkunftsort der geflüchteten Vorfahren wird unermüdlich fortgesetzt, wenn dieser, was leider häufig vorkommt, aus den vorhandenen Unterlagen nicht ohne weiteres erkennbar ist. Andere besuchen gern und wiederholt die Heimat der Ahnen, suchen in französischen Archiven und Orten nach ihren Spuren und nach Trägern gleicher Familiennamen, bei denen sich vielleicht eine gemeinsame Vorfahrenschaft feststellen läßt. Von Erfolgen in dieser Hinsicht wird mit Freude und Dankbarkeit berichtet, besonders wenn auf diese Weise freundschaftliche Kontakte zu Franzosen zustande gekommen sind.

Es ist schon etwas Wahres daran, was der seinerzeitige französische Botschafter in Bonn, S.E. François Seydoux de Clousonne beim deutschen Hugenottentag 1959 in Marburg sagte: „Die deutschen Hugenotten-Familien sind ein wichtiges Bindeglied zwischen Deutschland und Frankreich. Bei den Bestrebungen, beide Länder nach so vielen Mißverständnissen und unglücklichen Verwickelungen politisch zusammenzuführen und in europäischer Zusammenarbeit zu vereinen, könnten die Nachkommen der französischen Hugenotten eine besondere Rolle spielen."

Diesem Gedanken dienen auch die „Hugenotten-Fahrten" nach Frankreich, die der DHV in tagungsfreien Jahren für seine Mitglieder veranstaltet. Mit Tausenden französischen Protestanten wird an dem jährlich stattfindenden Gedenkgottesdienst am Musée du Désert in Mas Soubeyran bei Mialet in den Cevennen teilgenommen. Mit tiefer innerer

Anteilnahme besucht man das Elternhaus der hugenottischen Märtyrerin Marie Durand in le Bouschet-de-Pranles bei Privas und betrachtet im Tour de Constance in Aigues-Mortes das Wort, das sie in den Stein geritzt hat zur eigenen und ihrer Mitgefangenen Stärkung: „Reçister" – „widerstehen", nämlich der Versuchung, dem Glauben abzuschwören und damit eine vermeintliche Freiheit zu erlangen.

Wir deutschen Hugenotten-Nachkommen meinen, daß ein Deutscher Hugenotten-Verein noch heute gegründet werden müßte, wenn es ihn noch nicht gäbe. Die Beschäftigung mit der Geschichte der hugenottischen Vorfahren kann Mut und Kraft geben für die Bewältigung der Aufgaben in Gegenwart und Zukunft. (Abb. 22)

Es war Friedrich Centurier nicht mehr vergönnt, die Korrekturen zu seinem Beitrag selbst zu lesen. Er wurde noch vor der Fertigstellung dieses Bandes unerwartet aus einer vollen, der Pflege hugenottischer Tradition gewidmeten Tätigkeit gerissen.

Michelle Magdelaine

Schlußwort

Studien über das Drama der Hugenotten sind nichts Neues. Seit ihrer Bedrängnis und weitreichenden Vertreibung aus Frankreich im 17. Jahrhundert ist kaum eine Generation vergangen, die ihnen nicht anteilnehmend Gedenk- oder Geschichtswerke gewidmet hat, und zwar in den verschiedensten Ländern Europas. Überall dort, wo sie Zuflucht suchten und fanden – in der Schweiz, in den Niederlanden, in den protestantischen Territorien Deutschlands, in England, Irland und schließlich auch in Amerika –, waren die „Réfugiés" von Anfang an Gegenstand lebhaften Interesses, Thema historischer und sogar literarischer Darstellung.

Dabei bildeten sich rasch auch Unterschiede der Betrachtung heraus. Der Stellenwert der Hugenotten war nicht in allen betroffenen Ländern gleich. Während sie in der Schweiz, die mehr ein Durchgangs- als ein Aufnahmegebiet war, nur relativ wenig Spuren im politischen Selbstverständnis des Landes hinterließen (Scheurer), gewannen sie in der jungen, aufstrebenden Macht Preußen erhebliche Bedeutung für die Entwicklung der politischen Identität (von Thadden, François). In den städtisch geprägten Niederlanden wiederum stellten die französischen Glaubensflüchtlinge vor allem einen Faktor der intellektuellen Diskussion dar (Bots/Bastiaanse), während ihre Einwanderung nach England zur Akzentuierung des Gegensatzes zwischen „papistischem Frankreich" und „protestantischem Großbritannien" beitrug (Cottret). Jedes Land ging auf seine Weise mit dem „hugenottischen Erbe" um; das Ereignis des „Refuge" gewann mehr und mehr funktionale Bedeutung.

Auffallend ist auch der Perspektivenwandel im Laufe der Jahrhunderte. Während man im 18. Jahrhundert zunächst noch in ziemlicher Nähe zur Realität der Aus- und Einwanderung schrieb und dann – wie Erman und Reclam in ihren monumentalen „Mémoires" – allmählich Ansätze zur Überhöhung dieser Realität entwickelte, ging man im 19. Jahrhundert unumwunden zu Darstellungen mit Blick auf die hervorstechenden Herrscherhäuser über: Verherrlichung der Fürsten, die in ihrem Weitblick den Nutzen der Réfugiés für ihre Länder erkannt hatten – im Unterschied zu dem verblendeten König Frankreichs, der durch die Aufhebung des Edikts von Nantes seinem Land unermeßlichen Schaden zugefügt hatte. Hier erschienen die Hugenotten als vorbildliche, ja als loyale Untertanen, die man nur mit Gewinn an den Staat heranziehen konnte.

Auf diesem Hintergrund schien eine Neuaufnahme des Hugenottenthemas geboten, die den Fragen unseres Jahrhunderts Rechnung zu tragen versucht. Ausgehend von dem wachsenden sozialgeschichtlichen Interesse der heutigen Forschung ging es den Autoren dieses Bandes darum, Elemente zu einem erst noch zu zeichnenden Bild zusammenzutragen, das weniger von einer legendären Gesamtvision als von den kleinen Erfahrungen geschichtlicher Wirklichkeit her bestimmt wird (Joutard, Magdelaine). Flüchtlingsschicksale, Integrationsschwierigkeiten, Probleme der Identitätsfindung im Übergang von einer alten in eine neue Existenz: das sind einige der Fragen, die die Aufmerksamkeit des heutigen Betrachters der Hugenottenwanderungen wecken und die einen Niederschlag in den hier vorgelegten Untersuchungen finden.

Die einzelnen Beiträge dieses Bandes sind, so unterschiedlich die Ausgangspositionen ihrer aus verschiedenen Ländern Europas stammenden Autoren sein mögen, durch konvergierende Schwerpunkte der Thematik miteinander verbunden. So führte das Interesse an der realen Geschichte vor aller Traditionsbildung zu einer kritischen Erörterung der tatsächlichen Rolle der Hugenotten in Europa – mit dem Ergebnis einer gewissen Relativierung ihrer Bedeutung vor allem im wirtschaftlichen Bereich (Bots/Bastiaanse und Jersch-Wenzel). Differenzierter wurde das Bild im Vergleich der Ebenen, auf denen die Aufnahmeländer sich bemühten, die Réfugiés zu integrieren: während sie in wirtschaftlicher und kultureller Hinsicht erhebliche Privilegien genossen, gewährte man ihnen im kirchlichen Bereich bei aller Toleranz nur beschränkte Organisationsfreiheiten und enthielt ihnen meistens das Recht auf eigene Synodenbildung vor (Birnstiel, Wilke, Klingebiel). Entsprechend komplizierte sich das Bild des gerade aus heutiger Sicht Aufmerksamkeit fordernden Assimilationsproblems der Hugenotten: der Prozeß ihrer Assimilation erfolgte langsamer als der ihrer Integration; er vollzog sich – vor allem in Deutschland – unter dem Schutz und dank der Erhaltung ihrer Gruppenidentität und verband sich schließlich mit der Entfaltung eines ausgeprägten kollektiven Gedächtnisses (Yon, Yardeni, Hartweg, Centurier). Die Reflexion des hugenottischen Patriotismus fügte sich wie von selbst in diesen Rahmen (von Thadden, François).

Die Vielzahl lokal- und regionalgeschichtlicher Studien mag in mancher Hinsicht nur ein erster Schritt zur neuen, zeitgemäßen Darstellung des Hugenottendramas sein. Gewiß ist jedoch, daß sich ohne eine solche europäische Breite des Ansatzes eine Geschichte dieses Dramas nicht mehr schreiben läßt. Insofern ist die Zusammenarbeit des im vorliegenden Bande vereinigten Autorenteams eine ermutigende Etappe. (Abb. 23)

Anmerkungen und Literatur

Philippe Joutard: 1685 – Ende und neue Chance für den französischen Protestantismus

1. S. Mours, Essai sommaire de géographie du protestantisme français au XVII ème siècle, „Bulletin de la Société de l'Histoire du Protestantisme Français" (abgekürzt „B.S.H.P.F."), 1965, S. 303–322 und 1966, S. 19–36.
2. Voltaire, „Le siècle de Louis XIV.", Kap. 36 (Ausgabe der „Pléiade", Gallimard, 1957, S. 1048–1049).
3. Das erste Zitat entstammt einem Brief des Pastors Claude vom September 1685, zit. n. O. Douen, „La révocation de l'édit de Nantes à Paris", 1894, Bd. 1, S. 568; das zweite Zitat aus einem Brief Bâvilles an Chateauneuf vom 17. 1. 1698, herausgegeben von J. Lemoine, „Mémoires des Evêques de France sur la conduite à tenir à l'égard des réformés (1698) ...", – Paris, 1902, S. 295.
4. Zitiert von E. Labrousse, in ihrem Beitrag zu dem Gemeinschaftswerk „La Saint Barthélémy ou les résonances d'un massacre", Neuchâtel, ed. Delachaux-Niestlé, 1976, S. 84. E. Labrousse befaßt sich ausführlich mit den unterschiedlichen Sichtweisen von nord- und südfranzösischen Protestanten.
5. Vgl. die von mir und Pastor Manen veröffentlichte Kopie in: „Une foi enracinée", La Pervenche, Valence, 1972, S. 115.
6. Siehe als Beispiel den Auszug aus einer Predigt, die ich in „Les Camisards", Paris 1976, Gallimard-Juillard, coll. Archives, S. 44 ff., veröffentlicht habe.
7. Zitiert von E. G. Léonard, „Histoire générale du protestantisme", Paris, P.U.F. 1961, Bd. 2, S. 363 (Text von Bosc) und S. 364 (Text von Merlat).
8. Vgl. E. Labrousse, „La conversion au XVIIème siècle, Actes du XIIème colloque du C.M.R. (17 janvier 1982)", Marseille, 1983, S. 161–177 (mit dem Diskussionsbeitrag von R. Sauzet).
9. Zitiert von Ch. Bost, „Les prédicants protestants des Cévennes et du Bas-Languedoc, 1684–1700", Paris, 1912, Bd. 1, S. 13.
10. Vgl. F. Gonin und F. Delteil, La révocation vue par les informateurs du Grand Condé, „B.S.H.P.F.", 1972, S. 127.
11. In Ch. Bost, a. a. O., S. 40.
12. Aufeinanderfolgend F. Gonin und F. Delteil, a. a. O., S. 125, 155, 162, 365 und Ch. Bost, a. a. O., S. 18.
13. Zitiert von R. Poujol, „Histoire d'un village cévenol: Vébron", Aix-en-Provence, 1983, S. 132.
14. Ebda., S. 129 f. für Vébron. Für St. Jean-du-Gard und Lourmarin, siehe M. Vovelle, Jalons pour une histoire du silence, les testaments réformés dans le sud-est de la France du XVIIème au XVIIIème siècle, „Cinq siècles de protestantisme à Marseille et en Provence", Marseille, Fédération historique de Provence, 1976, S. 42–59.

15. Vgl. D. Mac Kee, Les protestants de Sedan et la révocation de l'édit de Nantes, opposition, fuites et résistances, „B.S.H.P.F.", 1981, S. 249f.
16. Vgl. R. Poujol, a. a. O., S. 132.
17. Vgl. R. Pic, Les protestants d'Aubais, de la Révocation à la Révolution, „B.S.H.P.F.", 1980, S. 61.
18. Siehe Hugues und O. Poujol, Un Cévenol au Refuge, Jean Saltet de Ferreirettes, „B.S.H.P.F.", 1970, S. 421f.
19. „Mémoires d'Abraham et d'Elie Marion", veröffentlicht von Ch. Bost, Paris 1931, neu herausgegeben Montpellier, Les Presses du Languedoc, 1983, S. 4.
20. Kopie, die vor zwei Jahren von Daniel Travier in einem Antiquariat gefunden wurde und heute zur Kollektion des Musée des vallées cévenoles in Saint-Jean-du-Gard gehört.
21. Vgl. P. Gaudin und C. Reverchon, „Entre la mémoire et l'imaginaire en pays dromois", Diss. masch., Aix-en-Provence, 1983.

Michelle Magdelaine: Frankfurt am Main: Drehscheibe des Refuge

1. Die wallonischen Kirchen sind im Süden der spanischen Niederlande gegründet worden. Seit dem 16. Jahrhundert wurden deren Mitglieder verfolgt. Viele sind ausgewandert und haben im Norden der Niederlande (den künftigen Generalstaaten) und in Deutschland Kirchen gegründet.
2. Dieses Register befindet sich in den Stadtarchiven Frankfurt im Karmeliterkloster.
3. Ein Teil des Piemont ist mit Pignerol und dem Valcluson dem Dauphiné einverleibt worden. In den anderen Savoyer Tälern haben sich Protestanten angesiedelt, die anläßlich der Chanforaner Synode im Jahre 1532 die französische Form der Reformation angenommen haben. Es sind dies Nachkommen der ehemaligen Waldenser, die im Mittelalter verfolgt worden waren, und später in diese Täler sowie ins Freissinierestal und in den Luberon geflüchtet sind. Über die Waldenser im Valcluson hat Theo Kiefner unter dem Titel: Die Waldenser auf ihrem Weg aus dem Valcluson durch die Schweiz nach Deutschland 1532–1755, Bd. I, Göttingen, 1980, ein vortreffliches Buch geschrieben.
4. Bei den Kolloquien handelt es sich um territoriale Unterteilungen der Provinzen, die wiederum in Gemeinden unterteilt sind.
5. Mours, Samuel, Le Protestantisme en France au XVIIème siècle, Paris, 1967.
6. Die Attestationen sind einem Pass vergleichbar; entweder stellt sie der Pastor der Kirche des Herkunftsorts aus oder der Pastor des Refuge. Sie beweisen die Zugehörigkeit zu den reformierten Kirchen Frankreichs. In den meisten Zwischenhaltstädten wurden sie von Vertretern des Magistrats oder von Pastoren unterzeichnet.

Rémy Scheurer: Durchgang, Aufnahme und Integration der Hugenottenflüchtlinge in der Schweiz

Bibliographie

Von den im 19. Jahrhundert erschienenen Werken über die hugenottische Einwanderung in die Schweiz haben zwei, obwohl sie z. T. veraltet sind, bis heute keinen Ersatz gefunden; es handelt sich dabei um die zweibändige Histoire des réfugiés protestants de France depuis la Révocation de l'édit de Nantes jusqu'à nos jours von Charles Weiss (Paris 1853; cf. Bd. 2, 6. Buch, S. 173–283) und Johann Caspar Mörikofers Geschichte der evangelischen Flüchtlinge in der Schweiz (Leipzig 1876), von der 1878 eine französische Übersetzung unter dem Titel Histoire des réfugiés de la Réforme en Suisse erschienen ist.

Eine Gesamtdarstellung aus jüngerer Zeit liegt bisher nicht vor. Wertvolle Literaturangaben zur Geschichte der Réfugiés in der deutschen Schweiz vermittelt die Dissertation von Bruno Barbatti: Das „Refuge" in Zürich. Ein Beitrag zur Geschichte der Hugenotten- und Waldenserflüchtlinge nach der Aufhebung des Edikts von Nantes und zur Geschichte der Stadt Zürich (1957, 231 S.). Für die Westschweiz sei der Leser auf den vorzüglichen Aufsatz von Henri Meylan: Aspects du Refuge huguenot en Suisse romande hingewiesen (erschienen im Bulletin de la Société de l'Histoire du Protestantisme français, Paris, Bd. 115, 1969, S. 511–540), der die besten derzeit veröffentlichten Arbeiten über die hugenottische Einwanderung im heutigen Kantonsgebiet von Genf, der Waadt und Neuenburg anführt.

Die Waldenser in den Talschaften des Piemont, die ein ähnliches Los erlitten wie die aus Frankreich geflüchteten Protestanten, die oft mit ihnen vermischt auftraten, waren Gegenstand eingehender Untersuchungen von Arturo Pascal: L'espatrio dei Valdesi in terra svizzera, Zürich 1952, 228 S. und Theo Kiefner: Die Waldenser auf ihrem Weg aus dem Val Cluson durch die Schweiz nach Deutschland 1532–1755, Bd. I: Reformation und Gegenreformation im Val Cluson 1532–1730, Göttingen, Vandenhoeck & Ruprecht, 1980, 535 S.

Mit Unterstützung des Schweizerischen Nationalfonds zur Förderung der wissenschaftlichen Forschung sind auf Initiative von Olivier Fatio in Genf sowie am ‚Centre de Recherches historiques sur les relations franco-suisses' in Neuenburg Forschungen im Gange; die ersten Ergebnisse haben aber noch den provisorischen Charakter studentischer Abschlußarbeiten. Sie sind zusammen mit anderen in Lausanne, Bern, Schaffhausen, St. Gallen und Zürich durchgeführten Untersuchungen im Bulletin du Comité provisoire de coordination des travaux de recherche sur le Refuge en Suisse, Nr. 2, November 1984, aufgeführt.

Erwähnt sei schließlich noch das Werk von Olivier Fatio über Genf und die Aufhebung des Edikts von Nantes sowie der Katalog zur Ausstellung „Le Refuge huguenot", Lausanne, Juni–Oktober 1985, die sich beide in Vorbereitung befinden.

Hans Bots/René Bastiaanse: Die Hugenotten und die niederländischen Generalstaaten

1. E. Benoît, Histoire de l'Edit de Nantes ..., Bd. III, S. 950–960.
2. „Le sort des réfugiés en Hollande, Angleterre et alleurs ...", in: BSHPF 43 (1894), S. 198.
3. Paris, Bibl. Nat., fonds français 12771, f. 326v, Brief von 10.1.1697 an Pinsson des Riolles.

Kurzbibliographie

Allgemeine Werke:

Elie Benoît, Histoire de l'Edit de Nantes ... jusques à l'Edit de Révocation en octobre 1685, Delft [Adrien Beman] 1695, Bd. III, S. 959–960; Ch. Weiss, Histoire des Réfugiés protestants de France depuis la Révocation de l'Edit de Nantes, Paris 1853, Bd. II, Buch 5; F. Schickler, Les Eglises du Refuge, Paris 1882; H. J. Koenen, Geschiedenis van de vestiging en den invloed der Fransche vluchtelingen in Nederland, Leiden 1846; W. E. J. Berg, De réfugiés in de Nederlanden, na de Herroeping van het Edict van Nantes ..., Amsterdam 1845.

Allgemeine Artikel:

G. C. Gibbs, „Some Intellectual and Political Influences of the Huguenot Emigrés in the United Provinces, c. 1680–1730", in: Bijdragen en Mededelingen betreffende de Geschiedenis der Nederlanden, 90 (1975) 254–287; H. H. Bolhuis, „La Hollande et les deux refuges", dans: Bulletin de la Société de l'Histoire du Protestantisme français, 115 (1969), 407–428; I. Schöffer, „De Hugenoten in Nederland ± 1540–1788", in: De Hugenoten in Nederland. Catalogus van de tentoonstelling in het Museum „Het Prinsenhof" te Delft, s. l. 1963.

Die wallonische Kirche:

D. F. Poujol, Histoire et Influence des Eglises wallonnes dans les Pays-Bas, Paris 1902; Livre Synodal contenant les articles résolus dans les Synodes des Eglises wallonnes des Pays-Bas, Bd. I–II, Den Haag 1896–1904; P. Dibon, „Le refuge wallon, précurseur du refuge huguenot", in: Dix-septième siècle, 74 (1967), 53–74; „Aperçu général des destinées des Eglises wallonnes des Pays-Bas. Discours prononcé par feu Pierre Jacques Mounier à l'ouverture de la Réunion wallonne de Leeuwarden, août 1863", in: Bulletin de la Commission de l'histoire des Eglises wallonnes (BEW), IV (1890), 209–240; F. H. Gagnebin, „Pasteurs de France réfugiés en Hollande", in: BEW, I (1885) 97–151; R. F. Le Gras, „Wallonisch-Reformierte Kirchengemeinde in den Niederlanden", in: Der Deutsche Hugenott, 46 (1982), 70–81.

Wirtschaftliche und politische Aspekte:

Léonie van Nierop, „Stukken betreffende de Nijverheid der réfugiés te Amsterdam", in: Economisch Historisch Jaarboek ..., VII (1921) und IX (1923), 147–195 und 157–214; mehrere Artikel in BEW, wo Auszüge aus den Beschlüssen der Generalstände und der Stände Hollands sowie anderer Provinzen veröffentlicht sind; Jacques Solé, „La diplomatie de Louis XIV et les protestants français réfugiés aux Provinces-Unies (1678–1688)", in: BSHPF 115 (1969), 625–660; Négociations de Monsieur le Comte d'Avaux en Hollande depuis 1685 jusqu'en 1688, VI, Paris 1753; J. G. van Dillen, „Omvang en samenstelling van de bevolking te Amsterdam, in de 17e en 18e eeuw", in: Mensen en Achtergronden, Groningen, 1964, 484–497; „Pierre Baïlle refugié", in: Amstelodamum 22 (1935), 1–4; L. van Nierop, „De zijdenijverheid van Amsterdam, historisch geschetst", in: Tijdschrift voor Geschiedenis, 46 (1931), 28–55; N. W. Posthumus (ed.), Bronnen voor de Geschiedenis van de Leidsche textielhandel, 's-Gravenhage 1918, Bd. V (R.G.P., 39); P. J. W. van Malssen, Louis XIV d'après les pamphlets répandus en Hollande, Amsterdam-Paris (1936); „Les officiers français en service hollandais après la révocation de l'Edit de Nantes pendant la période 1686–1689", in: BEW, 4. Serie, 1 (1928), 7–65.

Geistige und kulturelle Aspekte:

Elisabeth Labrousse; „Le refuge hollandais. Bayle et Jurieu", in: Dix-septième siècle, 74 (1967), 53–74; ebda, „Note sur Pierre Jurieu", in: Revue d'Histoire et de Philosophie religieuses, 58 (1978), 277–297; ebda, Pierre Bayle. Du Pays de Foix à la Cité d'Erasme, I, Den Haag 1963; F. R. J. Knetsch, Pierre Jurieu. Theoloog en politikus der Refuge, Kampen 1967; ebda, „Pierre Jurieu. Réfugié unique et caractéristique. . .", in: BSHPF 115 (1969), 445–478; G. C. Gibbs, „The role of the Dutch Republik as the intellectual entrepôt of Europe in the 17th and 18th centuries", in: Bijdragen en Mededelingen betreffende de geschiedenis der Nederlanden, 86 (1971), 323–349; H. Bots, „Les Provinces-Unies, centre de l'information européenne au XVIIe siècle", in: L'Informazione in Francia nel seicento (diretti da P. A. Jannini, G. Dottoli e P. Carile), Bari/Paris 1983, 283–306; I. H. van Eeghen, De Amsterdamse Boekhandel 1680–1725, Amsterdam 1960–1978 (5 Bände); Chr. Berkvens-Stevelinck, „L'édition française en Hollande", in: H. J. Martin et R. Chartier (Hrsg.), Histoire de l'Edition française, II, Paris 1984, 316–325; E. Haase, Einführung in die Literatur des Refuge, Berlin 1959; K. J. Riemens, Esquisse Historique de l'Enseignement du français en Hollande du XVIe au XIXe siècles, Leiden 1919.

Verschiedenes: eine Reihe von Artikeln und Dokumenten in Bulletin de la Commission de l'Histoire des Eglises wallonnes.

Bernard Cottret: Glorreiche Revolution, schändliche Revokation?

Eine erste Version dieses Textes hat 1982/83 den Gegenstand einer Serie von Gesprächen im Seminar E. Le Roy Ladurie im Collège de France gebildet. – (Die französischen Zitate im Text wurden übersetzt.)

1. L. S. Mercier, Parallèle de Paris et de Londres, Einführung und Anmerkungen von C. Bruneteau und B. Cottret, Didier-Erudition, Paris 1982.
2. F. de Schickler, Les Eglises du Refuge en Angleterre, Paris, 1892.
3. R. Mandrou, L'Europe „absolutiste", Paris 1977.

4. B. Cottret, Terre d'exil – L'Angleterre et ses réfugiés français et wallons, de la Réforme à la Révocation de l'Edit de Nantes, Paris [im Druck].
5. s. oben, insbesondere der zweite Teil, „Splendeurs et misères de l'âge classique", Kapitel drei: „De la loyauté religieuse à l'exaspération politique".
6. Offensichtliche Anspielung auf das Plädoyer von P. Bayle, Commentaire philosophique sur ces paroles de Jésus-Christ: „Contrains-les d'entrer", (1686–88). Im übrigen kritisiert der Verfasser auch P. Bayle (S. 24).
7. Ich liefere einige Angaben, um das Bild Jakobs II. zu überprüfen, in meinem 6. Kapitel (siehe oben). Man wird gleichfalls mit Gewinn John Miller lesen, James II, a Study in Kingship, Hove, 1977.
8. Nach den Worten des Dichters Gregorio Leti, Autor eines Il Prodigio della natura e della gratia (Amsterdam 1695), der das Ereignis in italienischer Sprache feiert.
9. Wir wollen jedoch zu dem „Refuge" in England und Irland auf die bemerkenswerten Lebenserinnerungen von Jacques Fontaine hinweisen (in Vorbereitung).
10. Rawl. D. 452.
11. A True and Minute Account of the Destruction of the Bastile: by Jean Jacques Calet, a French Protestant (...) Translated from the French by an English Gentleman, London 1789.

Thomas Klingebiel: Deutschland als Aufnahmeland

1. Rudolf Vierhaus, Deutschland im Zeitalter des Absolutismus (1648–1763), Göttingen 1978, S. 21
2. Die Wurzeln dieser Kirchenverfassung reichen freilich bis in die Reformationszeit selbst zurück. S. hierzu auch Hartmut Lehmann, Das Zeitalter des Absolutismus, Stuttgart, Berlin, Köln, Mainz 1980, bes. S. 51 ff.; 86 ff.
3. Artikel 5 des Instrumentum Pacis Osnabrugense (IPO) vom 14./24. Oktober 1648, der zahlreiche Sonderregelungen für einzelne Territorien vorsieht.
4. Text bei Winfried Zeller (Hrsg.), Der Protestantismus des 17. Jahrhunderts, Bremen 1962 (S. 249–260), Zitat S. 252 f.
5. S. zu diesem Komplex: Karl Holl, Die Bedeutung der großen Kriege für das religiöse und kirchliche Leben innerhalb des deutschen Protestantismus (1917) in: ders., Ges. Aufsätze zur Kirchengeschichte, III, Tübingen 1928, (S. 302 ff.) bes. 308 ff.
6. Vgl. Emanuel Hirsch, Geschichte der Neueren Evangelischen Theologie, 1. Band, Gütersloh 1949, S. 3 ff.
7. Fritz Wolff, Corpus Evangelicorum und Corpus Catholicorum auf dem Westfälischen Friedenskongreß, Münster 1966, S. 183 ff.
8. Hans Leube, Kalvinismus und Luthertum im Zeitalter der Orthodoxie, Leipzig 1928, S. 190 f.
9. Ernst Troeltsch, Ges. Schriften I, Die Soziallehren der christlichen Kirchen und Gruppen, 3. Aufl., Tübingen 1923, S. 605; Die reformierte Kirchenverfassung blieb auf deutschem Boden bis ins 19. Jahrhundert hinein in der Regel

unvollständig, da die Synoden nicht eingeführt werden durften; dazu unten mehr.

10. D. Johann Bergius, Apostolische Regell, wie man in Religions-Sachen recht richten solle, Elbing 1641, S. 157.
11. Hans Leube, Die altlutherische Orthodoxie. Ein Forschungsbericht, in: Christentum und Wissenschaft, 9, 1933 (S. 321–337), S. 337.
12. Vgl. Otto Hintze, Die Epochen des evangelischen Kirchenregiments in Preußen, in: ders., Ges. Abhandlungen III (hrsg. von G. Oestreich), 2. Auflage 1967, (S. 56–96), S. 72 ff. und ders., Kalvinismus und Staatsräson in Brandenburg zu Beginn des 17. Jahrhunderts, a. a. O., (S. 255–312) S. 260 ff.
13. Philipp Jacob Spener, Letzte Theologische Bedencken, 2. Auflage, Halle 1721, Teil III, S. 272.
14. Zur Lage nach 1648 in der Pfalz s. Gustav Adolf Benrath, Die konfessionellen Unionsbestrebungen des Kurfürsten Karl Ludwig von der Pfalz (†1680), in: Zs. für Gesch. des Oberrheins, 116 (77), Karlsruhe 1968 (187–252), S. 194 ff.
15. Religionsfreiheit für Lutheraner durch Art. 4, § 19 des Osnabrücker Friedensinstrumentes; zur Stellung der Katholiken, die in einigen Landesteilen durch Verträge mit Kurmainz verbessert wurde, s. Meinrad Schaab, Die Wiederherstellung des Katholizismus in der Kurpfalz im 17. und 18. Jahrhundert, in: Zs. für Geschichte des Oberrheins 114, Karlsruhe 1966 (S. 147–205), bes. S. 148 f., 155.
16. Ludwig Häusser, Geschichte der rheinischen Pfalz, Bd. II, Heidelberg 1845, S. 598.
17. Zu Mannheim s. G. A. Benrath, a. a. O., S. 197 ff.
18. Ernst Marquardt, Geschichte Württembergs, 2. Auflage, Stuttgart 1962, S. 125 ff., bes. S. 143 ff.
19. Zitiert nach Marquardt, a. a. O., S. 167.
20. Philipp Jacob Spener, Theologische Bedencken und andre Briefliche Antworten, Bd. IV, 3. Auflage, Halle 1715, S. 589, 590. An anderer Stelle (Letzte Theologische Bedencken, Bd. I, a. a. O., S. 328) hebt Spener die Waldenser besonders hervor, weil sie „die älteste Kirche sind, unter denen, die bisher stehen, und sich von dem papstum getrennet haben".
21. S. August Ebrard, Christian Ernst v. Brandenburg-Baireuth. Die Aufnahme reformirter Flüchtlingsgemeinden in ein lutherisches Land 1686–1712, Gütersloh 1885, bes. S. 14 ff.
22. ebenda, S. 22.
23. Karl E. Demandt, Geschichte des Landes Hessen, Kassel und Basel 1959, S. 172 ff.
24. Heinrich Steitz, Geschichte der Evangelischen Kirche in Hessen und Nassau, Marburg 1961–1977 (5 Teile), S. 127 ff.
25. S. Demandt, a. a. O., S. 197 ff.; wie auch in der Pfalz blieb der reformierten Kirche eine echte Synodalverfassung verwehrt – der Landgraf beherrschte die Kirche mit Hilfe eines Konsistoriums und unterwarf sie seinem Territorialinteresse.
26. S. hierzu Robert van Roosbroeck, Die Niederlassung von Flamen und Wallonen in Hamburg (1567–1605), in: Zs. des Vereins für Hamburgische Geschichte 49/50, Hamburg 1964, (S. 53–76), bes. S. 53 ff.

27. Zu Bremen: Otto Veeck, Geschichte der reformierten Kirche Bremens, Bremen 1909, bes. S. 142 ff.
28. Max Hoffmann, Geschichte der freien und Hansestadt Lübeck, 2 Hälften, Lübeck 1889/1892, 2. H., S. 86.
29. Paul Grundmann, Französische Flüchtlinge in Lübeck: Réfugiés und Emigres, Schönberg/Mecklenburg 1920 (Phil. Diss. Leipzig 1919), S. 15 ff.; Zitat S. 17.
30. Hoffmann, a. a. O., S. 101 ff.; vgl. Grundmann, a. a. O., S. 18 ff.
31. Van Roosbroeck, a. a. O., S. 58 ff.
32. Zum Bekenntniswechsel s. Otto Hintze, Epochen des Kirchenregiments, a. a. O., S. 70 ff. Darüber hinaus: Martin Lackner, Die Kirchenpolitik des Großen Kurfürsten, Witten 1973, S. 90 ff.
33. Das Testament ist abgedruckt bei: Georg Küntzel, Martin Hass, Die Politischen Testamente der Hohenzollern, 2. erw. Auflage, Leipzig, Berlin 1919, (S. 41–69), Zitat S. 43 f.
34. Lutherische Pastoren beteten vor der Schlacht von Fehrbellin (1675) sogar für einen Sieg der gleichfalls lutherischen Schweden über den calvinistischen Kurfürsten. S. dazu Walter Wendland, Studien zum kirchlichen Leben in Berlin um 1700, in: Jahrbuch für brandenburgische Kirchengeschichte, XXI, 1926 (S. 129–197), bes. S. 157.
35. Der Text ist zu finden bei Zeller, a. a. O., (S. 283–285), Zitat, S. 284 f.
36. Nach G. Kramer (Hrsg.), Beiträge zur Geschichte August Hermann Francke's enthaltend den Briefwechsel Francke's und Spener's, Halle 1861, S. 205 f.

Jürgen Wilke: Rechtsstellung und Rechtsprechung der Hugenotten in Brandenburg-Preußen

1. Dieser Beitrag basiert auf Aktenbestände des Zentralen Staatsarchivs, Dienststelle Merseburg (Rep. 122, Französisches Koloniedepartement und Rep. IX, Allgemeine Verwaltung), sowie auf Akten der Französischen Kirche zu Berlin.
2. ZSTA Merseburg, Rep. 122, Französisches Koloniedepartement 6a I, Vol. I fol. 13 ff. Generalia, Edikt 32, 1 Edikte, Generalverordnungen Rep. IX, Allgemeine Verwaltung, D 2, I, Fasc. 7. D 8, Fasc. 1
3. E. Mengin, Das Recht der französisch-reformierten Kirche in Preußen, Berlin 1929.
4. W. Grieshammer, Studien zur Geschichte der Réfugiés in Brandenburg-Preußen bis 1713, Inaugural-Dissertation, Berlin 1935.
5. Französische Kirche zu Berlin, Nachlaß von Auguste Alexandre de Campagne, Extrait des Registres et Actes du Greffe de la Justice Supérieure, II. Vol.
6. ZSTA Merseburg, Rep. 92, Nachlaß des Geheimen Rats von Spanheim. 5) Verwaltung der Justiz bei den Réfugiés. 6) Prozeßstreitigkeiten u. Anträge einzelner französischer Réfugiés.

7. F. Holtze, Das juristische Berlin beim Tode des ersten Königs, in: Schriften des Vereins für die Geschichte Berlins, Heft XXIX, Berlin 1892.
8. R. Quanter, Deutsches Zuchthaus- und Gefängniswesen von den ältesten Zeiten bis in die Gegenwart, Leipzig 1905.
9. F. Holtze, Strafrechtspflege unter König Friedrich Wilhelm I., in: Beiträge zur Brandenburgisch-Preußischen Rechtsgeschichte III, Berlin 1894.
10. L. A. Warnkönig, Französische Staats- und Rechtsgeschichte, 2. wohlf. Ausg. Bd. 2, Basel 1875.
11. ZSTA Merseburg, Rep. 122, Franz. Koloniedepartement 7b Gerichtssachen, I. Generalia, II. Einwohnersachen Berlin.
12. H. Tollin, Geschichte der Französischen Colonie von Magdeburg, Bde I, II, III Abt. 1 B, Magdeburg 1886–1893.
13. ZSTA Merseburg, Rep. 122, Franz. Koloniedepartement 34, 1–4 Suppliken I u. II, Suppliken u. Dekrete, Commissariatsprotokolle. 34, 7 Reiseerlaubnisse, Pässe.

Eckart Birnstiel: Die Hugenotten in Berlin

1. Bratring, F. W. A., Statistisch-topographische Beschreibung der gesammten Mark Brandenburg. 3 Bde., Berlin 1805, II, 194–221; Enders, L. & Beck, M. [Hg.], Historisches Ortslexikon für Brandenburg. Teil VI: Barnim. Weimar 1980, 305–311.
2. Erman, J. P. & [bis VI:] Reclam, P. Chr. Fr., Mémoires pour servir à l'histoire des réfugiés françois dans les Etats du Roi. 9 Bde., Berlin 1782–1799.
3. R.P.R. = *Religion Prétendue Réformée* [dt.: angeblich reformierte Religion]; seit dem Frieden von Beaulieu (1576) in Frankreich übliche, offizielle Bezeichnung für den Calvinismus und seine Anhänger *[ceux de la R.P.R.].*
4. Erman & Reclam, Mémoires, I, 57–58, 349–356.
5. Ancillon, Ch., Histoire de l'Etablissement des François Refugiez dans les Etats de Son Altesse Electorale de Brandebourg. Berlin 1690 [dt.: Geschichte der Niederlassung der Réfugiés in den Staaten Seiner Kurfürstlichen Hoheit von Brandenburg. Berlin 1939].
6. Archiv der Französischen Kirche im Französischen Dom, Berlin [AFrD]: RegCons I/1. – Die Eintragungen von Juni 1672 bis Mai 1689 sind zeitgenössische Abschriften ehemals Fliegender Blätter.
7. AFrD: RegCons I/1, fol 1 r (1672 VI 10) [Übersetzung vom Verfasser]. – Die Konsistorialprotokolle wurden bis Januar 1852 in französischer Sprache verfaßt, die Kirchenmatrikel [Taufen, Trauungen, Beerdigungen] bis Mai 1896. Danach werden sämtliche Akten in deutscher Sprache geführt.
8. Muret, E., Geschichte der Französischen Kolonie in Brandenburg-Preußen unter besonderer Berücksichtigung der Berliner Gemeinde. Berlin 1885, 85–87.
9. AFrD: RegCons I/1, fol 1 v (1680 IX 4).
10. Tollin, H. & Béringuier, R., Die französische Colonie in Berlin. Magdeburg 1891 [Geschichtsblätter des Deutschen Hugenottenvereins I.4], 7.

11. Artikel III.1 der *Discipline ecclésiastique des églises réformées de France* lautet in deutscher Fassung: „An den Orten, da die Kirchen-Ordnung noch nicht eingeführt ist, soll die Wahl der Aeltesten und Diaconen von den Predigern und der gesammten Gemeinde vollzogen werden. Wo aber die Kirchen-Ordnung schon statt hat, da soll das Consistorium mit seinen Predigern [...] die tüchtigsten dazu erwählen"; Mengin, E., Das Recht der französisch-reformierten Kirche in Preußen. Berlin 1929, 92.
12. AFrD: RegCons I/1, fol 14 v (1684 V 18) [Übs. v. Vf.].
13. So wurde den Franzosen nach einem Großbrand etwa unterstellt, sie hätten die Stadt einäschern wollen; AFrD: RegCons I/1, fol 53 v (1687 VIII 14).
14. AFrD: RegCons I/1, fol 16 v (1684 VIII 11) [Übs. v. Vf.].
15. Die in Berlin lebenden Franzosen römisch-katholischer Konfession trafen sich zur Messe im Hause des französischen Gesandten Rébenac oder in der österreichischen Botschaft; Erman & Reclam, Mémoires, I, 148–151.
16. AFrD: RegCons I/1, fol 17 r (1684 VIII 11) [Übs. v. Vf.].
17. Muret, Geschichte der Französischen Kolonie, 8.
18. AFrD: RegCons I/1, fol 27 r (1685 IX 25).
19. AFrD: RegCons I/1, fol 27 v (1685 IX 27).
20. AFrD: RegCons I/1, fol 27 v (1685 X 4) [Übs. v. Vf.].
21. Muret, Geschichte der Französischen Kolonie, 115–117.
22. AFrD: RegCons I/1, fol 28 r–v (1685 X 4).
23. Das älteste erhaltene Kontokorrent der Armenkasse ist das *Registre de la distribution des deniers des pauvres* [AFrD: RegDDP]; es beginnt im Juni 1695 und geht ab Dezember 1699 in das *Registre des actes du Diaconat* [AFrD: RegDiac III/1–20] über.
24. Mengin, Das Recht der französisch-reformierten Kirche, 186.
25. Erlassen am 18. Oktober 1685 neuer Zeitrechnung; in Berlin ca. 14 Tage später verbreitet. – In Frankreich war seit 1582 der [neue] Gregorianische Kalender in Gebrauch, in den protestantischen deutschen Territorien bis 1700 der [alte] Julianische. Im 17. Jahrhundert betrug die Kalenderdifferenz 10 Tage zugunsten der neuen Zeitrechnung, so daß der französische 18. Oktober 1685 dem 8. Oktober 1685 brandenburgischer Datierung entsprach. Beide Edikte lagen also 21 Tage auseinander.
26. Mengin, Das Recht der französisch-reformierten Kirche, 192/194.
27. Muret, Geschichte der Französischen Kolonie, 19, 313–314.
28. Tollin, Henri, Geschichte der Französischen Colonie von Magdeburg. 3 in 6 Bde., Halle 1886–1894, II, 355–358.
29. Mengin, Das Recht der französisch-reformierten Kirche, 196–199.
30. Ebda., 214.

Catherine Yon: Das Refuge auf dem Lande. Das Beispiel Hessen

Bibliographie

Beuleke, Wilhelm, Studien zum Refuge in Deutschland und zur Ursprungsheimat seiner Mitglieder, Geschichtsblätter des DHV, XVI, Heft 3; Braunschweig, 1966.

Desel, Jochen und Mogk, Walter, Die Hugenotten und Waldenser in Hessen-Kassel; Kassel, 1978.

Desel, Jochen, Ein Memorandum der französischen Gesandtschaft zu Kassel aus dem Jahre 1857, Der deutsche Hugenott, 45. Jg., Nr. 3, 1981, S 78–83.

Giebel, Alfred, Die Bedeutung der Hugenotten für Hessen-Kassel, Geschichtsblätter des DHV, XVI, Heft 1; Sickte, 1984 (2. verb. Ausg., hrsg. von J. Desel).

Kadell, Franz-Anton, Die Hugenotten in Hessen-Kassel; Darmstadt/Marburg, 1980.

Millequant, Maria Carla, Das Französische in einigen hessischen Hugenottenkolonien in sprach- und kulturhistorischer Sicht; Frankfurt am Main, 1969 (Diss. phil.).

Schäfer, Karl, Waldenserkolonie Todenhausen 1720–1970. Ein Überblick über die Geschichte von Colonie und Deutsch Todenhausen. Festschrift zum 250jährigen Bestehen der Kolonie; Todenhausen, 1970.

Zögner, Lothar, Hugenottendörfer in Nordhessen; Marburg, 1966.

Myriam Yardeni: Refuge und Integration. Der Fall Erlangen

1. Vgl. H. Duquesne, Recueil de quelques Memoires servans d'instruction pour l'etablissement de l'Isle Eden, Amsterdam 1689. Eine gute Gesamtdarstellung der Frage gibt E. Rainer, L'utopie d'une République huguenote du marquis Henri du Quesne et le voyage de Francois Leguat, Paris 1959.
2. Eine genaue Aufteilung der zwischen 1689 und 1700 in Erlangen eingetroffenen hugenottischen Familienoberhäupter nach Heimatprovinz, Kirchenbezirk und Geburtsort in Frankreich findet sich bei A. Ebrard, Christian Ernst von Brandenburg-Bayreuth. Die Aufnahme ref. Flüchtlingsgemeinden in ein lutherisches Land, 1686–1712, Gütersloh 1906, S. 145–168.
3. Nos très chers et bien aimés frères en Nostre Seigneur Jésus-Christ. Eine Broschüre von vier Seiten, abgefaßt im Hinblick auf die „Schweizer", die man nach Erlangen ziehen wollte und unterzeichnet von den beiden Pfarrern E. Tholozan und Daniel Michel (Stadtarchiv Erlangen).
4. Ode sur la Tour du Temple des Refugiez Francois de Christian-Erlang. Gedruckt bei Daniel Michael Schmatz (Stadtarchiv Erlangen).
5. BSHPF, XI, S. 128–131.
6. Im Archiv der Bibliothèque Publique et Universitaire von Genf, Mss.fr. 450 findet sich eine sehr verlegene Entschuldigung des Konsistoriums in Erlangen zu diesem Gegenstand. Rochemont, der durch einen ironischen Zufall das Dokument selbst unterzeichnet hat, hatte seine Ordination in Genf erhalten (f-os 96 r.v., 97 r.v.), was das Genfer Interesse an dem Fall erklärt. Ebendort befindet

sich (f–o 98) der Entwurf einer äußerst kühlen Antwort der Vénérables Pères et Frères de Genève.

7. BPU von Genf, Mss. fr. 436, f–o 124 v.
8. BPU von Genf, Mss. fr. 437, f–o 159 r.
9. Interessant für diesen Zusammenhang sind die Listen bei G. Schanz, Zur Geschichte der Colonisation und Industrie in Franken, 2 Bde., Erlangen 1884, Bd. 1, S. 96 ff.

Herrn Dr. Helmut Richter, dem Direktor des Erlanger Stadtarchivs, bin ich zu größtem Dank dafür verpflichtet, daß er für mich alle Schätze seines Archivs ans Tageslicht befördert hat, die das „Refuge" der Hugenotten in Erlangen betreffen, und mir gleichzeitig die moderne Bibliographie zu diesem Thema zur Verfügung gestellt hat. Gleichzeitig möchte ich Herrn Pfarrer H. H. Nordholt danken, der mir die Durchsicht des Registers des Erlanger Konsistoriums und der übrigen Konsistorialakten unter den angenehmsten Bedingungen (Licht und Heizung) gestattet hat. Schließlich hat ein Forschungszuschuß der Staatlichen Akademie der Wissenschaften von Israel die Vergrößerung mehrerer schwer lesbarer Mikrofilme ermöglicht.

Stefi Jersch-Wenzel: Ein importiertes Ersatzbürgertum?

1. Ausführlicher Abdruck bei Max Beheim-Schwarzbach, Hohenzollernsche Colonisationen. Ein Beitrag zu der Geschichte des preußischen Staates und der Colonisation des östlichen Deutschlands, Leipzig 1874, S. 128–130; eine Kurzfassung findet sich schon bei J. C. F. Berghauer, Magdeburg und die umliegende Gegend, T. 1, Magdeburg 1800, S. 236 f.
2. Vgl. M. Beheim-Schwarzbach, a. a. O., S. 627–636.
3. Hierzu und zum folgenden Francis L. Carsten, Die Entstehung Preußens, Köln/Berlin 1968, S. 213 f.
4. Zur generellen Fragestellung: Stefi Jersch-Wenzel, Juden und ‚Franzosen' in der Wirtschaft des Raumes Berlin/Brandenburg zur Zeit des Merkantilismus (= Einzelveröffentlichungen der Historischen Kommission zu Berlin, Bd. 23), Berlin 1978, passim.
5. Vgl. Ed. Muret, Geschichte der Französischen Kolonie in Brandenburg-Preußen, unter besonderer Berücksichtigung der Berliner Gemeinde, Berlin 1885, der in alphabetischer Reihenfolge einen kurzen Überblick über die Geschichte der einzelnen Kolonien gibt.
6. Abgedruckt bei Henri Tollin, Geschichte der Französischen Colonie von Magdeburg. Jubiläumsschrift, Bd. III, Abt. 2, Halle a. d. S. 1889, S. 291–297.

Frédéric Hartweg: Die Hugenotten in Deutschland

1. J'ai toujours trouvé la justice et l'équité auprès de vous. Je viens (nous) la réclamer. Nous sommes obligés d'avoir recours à votre équité pour nous protéger contre les pasteurs de brebis.
N. B. avons und venons sind Formen der 1. Pers. Plur.
Deutsch: Ich habe immer Gerechtigkeit und Billigkeit bei Ihnen gefunden. Ich komme, um sie zu erbitten. Wir sind gezwungen, Ihre Billigkeit anzurufen, um uns vor den Schafhirten zu schützen.
2. Das ‚Vater Unser' in der älteren französischen Fassung: Nostre père, qui es ès cieux, ton nom soit sanctifié, ton règne nous avienne, ta volonté soit faite sur la terre comme au ciel. Donne-nous aujord'hui nostre pain quotidien; pardonne-nous nos offenses, comme nous les pardonnons à ceux qui nous ont offensés. Ne nous induis point en tentation, mais délivre-nous du malin. Car à toi est le règne, la puissance et la gloire aux siècles des siècles. Amen.

Literatur in Auswahl:

David-Louis Théremin, Zuruf an die französischen Gemeinen in der preußischen Monarchie von einem ihrer ältesten Lehrer. Berlin 1814.

Jean Henry, Adresse aux églises françoises des états prussiens en réponse à l'écrit qui leur a été adressé en allemand cette année sous le titre d'appel aux communes françoises de la monarchie prussienne par un de leurs plus anciens pasteurs. Berlin 1814.

Erich Haase, Einführung in die Literatur des Refuge. Der Beitrag der französischen Protestanten zur Entwicklung analytischer Denkformen am Ende des 17. Jahrhunderts. Berlin 1959.

Sieglinde C. Othmer, Berlin und die Verbreitung des Naturrechts in Europa. Kultur- und sozialgeschichtliche Studien zu Jean Barbeyracs Pufendorf-Übersetzungen und eine Analyse seiner Leserschaft. Berlin 1970. (= Veröffentlichungen der Historischen Kommission zu Berlin Bd. 30).

Paul Hazard, Die Krise des europäischen Geistes. Hamburg 1965.

Henri Tollin, Geschichte der französischen Colonie von Magdeburg. Jubiläumsschrift. Bd. 1. Halle a. d. Saale 1886, 454–490.

Ferdinand Brunot, Histoire de la langue française des origines à 1900. Tome 5: Le français en France et hors de France au XVIIe siècle. Paris 1947, S. 332–352, und Tome 8: Le français hors de France au XVIIe siècle. Paris 1934, S. 531–547.

Franz-Anton Kadell, Die Hugenotten in Hessen-Kassel. Darmstadt und Marburg 1980, S. 638–659. (= Hessische Hist. Kommission Darmstadt und Hist. Komm. für Hessen. Quellen und Forschungen zur hessischen Geschichte Bd. 40).

Marie-Carla Millêquant, Das Französische in einigen hessischen Hugenottenkolonien in sprach- und kulturhistorischer Sicht. Diss. Frankfurt/M. 1969.

Frédéric Hartweg, Die Hugenotten in der Berliner Akademie. – In: Humanismus und Naturrecht in Berlin-Brandenburg-Preußen. Ein Tagungsbericht. In Verbindung mit Otto Büsch, Stefi Jersch-Wenzel, Wilhelm Treue hrsg. von Hans Thieme. Berlin/New York 1979, S. 182–205. (= Veröffentlichungen der Historischen Kommission zu Berlin Bd. 48).

Rudolf v. Thadden: Vom Glaubensflüchtling zum preußischen Patrioten

1. Lettre à un ami de Genève sur la constitution et la prospérité des colonies françoises dans les Etats du Roi, Berlin 1788.
2. Ebda., S. 10.
3. Ebda., S. 9.
4. Gabriel Honoré de Mirabeau, De la Monarchie prussienne sous Frédéric le Grand, Bd. 1, London 1788, S. 163.
5. Historische Nachricht von der Stiftung der französischen Kolonien in den preussischen Staaten herausgegeben bey Gelegenheit des hundertjährigen Jubiläums welches den 29sten October 1785 gefeyert werden soll, Berlin 1785, S. 7.
6. L'heureuse colonie, ou célébration du Jubilé des colonies françoises établies dans les Etats du Roi: consistant en un Recueil de Sermons prononcés dans les cinq paroisses françoises de Berlin, Berlin 1785, S. 5.
7. Sermon de A. R. Bocquet, ebda., S. 28.
8. Sermon du pasteur Pajon, separat gedruckt, S. 13.
9. Sermon du pasteur Réclam, separat gedruckt, S. 19.
10. Ebda., S. 25.
11. Erman/Réclam, Memoires pour servir à l'histoire des Réfugiés françois dans les Etats du Roi, Bd. 5, Berlin 1787, S. 8 f.
12. Sermon du pasteur Barandon, in: L'heureuse colonie..., a. a. O., S. 23 u. 17 f.
13. Ebda., S. 13 f.
14. Sermon du pasteur J. A. Bocquet, in: L'heureuse colonie..., a. a. O., S. 35 f.
15. Vgl. R. von Thadden, Fragen an Preußen. Zur Geschichte eines aufgehobenen Staates, München 1981, S. 40 u. 113 f.
16. Erman/Réclam, Memoires pour servier à l'histoire des Réfugiés françois dans les Etats du Roi, Bd. 2, Berlin 1783, S. 33.
17. Vgl. Myriam Yardeni, Erudition et engagement: L'historiographie huguenote dans la Prusse des lumières, in: Francia. Forschungen zur westeuropäischen Geschichte, Bd. 9, 1982, S. 588 ff.
18. Erman/Réclam, Bd. 6, Berlin 1787, S. 5.
19. Ebda., S. 6.
20. Ebda., S. 7.
21. Ebda.
22. Historische Nachricht von der Stiftung der französischen Kolonien, a. a. O., S. 37.
23. Ebda., S. 77.
24. Ebda., S. 24, 35, 46 u. 61.
25. Sermon du pasteur A. Burja, in: L'heureuse colonie..., a. a. O., S. 15.
26. Erman/Réclam, Bd. 5, Berlin 1787, S. 7.
27. Zit. nach Helmut Erbe, Die Hugenotten in Deutschland, Essen 1937, S. 214, Anm. 64.
28. L'heureuse colonie..., préface historique, S. 6.
29. Vgl. R. Vierhaus, Staaten und Stände. Vom Westfälischen bis zum Hubertus-

burger Frieden. 1648 bis 1763, 5. Bd. der Propyläen Geschichte Deutschlands, Berlin 1984, S. 342 ff.
30. Erman/Réclam, Bd. 5, Berlin 1787, S. 12.
31. Sermon du pasteur Réclam, a. a. O., S. 22.
32. Ebda., S. 5.
33. Historische Nachricht von der Stiftung der französischen Kolonien, a. a. O., S. 24.

Etienne François: Vom preußischen Patrioten zum besten Deutschen

1. Jubiläumsschriften

Richard Béringuier (Hrsg.): Ausführliche Beschreibung der Feier zum 200jährigen Gedächtnis des Ediktes von Potsdam begangen von den französisch-reformierten Gemeinden in Brandenburg-Preussen, Berlin 1885.
D. Ahrendts (Hrsg.): Die Feier der 250. Wiederkehr der Aufnahme der Hugenotten durch den Großen Kurfürsten in Brandenburg-Preußen durch die französische Kirche in Berlin, Berlin 1935.
Léopold Cordier, Was verlor Frankreich mit den Hugenotten? Berlin 1935.
O. Chambeau, Die Auswirkung der Abwanderung der Hugenotten aus Frankreich auf Frankreich und auf Deutschland und die Deutschen, Berlin 1938.

2. Historische Literatur

Charles Weiss, Histoire des Réfugiés Protestants de France depuis la Révocation de l'Edit de Nantes, Paris 1853.
Helmut Erbe, Die Hugenotten in Deutschland, Essen 1937.

3. Referenzen in deutschen Nachschlagewerken

Johann Heinrich Zedler, Großes vollständiges Universal-Lexikon, Leipzig 1732/50.
Brockhaus Konversations-Lexikon und Meyers Konversations-Lexikon im 19. und 20. Jahrhundert.
Realenzyklopädie für Theologie und Kirche, Leipzig, 3. Ausgabe, 1896/1913; Artikel „Refuge“ von Eugen Lachenmann (Bd. 16, S. 522–536).

4. Romane

Theodor Fontane, Vor dem Sturm, Berlin 1878. Schach von Wuthenow, Berlin 1883. Meine Kinderjahre, Berlin 1894.
Ernst Lindenborn, Résister, Hugenottenschicksal, Berlin 1939.
Claus Back, Drei Fräulein an der Jungfernbrücke, Berlin-Ost 1971.
Uwe Otto, Die Laurents. Der Roman einer Berliner Hugenottenfamilie, München 1981.
Alexander Solschenizyn, August 14, Darmstadt 1972.

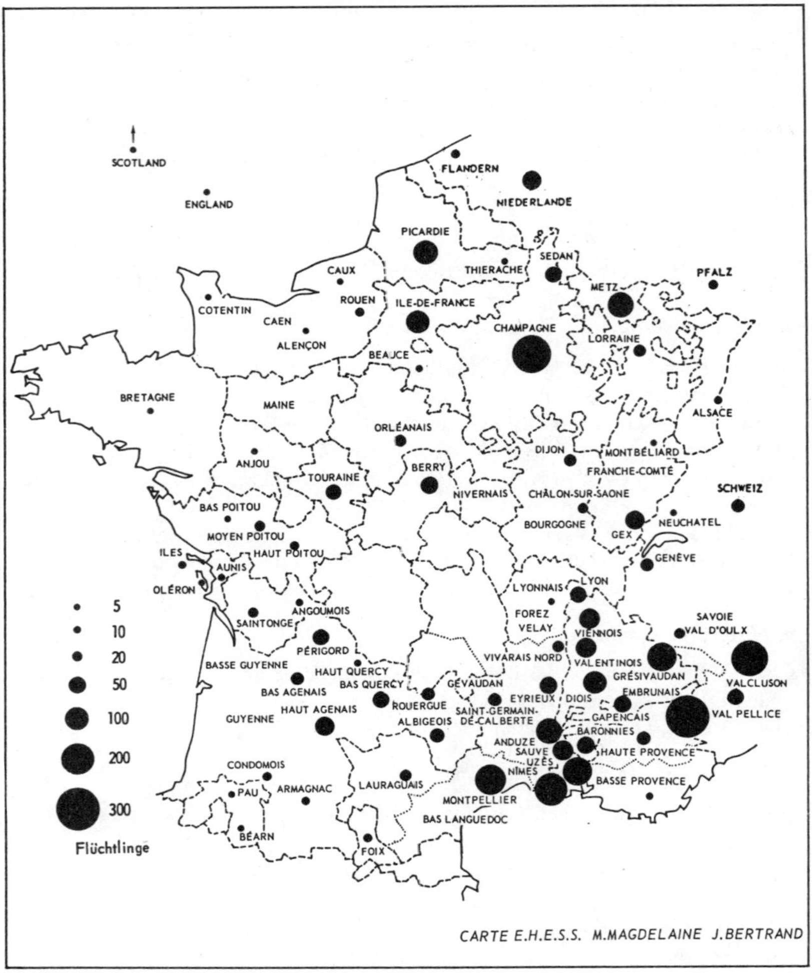

Herkunftsorte der Glaubensflüchtlinge (Kirchenkreise)

Die Kartendarstellungen gehen auf Erhebungen zurück, die bei 4800 Glaubensflüchtlingen (auf der Durchreise durch Frankfurt am Main) zwischen April 1686 und November 1687 angestellt wurden.

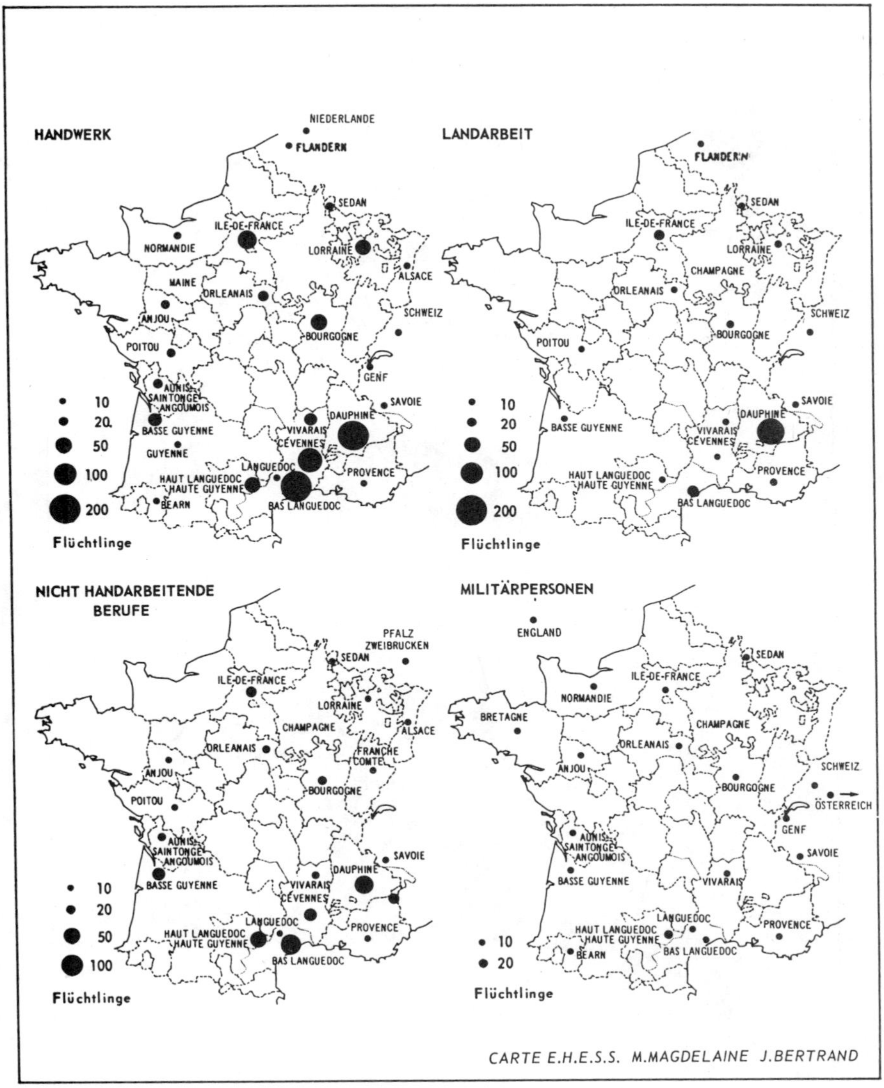

Berufsangaben der Glaubensflüchtlinge

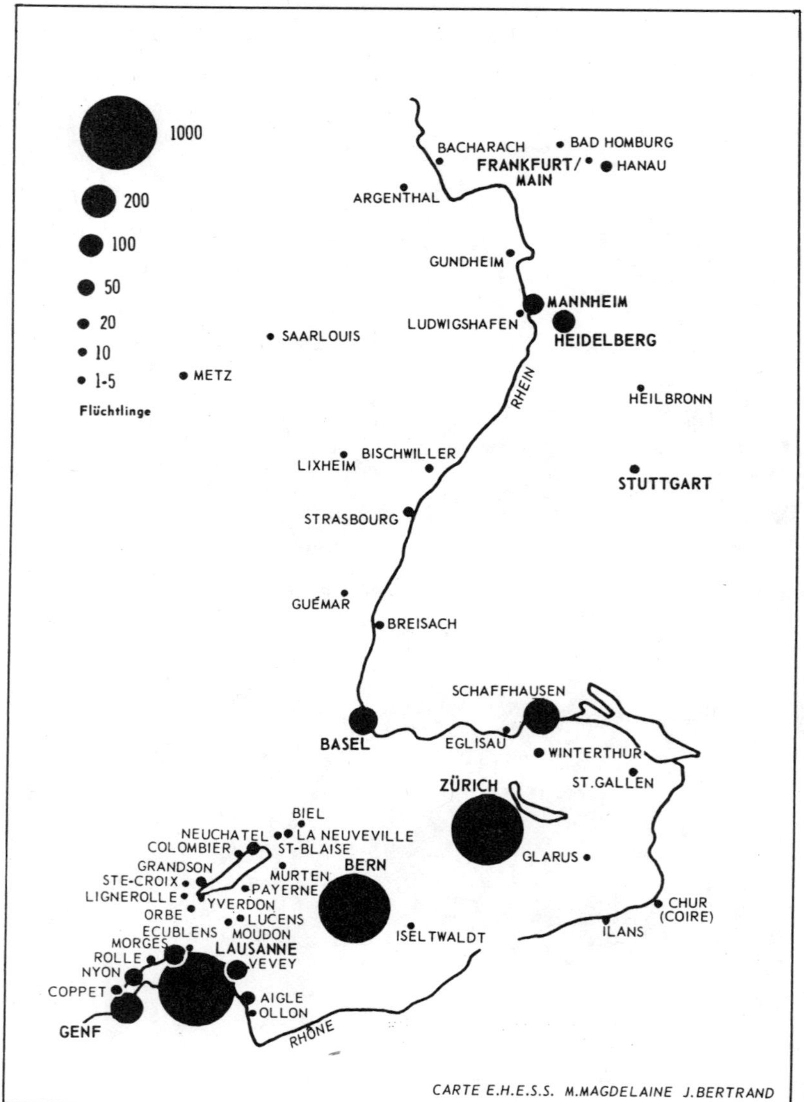

Transitstationen der Glaubensflüchtlinge zwischen der Schweiz und Frankfurt/Main

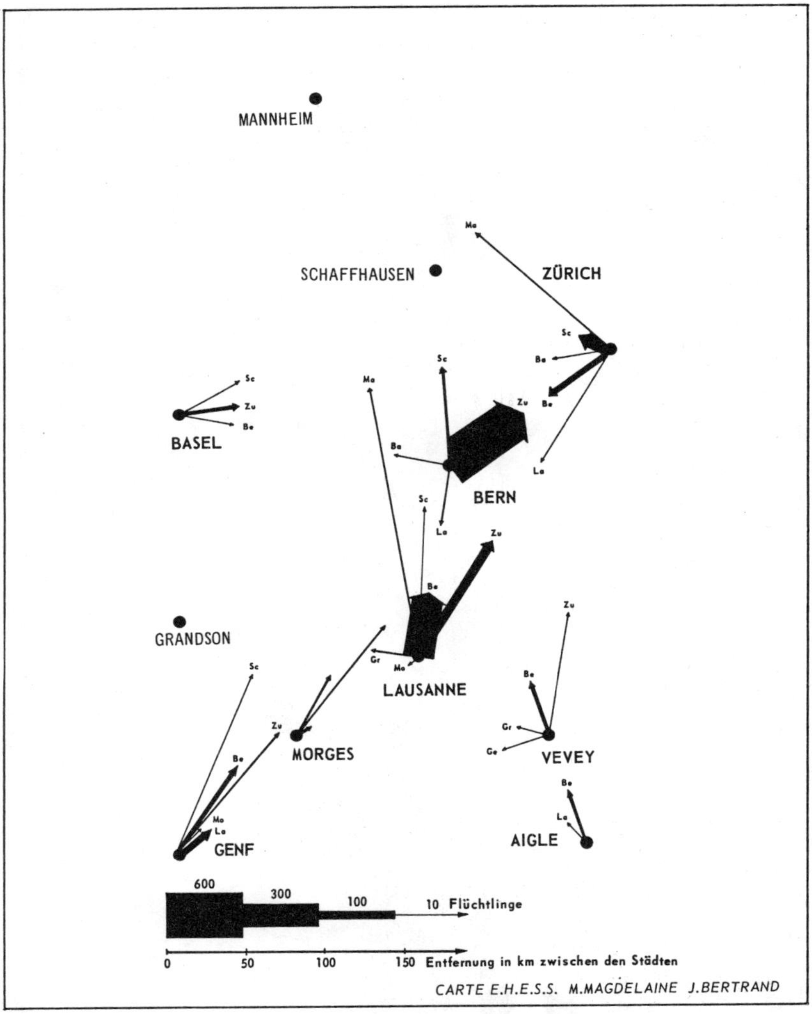

Reiseweg der Glaubensflüchtlinge durch die Schweiz

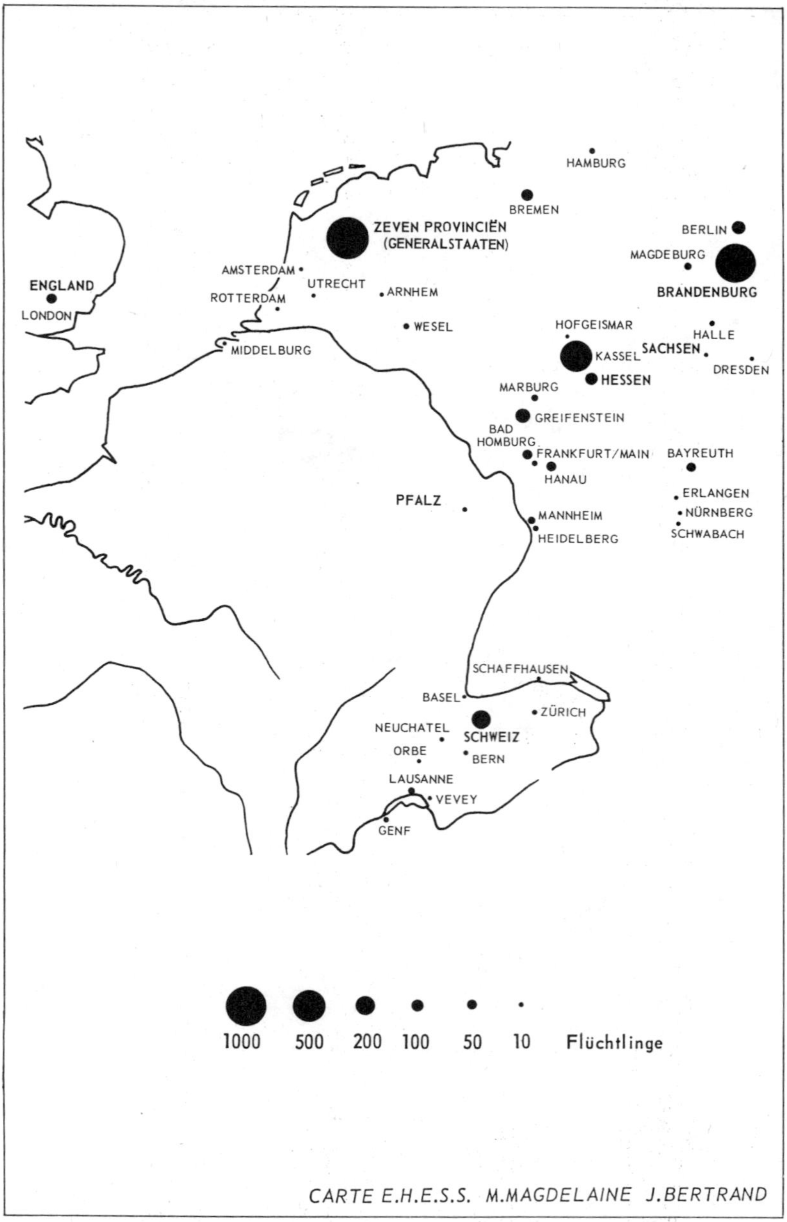

Reiseziele der Glaubensflüchtlinge

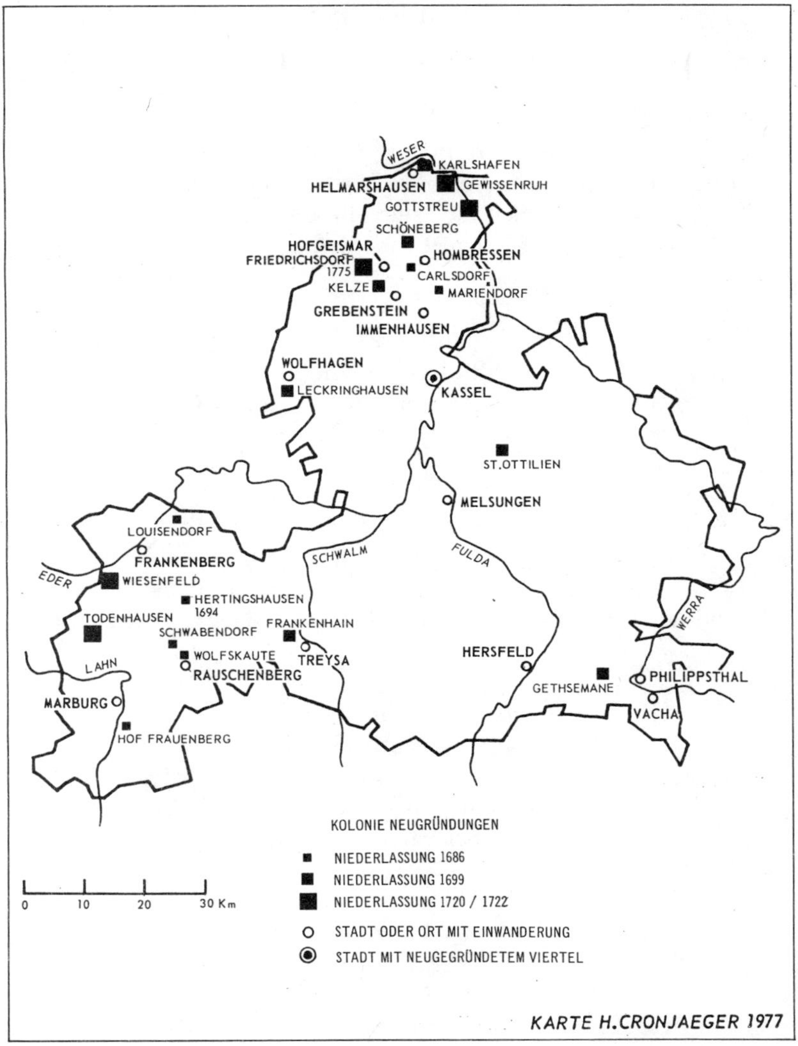

Niederlassung der Hugenotten und Waldenser
in der Landgrafschaft Hessen-Kassel

Theologie- und Kirchengeschichte

Reiner Wohlfeil
Einführung in die Geschichte der deutschen Reformation
1982. 230 Seiten. Broschiert
(Beck'sche Elementarbücher)

Ulrich Gäbler
Huldrych Zwingli
Eine Einführung in sein Leben und sein Werk
1983. 163 Seiten. Leinen

Bernhard Lohse
Martin Luther
Eine Einführung in sein Leben und sein Werk
Nachdruck der 2., durchgesehenen Auflage. 1983. 257 Seiten. Leinen

Hans-Jürgen Goertz (Hrsg.)
Radikale Reformatoren
21 biographische Skizzen von Thomas Müntzer bis Paracelsus
1978. 263 Seiten mit 19 Abbildungen. Paperback
(Beck'sche Schwarze Reihe Band 183)

Heinrich Fries und Georg Kretschmar (Hrsg.)
Klassiker der Theologie
Band I: Von Irenäus bis Martin Luther
1981. 462 Seiten mit 23 Porträtabbildungen. Leinen

Band II: Von Richard Simon bis Dietrich Bonhoeffer
1983. 486 Seiten mit 20 Porträtabbildungen. Leinen

Verlag C. H. Beck München